国家社科基金
GUOJIA SHEKE JIJIN HOUQI ZIZHU XIANGMU
后期资助项目

全球公域资源开发与美国政策研究

Natural Resources Development within Global
Commons and U.S. Policy

沈　鹏　著

社会科学文献出版社
SOCIAL SCIENCES ACADEMIC PRESS (CHINA)

国家社科基金后期资助项目
出版说明

后期资助项目是国家社科基金设立的一类重要项目，旨在鼓励广大社科研究者潜心治学，支持基础研究多出优秀成果。它是经过严格评审，从接近完成的科研成果中遴选立项的。为扩大后期资助项目的影响，更好地推动学术发展，促进成果转化，全国哲学社会科学工作办公室按照"统一设计、统一标识、统一版式、形成系列"的总体要求，组织出版国家社科基金后期资助项目成果。

全国哲学社会科学工作办公室

前　言

资源问题仍然是当今世界各国经济发展面临的一大挑战。如何在资源并不极大丰富的世界上取得各种服务于国家发展的资源，是各国政策制定者时刻关注的问题。同时，资源问题也关系到无数企业的运作和收益甚至每一个普通人的生活。因此，尽量确保各种资源的供应，不但关系到国家的生存和发展，也是民生之本。

在世界上，除了我们通常熟悉的资源供给渠道外，有些资源蕴藏在人迹罕至的区域，只是近几十年才进入人类的视野。随着科学技术的发展，处于人类活动边缘区域的资源面临越来越多国家的开发和争夺，例如大陆架、极地地区、深海底、外层空间等。本书从总体上考察"全球公域资源开发"这一问题领域，力图综合阐述各类处于国家主权管辖范围外区域的资源开发问题。在此基础上，本书把美国在这一问题领域的政策作为研究的主要对象。

第二次世界大战后，人类的活动逐渐扩及以前较少涉足的全球公域。世界各国对全球公域所蕴藏的资源的关注逐渐加强，博弈逐渐激烈。

二战后，尚不属于国家主权管辖范围内的大陆架区域被世界各沿海国在很短的时间内占有完毕；① 南极的主权归属问题则引发了多个国家之间的激烈争夺，结果国际社会不得不通过签署《南极条约》等国际条约暂时冻结了南极主权和资源开发问题；北极的主权权利争夺在二战后一直没有停止过，当今则正处于十分激烈的阶段；被国际法认为属于"人类共同继承财产"的一些资源如国际海底区域资源等，在二战后的很长时期内被许多国家视为有争议的资源，国际法的规定至今并未得到所有国家的支持。此外，伴随着科技的发展，在全球公域内也许还会出

---

① 二战后，一些国家主权管辖范围外的区域仍被许多国家视为可以通过"先占原则"（或其他原则）而据为己有的空间。先占作为取得领土的方式虽然已为现代国际法所否认，但在一定情况下，仍是被用来判定领土归属的一种方法。可参见周忠海《周忠海国际法论文集》，北京出版社，2006，第42页。

现新的或以往人们不曾关注过的资源，一旦这类资源并非取之不尽、用之不竭，则有可能引起新的纷争。

美国自第二次世界大战后取得世界头号强国的地位以来，采取了各种手段确保其地位。就确保战略资源而言，美国采用的手段也是多种多样的，如大量购买、使用全球廉价资源，通过投资控制美国以外的战略资源，建立战略资源储备制度等。那么，美国如何看待和应对全球公域中的资源呢？历史表明，美国并没有一套统一的政策和战略规划应对全球公域资源开发问题，但美国是参与全球公域资源利益博弈最积极的国家之一。美国的行为经常对某一区域问题的争端与政治走向起着至关重要的作用。

那么，美国政府在全球公域资源开发方面的政策制定是否存在一些共同特点？美国决策者们在面对国家间因争夺资源或主权而导致的矛盾和冲突时如何应对？他们如何应对因放弃美国的资源利益而引起的国内势力或利益集团的反对？这些是本书关注的重要问题。由于美国向来积极参与全球公域资源的博弈，因此梳理美国的相关政策，不但可以从一个较独特的角度洞察美国为维护国家利益所采取的手段，而且可以考察美国的战略和相关政策对于该领域的整个国际关系有着何等的影响力。

总的来说，世界各国围绕全球公域资源开发进行的博弈从未停息。例如，2007年8月，俄罗斯在北极海底插了一面钛合金的国旗，此举引发世界媒体和北冰洋沿岸各国对北极主权和资源问题的强烈关注。美国也积极参与其中，成为近年来北极事务的关键参与者。全面了解美国对其他类似问题的态度和政策制定过程，可以更好地把握这类热点问题的走向。1959年的《南极条约》暂时冻结了各国对南极主权的争夺，但南极的资源问题未来可能还会引起国际社会的关注，美国的相关政策可能将有重要影响。美国国会至今尚未批准《联合国海洋法公约》，大多数国家（包括美国）也未加入《月球协定》，"人类共同继承财产"概念目前仍存在相当大的争议，其生命力如何还有待历史的检验。国际海底区域和外层空间的资源开发如果逐渐变得可行和有利可图，美国也会不断出台政策加以应对。大多数全球公域资源开发问题，对于美国来说尚未"尘埃落定"。因此，把握美国的政策走向就显得更加重要。

资源对中国经济和社会的可持续发展意义重大，因此需要关注和维

护我国在全球公域资源方面的利益。我国虽然已经参与了国际海底资源
开发、南北极科考以及外空探索等活动，但在这些领域的工作起步都较
晚，还需从整体上增强对全球公域资源领域的关注。① 可喜的是，近年
来中国已跻身航天大国的行列，虽然在技术上与美国的太空活动能力还
有差距，但中国的探月工程及火星探测任务正稳步推进。② 未来，中国
还需就各类全球公域资源问题进行更好的战略规划，考虑完善国内立法。
例如，应大力强化工业基础，鼓励民间资本逐步参与航天活动，增强外
太空资源开发方面的技术和运输能力。在航天立法领域，解决目前航天
法规位阶低、可操作性差和存在立法空白等问题。通过考察美国政府在
全球公域资源开发上的政策制定过程，我们可以更好地应对相关国际问题。

在国际问题研究界，尤其是国际法学界，不乏对大陆架、南极、国
际海底区域、外层空间等问题的分门别类的研究，但各种分类研究都有
其关注点。国际法（特别是国际海洋法和空间法）学者更关心关于每类
问题的国际法条款的研究及其发展，较少探讨政治和历史的来龙去脉。
国际政治研究者则较少关心"似乎"已经成为国际法研究领域的问题，
更倾向于研究变化中的世界政治秩序和热点问题，例如北极争端、全球
公域安全问题。学者们较少从总体上考察美国在这些问题上的外交政策
的产生与发展。本书涉及国际政治、国际法和外交政策制定等跨领域内
容，综合考察了美国在全球公域资源开发上的政策制定过程、特点和影
响要素，对具体的案例进行了较为系统的分析与比较。

对全球公域资源问题的综合研究涉及面较广。如何清楚地界定概念
和研究范围，综合多个相关领域的研究成果，对笔者来说是个很大的挑
战。在研究资料方面，尽量搜集了各种美国政府或国际组织的文件，国
内外各种相关的文献，资料多来自外交学院图书馆、中国国家图书馆、
中国社会科学院的数据库资源。对全球公域资源开发问题的研究兴趣始

---

① 例如，20 世纪 80 年代初期，中国才派出人员正式加入了考察南极的行列。1991 年，
中国才开始介入北极地区的科学考察研究。但中国在这些方面取得的进展很大，例如，
2009 年 1 月，中国在南极洲的中心区域建起了第三个中国南极考察站——昆仑站，由
此成为第四个在南极内陆建站的国家；在国际海底区域获得多块专属勘探矿区；在探
索月球、火星，空间站建设等工程方面也进展巨大。

② 《探月"三步走"收官"有看头"——中国探月工程嫦娥五号任务正式启航》，新华网，
2020 年 11 月 24 日，http://www.gov.cn/xinwen/2020 – 11/24/content_5563794.htm。

于笔者在外交学院博士研究生阶段的学习和导师熊志勇教授及其他师长的启发和鼓励。在中国社会科学院美国研究所工作期间，笔者持续对这个领域的各类问题进行跟踪，同时这也是2014~2015年笔者在美国约翰斯·霍普金斯大学保罗·尼采高级国际研究院访学期间的研究课题。

本书共分为九章。第一章主要界定本书涉及的基本概念，划定基本研究领域。对全球公域概念的学术谱系进行综述，分类阐述了全球公域资源的类别和重要经济价值，定位了本书的研究意义和价值。

第二章对美国在全球公域资源开发上的政策进行了总体的概括，分析了美国对全球公域资源开发的兴趣和技术背景、政策制定部门、基本政策考量等。

第三章到第九章，分别从多个不同的领域详细阐述在全球公域资源开发问题上国际政治发展情况和美国的相关政策。其中，第三章主要通过考察1945年《杜鲁门公告》出台的过程，研究二战后初期美国大陆架政策的基本立场。这一决策基本奠定了国际大陆架制度的基础，决定了大陆架资源的管辖权归沿海国所有的潮流，促使联合国第一次海洋法会议和1958年《大陆架公约》的产生，而后一直影响到联合国第三次海洋法会议和1982年《联合国海洋法公约》中关于大陆架的制度的产生。

第四章主要考察美国关于国际海底资源的政策立场。重点阐述了20世纪60年代至1982年期间美国拒绝批准《联合国海洋法公约》的政策制定过程。此后虽然《联合国海洋法公约》已经生效多年，并且时任美国总统克林顿于1994年同意加入公约并提请美国参议院批准，但美国国会至今仍未批准。国际制度的确立和美国游离于相关体制之外依然是当代国际海底区域资源制度的现实状况。

第五章主要考察美国在公海捕鱼和其他公海生物资源方面的政策立场的演变。在当前国际社会越来越重视公海生物资源养护的情况下，美国的公海渔业政策及在各类国际渔业组织中的政策立场也在不断进行着调整。

第六章主要探讨南极资源问题。首先，重点考察的是1959年《南极条约》出台前的美国决策过程，该条约奠定了国际社会管理南极事务的基础，至今南极主权和资源问题仍按该条约的规定执行。然后，进一步考察20世纪80年代美国参与关于南极矿物资源开发的国际谈判的决策过程，并探讨了当今涉及南极资源的争议话题。

第七章探讨北极资源问题，主要考察20世纪70～80年代以来，美国为应对北极主权争夺和资源开发而出台的一系列政策。相对于其他全球公域资源开发问题，北极主权和资源开发问题在当今变得越来越突出，吸引了国际社会广泛的关注，其资源开发情况与国际博弈模式在某种程度上有别于其他全球公域资源开发问题。

对外层空间资源问题的分析分为两个部分，其中第八章考察美国关于地球静止卫星轨道资源，这一较少引起关注的空间资源的长期政策演变。这种特殊且有限的资源是人类目前利用最广泛的外层空间资源，也是外层空间商业化程度最高的一类资源。美国作为空间技术最发达的国家，在地球卫星轨道资源的相关国际规则的制定和政治较量中也扮演了重要角色。第九章研究了20世纪70年代美国参与《月球协定》制定的情况，以及当今美国在外层空间采矿方面的政策的最新进展。

需要指出的是，美国在全球公域资源开发的政策制定上具有相似性，但同时在不同的领域以及不同的历史阶段也具有不同的特点。有些重大决策，如关于大陆架、南极、国际海底区域、外层空间的决策，在相当大程度上决定了美国以及国际社会在这些领域资源开发上的规则。因此，上述领域显示出更为明显和激烈的国际与国内利益博弈的过程，对这些领域的重点分析有助于我们寻找美国政府作出决策的依据。而在一些没有出现重大决策事件的情况下，美国的政策制定则处于一种长期和缓慢的演变过程中，这种政策制定的逐步演变过程所具有的特征也非常值得关注，这是我们从整体上把握美国全球公域资源开发政策不可或缺的部分。

沈　鹏

2022年2月于北京

目　录

第一章　全球公域资源的概念与分类

"全球公域"是一个近几十年来才引起越来越多关注的概念。本书以研究全球公域资源开发问题以及美国在这方面的政策为主要内容，因此从总体上把握全球公域资源的内容、特点和分类是首要的。本章对全球公域相关的基本概念、理论进行阐述、分析和界定，然后逐一对全球公域内蕴藏的主要资源情况进行分门别类的探讨。

第一节　全球公域的概念

"全球公域"（global commons），又被译为"全球公地"，关于这个概念的界定并不非常明确。国内外的一些机构以及学者给出了相近但又不完全一致的定义。例如，联合国环境规划署（UNEP）把"全球公域"界定为"处于国家管辖之外的资源或区域"。"国际法认为公海、大气层、外层空间及南极洲属于'全球公域'。"① 英国学者约翰·沃格勒（John Vogler）认为"全球公域"指"没有或因其本性不能处于主权管辖之下的区域或资源"。② 有中国学者认为"全球公域"指"国家主权管辖之外为全人类利益所系的公共空间，如公海、国际空域、外层空间、极地、网络空间等"。③ 虽然上述这些定义基本认同全球公域是一些处于国家主权管辖范围外的区域和资源，但这一看法也尚未被普遍接受，而且根据研究角度的不同，全球公域的内涵与外延也存在相当大的争议。这就有必要简单回顾一下全球公域这个概念的学术演进历史。

---

① 参见联合国环境规划署网站，http://www.unep.org/delc/GlobalCommons/tabid/54404/；联合国统计司（UNSD）网站，http://unstats.un.org/unsd/environmentgl/gesform.asp?getitem=573。

② John Vogler, *The Global Commons: A Regime Analysis* (Chichester: John Wiley and Sons, 1995), p.1.

③ 韩雪晴、王义桅：《全球公域：思想渊源、概念谱系与学术反思》，《中国社会科学》2014年第6期，第188页。

全球公域作为一种不依赖于人类意识的物理存在早已有之。自古以来，人们可以自由地进入一些公共区域，并可以随心所欲地获取资源，只要资源足够丰富，人们并不会互相影响。但如果资源变得稀缺，无限制的获取就会导致拥挤和过度使用问题。因此，必须通过某种方式限制使用者之间的相互影响。如果要追溯关于公共事物问题讨论的最早记录，可以从修昔底德、亚里士多德等古代思想家的论述中找到一些片段。① 古希腊与古罗马时期的斯多葛哲学和万民法传统也有一些关于人类共有物概念的讨论。如果从当代学术研究的线索来看，在国际关系研究学界开始关注全球公域问题之前，先是其他领域的学者开始对"公域"（commons）问题进行研究。这可以上溯到19世纪有学者对英国公共牧场因过度放牧而发生退化现象展开的研究。而1968年，美国生态学家加勒特·哈丁（Garrett Hardin）发表了《公地的悲剧》一文，使对公域的研究再次获得了学术界的重视。

哈丁在文中假设：如果一片草原对大众开放，估计每个放牧者都会尽可能多地在这片公地上养牛。数百年来，这样的做法是没有问题的，因为部族战争、偷猎和疾病把人和动物的数目保持在土地承载能力之下。然而当人们长久渴望的社会稳定到来后，公地的内在逻辑无情地导致了悲剧。作为理性人，每名放牧者都追求利益最大化。放牧者会想："再多养一头牛对我会有什么效益？"答案是收益和代价都有。多养一头牛的收益全归放牧者，所以正效益接近 +1。代价是多养一头牛造成的过度放牧问题，但代价由全体放牧者承担，所以代价只是 -1 的一小部分。理性放牧者只有一个选择：多养一头牛，再多养一头……这也是分享公地的每一位放牧者的结论。悲剧因此而起。每个人都被制度束缚，驱使他无限制地增加牛的数量，而牧场是有限的。在一个信奉公地自由的社会，每个人都追求本人的最大利益，而整体则走向毁灭的终点。公地自由带来整体毁灭。② 他还举出一些公有资源的实例，如空气、海洋、河流、

---

① Abraham M. Denmark and James Mulvenon eds. , "Contested Commons: The Future of American Power in a Multipolar World," Center for a New American Security, January 2010, p. 11, http://www.cnas.org/files/documents/publications/CNAS%20Contested%20Commons_1.pdf.

② Garrett Hardin, "The Tragedy of the Commons," *Science*, Vol. 162, No. 3859, 1968, p. 1244.

鱼群、国家公园、广告等。此外，他的主要论述更在于当地球资源成为所有人类的公地时，人口的成长会带来怎样的影响。《公地的悲剧》一文还针对公地问题举出潜在的管理解决方式，如私有化、污染者付费、管制与规范等。他反对以良心作为管理公地的规范，认为以良心作为规范反而有利于自私的个体侵害他人的权益。

哈丁的理论激发了那个时代人们对地球生态环境的关心，成为现代环境保护运动的奠基思想之一，但也引起不少争论。一些学者不同意没有强力约束的"公地自由"必然会导致悲剧的观点，另一些学者试图从不同的方面找出克服"公地悲剧"的方法。① 例如，美国著名行政学家、政治经济学家、诺贝尔经济学奖获得者埃莉诺·奥斯特罗姆（Elinor Ostrom）所著《公共事物的治理之道：集体行动制度的演进》一书，着眼于小规模公共池塘资源（common pool resources）问题，提出了自主组织和治理公共事物的制度理论。② 以上这些开创性的研究基本上把注意力都集中在国家和地区层次的"公域"问题上，"地方公域"与"全球公域"在性质上既有相似之处，也存在着一些不同。有学者将这两种层次的公域问题进行了对比，表1－1反映了一些不同之处。

表1－1　"地方公域"与"全球公域"治理的主要区别

		地方公域	全球公域
1	地理规模	地方	全球
2	资源使用者的数量	几十到成千上万人	千百万到数十亿人
3	突出性：行为者对资源退化的意识	资源利用为有意识的行为，资源提供了主要的生活来源	资源退化是国际行为无意识的副产品，对大多数利用者而言，导致资源退化的行为不具重要性

---

① Paul C. Stern, "Design Principles for Global Commons: Natural Resources and Emerging Technologies," *International Journal of the Commons*, Vol. 5, No. 2, 2011, p. 214.

② "公共池塘资源"是指一种人们共同使用整个资源系统但分别享用资源单位的公共资源。我们可把"公共池塘资源"想象成一个无主的向任何人开放的池塘中的水，谁都可以去取水，但池塘中的水一旦为谁所取得，水就成了私人拥有、私人享用的物品。"公共池塘资源"属于"公共财产资源"的研究领域，并且两者的分界并不很清晰。〔美〕埃莉诺·奥斯特罗姆：《公共事物的治理之道：集体行动制度的演进》，余逊达、陈旭东译，上海译文出版社，2012，中文版译序。

续表

		地方公域	全球公域
4	利益与权力的分配	收益与成本基本上内在于占有者群体	不同地域、不同代际的占有者与未占有者之间存在重大的外部性差别，在占有者群体之间存在利益和权力的不同
5	文化与制度的同质性	同质	异质
6	学习的可能性	高	有限
7	资源退化的恢复	需要不到一代人的时间	需要超过一代人的时间
8	理解资源动态的难易程度	无须广泛科学训练即可理解	科学上很复杂，只具有有限的预测能力
9	资源的稳定性	稳定，尽管仍然可变	规则不断变化的动态系统
10	跨地域学习的能力	可能	困难

资料来源：Paul C. Stern, "Design Principles for Global Commons: Natural Resources and Emerging Technologies," *International Journal of the Commons*, Vol. 5, No. 2, 2011, p. 216。

虽然存在一些不同之处，但经济学及公共政策领域的研究已将对"公域"问题的关注推至全球范围。可以说，在二战之后的几十年间，全球公域治理问题无论从理论上还是从实践上都取得了长足进展，在联合国框架下建立了一系列关于海洋公域、空气空间公域以及太空的治理体系，但目前全球公域治理方面仍存在很多问题。随着 21 世纪以来全球化进程的加速发展，以及环境、资源等全球性问题的凸显，全球公域研究越来越引人注目。全球公域内的资源开发与利用、环境保护与治理以及秩序与安全问题引发了多个学科的关注。

目前，研究全球公域的学术力量主要有以下几支。第一，一些学者对全球公域及其治理机制进行了全景性概述，甚至引入多学科视角，试图为全球公域研究建立总体研究框架。这方面的研究者主要有珀尔·马格纳斯·维克曼（Per Magnus Wijkman）、苏珊·巴克（Susan J. Buck）、约翰·沃格勒等人。[①] 维克曼于 1982 年发表在《国际组织》杂志上的《管

[①] Per Magnus Wijkman, "Managing the Global Commons," *International Organization*, Vol. 36, No. 3, 1982, pp. 511 – 536; Susan J. Buck, *The Global Commons: An Introduction* (Washington, D. C.: Island Press, 1998); John Vogler, *The Global Commons: A Regime Analysis* (Chichester: John Wiley & Sons, 1995).

理全球公域》一文指出，地球上存在着一些没有一个国家拥有排他性管辖权的自然资源，例如人们比较熟悉的大陆架边缘、国际深海底、公海水域、天体以及卫星轨道和人们不太熟悉的臭氧层等。他分析了这些资源存在的原因和如何对这些资源进行国际管理。[1] 第二，一些学者试图运用公域自主组织与自主治理理论、博弈论等分析框架，对治理全球公域中面临的集体行动困境、国内偏好等作出分析，找出应对之道，特别关注全球气候变化、国际海底资源等具体问题的理论和对策研究。[2] 第三，以巴里·波森（Barry Posen）、亚伯拉罕·M. 登马克（Abraham M. Denmark）、斯科特·贾斯珀（Scott Jasper）为代表的一些学者近年来引领的全球公域安全治理研究。[3]

全球公域目前仍是一个内涵丰富的研究体系，为了使本书的研究边界更加清晰，有必要区分全球公域研究包括的几个不同维度。

第一，全球公域概念的经济维度。

全球公域概念的经济维度主要关注全球公域中资源的利用、分配和效益问题。资源问题是全球公域治理初期阶段的主要问题，其核心议题是如何恰当地分配和管理这些资源。不恰当地开发、利用全球公域资源

---

[1]　Per Magnus Wijkman, "Managing the Global Commons," *International Organization*, Vol. 36, No. 3, 1982, pp. 511 – 536.

[2]　Hugh Ward, "Game Theory and the Politics of the Global Commons," *The Journal of Conflict Resolution*, Vol. 37, No. 2, 1993, pp. 203 – 235; Kathryn Harrison and Lisa McIntosh Sundstrom eds., *Global Commons, Domestic Decisions: The Comparative Politics of Climate Change* (Cambridge: MIT Press, 2010); Paul C. Stern, "Design Principles for Global Commons: Natural Resources and Emerging Technologies," *International Journal of the Commons*, Vol. 5, No. 2, 2011, pp. 213 – 232; Joan Johnson-Freese and Brian Weeden, "Application of Ostrom's Principles for Sustainable Governance of Common-Pool Resources to Near-Earth Orbit," *Global Policy*, Vol. 3, No. 1, 2012, pp. 72 – 81; Todd Sandler, "After the Cold War, Secure the Global Commons," *Challenge*, Vol. 35, No. 4, 1992, pp. 16 – 23.

[3]　Barry R. Posen, "Command of the Commons: The Military Foundation of U. S. Hegemony," *International Security*, Vol. 28, No. 1, 2003, pp. 5 – 46; Abraham M. Denmark and James Mulvenon eds., "Contested Commons: The Future of American Power in a Multipolar World," http://www.cnas.org/files/documents/publications/CNAS% 20Contested% 20Commons_ 1. pdf; Scott Jasper ed., *Securing Freedom in the Global Commons* (Stanford, CA: Stanford University Press, 2010); Scott Jasper ed., *Conflict and Cooperation in the Global Commons: A Comprehensive Approach for International Security* (Washington, D. C.: Georgetown University Press, 2012).

可能会导致"拥挤效应"和资源枯竭等多重问题。对此，许多理论模型被提出来用以考察公共事物治理中个体理性与集体理性的矛盾与困境问题，例如"囚徒困境"（prisoner's dilemma）模型、"公共池塘资源"模型等。这些模型常被用于分析过度捕捞、过度放牧、滥伐森林、生态退化等因资源不合理配置而导致的经济效益下降的问题。[①] 而在各种解决方案中，将公域及其资源进行分割并将产权分配给每一位使用者，无论是自然人还是国家，这样产权所有人就可自行决定如何使用自己那份资源。这种"圈占"的方式通常是最重要的公域治理方式。但分割公域并不是唯一的办法。另一种解决办法是由利益相关方组成一个组织来共同管理资源。上述办法到底哪种更有效，取决于不同案例的成本与收益情况。

第二，全球公域概念的环境维度。

随着人类工业和科技能力的增强，人类活动对自然环境的影响越来越大。自20世纪六七十年代以来，随着全球环境与生态保护运动的兴起，如何保护全球公域的环境与生态受到了越来越多的关注和重视。目前，海洋污染使海洋生物处境急剧恶化，海洋的酸度比工业革命前的18世纪上升了30%以上，约75%的珊瑚礁面临威胁。大气层臭氧层破坏、温室效应等带来了严重的后果。21世纪最初的10年是自1850年有现代气象记录以来最热的10年，也是自1901年以来降水最多的10年。而太空正遭受太空碎片的困扰。目前，近地轨道上直径介于1~10厘米的物体约有50万个，而直径小于1厘米的物体超过1亿个。更严重的是，环境领域的问题容易引发连锁反应和恶性循环。目前，全球公域环境与生态治理的主要任务包括气候变化、大气污染、海洋生态保护、海洋污染、太空碎片、网络环境治理等。[②] 为了应对环境挑战，学术界一直在进行理论分析与思考，同时国际社会在几十年间通过一系列国际条约及国际法律文件确立了一系列针对全球公域中人类活动的规制与约束，包括《联合国海洋法公约》及一系列海洋治理的条约、《南极条约》及一系列

---

① 韩雪晴、王义桅:《全球公域:思想渊源、概念谱系与学术反思》,《中国社会科学》2014年第6期,第196~197页。
② 张茗:《全球公域:从"部分"治理到"全球"治理》,《世界经济与政治》2013年第11期,第64页。

关于南极动植物保护的条约、《气候变化框架公约》和《关于消耗臭氧层物质的蒙特利尔议定书》等保护大气层和处理大气污染的条约、《关于各国探索和利用包括月球和其他天体在内外层空间活动的原则条约》（简称《外层空间条约》）及相关保护外层空间开发与利用的条约。这些国际法文件确立了关于环境保护的一些重要原则，如可持续发展原则、代际公平原则、代内公平原则、共同但有区别的责任原则、风险与损害预防原则等。

第三，全球公域概念的安全维度。

全球公域概念的安全维度主要关注全球公域内的和平与秩序，如公海航行安全、国际海底区域安全、海上拦截等问题，又如民用及军用航空器的"无害通过权"问题，以及外层空间、极地及网络空间的资源竞争、军事科研引发的安全问题。安全维度是近几年来新一轮全球公域研究的热点方向，而美国是这轮研究热潮的发源地和重要推手。新一轮全球公域研究的热潮与2007年成立的美国智库新美国安全中心有关。2010年，该中心推出了亚伯拉罕·M. 登马克和詹姆斯·马尔韦农（James Mulvenon）共同主编的题为《被争夺的公域：多极世界中美国权力的未来》的研究报告，详细探讨了美国的全球公域安全战略。[①] 与此同时，美国政府的重要安全与防务文件中也开始频频出现有关全球公域的论述。[②] 此外，近年来除了美国，英国、日本及北约也纷纷将全球公域安全纳入其整体战略部署中。

由于研究的维度不同，究竟哪些区域或资源才能被归入全球公域的

---

① Abraham M. Denmark and James Mulvenon eds. , "Contested Commons: The Future of American Power in a Multipolar World," http://www. cnas. org/files/documents/publications/CNAS% 20Contested% 20Commons_1. pdf.

② 例如，2008 年，美国国防部长罗伯特·盖茨（Robert Gates）在空军战争学院的一次演讲中声称"保护 21 世纪的全球公域特别是空域和网络空间已经成为美国的一项关键任务"。见 Robert M. Gates, "Remarks to Air War College," Maxwell-Gunter Air Force Base, Montgomery, AL, April 21, 2008, http://www. defense. gov/speeches/speech. aspx? speechid = 1231。2012 年，美国国防部长莱昂·帕内塔（Leon E. Panetta）也强调，进入新世纪后美国军队除了在陆地、海洋、空中和太空采取行动，还必须在网络空间协同保卫国家。参见 Leon E. Panetta, "Defending the Nation from Cyber Attack," New York, October 11, 2012, http:// www. defense. gov/Speeches/Speech. aspx? SpeechID = 1728。另参见 "National Security Strategy," 2010, pp. 49 - 50, http://www. whitehouse. gov/sites/default/files/rss_ viewer/national_ security_ strategy. pdf。

范畴仍然是一个存在争论的问题。而从历史的角度看，全球公域的范围则取决于人类的知识、能力以及某些资源的稀缺程度，因此各公域确立的时间也有先后。另外，随着人类活动领域的不断扩大和认识能力的不断提高，全球公域概念的边界在不断发生变化，范围与边界呈拓展之势，甚至出现由"有形"到"无形"的超越。

以 1604 年雨果·格劳秀斯（Hugo Grotius）在其著作《海洋自由论》中提出公海自由原则、1967 年《外层空间条约》、1979 年《指导各国在月球和其他天体上活动的协定》（简称《月球协定》）、1982 年《联合国海洋法公约》、1987 年《蒙特利尔议定书》及 1992 年《联合国气候变化框架公约》为标志，公海、太空、国际海底区域、大气层分别在 17 世纪初、20 世纪中期、20 世纪 80 年代以及 20 世纪 80 ~ 90 年代被确认为全球公域。①

对于主权国家以内的环境资源能否被看作全球公域，学术界存在较大分歧。有些国际环境法研究者认为位于主权国家之内，对全球环境至关重要的那部分自然环境，如热带雨林、濒危物种、臭氧层、海洋，包括列入世界遗产②的部分关乎全人类利益的资源，应当被视为全球公域。但有的学者认为，全球公域是指国家管辖范围之外的环境资源，那些影响世界环境的国内资源不应被认为是全球公域的一部分。国际法目前并没有采纳主权国家管辖内的自然环境属于全球公域的这种意见。③

关注全球公域安全问题的不少政府文件和学者认为全球公域特指海洋、空气空间、太空和网络空间。④ 但对于互联网能否被纳入全球公域，学术界存在不小争议。有的学者认为，互联网是人类自由联络与交流的

---

① 张茗：《全球公域：从"部分"治理到"全球"治理》，《世界经济与政治》2013 年第 11 期，第 61 页。

② 世界遗产（world heritage），是一项由联合国支持、联合国教科文组织负责执行的国际公约建制，以保存对全世界人类都具有杰出普遍性价值的自然或文化处所为目的。世界遗产分为自然遗产、文化遗产和复合遗产三大类。参见联合国教科文组织网站，http://whc.unesco.org/en/about/。

③ 唐双娥：《保护"全球公域"的法律问题》，《生态经济》2002 年第 8 期，第 71 ~ 72 页。

④ Mark E. Redden and Michael P. Hughes, "Global Commons and Domain Interrelationships: Time for a New Conceptual Framework?" *Strategic Forum*, No. 259, National Defense University, October, 2010, http://www.google.com/url?url = http://www.dtic.mil/cgi-bin/GetTRDoc%3FAD%3DADA530438&rct = j&frm = 1&q = &esrc = s&sa = U&ei = EPG6VIKvMcaiNoi3gbgJ&ved = 0CBQQFjAA&usg = AFQjCNFcyCaaBCtlcY6T7aLaVT0PYIq4BA.

重要载体，当被纳入全球公域；而另一些学者则认为，互联网中的信息资源虽然全球共享，但从技术上讲，网络实际是由主权国家或某些利益集团运营管理，并非没有主权管辖。这种分歧不仅存在于一个国家内部，中国、俄罗斯与西方国家之间也尚未达成共识。① 因此，有的时候把什么纳入全球公域的范畴涉及国家利益之争。

此外，有观点是把生物基因资源也纳入全球公域的范畴，但这也存在很大的争议。在联合国于 20 世纪 70 年代讨论人类生存环境之前，国际法中没有规定基因资源的归属原则。一些发达国家主张基因资源是人类的共同遗产，即不属于任何人所有，可供人们无限制地使用。1983 年联合国粮农组织（FAO）制定的《粮食和农业植物基因资源国际承诺》（International Undertaking on Plant Genetic Resources for Food and Agriculture）就采取了植物基因资源作为全人类的共同财产应该在全球范围内无偿提供给各国研究人员的立场。② 但 1992 年缔结的《生物多样性公约》（Convention on Biological Diversity）确立了基因资源的国家主权控制原则，以及获取基因资源须经事先知情同意和对利用基因资源所产生的利益进行公平合理的分享的原则，这些原则和制度确立了基因资源保护机制和产权设定的基本框架。③ 同样，2001 年缔结的《粮食和农业植物遗传资源国际公约》（International Treaty on Plant Genetic Resources for Food and Agriculture）取代了 1983 年的《粮食和农业植物基因资源国际承诺》，也确立了植物基因资源的国家主权原则。④ 虽然如此，处于国家主权管辖范围以外的生物基因，例如国际海底区域的生物基因，仍可被纳

---

① 杨剑：《美国"网络空间全球公域说"的语境矛盾及其本质》，《国际观察》2013 年第 1 期。

② Kal Raustiala and David G. Victor, "The Regime Complex for Plant Genetic Resources," *International Organization*, Vol. 58, No. 2, 2004, p. 278.

③ "Convention on Biological Diversity," p. 1, http://www.cbd.int/doc/legal/cbd-en.pdf. 《生物多样性公约》框架下的"基因资源"是指生物基因资源，即具有实用或潜在实用价值的任何含有遗传功能的材料，包括动物、植物、微生物的 DNA 基因、基因组、细胞、组织、器官等基因材料及相关信息，但不包括人类和人体基因。该公约是目前已经生效的保护生物资源最重要的国际公约。

④ 2001 年 11 月 3 日，联合国粮农组织在罗马召开第 31 次大会，以 116 票赞成、0 票反对、2 票弃权（美国和日本），通过了《粮食和农业植物遗传资源国际公约》。公约于 2004 年 6 月 29 日生效。参见 "International Treaty on Plant Genetic Resources for Food and Agriculture," ftp://ftp.fao.org/docrep/fao/011/i0510e/i0510e.pdf。

入全球公域的研究范围。

总的来看，对于主权国家管辖以外的海洋、极地、空域、太空属于全球公域的范畴，学术界基本上是没有争议的。当然，国际社会关于太空起始界限的划分标准尚无定论，而沿海国家200海里以外大陆架划界工作仍在进行之中，海洋公域的确切界限也没有最终确定，这些细节将在随后的章节再进行阐述，但这并不影响对全球公域范围的基本认定。本书主要关注这些基本没有争议的区域。

中国学术界对全球公域的研究起步较晚。早期成果主要体现在国际法和环境法学者的一些研究中。各类国际法著作基本上会分门别类地介绍全球公域范畴下各类区域的基本情况和相关国际法规定，如周鲠生的《国际法》、周忠海主编的《国际法》等。这些著作都囊括了大陆架、极地、国际海底区域、外层空间等方面的内容。[①] 有的学者以国际环境法为视角，简单介绍了全球公域的概念、范围和法律地位，并对全球公域环境保护的国际法实践及其遇到的主权、域外效力等法律障碍进行了解析。[②] 从国际关系学界的研究来看，苏长和教授的《全球公共问题与国际合作：一种制度的分析》是一本主要探讨全球公共问题的理论著作，该书提到公海中的生物资源、南极洲、臭氧层和外层空间的卫星轨道可以被称为公共财产资源。[③] 他还指出了全球公共问题的几点共同特征：(1) 全球公共问题不是单个国家面临的个体问题，而是指多个国家乃至全球社会面临的共同问题；(2) 全球公共问题不只是简单的国家与国家之间面临的共同问题，也是个人—国家—全球面临的共同问题；(3) 全

---

① 周鲠生：《国际法》，武汉大学出版社，2007，第381页；周忠海主编《国际法》，中国政法大学出版社，2004，第250页。

② 唐双娥：《"全球公域"的法律保护》，《世界环境》2002年第3期，第21~24页；李广兵、李国庆：《全球公域法律问题研究》，http://www.riel.whu.edu.cn/article.asp? id = 24931。

③ "公共财产资源"概念来自公共政策研究，是指没有一个政治或经济单位能够对其行使排他性权利的资源，即它不能被任何个体所单独占有。成为公共财产资源的条件包括：(1) 这种资源是不可分的（至少在当前的技术条件下）；(2) 资源的规模或大小是不可知或不可度量的；(3) 资源的开发和利用存在外部经济的特性。公共财产资源是对抗性的，但不具有排他性，即对公共财产资源的消费存在竞争的状态，这种竞争和对抗的状态有时因公共财产资源具有排他的不可能性而加剧或恶化。参见苏长和《全球公共问题与国际合作：一种制度的分析》，上海人民出版社，2009，第115~116页。

球公共问题的解决需要的不是单边而是多边的联合行动。① 近年来，国内国际关系学界受美国对全球公域安全维度研究的影响，开始综合研究全球公域的治理问题，并特别着重研究安全议题，以对美国全球公域霸权的批判为主，并给出了中国的对策选择。②

第二节　与全球公域相关的原则和特性

国际社会近几十年在全球公域的资源开发、利用及生态和环境的保护与治理过程中，逐渐确立了一些原则。

第一，不得据为己有和自由探索原则。

此原则系国际法对全球公域中人类活动的最高指导原则。1967 年的《外层空间条约》规定，对包括月球和其他天体在内的外层空间的探索与利用，应当以所有国家的福利和全人类共同利益为导向。所有国家应在平等的基础上，不受任何歧视，根据国际法自由探索和利用外层空间，并自由进入天体的一切区域。该条约首次明确规定在外空活动中各国应遵循的"整体利益"、"不得据为己有"和"自由探索和利用"三原则。此后，关于海洋、大气、气候等领域的国际条约和法律文件几乎都会引用这些原则。当然，在全球公域中自由并非绝对，而是以尊重国际法与不损害他国利益为基础。

第二，人类共同继承财产（common heritage of mankind）原则。

"人类共同继承财产"这一概念的出现与国际海底区域蕴藏的矿产资源密不可分。1970 年联合国大会通过的《关于各国管辖范围以外海床

---

① 苏长和：《全球公共问题与国际合作：一种制度的分析》，第 6 页。
② 韩雪晴、王义桅：《全球公域：思想渊源、概念谱系与学术反思》，《中国社会科学》2014 年第 6 期；王义桅：《全球公域与美国巧霸权》，《同济大学学报》（社会科学版）2012 年第 2 期；王义桅：《美国重返亚洲的理论基础：以全球公域论为例》，《国际关系学院学报》2012 年第 4 期；张茗：《全球公域：从"部分"治理到"全球"治理》，《世界经济与政治》2013 年第 11 期；曹升生、夏玉清：《"全球公域"成为新式的美国霸权主义理论——评新美国安全中心及其东北亚战略设计》，《太平洋学报》2011 年第 9 期；马建英：《美国全球公域战略评析》，《现代国际关系》2013 年第 2 期；杨剑：《美国"网络空间全球公域说"的语境矛盾及其本质》，《国际观察》2013 年第 1 期；吴莼思：《美国的全球战略公域焦虑及中国的应对》，《国际展望》2014 年第 6 期；韩雪晴：《全球公域战略与北约安全新理念》，《国际安全研究》2014 年第 4 期。

与下层土壤之原则宣言》正式宣布国际海底区域为人类共同继承财产。此后，这一概念被逐步拓展到外层空间等领域，并在 1979 年的《月球协定》和 1982 年的《联合国海洋法公约》中得到确认。《联合国海洋法公约》第一条第 1 款规定，"'区域'是指国家范围以外的海床、洋底及其底土"；第一三六条规定，"'区域'及资源是人类共同继承财产"。①

"人类共同继承财产"的属性主要表现在：

（1）"人类共同继承财产"概念是以"人类"为主体的，在此"人类"的含义是指全人类，既包括今世的人类，还包括后世的人类；

（2）"人类共同继承财产"概念是以"财产"为客体的，在此"财产"的含义是指"区域"的任何部分及其资源；

（3）"人类共同继承财产"概念中的主体对财产所有权方式是"共同"的，而这种"共同"是指深海底区域及其资源的所有者是单一的，属于整体全人类，而不是为各国所共有或者按份额共有，这种单一性或整体性要求由国际管理机构实施统一管理，包括分配从"区域"获得的收益。

全人类共同所有是一种全新形式的所有关系，确立了涉及全人类共同利益之资源的法律地位；公平分享是人类共同继承财产原则的核心内容；国际管理是体现全人类共同所有的具体制度和实现公平分享的必经途径。②

那么"人类共同继承财产"原则的适用范围是什么呢？目前该原则主要适用于国际海底区域和外层空间。近年来，联合国及一些国家也试图将该原则适用于南极地区，但遭到南极条约协商国的反对。③ 除此之外，该原则的适用性有向各类生物资源、文化遗产领域扩展的趋势。④

---

① 《联合国海洋法公约》，http://www.un.org/zh/documents/treaty/UNCLOS-1982。
② "人类共同继承财产"原则的详细内容及分析，可参见赵理海《海洋法问题研究》，北京大学出版社，1996，第 103~119 页；欧斌、余丽萍、毛晓磊《论人类共同继承财产原则》，《外交学院学报》2003 年第 4 期；Kemal Baslar, *The Concept of the Common Heritage of Mankind in International Law* (The Hague, The Netherlands: Kluwer Law International, 1997)。
③ 赵理海：《海洋法问题研究》，第 114~118 页。
④ Kemal Baslar, *The Concept of the Common Heritage of Mankind in International Law*, introduction, p. xx.

第三，人类共同关切事项（common concern of mankind）原则。

"人类共同关切事项"可以解释为全人类社会重视和关心的事项。该原则向各主权国家提出了共同分担环境保护责任和履行相关义务的问题。除了全球公域应受到国际社会的共同监管和保护，广义的"人类共同关切事项"还可以延伸到许多领域，如生物遗传及资源保护、海洋环境保护、淡水的保护、大气和气候的保护、土壤和森林的保护、对危险物质和活动的控制等。这些都是全人类社会广泛关注并须付出大量人力、物力去研究的影响国家和社会发展的重要问题。"人类共同关切事项"这一概念首次出现在 1988 年联合国大会 43/53 号决议《为今世后代保护全球气候》中。① 1992 年的《联合国气候变化框架公约》开宗明义，"本公约各缔约方，承认地球气候的变化及其不利影响是人类共同关心的问题"。② 将此概念提升到重要地位的是 1992 年的《生物多样性公约》，其直接采用了"全人类共同关切事项"这个概念，并获得了缔约国的一致认可。③ 虽然迄今为止只有有关气候变化和生物多样性保护的国际公约中出现了"人类共同关切事项"的字样，但需要人类共同关注的问题越来越多却是不争的事实。正是在这个意义上，诸多全球性议题有望依据超越主权的国际规制得到解决，如公海污染治理、大气污染的防治、温室气体的排放限制、臭氧层的保护、外层空间垃圾的处理等。

以上这些原则都是经过多年的国际政治协商而得以确立的。在二战以后，全球公域治理一度取得长足进展，在联合国框架下建立了关于海洋公域、空气空间公域、太空的治理体系，还建立了南极条约组织框架，以及北极理事会（Arctic Council）组织，但目前新的全球公域治理机制建设面临不小挑战。一方面，既有的治理机制不足、碎片化等问题日益突出；另一方面，国与国之间的利益博弈日益激烈，如争夺海洋专属经济区的争端持久不息，《联合国气候变化框架公约》谈判各方相持不下，

---

① "Protection of Global Climate for Present and Future Generations of Mankind," UN General Assembly Resolution 43/53, 70th Plenary Meeting, December 6, 1988, http://www.un.org/documents/ga/res/43/a43r053.htm.

② 《联合国气候变化框架公约》，第 2 页，http://unfccc.int/resource/docs/convkp/convchin.pdf。

③ "Convention on Biological Diversity," p. 1, https://www.cbd.int/doc/legal/cbd-en.pdf.

太空军控没有实质性进展，而在网络空间，甚至连透明与信任建设措施也尚未提上议事日程。但全球公域概念的提出确实隐含了关于全球公共活动机制设计与制度安排的需求。通过调整行为体的成本预期、行为规则以及收益分配规范全球公域秩序。通过国际行为体间持久的双边或多边谈判及由此产生的各种组织、协议和条约，形成紧密联系的国际机制，有助于规范与塑造"无政府状态下的国际秩序"。

根据美国学者亚伯拉罕·M. 登马克和詹姆斯·马尔韦农等人的概括，全球公域具有如下特性：（1）不为任何单一实体所拥有或控制；（2）其作为整体的功用大于作为部分的功用；（3）对掌握了必要技术能力的国家和非国家行为者而言，能够为了政治、经济、科学和文化目的出入其中并加以利用；（4）对掌握了必要技术能力的国家和非国家行为者而言，能够作为军事移动的通道和军事冲突的场所。[①] 可以说，全球公域为人类社会提供了互动沟通的广阔平台和相互依存的利益纽带。虽然相互依存并不必然导致合作，但不同国家、地域的人们已开始在事实上结成"生存共同体"。

第三节　全球公域资源的特点和分类

全球公域幅员辽阔、资源[②]丰富，其所涉及的资源、区域或领域具有重要的公共使用价值，与全人类的生存发展和根本福祉紧密相连，能够为人类带来巨大的社会经济利益，并具有重要的战略意义。本书主要的关注点就是全球公域中所蕴藏的各种资源以及为了分配和管理这些资源而进行的外交决策和国际磋商。具体而言，主要研究与公海、极地、国际海底区域以及外层空间中的资源有关的政策问题，而其中以美国的相关政策为主要的考察对象。

---

① Abraham M. Denmark and James Mulvenon eds. , "Contested Commons: The Future of American Power in a Multipolar World," p. 11, http://www. cnas. org/files/documents/publications/CNAS%20Contested%20Commons_1. pdf.

② 《辞海》对资源的解释是："资财的来源，一般指天然的财源。"联合国环境规划署对资源的定义是："所谓资源，特别是自然资源是指在一定时期、地点条件下能够产生经济价值，以提高人类当前和将来福利的自然因素和条件。"上述两种定义只限于对自然资源的解释。

目前国际社会对全球公域治理无论是在资源问题还是在环保问题方面都达成了一些共识，但实际上第二次世界大战后世界各国围绕各类全球公域资源的利益博弈未曾间断，有时还异常激烈。这些围绕资源的博弈是推动国际社会和学术界不断寻找规范国家行为的方法和规则的重要动力。这也从另一个侧面说明全球公域资源的巨大价值，对世界各国具有强大的吸引力。有的学者指出，全球公域的兴起标志着人类文明范式的变革和人类"命运共同体"意识的觉醒。全球公域理论预设了一种世界共生的理想和人类"命运共同体"的意识——资源共管、制度共建、利益共享、责任共担。① 但实际上，全球公域资源共管的理念只是资源管理的选项之一，或是一种尝试和努力方向。从历史的角度看，现在已经被明确列为全球公域的某些区域在几十年前并不是不可以被国家占有。对全球公域中的区域和资源进行占有和分割，一直是对资源进行分配和管理的一种主要方式，例如，《联合国海洋法公约》提出了与沿海国专属经济区有关的规则。② 这个占有和分割的过程，不可避免地会伴随着国际行为体间的利益争夺。还有一些全球公域资源开发问题（如公海渔业问题、地球卫星轨道资源问题），一直需要各国通过谈判来解决，这是一个讨价还价的过程。根据国际物品的分类标准，全球公域资源开发问题的突出特点是在相当多的情况下体现为"对抗性"。所谓"对抗性"，是指一个单位的某种物品只能被一个个体来享用或消费，当出现两个或两个以上的个体要求共同享用或消费这类物品的时候，有关这种物品的使用和消费就会导致"零和"竞争和对抗状态。③ 具体说来，全球公域资源问题的对抗性特点体现在以下几个方面。

第一，全球公域中的许多部分是人迹罕至的区域，人类只是在近几

---

① 韩雪晴、王义桅：《全球公域：思想渊源、概念谱系与学术反思》，《中国社会科学》2014 年第 6 期，第 203 页。

② Per Magnus Wijkman, "Managing the Global Commons," *International Organization*, Vol. 36, No. 3, 1982, p. 512.

③ 关于国际物品的分类主要根据巴里·休斯（Barry Hughes）的划分方法。与"对抗性"相对的是"非对抗性"。此外还有"排他性"和"非排他性"的划分。参见 Barry B. Hughes, *Continuity and Change in World Politics: The Clash of Perspectives* (New York: Prentice-Hall, 1991), pp. 251 – 255。

十年才较大规模地对其进行科学探索。例如，人类在 20 世纪前半叶对大陆架和海底的潜在财富认识一直很有限，只是到了 1957 ~ 1958 年，"国际地球物理年"才重新激起人们对大洋底的兴趣;[①] 人类对外层空间的认识是 20 世纪 50 年代以来才开始形成的;人类对南极和北极等地区的科学考察虽然可以上溯到 19 世纪，但真正了解这些地区的整体情况也是二战之后的事情了。当代世界已是主权国家林立，几乎不可能出现一个国家在别国不知情的情况下独自考察或开发这些区域的情况。

第二，近几十年来，仍有一些曾经不属于国家管辖范围的区域被国家以某种方式圈占或先占。[②] 圈占行为对于全球公域问题来说是必须得到重视的。大陆架自 1945 年美国总统杜鲁门发布《杜鲁门公告》之后已被世界各国圈占完毕，南极和北极地区已有多个国家提出主权要求，虽然国际海底区域和外层空间没有任何国家提出主权要求并且有关国际公约已禁止国家提出主权要求，但国际海底区域和外层空间蕴藏的资源仍有可能被一些主体以排他性的方式占有，而且这些主体可能不仅仅是国家而已。

第三，有的全球公域资源，例如，公海渔业资源具有非常典型的"共有资源"(common resources) 特征，即哈丁所说的"公地"。在延续几百年和已被奉为国际习惯法的公海捕鱼自由原则的庇护下，各国都极力索取公海资源。当海洋捕捞生产作业和养殖生产活动有利可图时，渔民们总是趋向于提高捕捞强度和养殖密度。即使受教育程度较高的海洋渔民在利用公海资源时，也很少能够自主地控制过度捕捞。由于这种恶性竞争，世界各国不得不寻求有效的管理规则，以避免资源利用过程中产生冲突和解决上述资源过度利用的问题。

第四，全球公域资源的价值具有潜在性。国际社会在围绕这些问题

---

① 〔美〕杰拉尔德·J. 曼贡:《美国海洋政策》，张继先译，海洋出版社，1982，第 262 页。

② 国际法关于领土部分的内容都提到"无主地"问题以及"先占"是一种取得无主地的方式。无主地是不归任何国家所有之地。先占意味着国家占有无主地而取得对它的主权，是国家取得领土的一种原始方式。虽然不能简单地把"全球公域"称为无主地，并且现代国际法已否认先占作为取得领土方式的法律地位，但国际法学者们认为在一定情况下，先占仍是用来判定领土归属的一种方法。参见周鲠生《国际法》，第 381 页;周忠海主编《国际法》，第 250 页;周忠海《周忠海国际法论文集》，北京出版社，2006，第 42 页。

展开利益博弈时，相当多的情况下考虑的是这些区域的巨大价值前景，而非对这些资源进行立即开发。全球公域资源还具有价值不易估量的问题，这会导致国际谈判变得更加艰难。目前，谈判的主要障碍包括两方面：一是如何在资源的获取国之间进行分配；二是如果无法精确知道资源的价值，那么如何补偿那些没有办法获得资源的国家，很多情况下是无法对那些没有办法获得资源的国家进行补偿的。[①]

从国际法和国际政治互动的角度来看，全球公域是一种特殊的国际法领域，相关法律制度几乎都是在二战后才得到极大发展。这意味着国际法与国际政治之间的互相影响十分显著。其中全球公域本身所具有的价值以及其所蕴藏的资源是国际政治色彩仍然十分鲜明的原因。而政治的核心问题就是利益分配问题。[②] 当然，与全球公域相关的事务不只是资源利益的博弈，还涉及许多其他事务。环境保护问题也随着时代的发展而成为资源开发过程中难以回避的问题。但世界各国能否在全球公域主权归属、资源开发等问题上达成一致将很大程度上决定着这些区域的利益博弈是否会导致国际冲突的发生。本书从历史的角度关注全球公域思潮和国际法框架形成过程中的资源管理问题，必然涉及一些曾经不属于国家主权管辖范围之内，但目前已经被分割完毕的区域，而不仅仅是当下全球公域范畴内的资源管理问题。

那么，全球公域资源的类别主要有哪些呢？由于前文已经阐明，某些仍有争议的全球公域资源不在本研究范围之内，因此互联网等资源不是本书的研究对象。而有些目前来看仍非常丰富且不会引起激烈的国际争夺的资源也不是本书的研究对象，例如，阳光、大气、海水、风等自然资源。这些自然资源的流动目前并不受国家主权的控制，也未引起国家间的激烈争夺。但应该指出的是，目前没有引起激烈争夺的全球公域资源不代表着未来一定不会成为稀缺资源，而且全球公域的边界一直在扩大，有可能随着人类科技进步还会出现新的稀缺资源，这些都是值得

---

① Per Magnus Wijkman, "Managing the Global Commons," *International Organization*, Vol. 36, No. 3, 1982, p. 515.

② 关于政治的一种解释是"政治就是谁得到什么，何时和如何得到"。参见 Harold D. Lasswell and Abraham Kaplan, *Power and Society* (New Haven, Conn. : Yale University Press, 1986)。

关注的。

本书讨论的全球公域资源主要分为以下几类，这些类别本身的界定以及其中蕴藏的资源情况如下。

一　大陆架

目前基本上属于沿海国管辖的大陆架在二战结束后的一段时期内并不在国家主权管辖范围之内。[①] 研究全球公域资源问题的历史需要对大陆架所有权地位的变迁进行把握，因此大陆架是本书重要的研究对象之一。

大陆架是环绕大陆较平坦的浅海地带，其宽度是从海岸带低潮线开始向外延伸到坡度显著增大的深海为止。大陆架的坡度一般较小，一般不超过 0.1 度。[②] 大陆架外缘的海水深度一般为 100～200 米，平均深度为 132 米，宽度从几公里到 370 公里以上，平均宽度为 75 公里。大陆架的地形与附近陆地地形有密切的关系，一般平原之下大陆架广阔，高山之下大陆架狭窄。全世界大陆架面积约为 2750 万平方公里，占地球陆地总面积的 18%，占海洋总面积的 7.6%，四大洋中以太平洋的大陆架面积为最大。《联合国海洋法公约》第七十六条规定："沿海国的大陆架包括其领海以外依其陆地领土的全部自然延伸，扩展到大陆边外缘的海底区域的海底和底土，如果从测算领海宽度的基线量起到大陆边的外缘的距离不到二百海里，则扩展到二百海里的距离，或扩展至 2500 米水深处（二者取小）；如果自然的大陆架宽度超过 200 海里而不足 350 海里，则自然的大陆架与法律上的大陆架重合；自然的大陆架超过 350 海里，则法律的大陆架最多扩展到 350 海里。"[③] 因为大陆架资源丰富，对大陆架的划分和主权拥有，就成为国际上十分重视和争议异常激烈的问题。大陆架上的自然资源的主权归属沿海国所有，但相邻和相对沿海国间存有

---

① 1958 年联合国第一次海洋法会议上通过的《大陆架公约》第一次从国际法角度给大陆架下了一个法律定义，并且引起世界上法学家的广泛争论。1982 年《联合国海洋法公约》才确定了为世界上绝大多数国家所接受的大陆架定义。

② 大陆架外是大陆坡，在这里海床坡度突然增大，往往达 3～6 度或更大，水深一般为 200～1500 米。从大陆坡脚起海床又趋平缓，称大陆隆起或大陆基，一般坡度只有 1 度左右，水深可逐渐加深至 4000～5000 米，大陆隆起之外是深海海底。

③ 《联合国海洋法公约》第七十六条。

具体划界的问题。

大陆架的面貌与大陆基本上是一样的。在大陆架上有流入大海的江河冲积形成的三角洲。在大陆架海域中，到处都能发现陆地的痕迹。大陆架上的沉积物几乎都是由陆地上的江河带来的泥沙，而海洋的成分很少。泥炭层是大陆架上曾经有茂盛植物的一个印证。泥炭层中含有泥沙和尚未完全腐烂的植物枝叶，有机物质含量极高。黑色或灰黑色泥炭可以作为燃料。除了泥沙，永不停息的江河就像传送带，把陆地上的有机物质源源不断地带到大陆架上。大陆架由于得到来自陆地的丰富营养物质的供应，成为最富饶的海域。这里有丰富的矿藏和海洋资源，目前已发现的矿产有石油、煤、天然气、铜、铁等20多种。按其性质和产状，一般可以分为海底流体矿床、海底固结矿床和海底碎屑矿床三大类。①在海底流体矿床中最重要的就是石油，其中已探明的石油储量占整个地球已发现的石油储量的三分之一。海底石油的分布相当广泛，波斯湾、中国东南沿海、苏伊士湾、北海、墨西哥湾、黑海，以及委内瑞拉、印尼和澳大利亚沿海等地，都有很大的储量。蕴藏在大陆架中的海洋能量资源除石油、天然气和煤以外，目前已经开发利用的能源还有海洋动能、热能、化学能和原子能等几大类。在潮汐、波浪、海流等各种形式的海水运动中，都蕴藏着巨大的动能。海底固结矿床的种类很多，从煤、铁、硫、各种盐类到锡、镍、金、钴等都有发现。海底碎屑矿床主要是河流泥沙等陆源碎屑沉积物中的矿物质富集而成的砂矿，具体种类如金刚石矿、锡矿、砂金矿、磷矿等。

大陆架的海水化学资源也是非常重要的资源。截至目前，人们已经知道海水中约含有70多种元素。人类除提取食盐、芒硝的历史较久外，近年来在提取金属镁和镁的化合物，以及在淡化海水等方面也有较大的成绩。大陆架的海水化学资源仍有极大的开发潜力。

大陆架的浅海区是海洋植物和海洋动物生长发育的良好场所，全世界的海洋渔场大部分分布在大陆架海区。大陆架区的海洋生物资源多种多样，其中以鱼类最为重要。次于鱼类的是无脊椎动物、海兽等。此外，还有海底森林和多种藻类植物，有的可以加工成多种食品，有的是良好

---

① 孙寿荫：《世界大陆架的自然资源概况》，《海洋科技资料》1980年第1期，第66页。

的医药和工业原料。①海藻的种类很多，用途很广，除可供食用或作为工业原料外，还可以作肥料、饲料，制造药材。较重要的有海带、紫菜、石花菜、鹿角菜等。大陆架还是珍珠贝、珊瑚、海绵等特殊海产的重要产区，其对于水产养殖业的发展也很重要。大陆架并不是永远不变的，它随着地球地质的演变，不断产生缓慢而永不停息的变化。

二　国际海底区域

国际海底区域指国家管辖范围以外的海床和洋底及其底土。国际海底区域是《联合国海洋法公约》设立的一个新概念。20 世纪 50 年代末，世界上与海洋相关的技术得到极大发展，随着海洋活动的进展，海底结核矿产的开采前景引起了世界的广泛关注。各国之间围绕海底的政治斗争也随之展开，其核心和关键在于海底的归属及其相关利益的分配，也正是围绕国际海底制度的争论以及联合国海底委员会的建立引发了整个国际海洋法的深刻变革，并直接推动了联合国第三次海洋法会议的召开和《联合国海洋法公约》的产生。从 1973 年到 1982 年，经过了 9 年共 11 期会议的磋商，各利益方终于达成妥协、平衡的"一揽子协议"。《联合国海洋法公约》第十一部分确立了国际海底区域及其资源为"人类的共同继承财产"的制度。其中规定，任何国家不应对国际海底区域的任何部分或其资源主张或行使主权或主权权利，任何国家或自然人或法人，也不应将"区域"或其资源的任何部分据为己有。任何这种主权和主权权利的主张或行使，或这种据为己有的行为，均应不予承认。②

由于不满意《联合国海洋法公约》中的国际海底制度部分，美国、英国、德国等西方国家在《联合国海洋法公约》开放签署前后，相继出台了一些单方面的国内立法，与之相抗衡。1994 年 11 月 16 日，《联合国海洋法公约》正式生效，国际海底管理局同时成立，这标志着一套公

---

① 大陆架资源问题可参见伍水地《大陆架》，商务印书馆，1979，第 34～54 页；〔美〕L. R. 小赫斯顿《大陆架》，北京大学地质地理系译，商务印书馆，1972；〔美〕帕姆·沃克、伊莱恩·伍德《辽阔的大陆架》，王中华译，上海科学技术文献出版社，2006；国家海洋局海洋发展战略研究所编《专属经济区和大陆架：基本制度、划界方法、开发保护》，海洋出版社，2002，第 15～32 页。
② 参见《联合国海洋法公约》第十一部分。

认的国际海底区域制度的基本确立，但美国至今未批准《联合国海洋法公约》。

国际海底区域资源主要包括以下几类。①

（1）富含铜、镍、钴、锰等金属的多金属结核，又称锰结核。② 多金属结核系由包围核心的铁、锰氢氧化物壳层组成的核形石。核心可能极小，有时完全晶化成锰矿。肉眼可见的可能是微化石（放射虫或有孔虫）介壳、磷化鲨鱼牙齿、玄武岩碎屑，甚至是先前结核的碎片。壳层的厚度和匀称性由生成的先后阶段决定。有些结核的壳层间断，两面明显不同。结核大小不等，小的颗粒用显微镜才能看到，大的球体直径达20多厘米。结核一般直径为5～10厘米，表面多为光滑，个别也有粗糙。结核位于海底沉积物上，往往处于半埋藏状态。结核丰度差别很大，有些地方结核鳞次栉比，遍布70%的海底。但一般认为，在1平方公里范围内，平均丰度要达到每平方米15公斤才具有经济价值。结核在不同深度的海底都存在，但在4000～6000米深度的海底赋存量最为丰富。具有经济价值的结核主要成分为锰（29%），其次为铁（6%）、硅（5%）和铝（3%）。最有价值的金属含量较少：镍（1.4%）、铜（1.3%）和钴（0.25%）。多金属结核的增长速度极为缓慢，仅为每百万年几毫米至几厘米。

（2）分布于海底山表面的富钴结壳和分布于大洋中脊及断裂活动带的多金属硫化物。富钴结壳，也被称为铁锰结壳，在海底山的斜坡和山顶形成，含有锰、铁和其他各种金属（钴、铜、镍和铂等）。根据品位、储量和海洋学条件，赤道附近的太平洋地区具有最大的开采潜力，特别是在约翰斯顿岛（美国）、马绍尔群岛及太平洋中部的国际海底和专属经济区内。法属波利尼西亚、基里巴斯共和国和密克罗尼西亚联邦的专属经济区也被视为开采富钴结壳的潜在地点。而大西洋和印度洋的富钴结壳的储量要少得多。富钴结壳的开采比从深海平原中采集锰结核

---

① 参见中华人民共和国常驻国际海底管理局代表处网站，http://china-isa.jm.chineseembassy.org/chn/gjhd/hdzy/t218967.htm。

② 多金属结核首先是1868年在西伯利亚岸外的北冰洋喀拉海中发现的。1872～1876年，英国"挑战者"号考察船在进行科学考察期间，发现世界大多数海洋都有多金属结核。

更具挑战性，主要因为结壳附着在岩基上。结壳中的矿物很可能是因细菌活动，从周围冰冷的海水中析出沉淀到岩石表面。结壳形成的厚度可达25厘米。据估计，有大约635万平方公里的海底（占海底面积1.7%）为富钴结壳所覆盖。据此推算，钴总量约为10亿吨。结壳分布于约400～4000米水深的海底。形成一个厚厚的结壳层可能需要6000万年的时间，是地球上最缓慢的自然过程之一。钴金属具有广泛的用途，如用于喷气式飞机发动机和电池技术等。

1979年，在北纬21度下加利福尼亚（墨西哥）海岸外的东太平洋海隆，科学家在勘探洋底时发现位于硫化物丘上的烟囱状黑色岩石构造，烟囱涌喷热液，周围的动物物种前所未见。这些黑烟囱体是新大洋地壳形成时所产生的，为地表下面的构造板块汇聚或移动和海底扩张所致。深海喷口主要集中在太平洋、大西洋、北冰洋和印度洋的中脊上。这些热液在与周围的冷海水混合时，水中的金属硫化物沉淀到烟囱和附近的海底上。这些硫化物，包括铅矿、锌矿和铜矿，积聚在海底或海底表层内，形成几千吨至约一亿吨的块状矿床。太平洋海底硫化物矿床的铜含量高，锌、金和银富集量很大，位于相对较浅的水域。在已没有火山活动的地方，科学家也发现了许多多金属硫化物矿床。多数矿点位于海洋中部，分布于东太平洋海隆、东南太平洋海隆和东北太平洋海隆。对几个大洋中脊矿床的估计显示，其规模在100万吨到1亿吨之间。

（3）含有甲烷、乙烷、丙烷或丁烷的天然气水合物。天然气水合物的形成取决于许多因素，包括海底微粒有机碳的积累、有机物的微生物降解及其相关的甲烷产生。天然气水合物是类似冰的固体结构，在低温和高压条件下由气体和水合成，具有极强的储载气体的能力，一个单位体积的天然气水合物可储载100～200倍于这个体积的气体。其中甲烷水合物是最常见的水合物。目前通过对全球天然气水合物储量的估计，其总量换算成甲烷气体约为1.8亿～2.1亿亿立方米，大约相当于全世界煤、石油和天然气总储量的两倍，被认为是一种潜力很大的新型能源。在全球范围内已经确定了约220个矿床。发育天然气水合物的地点主要分布在北半球，以太平洋边缘海域最多，其次是大西洋西岸。大陆架边缘占有世界上95%的甲烷水合物矿床。但是对占大洋大部分面积的深海洋盆中的天然气水合物分布情况，目前人类还知之甚少。水合物最常见于1000～3000 米的海水深处，通常不会形成在 600 米以上的水中，因为水温不够低，但在北极天然气水合物可能会形成在约 250 米的浅水中。

（4）生活于深海底的生物群落。① 深海底是地球上最不为人所知的生态环境之一，它不易接近也不同于其他海洋生态系统。因为海底没有阳光的直接照射，按照一般科学理论，没有阳光照射的地方，不可能进行光合作用，相应地也就没有生物能够生存。然而，人类近些年来才发现深海是地球表面生物多样性最为丰富的地区。1977 年的一次科学考察活动发现，在加拉帕戈斯群岛西北 200 英里外的海底热液口栖息有密集的生物群落。从那时起，在多金属结核、热液喷口、海山、深海沟、海底峡谷以及冷泉等地方都发现了重要的生物群落集合。例如，沿洋脊分布的热液喷口周围活跃着蓬勃的生物群落，包括管状蠕虫、贻贝、蛤、虾以及广泛存在的微生物。广袤的海底盆地沉积物中分布着种类丰富的多毛环节类动物、线虫和有孔虫等生物群落。这些生命依靠的不是光合作用，而是另一种不同的过程，即化学合成。由于深海中的所有生物都是在极端压力和完全黑暗的条件下进化而成的，它们的生理学和遗传学特征非常独特。位于热液喷口周围、处于食物链底部的微生物利用化学合成而不是光合作用，与当地无脊椎动物共生。因其生存的特殊环境，深海底生物资源的保护和利用已引起国际社会的高度重视。深海底生物处于独特的物理、化学和生态环境中，尤其热液喷口区的生物在高压、剧变的温度和高浓度的有毒物质包围下，形成了极为独特的生物结构、代谢机制，体内产生了特殊的生物活性物质，例如嗜碱、耐压、嗜热、嗜冷、抗毒的各种极端酶。这些特殊的生物活性物质功能各异，是深海底生物资源中最具应用价值的部分，对研究生物在特殊环境下的适应能力等方面有着极为重要的意义。深海底生物资源在工业、医药、环保等领域都将有广泛的应用前景。目前，国际上深海底生物基因资源的应用已经带来数十亿美元的产业价值。另外，深海底生物多样性对海洋的整体健康至关重要。深海生态系统"深度参与"全球生物化学循环，其可持续运作对于营养物再生、气候稳定等至关重要。此外，这些生物可能

---

① 严格来说，这些生物既存在于国际海底区域，也存在于公海中，本书将这一类问题放在"国际海底区域资源开发"这个部分阐述。

对地球上生命的长期存在至关重要。然而，对于这种生物资源应如何确定其归属并合理利用是国际社会目前争议很大的问题，存在制度空白。遗传技术是了解深海微生物多样性的关键，因此，目前这一问题也被统称为海洋遗传资源（marine genetic resources，MGRs）问题，也成为联合国关于国家管辖范围以外的生物多样性谈判的重要内容。

总之，国际海底区域将成为 21 世纪多种自然资源的战略性开发基地，可能形成包括深海采矿业、深海生物技术产业、深海技术装备制造业等产业门类在内的深海产业集群。[①]

三　公海

在古代，人类开发利用海洋的能力十分有限，对于海洋的全貌缺乏了解，并不知道世界上的海洋究竟有多大。古罗马最初认为海是公有的，任何人不得占有，但当其强大后，则提出海洋应归罗马所有。希腊和意大利的城邦国家，也对海洋提出权利要求。16 世纪，许多开始进入资本主义阶段的西欧新兴国家认为对海洋的割据和垄断不利于经济发展。荷兰法学家格劳秀斯 1609 年发表了《海洋自由论》，首先提出海洋不能成为任何国家的财产的主张。[②] 英国在 18 世纪初取得海上霸权以后，开始倾向于把海洋划分为属于沿海国主权范围的领海与不属任何国家的公海。随后，公海的观念逐渐被普遍接受。但就领海和公海如何划分，各国长期处于争论之中。1782 年意大利人费迪南多·加利亚尼（Ferdinando Galiani）鉴于当时大炮射程约三海里，便建议领海宽度为三海里，后来发展成为"三海里规则"。[③] 实际上当时各国领海宽度很不一致，除了三海里，还有北欧国家主张的四海里、土耳其等地中海国家宣称的六海里。第二次世界大战之后，联合国为解决海洋法上面临的重大挑战，共召开过三次海洋法会议，制定了一系列的规范性文件，海洋法体系建设取得了重大进展。1958 年《公海公约》规定，"'公海'一词系指不包括在

---

① 参见中华人民共和国常驻国际海底管理局代表处网站，http://china-isa.jm.chineseembassy.org/chn/gjhd/hdzy/t218967.htm。
② 李广民、欧斌主编《国际法》，清华大学出版社，2006，第 244 页。
③ James Crawford，*Brownlie's Principles of Public International Law*，8th edition（Oxford，UK：Oxford University Press，2012），p. 256.

一国领海或内海内的全部海域"。① 该公约并没有使公海的面积缩小，在该次会议和后来的联合国第二次海洋法会议上，各国都没有就领海的宽度达成一致。

1982 年，《联合国海洋法公约》生效，公海的概念发生了很大的变化。公约关于公海制度的规定，打破了传统海洋法坚持的领海之外即是公海的观点。《联合国海洋法公约》规定公海是"不包括在国家的专属经济区、领海或内水或群岛国的群岛水域以内的全部海域"。② 这样专属经济区和群岛水域就不再属于公海，公海的面积缩小了，目前大约占海洋总面积的60%。公约规定公海供所有国家平等地使用。它不是任何国家领土的组成部分，因而不处于任何国家的主权之下。任何国家不得将公海的任何部分据为己有，不得对公海本身行使管辖权。公海自由是公海法律制度的基础。公海自由包括：1. 航行自由；2. 飞越自由；3. 铺设海底电缆和管道的自由；4. 建造国际法所容许的人工岛屿和其他设施的自由；5. 捕鱼自由；6. 科学研究的自由。③ 但公海自由原则并不是绝对的、毫无节制的，而是有限制的、有条件的。它既受国际法有关规则的限制，又受各国达成的条约义务的约束。

海洋是地球生物多样性最丰富的区域，拥有丰富的生物资源。公海区域目前最为重要的资源就是海洋生物资源。

海洋生物资源是人类最早利用的重要资源之一。从生物学角度看，海洋生物资源包括脊椎动物资源、无脊椎动物资源和藻类植物资源。海洋生物资源的主要特点是通过生物个体的繁殖，资源得到不断更新，并通过一定的自我调节达到数量上的相对稳定。在条件有利于生物繁殖的情况下，生物种群数量能迅速上升。在不利的条件下，种群数量会迅速下降。海洋生态系统具有一定的自我调节能力，是一个动态的平衡过程。但平衡一旦遭到破坏，就意味着海洋生物资源的破坏。海洋生物生存离不开海洋生态环境，人类生产活动对渔业资源及海洋环境可以造成重大

---

① "Convention on the High Seas," p. 2, http://www.gc.noaa.gov/documents/8_1_1958_high_seas.pdf.

② 《联合国海洋法公约》第七部分。

③ 《联合国海洋法公约》第八十七条。

影响。海洋曾经被认为蕴藏着取之不尽的资源。① 随着人类科学技术水平的不断进步，人类捕鱼的方式和方法得到了极大的丰富和提高。这种趋势在第二次世界大战之后尤为明显，有力推动了远洋渔业的发展，从而使世界渔获量急剧增加。但同时，海洋渔业资源却面临不断萎缩和枯竭的危险，一些主要的渔业资源产量出现了大幅减少。由此，人们也开始慢慢认识到，如果不加以保护，海洋资源尤其是海洋生物资源是可能被耗尽的。目前，大约85%的世界渔场已经接近或超过了其生态极限，必须通过严格的管理才能得到恢复。② 近半个世纪以来，国际社会通过制定相关的公约、条约或协定，对公海捕鱼自由原则进行了比较大的限制。

鱼类资源是海洋生物资源中最重要的一类，目前海洋鱼类超过1.6万种，但真正具有捕捞价值的有约200种。海洋无脊椎动物资源中，经济价值较大的有130多种，如牡蛎、扇贝、乌贼、章鱼、龙虾、对虾、海参、海蜇等。海洋脊椎动物资源包括海鸟、海龟和海洋哺乳动物，如鲸、海豹等。此外，还有藻类植物资源。《联合国海洋法公约》附件一中所列举的海洋生物资源主要涉及鱼类种群和鲸类。全球渔业产量（包括海洋和内陆渔业）在过去50年中处于稳定增长状态。其中食用鱼类供应以每年3.2%的速度增长，比世界人口每年1.6%的增长速度要快一倍。世界人均鱼类食用量从20世纪60年代的9.9公斤上升到2012年的19.2公斤。③ 世界海洋渔业产量在1996年达到顶峰，此后有所下降，但一直保持在7900万吨左右。2011年，海洋渔业产量为8260万吨，2012年为7970万吨。④ 从2006年至2009年，全世界从海洋

---

① 400多年前，荷兰法学家格劳秀斯断言，海洋渔业资源是不会枯竭的，因此任何人都可以在不冒犯其他人利益的情况下自由捕捞，没有必要明确这种资源的所有制关系或进行任何的管理。此后在18和19世纪，托马斯·赫胥黎（Thomas H. Huxley）等思想家也假定就海洋的规模而言，用于商业开发的鱼类和贝类是无比丰富的。这些思想曾对渔业管理的理念与实践产生过深远影响。

② 参见世界自然基金会（World Wildlife Fund）官方网站，http://www.worldwildlife.org/threats/overfishing。

③ "The State of World Fisheries and Aquaculture," Food and Agriculture Organization of the U-nited Nations, 2014, p. 3, http://www.fao.org/3/a-i3720e.pdf.

④ "The State of World Fisheries and Aquaculture," Food and Agriculture Organization of the U-nited Nations, 2014, p. 5, http://www.fao.org/3/a-i3720e.pdf

捕捞的水产品中90%是鱼类,其余为鲸类、甲壳类和软体动物等。

《联合国海洋法公约》确立的200海里专属经济区制度已使占世界海洋总面积35.8%的区域以领海、大陆架和200海里专属经济区的形式划归沿海国家管辖,其他64.2%(约合2.3亿平方公里)的区域仍为世界公有。目前,占世界95%渔获量的海区已置于各沿海国管辖之下。

过去由于技术的限制,赴公海捕鱼成本较高,利润相对较低。但自进入20世纪之后,随着科技水平的不断提高,公海渔业在人类整个渔业生产活动中的地位逐渐得到提高。公海鱼类资源主要包括跨界鱼种(straddling stocks)和高度洄游(highly migratory stocks)鱼种。除鱼类资源外,尚有大量可为人类提供食物、保健、生活和生产原料的生物资源。其中比较重要的有以下几种。

(1)金枪鱼(又名鲔鱼)。金枪鱼是一种大型食用鱼,具有非常重要的经济意义。在大西洋、印度洋、太平洋和地中海,它们有大约40个品种。其全球产量呈持续增长趋势,从1950年的不足60万吨增加到现今的超过600万吨。从捕捞重量和经济价值角度来看,主要上市金枪鱼是金枪鱼和类金枪鱼品种中最具重要性的。世界很多地方都从事金枪鱼的捕捞活动,金枪鱼几乎在全球范围内进行交易,而且在世界多个地方进行加工和消费。2010年,主要上市金枪鱼的捕捞量接近400万吨,约占所有金枪鱼和类金枪鱼总捕捞量的67%。捕捞的主要上市金枪鱼中大部分来自太平洋(占2010年主要上市金枪鱼总捕捞量的70.5%),而印度洋的捕捞量(2010年占19.5%)也大大超过了大西洋和地中海的捕捞量(2010年占10.0%)。[1] 表1-2列出每个主要上市金枪鱼品种在2010年总捕捞量中所占的比例。

表1-2　2010年全球主要上市金枪鱼品种占总捕捞量的比例

单位:%

长鳍金枪鱼(ALB)	5.9
大西洋蓝鳍金枪鱼(BFT)	不足1

---

[1] 《按种群列出的全球金枪鱼捕捞量》,联合国粮食及农业组织官方网站,http://www.fao.org/fishery/statistics/tuna-catches/zh。

续表

大眼金枪鱼（BET）	8.2
太平洋蓝鳍金枪鱼（PBF）	不足 1
蓝鳍金枪鱼（SBF）	不足 1
鲣（SKJ）	58.1
黄鳍金枪鱼（YFT）	27.1

资料来源：《按种群列出的全球金枪鱼捕捞量》，联合国粮食及农业组织官方网站，http://www.fao.org/fishery/statistics/tuna-catches/zh。

（2）鲸类。人类猎捕的鲸类以蓝鲸、长须鲸、露脊鲸、抹香鲸、座头鲸、北极鲸、灰鲸、鳁鲸、小鳁鲸等为主。由于鲸油是贵重的工业原料，历史上欧洲和美洲一些国家的捕鲸活动长盛不衰。19 世纪后半期，捕鲸业引进蒸汽动力的船只，并且鱼叉的出现也对鲸鱼造成了重大威胁。但石油的发现、过度捕杀等因素使得捕鲸业在 19 世纪末期日趋衰落。在 20 世纪，人们发现了鲸产品的新用途，于是捕鲸业便又再次振兴，鲸的种群面临灭绝的危险。① 1961/1962 年度鲸类捕获量达 6.6 万余头，达历史最高。20 世纪 60 年代的主要捕鲸国家有挪威、日本、英国、苏联和荷兰。自 20 世纪中叶起，由于过度猎捕导致鲸类资源大幅减少以及国际上对捕鲸活动的限制，捕鲸业再度衰落。1986 年，国际捕鲸委员会（IWC）决定暂停商业捕鲸，但少数国家（如日本、挪威等）仍有少数用于科学研究的捕鲸配额，为"研究"而捕杀的鲸的肉可销售以取得利益。1992 年 6 月，冰岛退出国际捕鲸委员会。1994 年，国际捕鲸委员会禁止成员国在非洲南部、澳大利亚和南美洲进行捕鲸活动。

（3）磷虾。磷虾是一种类似虾的海洋无脊椎动物，是须鲸、蝠鲼、鲸鲨、海豹以及一些海鸟的食物。它是接近食物链最底部的关键物种。磷虾分布于世界各个海洋，主要是在南冰洋和日本周围的海洋。磷虾由于生活在寒带水域，富含以 DHA 和 EPA 为代表的 omega - 3s 等药用成分以及丰富的活性物质。每只磷虾体长 3 ~ 5 厘米，其体内高质量的蛋白质

---

① "High Seas Resources," Fisheries and Aquaculture Department, Food and Agriculture Organization of the United Nations, http://www.fao.org/fishery/topic/1859/en.

含量是其他动物性食用蛋白质的 2~3 倍，10 只成体磷虾就相当于 250 克猪肉的营养价值。南极磷虾资源丰富，其蕴藏量大约是 10 亿~50 亿吨，是世界上最大的蛋白质库。从生态平衡观点来看，每年捕获 1 亿~1.5 亿吨磷虾不会影响海洋生态，这相当于当今世界一年渔业总捕获量的 2 倍。世界上现有的磷虾捕捞量与捕捞限额之间相差巨大，因此具有开发和利用的潜力。但南极磷虾开发面临着一些成本和技术方面的限制。从 19 世纪开始，磷虾就一直是人类重要的食物来源。现在磷虾大多被用作水产养殖饲料。1983 年，全球捕猎磷虾的数量达到最高峰，仅南冰洋就有约 52.8 万吨的磷虾被捕获。目前，在南极捕磷虾的国家主要有日本、韩国、乌克兰和波兰等。全球每年在南极海域捕获的磷虾约为 10 万吨。[①]

（4）大洋头足类资源。头足类生命周期短，生长快，营养价值高。头足类中具有潜在经济价值的有 70 余种，分别隶属于 15 个科，其中柔鱼科、枪乌贼科、乌贼科和蛸科最为重要，占世界头足类产量的 90% 以上。柔鱼科是大洋性种类，而枪乌贼科、乌贼科和蛸科是浅海性种类。自 20 世纪 70 年代以来，世界头足类产量呈现增长趋势，年均增长率超过世界海洋渔获量的增长率。其中，大洋性柔鱼类产量约占总产量的 60% 左右。据联合国粮农组织估计，世界头足类资源量在 1 亿吨以上，每年可捕量超过 1000 万吨。2010 年世界头足类总产量为 470 万吨，因此头足类资源开发潜力还很大。[②] 近年来，头足类产量逐年增长，其主要原因一方面是人类对水产品需求的持续增加，另一方面是传统经济鱼类资源的过度捕捞。有证据显示，当底层鱼类资源因人类过度开发而减少时，头足类资源量则因为底层鱼类捕食机会的降低，及食物竞争压力的减少而增加。目前，一些近海的传统性头足类资源由于人类的过度捕捞，其数量已出现减少。但对一些大陆架深水区的头足类资源，人们开发利用的还较少，资源量极大的南大洋头足类渔场还尚未被开发。例如，帆鱿鱼科在 200~800 米的南极中层海域高度集中，但是目前还没有专门方法去捕捞。

---

① 陈雪忠、徐兆礼、黄洪亮：《南极磷虾资源利用现状与中国的开发策略分析》，《中国水产科学》2009 年第 3 期，第 451~457 页。

② 叶守建等：《全球头足类资源开发现状分析及发展建议》，《渔业信息与战略》2014 年第 1 期，第 11 页。

四　南极

南极是根据地球旋转方式确定的最南点。它通常表示地理上的南极地区，有一个固定的位置。南极地区根据 1959 年《南极条约》第六条规定，是指地球南纬 60 度以南的地区，[①] 包括南极洲及其附近的岛屿和海洋，总面积约 6500 万平方公里。南极洲包括南极大陆及其周围岛屿，总面积约 1400 万平方公里。其中大陆面积为 1239 万平方公里，岛屿面积约 7.6 万平方公里，海岸线长达 2.47 万公里。南极洲另有约 158.2 万平方公里的冰架。南极大陆 95% 以上的面积为厚度极高的冰雪所覆盖。因为独特的地理位置和自然环境，直到今天南极大陆仍是唯一没有常住居民的大陆。1908 年之前，从未有任何国家对其提出主权要求。1908 年以后，英国、澳大利亚、新西兰、法国、挪威、智利和阿根廷根据先占原则和扇形原则相继提出主权要求，但这些主权要求并没有得到世界各国尤其是美、苏（俄）等大国的承认，美国和俄罗斯均声明保留其在南极的权利。到 20 世纪 40 年代，南极洲主权争夺越来越激烈。[②] 此后，美国提出相关国家应签订冻结主权要求的协议。1959 年 12 月 1 日，上述七国加上苏联、比利时、南非、日本和美国共 12 国签署了《南极条约》，确立了冻结南极主权要求、南极非军事化非核化以及南极只用于科学目的等原则，至此南极纷争告一段落。《南极条约》目前仍然是规范南极法律地位及各国在南极活动的重要法律文件。

南极地区的矿产资源极为丰富，[③] 主要分布在东南极洲、南极半岛和沿海岛屿地区。如南部有金、银和石墨矿，整个西部大陆棚的石油、天然气均很丰富，查尔斯王子山有巨大的铁矿带，乔治五世海岸蕴藏有

---

① 《南极条约》第六条，国家海洋局极地考察办公室网站，http://chinare.mnr.gov.cn/catalog/detail? id = a061ea2974954f87b049245bc12542ad&from = zcfggjfg&currentIndex = 3；《南极条约》英文原始文本，南极研究科学委员会网站，https://www.ats.aq/e/antarctictreaty.html。

② 1952 年 1 月 30 日，英国和阿根廷为争夺南极半岛霍普湾地区差点发生冲突。

③ 关于南极资源和政治状况的著述，可参见位梦华、郭琨编著《南极政治与法律》，法律出版社，1989；位梦华、胡领太编著《神奇的南极：南极属于谁》，海燕出版社，1992；邹克渊编著《南极矿物资源与国际法》，现代出版社，1997；Ethel Rosie Theis，"In the National Interest: United States Antarctic Policy, 1960 - 1992," Ph. D. Dissertation, The George Washington University, 1993, pp. 368 - 375。

锡、铅、锑、钼、锌、铜等金属，南极半岛中央部分有锰和铜矿，沿海的阿斯普兰岛有镍、钴、铬等，南桑威奇群岛和埃里珀斯火山储有硫黄。据已查明的资源分布来看，在南极地区煤、铁和石油的储量非常大，目前已经发现的矿种就有 220 种之多。其他矿产资源还正在勘测过程中。在南极地区，人类可望发现更多更丰富的矿产资源。

南极石油储量为 500 亿～1000 亿桶，天然气储量为 3 万亿～5 万亿立方米。南极的罗斯海、威德尔海和别林斯高晋海以及南极大陆架均是石油和天然气的主要产地。在有些地方，如罗斯海大陆架，油气的埋藏深度甚至不足百米，而容纳油层的沉积物厚度竟达到 3000～4000 米。石油实际上还不是南极的能源储存大项，南极最具有代表性的地下资源是南极冰盖和周边海底中含有的固体甲烷。据预测，其埋藏量远远超过地球上现存的所有燃料（石油＋煤炭）储量的总和，是能够替代石油或煤炭的清洁能源。

南极有世界上最大的煤田，其位于东南极冰盖之下，储量约为 5000 亿吨，而且是高质量的煤炭，许多煤层直接露出地表。早期南极探险家在露岩区采集标本时经常发现煤并用它来做饭、取暖。铁矿是南极最富有的矿产资源之一，主要分布在东南极洲。据科学家们勘测，在查尔斯王子山脉南部的地层内，有一条厚度达 400 米、长 120～180 公里、宽 5～10 公里的条带状富磁铁矿岩层，矿石平均品位达 32%～58%，是具有工业开采价值的富铁矿床。据初步估算，它的蕴藏量可供全世界开发利用 200 年。此外，南极洲还富藏铜、钼、铅、锡、锰、钛、金、银等有色金属矿。

南极还是人类最大的淡水资源库，南极洲 95% 以上的面积常年被冰雪覆盖，形成一个巨大而厚实的冰盖，它的平均厚度达 2450 米，不少地方达到了 4000 米，最厚的达 4800 米。冰雪总量约 2700 万立方公里，占全球冰雪总量的 90% 以上，储存了全世界可用淡水的 72%。南极冰盖形成于几十万年或几百万年前，甚至比人类的历史还要久远，是地球上最纯净的水源。南极冰盖由于受重力作用和大陆地形坡度的影响，不断从大陆内部向沿海流动，最后崩裂，坠入大海成为漂浮的冰山。据估算，每年从南极大陆崩裂入海的冰山和冰块量达 14000 多亿吨，体积约 1200 立方公里。即使把冰山总量的 10% 拖运到干旱地区，也足以浇灌 1000 万公顷的农田，或者解决 5 亿人的用水问题。这不仅对那些干旱缺水的国家有很大的吸引力，甚至连美国这样淡水资源相当丰富的国家也对开发南极淡水资源很感兴趣。从 20 世纪 70 年代起，世界各国一直在探索从南极拖运冰山的方法来解决缺水问题。

除了上述非生物资源，南极的生物资源也非常重要。主要的南极磷虾资源，本书在公海资源部分中已经进行了阐述。南大洋中的乌贼年生产量约为 1500 万吨。其他生物资源，如海豹、企鹅、南极斑鱼等，种类也很丰富。此外，南极微生物资源的价值不可低估，在南极地区高寒、高盐、高辐射环境下生活的微生物的基因的经济价值十分惊人。在美国和欧洲登记的有关南极洲的生物专利有数十项之多。南极生物基因对于生物制药、化妆品等行业乃至探索外星生命都有巨大的价值。

然而，采掘矿物资源的活动会对南极环境带来很大的影响，这在本质上有别于其他人类活动的影响。开发南极矿产可能不仅会损害环境，而且会改变南极的自然条件。因为陆地上的开采活动能改变自然地表，产生的尘埃将影响南极冰层，这可能会改变其反照率，使其加速融化。此外，还有废料和矿渣的堆积问题，以及更多的人类活动产生的污染问题等。井喷、原油溢漏等事故会对海洋环境造成重大威胁。鉴于南极是人类最后一块未被污染的大陆和重要的科学实验场所，因此保持南极纯洁的环境非常重要。

五　北极部分地区

北极地区是指北极圈以北的地区。① 其主要由一个被广大冰原覆盖的大洋和环绕在其周围的一圈无树木的冻土地带组成，以北极圈（北纬 66°34′）为界，其面积占地球表面积的 6%，总面积为 2100 万平方公里。其中陆地和岛屿的面积约为 800 万平方公里，北冰洋在北极圈内的水域面积约为 1300 万平方公里。与南极不同，北极包括整个北冰洋以及加拿大、俄罗斯、美国、丹麦、挪威、瑞典、芬兰和冰岛等八个国家的部分地区。因此，

---

① 北极地区有多种定义。通常认为的北极地区为北极圈以北地区，但基于气候和生态学因素，北极地区也可定义为 7 月 10℃等温线以北地区，而这一边界与北极树木线大致对应。文化意义上的北极地区的范围则更为广阔，包括了北极原住民的活动范围。

这八国通常被人们称为环北极国家。① 芬兰和瑞典的部分领土在北极圈内，但是与北冰洋不相连，两国由此是北极国家中对北冰洋和其临近海域没有声明管辖要求的国家。因此，除了上述一些国家的领土外，北极地区剩余的部分属于全球公域。根据《联合国海洋法公约》，目前没有证据表明任何一个国家的大陆架延伸至北极，因此北极点及其附近地区不属于任何国家，北极点周边为冰所覆盖的北冰洋属于国际海域，海底则由国际海底管理局监督管理。当然，本书可以将北极属于"全球公域"的部分纳入公海和国际海底区域的研究范畴，但从研究的角度来说，无论在地理、科学勘探、主权争夺还是各国对北极事务的管理上，北极问题都自成一个系统。因此，北极更适合被划为一个独立的研究对象。

北极地区没有像南极地区那样形成一个条约体系来规定其法律地位。俄罗斯、美国、加拿大、挪威和丹麦只拥有领海外围200海里的专属经济区。但北极领土纷争在20世纪50年代初就开始了，当时加拿大率先根据扇形原则宣布对北极享有主权。② 而邻近北极的美国、丹麦、俄罗斯、挪威等国也都没有放弃对该地区领土主权的要求。丹麦提出北极海底山脉是格陵兰岛海脊的自然延伸，丹麦就应该拥有对该区域资源的开发权。俄罗斯则一再重申包括北极在内的半个北冰洋都是西伯利亚大陆架向北的延伸。由于北极地区的陆地部分被几个国家领有，这些地方的一些自然资源，如石油、天然气已经得到开发。但北冰洋洋底地形最突出的特点是大陆架非常广阔，面积约为400万平方公里，占整个北冰洋面积的三分之一。③ 正是这些储藏着巨大资源的大陆架成为北极地区主

---

① 环北极8个国家在北极地区共设有31个行政区或自治区。其中，俄罗斯占据的北极地区面积最大，设立了13个行政区或自治区，总面积达到8822800平方公里，占整个北极地区的53.46%；加拿大次之，面积为4361590平方公里，占整个北极的26.43%；丹麦因为拥有格陵兰岛而位居第三，其面积占整个北极的13.3%。

② 扇形原则是对两极地区提出领土要求的一种依据，含义是一国的领土范围可以达到以东西两端界线为腰，以极点为圆心而构成的扇形空间内。这种理论在国际法上是缺乏论据的，还没有被国际社会普遍接受为伸张领土权利的坚实根据。参见〔英〕詹宁斯等修订《奥本海国际法》第1卷第2分册，王铁崖等译，中国大百科全书出版社，1998，第78页。

③ 在亚洲大陆以北，其大陆架从海岸一直向北延伸1000～1200公里；在北美洲大陆以北，其大陆架比较狭窄，只有20～30公里。参见曾望《北极争端的历史、现状及前景》，《国际资料信息》2007年第10期，第11页。

权争端的重点。

北极蕴藏着丰富的石油、天然气、矿物和渔业资源。全球变暖正在使北极地区的冰面以每 10 年 9% 左右的速度消失，而这将使开发北极资源不再是遥远的梦想。根据 2008 年美国地质勘探局的环北极资源评估项目测算，北极地区拥有人类目前尚未发现的石油资源总储量的 13%、天然气资源总储量的 30%、液化天然气资源总储量的 20%，这些油气资源中的 84% 可能存在于北极海底。[①] 该项目预测，北极拥有未完全探明的、可用现有技术开发的传统油气资源总量约为 4121.57 亿桶油当量。其中，石油储量大约为 900 亿桶，天然气为 1669 万亿立方英尺，液化天然气为 440 亿桶。70% 以上未开发的石油资源分布在以下 5 个地区：阿拉斯加的北极区域、美亚海盆、东格陵兰裂谷、东巴伦支海盆地、西格陵兰－东加拿大。而 70% 以上未开发的天然气资源分布在以下 3 个地区：西西伯利亚盆地、东巴伦支海盆地和阿拉斯加的北极区域。北极地区石油和天然气资源在欧亚大陆和北美大陆的分配并不均衡，估计欧亚大陆拥有资源总量的 63%，北美大陆拥有资源总量的 36%。北极欧亚区域主要是天然气，而北极北美区域则更多的是石油资源。其中，美国阿拉斯加州拥有北极地区最大的未开发石油可采储量，约为 300 亿桶。[②] 表 1－3 为环北极地区的资源评估。

表 1－3　环北极地区资源评估

区域代码	区域	石油（亿桶）	天然气（亿立方英尺）	液化天然气（亿桶）	油当量（亿桶）
WSB	西西伯利亚海盆	36.5988	6514985.6	203.2869	1325.7166
AA	阿拉斯加北极区域	299.6094	2213976.0	59.0497	727.6552
EBB	东巴伦支海盆	74.0649	3175579.7	14.2228	617.5510
EGR	东格陵兰裂谷	89.0213	861800.6	81.2157	313.8704

---

① "Circum-Arctic Resource Appraisal: Estimates of Undiscovered Oil and Gas North of the Arctic Circle," http://pubs. usgs. gov/fs/2008/3049/fs2008 - 3049. pdf; James H. Whitehead III, "Taking Command in the Arctic: The Need for a Command Organization in the Arctic Theater," A Paper Submitted to the Faculty of the Naval War College, October 31, 2008, p. 3.

② "Circum-Arctic Resource Appraisal: Estimates of Undiscovered Oil and Gas North of the Arctic Circle," http://pubs. usgs. gov/fs/2008/3049/fs2008 - 3049. pdf.

续表

区域代码	区域	石油（亿桶）	天然气（亿立方英尺）	液化天然气（亿桶）	油当量（亿桶）
YK	叶尼塞 – 哈坦加海盆	55.8374	999642.6	26.7515	249.1961
AM	美亚海盆	97.2358	568912.1	5.4169	197.4714
WGEC	西格陵兰 – 东加拿大	72.7440	518181.6	11.5259	170.6335
LSS	拉普帖夫海大陆架	31.1557	325628.4	8.6716	94.0987
NM	挪威边缘	14.3729	322810.1	5.0473	73.2219
BP	巴伦支海台	20.5551	262186.7	2.7871	67.04
EB	欧亚海盆	13.4215	194754.3	5.2026	51.0831
NKB	北喀拉海盆、海台	18.0726	149735.8	3.9022	46.9307
TPB	季曼 – 伯朝拉海盆	16.6721	90625.9	2.0280	33.8044
NGS	北格陵兰边缘	13.4980	102072.4	2.7309	33.2409
LM	罗蒙诺索夫 – 马卡罗夫海岭	11.0678	71562.5	1.9155	24.9104
SB	斯维尔德普海盆	8.5111	85963.6	1.9120	24.7504
LA	里拉 – 阿拉巴海盆	19.1289	21067.5	0.5641	23.2043
NCWF	北楚科齐 – 弗兰格尔海盆	0.8599	60657.6	1.0657	12.0352
VLK	维尔基斯基海盆	0.9803	57418.7	1.0163	11.5663
NWLS	西北拉普捷夫海大陆架	1.7224	44881.2	1.1963	10.399
LV	里拉 – 维尔育海盆	3.7686	13352.0	0.3566	6.3506
ZB	济良卡海盆	0.4782	15059.9	0.4014	3.3895
ESS	东西伯利亚海盆	0.1973	6188.3	0.1091	1.3378
HB	厚朴海盆	0.0247	6481.7	0.1137	1.2187
NWC	西北加拿大内陆盆地	0.2334	3053.4	0.1524	0.8947
总计		899.8321	16686578.4	440.6424	4121.5709

资料来源："Circum-Arctic Resource Appraisal: Estimates of Undiscovered Oil and Gas North of the Arctic Circle," http://pubs.usgs.gov/fs/2008/3049/fs2008-3049.pdf.

早在 20 世纪 20 年代，加拿大西北地区就开始开采北极地区石油。20 世纪七八十年代，苏联与美国在北极地区发现不少大型油田。由于开采成本和环境的限制，目前发现的数十个油田中只有少数几个得以开发。到目前为止，北极地区石油和天然气的总产量分别占世界总产量的1/10和1/4。

北极地区的煤炭储量高达 1 万亿吨，占全球煤炭储量的1/4，产自北极的煤炭具有低硫等特性，是世界上少有的高品质煤炭。北极地区还蕴含着丰富的矿物资源。例如，阿拉斯加来诺金矿区，从 1880 年到 1943 年已生产了 108.5 吨黄金，估计尚有 13.2 吨待开发。北极还储有铀矿和钍矿。除上述资源外，北极还拥有丰富的水力、风力、森林和动物资源。北极地区被厚厚的冰层覆盖，丰富的淡水资源也意味着巨大的商业和经济价值。

未来的北极地区还可能成为国际航运的热门海域。北极新航道开通的预计时间，不同的学者观点有很大的差异，因为学者们对北极地区冰融的速度认识不同，对全球长周期的气候变化认识不同。"无冰全通航"和"部分通航"就是基于不同的航行危险而得出的不同结论，相对应的"通航"时间也会有几十年的不同。有学者认为北极"部分通航"的时代已经到来，"无冰全通航"的时间尚不确定，但航道的商业利用价值潜力巨大。①

六　外层空间

外层空间是指地球大气层以外的整个宇宙空间。外层空间作为法律上的概念，一般是指国家主权范围以外的整个空间。② 从 1957 年第一颗人造地球卫星上天开始，人类探索宇宙的脚步始终没有停止过。联合国较早地介入了外空问题。联合国和平利用外层空间委员会（简称"外空委员会"）作为永久性机构，于 1959 年成立。外空委员会先后制定了 5 项有关外空的国际条约，即《外层空间条约》、《营救宇宙航行员、送回宇宙航行员和归还射入外层空间的物体的协定》、《空间物体所造成损害的国际责任公约》、《关于登记射入外层空间物体的公约》和《月球协定》。

---

① 关于北极近年来冰融引起的通航问题和国际争端，可参见王郦久《北冰洋主权之争的趋势》，《现代国际关系》2007 年第 10 期；王秀英《国际法视阈中的北极争端》，《海洋开发与管理》2007 年第 6 期；吴慧《"北极争夺战"的国际法分析》，《国际关系学院学报》2007 年第 5 期。

② 从严格的科学观点来说，空气空间和外层空间没有明确的界限，而是逐渐融合的。联合国和平利用外层空间委员会的科学和技术小组委员会指出，目前还不可能提出确切和持久的科学标准来划分外层空间和空气空间的界限。近年来，趋向于以人造卫星离地面的最低高度（100～110 千米）为外层空间的最低界限。关于这一问题可参见〔荷兰〕盖伊斯贝尔塔·C. M. 雷伊南《外层空间的利用与国际法》，谭世球译，上海翻译出版公司，1985，第 30～34 页；E. R. C. Van Bogaert, *Aspects of Space Law* (Deventer, The Netherlands: Kluwer Law and Taxation Publishers, 1985), pp. 11 – 16。

在外层空间条约体系中，《外层空间条约》和《月球协定》规定了外空天体及资源的所有权问题。① 《外层空间条约》确定了外层空间供一切国家自由探测和使用，以及不得由任何国家据为己有这两条原则。② 《月球协定》进一步规定"月球及其自然资源均为全体人类的共同继承财产"，"月球不得由国家依据主权要求，通过利用或占领，或以任何其他方法据为己有"。③ 但《月球协定》到目前为止并没有得到绝大多数空间探索大国的签署和批准，主要原因也在于它们不愿接受"月球及其自然资源是全体人类的共同继承财产"④ 这一规定。

人类探索外层空间的活动始于美苏冷战初期，其最初目的主要是两国军事实力的比拼和综合国力的竞争。但随着人类对外层空间探索的深入，以及地球可利用资源的急剧减少，各国逐渐意识到，外层空间将逐步成为人类赖以生存的巨大的资源宝库。外层空间资源不仅仅包含传统意义上的矿藏，特殊的环境和条件也是人类可以利用的重要资源。在经济上，太空活动具有很高的经济和社会效益。多种应用卫星在通信广播、资源调查、环境监视、气象预报、导航定位等方面，已为人类作出了巨大的贡献。据分析，空间技术投资效益比可达1：10以上。在军事上，许多军事专家认为谁占有空间优势，谁就具有军事战略优势。通信、导航等卫星的发展，同样大大增强了国家的军事力量。航天技术的继续发展，对军事的影响将是革命性的。在科学技术上，空间活动带动和促进了众多学科的发展。首先，空间活动带动了技术的发展，如电子技术、遥感技术、喷气技术和自动控制技术等；其次，空间活动对基础科学将有很大的推动作用，在生命科学、宇宙的形成和发展等方面都将有重要的新发现；最后，形成了许多边缘学科，如空间工艺学、空间材料学、空间生物学、卫星测地学、卫星气象学、卫星海洋学等。由于空间技术有如

---

① 凌岩：《试论对月球和其他天体的所有权》，《北京航空航天大学学报》（社会科学版）2006年第2期。

② "Treaty on Principles Governing the Activities of States in the Exploration and Use of Outer Space, including the Moon and Other Celestial Bodies," http://www.unoosa.org/oosa/en/ourwork/spacelaw/treaties/outerspacetreaty.html.

③ "Agreement Governing the Activities of States on the Moon and Other Celestial Bodies," Article 11, http://www.unoosa.org/pdf/gares/ARES_34_68E.pdf.

④ 朱毅麟：《从〈月球协定〉看我国开展探月之意义》，《国际太空》2004年第8期。

此重要的意义，当今参与空间开发的国家越来越多，已达60多个，而应用空间技术成果的国家几乎遍及世界各个角落。

外层空间的资源种类比较丰富，我们可以把外层空间资源分为两大类。

（1）具有实体形态的矿藏。主要是指地球以外的其他天体上蕴含的为人类生存、生产、生活所需的矿物质和能源。它们相对于地球来说，或是储量非常大，或是属于稀缺而又急需的资源。目前，科学研究已经探明，月球和其他行星、彗星上存在着大量铁、硅等矿物质。

科学家对从月球上采回的样品分析后发现，月球的矿产资源极为丰富，地球上最常见的17种元素，在月球上比比皆是，月球上稀有金属的储藏量比地球还多。月球上的岩石主要有三种类型，第一种是富含铁、钛的月海玄武岩；第二种是斜长岩，富含钾、稀土和磷等，主要分布在月球高地；第三种主要是由0.1~1毫米的岩屑颗粒组成的角砾岩。月球岩石中含有地球上存在的全部元素和约60种矿物质，其中6种矿物质是地球上没有的。以铁为例，仅月面表层5厘米厚的沙土中就含有上亿吨铁，而整个月球表面平均有10米厚的沙土。月球表层的铁不仅异常丰富，而且便于开采和冶炼。据悉，月球上的铁主要是氧化铁，只要把氧和铁分开就行。此外，科学家已研究出利用月球土壤和岩石制造水泥和玻璃的办法。在月球表层，铝的含量也十分丰富。对于这些物质，人类既可以开采后运输至地球，也可以将其用于月球基地的生命维系或用作火箭推进剂。例如，褐铁矿等氧化物通过氢气加热取得的水蒸气可以电解成氢气和氧气，这些成分可用于维系生命或作为火箭推进剂。月球上最具价值的物质是氦－3。利用氘和氦－3进行的氦聚变可用于核电站发电，这种聚变不产生中子，安全无污染，是容易控制的核聚变，不仅可用于地面核电站，而且特别适合宇宙航行。据悉，月球土壤中氦－3的含量约为715000吨。从月球土壤中每提取1吨氦－3，可得到6300吨氢、70吨氮和1600吨碳。仅数十吨氦－3核聚变所产生的能量，就可提供全球21世纪所需的全部电能。氦－3作为一种重要资源，已引起世界各国特别是一些发达国家的密切关注。月球表面分布着22个主要的月海，在这些月海中存在着大量的月海玄武岩，而月海玄武岩中蕴藏着丰富的钛、铁等矿物质。克里普岩是月球高地三大岩石类型之一，因富含钾、稀土元素和磷而得名。克里普岩在月球上分布很广泛。位于风暴洋区的富含钍和铀元素的克里普岩被后期月海玄武岩所覆盖，由此混合并形成高钍和铀物质，其厚度估计有 10～20 千米。位于风暴洋区的克里普岩中的稀土元素总量约为 225 亿吨至 450 亿吨。克里普岩中所蕴藏的丰富的钍、铀元素也是未来人类开发利用月球的重要矿产资源之一。此外，月球还蕴藏有丰富的铬、镍、钠、镁、铜等金属矿产资源。

而金属型小行星上有丰富的铁、镍、铜等金属矿物质，有的还有金、铂等贵金属和稀土元素。彗星上有丰富的水和冰。这些资源可用于建设航天港和太空城，也可供地球上的人类使用。当然，月球和其他天体上的资源必须被证明极有价值，且能在当地使用或带回地球使用，只有这样才有可能进行开发，但现在尚没有这样的证明。

（2）无具体形态的"位置和条件"资源。在外层空间中，无论是在远离天体的飘浮状态下，还是靠近其他天体时，同一物体由于所处位置已不受或较少受地球的重力作用，其表现的状态与在地球上是不一样的。[①] 而这种状态，正是人类在地球上所无法得到的，并且能够给在地球上生活的人类带来更大的利益，但这些资源也是有限的，并可能引发各国的竞争。

例如，地球同步卫星轨道，尤其是地球静止卫星轨道，就是一种目前大量使用的重要的外层空间资源。如果地球同步轨道卫星正好在地球赤道上空距离地面 35786 千米的轨道上绕地球运行，而且它绕地球运行的角速度与地球自转的角速度相同，那么从地面上看它就是静止的，其所在的卫星轨道叫地球静止卫星轨道。地球静止卫星轨道是地球同步轨道的特例，它只有一条，可容纳的卫星和其他人造天体的数量有限。如果在外层空间设置太阳能电站，那么它能充分吸收太阳能，有效利用太阳能。月球上就可以接收到充沛的太阳能，测算表明，每年到达月球范围内的太阳光辐射能量约为 12 万亿千瓦。设置在地球同步卫星轨道上的发电站，日照时间占比高达 99.98%，可以连续发电。没有大气的干扰，太阳能的利用率比地面上高 10 多倍。因此，人类在这方面的设想是：用太阳能电池板

---

① 例如，外层空间没有大气层，将天文观测站架设在这种空间里，可以获得清晰的天体图像，有利于揭示天体的真实面貌。已在预定轨道上运行多年的哈勃空间望远镜，具有极高的分辨能力和灵敏度，能观测到距离地球 140 亿光年的天体，用它观察物体所得图像的清晰度比地面上最好的望远镜高 10 倍。

把太阳能转变为电能，再将电能转变为微波能发送至地面接收站，地面接收站将微波能转变为电能供给用户使用。如果太阳能卫星发电站能够建成并投入使用，人类将获得清洁、安全和可靠的电力能源。

又如，拉格朗日点（Lagrangian Point）也是一种重要的外层空间"位置和条件"资源。它是以法国著名的数学家和力学家拉格朗日命名的空间中的一个点，也被称为太空中的天平点。它存在于两个大的天体之间，由于受到两个天体引力的影响，位于这一点上的小型物体可以相对保持平衡，而不需要动力推进系统以抵挡引力的作用。在两个大型的天体之间，比如太阳和木星、地球和月球之间，理论上都存在 5 个拉格朗日点，利用拉格朗日点的原理，科学家们就有可能制造出不需要能源动力的太空船和空间站。美国国家航空航天局近来计划在地球和月球之间的拉格朗日点（地—月 L2）上建设空间站。[①] 而美国、欧洲和加拿大的航天部门共同发射的詹姆斯·韦伯空间望远镜（James Webb Space Telescope）也不像哈勃空间望远镜那样绕着地球公转，它的工作地点被定在太阳—地球系统的"第二拉格朗日点"上。[②] 该点引力相对稳定，在该点上的韦伯空间望远镜相对于邻近天体来说可以保持不变的位置，不用频繁地进行位置修正，可以更稳定地进行观测，而且还不会受到地球轨道附近灰尘的影响。[③]

此外，高真空环境和强宇宙辐射是另一种外层空间"位置和条件"资源。宇宙空间有着地球上所不具备的失重、高真空、强辐射、超低温等条件。具有这些特殊条件的环境虽然不适合人类生活，却可以带来一些难得的机会。相关研究表明，外层空间是发展研究新材料、新工艺、新的微生物制品的理想场所。

本节简要介绍了二战后国家主权管辖范围外区域的类别及其蕴藏的重要资源，表 1 - 4 综合了每个类别的主要情况，具体信息如下。

---

① Leonard David, "NASA Eyes Plan for Deep-Space Outpost Near the Moon," February 10, 2012, http://www. space. com/14518-nasa-moon-deep-space-station-astronauts. html.

② 詹姆斯·韦伯空间望远镜（JWST）是哈勃空间望远镜的"接班人"，从招标到发射升空一共用了 25 年的时间，研发费近 100 亿美元。2021 年 12 月 25 日，詹姆斯·韦伯望远镜成功发射。

③ "L2 Will Be the James Webb Space Telescope's Home in Space," NASA, http://www. nasa. gov/topics/universe/features/webb-l2. html.

表 1 - 4　全球公域资源概况及相关国际条约

	主要资源	涉及主权归属及资源分配的重要国际条约
大陆架	石油、天然气、矿物、海水化学资源、海洋生物资源	《大陆架公约》《联合国海洋法公约》
国际海底区域	多金属结核、富钴结壳、多金属硫化物、天然气水合物、深海底生物资源	《联合国海洋法公约》
公　海	渔业资源、其他海洋生物资源	《联合国海洋法公约》
南　极	煤、铁和石油等矿产资源、淡水资源、生物资源	《南极条约》
北极部分地区	石油、天然气、矿物资源	《联合国海洋法公约》
外层空间	各种矿藏、氦 - 3 物质、地球卫星轨道、拉格朗日点等	《外层空间条约》《月球协定》

资料来源：笔者自制。

二战后，随着科学技术的发展，处于人类活动边缘的区域和资源面临世界各国越来越多的开发和争夺。全球公域的良好治理首先离不开对资源的恰当分配和管理。此外，全球公域资源问题与环境保护问题关系密切，无论极地、海底还是外层空间都是环境保护的重点区域，也是环保主义者非常关心的区域。而开发这些区域的资源很可能会导致其脆弱的生态环境遭到严重破坏。因此，随着环保主义在世界范围内的发展壮大，保护全球公域环境成为讨论资源开发问题的前提条件。在面对全球公域资源问题的国际博弈和制度设计时，不但应充分考虑资源的经济价值和稀缺度，也应从生态环境的角度理性地看待全球公域资源开发的利弊。

本章先从总体上探讨了全球公域概念的缘起、内涵、研究分支以及国内外研究状况。随后讨论了近几十年来形成的与全球公域有关的一些原则和特性，如"不得据为己有和自由探索原则""人类共同继承财产原则""人类共同关切事项原则"等。然后，提出了本书的研究对象，即"全球公域的资源问题"，并指出这类问题所特有的"对抗性"特点。为了使研究边界清晰化，本章分门别类地罗列了将要研究的几种主要的全球公域资源，并排除了一些尚存在争议的类别。

第二章　美国与全球公域
资源开发问题

全球公域问题早已有之，但主要是在第二次世界大战结束之后的几十年间逐渐引起国际社会的高度关注。而第二次世界大战后的时代正是美国作为世界头号强国，发挥其政治、经济、军事和文化影响力和领导力的时代。二战后的时代也是人类知识、技术、国际制度和国际法大发展的时代。美国所面临的国际环境和竞争对手在不断变化，但美国作为国际政治和国际制度的主导力量却持续至今，它自始至终积极参与了涉及全球公域事务的国际政治过程。当然，全球公域事务不限于资源开发问题，但如何处理全球公域所涉及的主权争端和资源分配问题却是国际社会面临的最基础的问题之一。美国的政策强烈地影响了全球公域事务的国际政治图景，美国的行为经常对某一区域问题的争端与政治走向起着至关重要的作用。面对全球公域资源开发问题，美国如何确定其国家利益并制定相关政策，是本书关注的焦点。本章将首先从总体上阐述全球公域资源开发问题与美国的关联，提出影响美国这方面政策的重要因素，然后探讨影响美国政策的机构和角色。

第一节　全球公域资源开发问题与美国的关联

美国人有着浓厚的"边疆"情结。"边疆"概念可追溯到 1893 年弗雷德里克·特纳（Frederick J. Turner）提出的边疆假说，[①] 即指在美国存在着广大的"自由土地"的西部。后来，人们逐渐把"移动的边疆"视为美国的历史。随着美国陆地边疆开发完毕，人们开始关注越来越多的"新边疆"。美国历史是不断拓展边疆的历史，从大西洋西岸向太平洋东

---

①　Frederick Jackson Turner, *The Frontier in American History* (New York: Henry Holt And Company, 1921), pp. 1 – 38.

岸移动，从北美大陆向海外扩展进而向地球各个角落延伸，再从地球表面向外层空间发展。

全球公域资源开发问题基本是在第二次世界大战结束之后才开始进入国际政治视野的。而美国的实力地位恰好是在二战结束后达到顶峰。对于美国而言，全球公域那种人迹罕至的原始状态，有着一种类似"边疆"的特征，对美国人有着独特的吸引力。例如，在 2013 年 5 月发布的《美国北极地区战略》中，美国总统贝拉克·奥巴马（Barack Hussein Obama）开篇即说道："北极是我们这个星球仅存的最后的伟大边疆之一。由于意识到北极蕴藏着众多经济机会，并且这片独特、宝贵并不断变化的区域急需保护，我们的开拓精神自然而然地被其吸引。"①

然而，要前往探索全球公域这种自然环境极为严酷的区域，必须具备相当强大的经济实力和科技水平。因此，美国与全球公域资源开发问题的关联首先体现在：通过自身世界领先的科技水平和经济实力，美国比其他国家更有可能深入探索全球公域，发现其中的资源。

其实在 19 世纪后期的电气时代，美国经济就开始后来居上，改变了以往的经济发展模式。② 电灯的发明和电力系统的应用，使美国率先开启了电气时代，成为电力工业的故乡，并由此率先进入了第二次工业革命。在资本主义世界的竞争中，美国很快取代了英法的领先地位，以领头羊的姿态走在了世界前列。1860 年，美国的工业生产总值不到英国工业生产总值的一半，到 1894 年，美国工业产值已经跃居世界首位，相当于英国的两倍、法国的三倍，接近全球工业生产总值的三分之一。到 19 世纪末，美国国内贸易规模已经大约相当于自身对外贸易的 20 倍，甚至超过了世界各国对外贸易的总和，世界上没有一个国家像美国那样，国内需求被刺激到如此程度。美国的人口、农业和工业重心已经全面西移，同时把美国从一个新生的国家推上了世界经济大国的宝座。到 1890 年，美国国内再没有一片土地可以作为边疆地区来开拓，但美国人并未停止扩张的步伐。在海军实力跃升的同时，美国也开始了海外

① "National Strategy for the Arctic Region," May 2013, Preface, https://www.whitehouse.gov/sites/default/files/docs/nat_ arctic_ strategy. pdf.

② Richard Franklin Bensel, *The Political Economy of American Industrialization*, *1877 - 1900* (New York: Cambridge University Press, 2000), pp. 4 - 5.

扩张的步伐，夏威夷、菲律宾、关岛、波多黎各相继被美国控制。在
20 世纪后半叶，美国又率先开创了信息革命，使其得以再次走在世界
前列，并保持领先的优势。在具备了强大的经济实力和科技水平后，美
国在探索全球公域方面也走在了世界前列。

在大陆架资源方面，20 世纪美国石油工业的发展使得美国对开发大
陆架石油资源的需求变得非常迫切。1937 年，美国公司在墨西哥湾内发
现了石油，1941 年又在墨西哥湾另一地点发现了石油。20 世纪 40 年代，
美国的技术能力已经能够开采离岸 3 海里以外、水深超过 15 英尺的石油
资源了。正是这种需求的刺激和科技的进步促使美国在 1945 年首先对大
陆架资源提出诉求。今天，美国海洋石油技术装备水平世界领先，其占
世界海洋石油钻采设备的比例达到 70%。美国的海洋石油工业关键技术
装备，如海洋石油钻井设备（含顶部驱动系统）、采油设备、燃气透平
发电设备、柴油发电机组、大型高压天然气压缩机组、油气分离处理设
备、海洋工程结构、油气集聚设备及其相配套的检测仪器仪表、遥测遥
控仪表、海上施工设备（大型浮吊、铺管、打桩船等）、海底遥控作业
船等均能全部实现自己制造，而钻采工艺实施前的石油勘探，工程地质
调查，环保、气象、水文监测等技术世界领先。

在国际海底区域方面，到 20 世纪 50 年代以前，世界各国只是初
步调查过国际海底结核矿资源情况，但在 50 年代后期，美国的学术界
展开了更细致的调查。美国学者发表了多篇重要的研究论文，表明开
采深海底结核矿在经济上的可行性，并引起了美国采矿业、法律界和
联合国的注意。20 世纪 60 年代末，美国国内围绕着深海采矿和国际海
底制度问题还展开了一场公开大辩论。这也体现出美国对开采深海矿藏
的兴趣高于其他任何国家。美国的研究人员在调查研究国际海底资源方
面走在世界各国以及联合国的前面。20 世纪 60~70 年代，世界上出现了
一些由多国资本组成的国际财团（主要参与国都是发达国家）。其中几
家都以美国资本为主，并以美国为大本营。由于美国在开发国际海底资
源方面技术强大，美国对 1982 年《联合国海洋法公约》中关于开发国际
海底资源的分配方案并不满意，并作出了拒绝签署《联合国海洋法公
约》的决定。

深海采矿对技术要求很高，是一个多环节串联的系统工程，主要包

括一套相对固定的装置：如水力机械复合式自行集矿机、海底处中间站（设有矿仓、破碎筛分装置）、泵管道提升装置、海面采矿船等设备。采矿船在海面按设计的线路运行，同时集矿机在海底运行并采集半埋入海底表面的多金属结核。采集的结核在集矿机内清洗、脱泥和破碎后，经软管输送到连接于扬矿管下端的中间仓，然后结核经扬矿管扬送到海面的采矿船上。接于扬矿管道中间的扬矿泵作为动力装置，将中间矿仓内的结核矿浆吸入管道并泵送到采矿船上。① 当前，深海采矿装备以美国、日本、英国、法国、德国、俄罗斯等国制造的为主。美国的几大公司研发了拖曳式水力和机械式动力采矿机、气力和水力管道提升管道，以及2 万~4.5 万吨级宽体双底采矿船。

在公海资源方面，美国一直以来都非常重视海权。② 美国对海洋生物资源的需求很旺盛，渔业技术也一直相当先进。由于参与海洋捕捞活动的时间比较早，美国很早就意识到渔业养护的重要意义。美国于1911年就与英国、日本、俄国签订了《北太平洋海豹保护公约》，③ 还于1923年与加拿大渔业官员签订了《保护北太平洋大比目鱼公约》。④ 二战以后，世界渔船数量迅速增长，大型捕捞加工船、新型网具材料、鱼群探测技术和渔获制冷技术也得到应用和发展，从而使渔船可以到外海甚至远洋捕捞生产，其捕捞能力得到大幅提高。逐渐地，一些主要的传统经济鱼类资源的产量明显减少。为此，美国又加大了渔业资源保护的投入。为有效地保护渔业资源，美国政府投入大量人力、物力开展科学研究，把资源保护建立在科学研究的基础上。无论是制定某项保护法规、进

---

① 刘少军、刘畅、戴瑜：《深海采矿装备研发的现状与进展》，《机械工程学报》2014 年第 2 期，第 8 ~18 页。
② 1890 年，时任美国海军学院院长的马汉出版了他海权理论体系三部曲中的第一部：《海权对 1660 ~1783 年历史的影响》。随后，他又于 1892 年和 1897 年出版了另外两部海权理论著作。这三部著作奠定了马汉甚至是美国海权理论的基础，对美国海上崛起，对两次世界大战后世界海洋格局和《联合国海洋法公约》产生前各国对海洋的权利要求都产生了极为深刻的影响。参见 Alfred Thayer Mahan, *The Influence of Sea Power Upon History, 1660 - 1783* (Boston, MA: Little, Brown and Company, 1891)。
③ "North Pacific Fur Seal Convention of 1911," http://pribilof.noaa.gov/documents/THE_FUR_SEAL_TREATY_OF_1911.pdf.
④ "Convention for the Preservation of the Halibut Fisheries of the North Pacific Ocean," https://iea.uoregon.edu/treaty-text/56.

行某项宏观决策，还是对某个物种环境采取生物工程措施，都以科学研究为依据，增强可行性，避免盲目性。在机构设置上，美国国家海洋渔业局（National Marine Fisheries Service）分别在东北区的伍兹霍尔、东南区的迈阿密、西南区的拉霍亚、西北区的西雅图设立了 4 个渔业研究中心，每个中心下设 2～8 个研究所，形成海洋渔业科研网络。美国的海洋科研力量雄厚，结构合理，研究重点突出，科研设备先进，普遍采用计算机和各种生态模型。其科研领域极为广阔，具有很强的针对性和超前性，科研门类很齐全，主要研究水质、鱼类资源种群结构、渔业环境生态学以及赤潮防治等，分别从不同角度解决渔业资源保护方面的问题。

在南极方面，美国民间和官方组织在南极进行的探索活动是人类南极探险史上最具影响力的。从人类第一次发现南极大陆开始，美国就一直走在南极探索的前列。二战后，国际社会掀起了新一轮南极考察热潮。南极地区潜在的矿产资源和生物资源也引起了各国的兴趣，而美国政府更是全面介入南极考察。这期间美国派出的官方考察队比其他任何国家都多，特别是美国军方的考察活动的规模是空前的。这些活动不仅使美军快速掌握了南极的地理、生物、环境信息，还大规模地锻炼了美军在极寒地区行动的能力。迄今为止，南极科考仍是人类在南极大陆最主要的活动形式。强大的南极科研能力是美国南极政策形成与发展的最主要的推动力量。例如，美国的麦克默多站（Mc-Murdo Station）是所有南极考察站中规模最大的一个，于 1956 年建成，有各类建筑 200 多栋，包括 10 多座三层高的楼房。麦克默多站是美国南极研究规划的管理中心，也是美国其他南极考察站的综合后勤支援基地，建有一个机场，可以起降大型客机，有通往新西兰的定期航班，此外，在站附近还有两座小型机场。这里还建有大型海水淡化工厂、一座原子能发电厂（为防止污染现已撤离），以及大型综合修理工厂。在麦克默多站，通信设施、医院、电话电报系统、俱乐部、电影院、商场一应俱全。在麦克默多站周围和较远处的各种实验室里，每年冬季有近 200 名、夏季有 2000 多名科学家从事各学科的考察研究。[1] 而阿蒙

---

① 美国国家科学基金会网站，https://www.nsf.gov/geo/plr/support/mcmurdo.jsp。

森－斯科特南极站（Amundsen-Scott South Pole Station）是美国于1957年在南极点设立的科学考察站，是地球长期有人居住的最南处，也是世界纬度最高的考察站。[①]

与南极相类似，美国在人类早期北极探险史上也扮演着重要角色。1867年，得到阿拉斯加的美国作为北极国家中的新成员，也开始涉足北极圈。美国探险家弗雷德里克·库克（Frederick Cook）和罗伯特·佩里（Robert E. Peary）曾分别于1908年和1909年到达北极点。二战后，美国一直重视其在北极边界及主权、科学研究、环境保护、国家安全、海上贸易等方面的利益。1947年，美国在阿拉斯加的巴罗城成立了海军北极研究所，在相当长的时间里这里成为美国的极地科学研究中心。国际地球物理年期间，该中心成为北极科学研究的一个后勤基地。1949年，美国又建立了北极卫生研究中心。1952年，美国建立了"T-3"浮冰站。1957年，美国实施了国际地球物理年计划。1958年，美国科学院成立极地研究委员会。同年8月3日，美国海军核动力潜艇"鹦鹉螺"号到达北极点。冷战期间，美国在北冰洋沿岸还建立了强大的高灵敏雷达网及侦察卫星的早期预警系统，以监视苏联的行动。

美国进行北极考察的主要目的是要获取多学科的资料，为在海冰环境中活动的舰船以及为管理在冰雪上的装备和设施提供必不可少的技术依据。美国通过获取、分析、发布有关北极的地质气候数据和观察数据来精确研究北极区域的环境状况及气候变化。目前美国在北极进行的考察项目，主要涉及声学、地质学、地球物理学、环境预报、永久冻土工程学、极地物质系统和人对严寒的适应性等。美国目前储存的关于北冰洋考察的资料数量占所有大洋资料的16%，仅次于北大西洋（占39%）和北太平洋（占34%），居第三位。目前，美国已利用这些资料绘制了海洋学图集、气候学图集、地质构造图集、生物学图集、海冰图集等多种图集。美国于1958年出版的《北极海洋学图集》就是一部包括潮汐、海流、海冰、涌浪、风、海洋地质学和海洋生物学等要素分布变化的综合性图集。美国也拥有在极地开采石油、天然气资源的领先技术。北极地区的油气开发已有80多年的历史。北极大型油气田最早由美国和苏联

---

①　美国国家科学基金会网站，https://www.nsf.gov/geo/plr/support/southp.jsp。

发现。大多数油气田发现于 20 世纪 70 年代和 80 年代。美国在 1967 年发现了阿拉斯加普拉德霍湾油田。目前，位于北美的 17 个大型油气田中只有位于美国阿拉斯加州的 3 个投入了生产，且都分布在普拉德霍湾附近。随着环保问题的日益突出，美国也努力利用其先进的技术和知识保护北极野生生物及其栖息地，尤其对北极熊、海象、海豹、驯鹿、迁徙鸟类和北方针叶林实施特殊的保护。为此，美国也与其他北极国家合作保护北极环境和生物资源。[①] 俄罗斯虽然拥有相当先进的技术，但资金却十分有限。美国政府一直在考虑与俄罗斯进行合作，目前美俄在北极事务上也有合作。除了与国家合作，美国还与一些科研机构合作进行北极学术研究，包括和北欧理事会、欧盟北极联合会的合作等。为了获得北极地区的环境数据，美国已建立了部分北极圈区域观测网，并鼓励其他北极国家参与北极观测网的建立。美国致力于继续发挥其在北极科研中的作用。

外层空间技术是一个国家现代技术综合发展水平的重要标志，可以分为民用和军用两类。[②] 早在 1946 年，美国空军就授命刚刚组建的兰德公司就卫星运载工具的可行性进行研究。到了 20 世纪 50 年代后期，美国和苏联都积极筹划发射卫星。1957 年 10 月，苏联成功发射了世界上第一颗人造地球卫星。1958 年美国也发射了人造地球卫星。1961 年 4 月 12 日，苏联发射了世界上第一艘载人飞船。而 1969 年 7 月 16 日，美国成功利用"土星 – V"运载火箭发射"阿波罗"飞船，把宇航员阿姆斯特朗和奥尔德林送上月球，并于 7 月 25 日返回地球。1973 年 5 月 14 日，美国又将 82 吨重的"天空实验室 1 号"送入太空，并先后把 3 批共 9 名宇航员送进实验室，他们共进行了 20 多项科学研究。至今全球发射的 4000 多个航天器中，美国、俄罗斯的占绝大多数。航天运载工具方面，技术最发达的也是美国和俄罗斯。美国还发展了航天飞机，运载能力达到 20 吨，可载乘 3 ~ 7 名宇航员。在卫星技术方面，美国也领先世界。

---

① "National Strategy for the Arctic Region," May 2013, pp. 7 – 10, https://www.whitehouse.gov/sites/default/files/docs/nat_arctic_strategy.pdf.

② 军事航天技术，是把航天技术应用于军事领域，为军事目的进入太空和开发利用太空的一门综合性工程技术。民用航天技术多出于商业目的，如气象卫星用于气象预报、防灾防洪。航天技术又衍生出其他领域的技术，如太空笔、太空床、软袋包装、真空包装、速冻食品、隔热板、卫星电视传播系统、全球定位系统、饮水循环回收系统、高效率太阳能帆板等。

资源卫星的典型代表是美国的陆地卫星，它具有高分辨率和多谱段的遥感能力，对陆地资源调查具有重要价值。气象卫星有极地轨道卫星和静止轨道卫星两种。极地轨道气象卫星可飞经地球所有地区，可提供长期天气预报资料，世界上只有美国、俄罗斯、中国研制和发射了这种气象卫星。导航定位方面的代表是美国的 GPS 系统，它由 18 颗卫星组成，可提供全球导航与定位服务，精度达到米级。可返回式卫星具有重要的经济、军事和科学价值，至今世界上只有美国、俄罗斯、中国具有回收卫星的能力。2004 年 1 月，美国总统布什发布了"新太空探索计划"，内容包括研制下一代航天器、重返月球乃至登陆火星等。[①] 而外空资源探索也是美国外空活动的一部分。例如，美国国家航空航天局正在开发一种新型月球车用来寻找月球上的"水资源"，科学家已经发现月球两极地区存在大量的冰水物质，如果将这些"水资源"开采出来，或可满足未来登月以及地月轨道补给站的需求。[②] 美国科学家们还在努力测出月球表面富含二氧化钛的钛铁矿储量，以图未来利用其生产氧气甚至火箭燃料。

第二节　美国对全球公域资源开发的基本政策考量

虽然美国在科学技术上处于相当领先的状态，但全球公域毕竟不是美国国家主权管辖之内的区域，美国也不能像开发美国西部那样随意去占有和开发全球公域。因为，试图占有全球公域的国家还很多，各国之间无序的竞争将导致严重的国际冲突和环境破坏。美国与苏联在二战后不久就开始冷战对抗，更使得任何国家都不愿因占有全球公域的主权或资源而引发对抗和武装冲突。因此，处理全球公域资源问题急需创立多种新的制度性安排或国际法规定。

二战后的国际法不论其价值理念、适用的对象还是所包括的制度都发

---

① George W. Bush, "Remarks at the National Aeronautics and Space Administration," *Public Papers of the Presidents of the United States*, January 14, 2004, http://www.presidency.ucsb.edu/ws/index.php? pid = 72531&st = &st1 = .

② "NASA Unveils New Lunar Rover," http://sservi.nasa.gov/articles/nasa-unveils-new-lunar-rover/.

生了巨大的变化。《联合国宪章》的产生和联合国的建立表明国际法又有了新发展，进入了一个新的阶段。传统的、以欧洲为中心的国际法逐渐发展为现代的、以普遍性为特色的国际法。在二战后的几十年间，美国并不反对对其有利的国际法的发展。早在第二次世界大战期间，美国就开始为进一步加强和巩固自己的世界领袖地位做努力。在创建一个有利于自身发展的外部环境上，美国取得的成功在世界历史上是罕见的。其主要成就是建立了若干重要的国际组织，它们使美国的外部环境制度化了。国际法所涉及的领域也随人类文明的发展而扩大。经过几十年的发展，国际法已成为包含空间法和海洋法在内的法律规则体系。在当今世界面临气候变化、环境保护、国际人权、海洋资源和宇宙空间开发等问题之际，国际法的空间适用范围则从二维的平面空间向三维的立体空间演变。

由于全球公域的科学探索与相关国际法的发展处于一种试验性的状态，美国也处于不断评估自身利益与国际影响，并不断进行政策修正的状态中。考察美国如何处理全球公域资源开发问题具有特别的意义。因为，从全球公域资源开发领域中，可以观察美国作为国际政治主导力量是如何应对其他国际力量的挑战，并一步步地塑造相关的国际法架构的，美国是不是能够按自己的意志塑造国际法，如果新的国际法不符合美国的国家利益，美国是如何处理的。

当某种全球公域资源开发问题摆在世界各国面前时，国际组织、相关国家甚至非政府组织都有可能卷入国际磋商之中。在磋商中，资源开发问题与主权问题、安全问题、环境保护问题常常纠缠在一起。在这种情况下，美国政府需要平衡多种国家利益，既包括战略和军事利益，也包括经济利益。总的来看，影响美国全球公域资源开发政策的基本政策考量主要有以下几个方面。

第一，进行全球公域资源开发的前提条件是确保美国的安全利益，并避免国家间因争夺全球公域的主权或资源而爆发军事竞赛或武装冲突。第二次世界大战后，不少国家都试图占有某些全球公域，使之成为国家主权管辖的部分。这也是一种获得全球公域资源的方式，但这种方式存在引发国家间激烈军事对抗的危险。此外，开发全球公域资源也会诱发各国对安全和军事的担心。因此，在关于全球公域的国际磋商中，首先谈判的往往是主权和军事问题。美国为维护其在世界军事上的优势地位，尤其注重维护其安全和军事利益，并往往把安全利益放在资源开发问题之前。

例如，在海洋公域方面，第二次世界大战之后，随着经济和科学技术的发展，对海洋资源的开发和利用日益成为世界各国密切关注的焦点。在联合国第一次和第二次海洋法会议谈判中，美国政府设定领海宽度和制定毗连渔区政策主要考量的就是国家安全利益，以保护国家安全利益为先。因此，美国在领海宽度上坚持狭窄领海的立场，而在渔业毗连区的政策上则以保证领海宽度政策获得支持为先，然后才考虑渔业权利问题。在第三次海洋法会议谈判中，美国比任何其他国家都重视航行自由，而很多国家只关注如何最大限度地获取渔业和海底等资源。美国为了保护其安全利益，在多年的谈判中坚持12海里的领海宽度与自由通过和飞越国际海峡的政策目标。在这两个问题上，美国的政策仅仅作出了细微的调整和让步，而其他国家只得在专属经济区等方面获取补偿。美国为了促进其安全目标的实现，则适当地在其他方面作出让步。1977～1982年的联合国海洋法会议则以深海底采矿谈判为主，在此之前涉及领海、国际海峡等安全问题的谈判已经基本完成。[①]

在南极主权和安全问题的处理上也体现了上述特点。第二次世界大战结束后，南极的领土主权之争已十分激烈。尤其是英国、智利和阿根廷三国提出的领土要求互有交叉，美国夹在三国的争吵之间，有时还需要为之调解。1952年，当英国在南极半岛的霍普湾准备登陆建立基地时，遭到阿根廷部队的开枪警告。当时，除七个南极主权要求国之外，越来越多的国家正拟对南极提出主权要求，如比利时、南非、巴西等国。苏联在南极也投入了很大的力量，其在南极事务中的影响举足轻重。[②] 如果当时美国对南极也提出主权要求，很难想象南极局势将发生什么变化。20世纪40～50年代，美国政府讨论并提出了多种南极问题解决方案，都未成功。1958年3月，美国国家安全委员会制定了NSC－5804号文件，以期对美国面临的困境作出决策。在讨论这一新方案时，美国国务院和军方的观点发生了激烈的碰撞。国务院建议放弃立即宣布对南极的主权要求，组

---

① 吴少杰：《联合国三次海洋法会议与美国关于海洋法问题的政策（1958～1982）》，博士学位论文，东北师范大学，2013，第230～234页。

② 关于南极主权争夺史可参见 Lan Cameron, *Antarctica: The Last Continent* (Boston: Little, Brown and Company, 1974)。

织包括苏联在内的国家进行国际谈判；军方则要求对大片美国考察过或没考察过的地区提出主权要求。时任国务卿杜勒斯告诫称，除非通过武力，否则立即宣布对南极的主权要求只能引起各国冲突，使情况更糟。① 最终通过的 NSC－5804/1 号文件决定提出一项多边条约冻结南极地区的法律地位，即在南极有直接或潜在利益的国家（包括苏联）将签署一个多边条约，将南极的行政管辖权交给一个新设立的不属于联合国的国际组织，但各国可以保留各自对南极的主权要求。② 1959 年 12 月 1 日，在美国的组织下，各国签署了《南极条约》。条约奠定了管理南极事务的基础，禁止在南极地区进行一切具有军事性质的活动及核爆炸和处理放射性废物，冻结各国对南极的主权要求。③《南极条约》首先在主权和军事安全问题上作出了规定，而绕过了南极矿产资源开发的问题。南极资源开发问题到 20 世纪 70～80 年代才有了进一步的国际磋商。

同样，在近年北极主权争端日益升温的背景下，奥巴马政府于 2013 年 5 月发布了《北极地区国家战略》，明确指出美国在北极地区的核心利益包括五个方面：保障美国安全、确保资源与商业的自由流通、保护环境、解决原住民需求以及增强科学研究。④ 其中，安全利益排在首位。

在外层空间方面，美国和苏联的空间发展战略从一开始就表现出极强的军事色彩。争夺外层空间军事优势成为美国和苏联首先考虑的问题。1967 年，《外层空间条约》确认的基本原则主要是关于外层空间主权和安全方面的："外空探测和利用为全人类之事务，外空不因主权行为的行使而为国家占有，宇航员被认为是人类的使者，外空探测和利用应为所有国家的利益而为之，不管各国的经济与科技发展水平如何，各国在空间活动中应加强合作，以维护国际和平与安全。"⑤ 而 1979 年的《月球协定》作为第二阶段国际空间立法的成果，试图规定的才是外层空间资

---

① FRUS (Foreign Relations of the United States), 1958－1960, Vol. II, pp. 473－475.

② FRUS, 1958－1960, Vol. II, p. 484.

③ "The Antarctic Treaty," https://www. ats. aq/e/antarctictreaty. html.

④ "National Strategy for the Arctic Region," May 10, 2013, p. 2, http://www. white-house. gov/sites/default/files/docs/nat_arctic_strategy. pdf.

⑤ "Treaty on Principles Governing the Activities of States in the Exploration and Use of Outer Space, Including the Moon and Other Celestial Bodies," http://www. unoosa. org/oosa/en/ourwork/spacelaw/treaties/outerspacetreaty. html.

源开发问题。

第二，自由和开放原则。这一原则既体现在近年来美国的全球公域安全战略中，也是美国全球公域资源开发政策的核心原则。

2011 年的《美国国家军事战略》报告称，"确保美军在全球公域的自由进入和行动"是"国家安全的核心要素"和"美军的永久使命"。① 美国试图以此原则主导全球公域安全治理来维持其主导权。而从资源开发角度看，美国认为对于全球公域资源来说，只要它还未被国家占有，就应在平等基础上开放给所有国家进行和平探索、研究和开发。因此，如果一个国家有能力和技术从中获利，就有权去获利。与美国的这种诉求相反，发展中国家认为全球公域资源开发不能只强调自由利用，而应注重公平利用原则、主权原则，并扩大联合国的作用。美国人对政府干预经济总是抱有警惕心理，这在全球公域资源开发问题上体现为反对国际体制过度干预这些资源的分配。如果这些资源的确需要国际体制进行管理，国际体制的主要职能应是防止武装冲突和鼓励企业按商业原则开发资源。也就是说，国际体制干预应该最小化，以防止其破坏企业的自由和产权。② 美国法律制度非常强调私人产权。私人产权不仅被视为个人自由的重要组成部分，也被认为是经济发展的重要激励机制。在开发全球公域资源问题上，美国认为如果私人产权不能得到有效保护，企业就不敢大胆投资这些充满风险的领域。③ 因此，当美国企业要求政府在这些领域保证企业产权时，就会对政府的政策立场产生极大影响。

自由和开放原则在全球公域资源开发问题上以各种不同的话语形式表现出来，尤其体现在美国对国际海底和外空资源的立场方面。④

---

① U. S. Joint Chiefs of Staff, "The National Military Strategy of the United States of America: Redefining America's Military Leadership," February 8, 2011, p. 9.

② 参见 Kim Alaine Rathman, "The 'Common Heritage' Principle and the U. S. Commercialization of Outer Space," Ph. D. Dissertation, Graduate Theological Union, 1996, pp. 178 – 183。

③ 参见 Jack N. Barkenbus, *Deep Seabed Resources* (New York: The Free Press, 1979), pp. 39 – 40。

④ 参见 Nathan Goldman, "Transition of Confusion in the Law of Outer Space," in Daniel S. Papp and John McIntyre eds., *International Space Policy: Legal, Economic and Strategic Options for the Twentieth Century and Beyond* (New York: Quorum Books, 1987), p. 167。

例如，在国际海底资源开发问题上美国反对"人类共同继承财产"原则，主张"公海自由"原则。在联合国第三次海洋法会议期间，美国认为《联合国海洋法公约》的规定限制了自由经济的发展。因此，美国一直强烈反对在海底采矿中规定生产限额，认为限制生产会阻碍海底采矿的发展。美国企业界也一直强烈要求政府保护私人投资的安全。而"人类共同继承财产"原则所提倡的所有权性质为共同的，这种共同所有体现在应由代表全人类的国际海底管理局对海底资源加以管理。美国认为国际海底管理局在财政、税收等方面都处于优势地位，它不久就会控制海底采矿，这是对私人产权的威胁。

与国际海底资源问题一样，美国在外空资源开发中的利益诉求与"人类共同继承财产"原则之间也形成了巨大冲突。美国认为《月球协定》中有关"人类共同继承财产"原则的规定将限制自由经济的发展。考虑到投资外层空间产业所需要的大量资本和需要承担的巨大风险，只有充分保护私人投资的安全，企业才愿意进行投资。

除了上述比较常见的矿产等资源，全球公域中的新兴资源，如深海底等区域的生物资源，由于其独特的价值属性，也逐渐为人类所认识。但对于这类生物资源应如何确定其归属并合理利用，目前国际社会存在争议。美国认为，深海底生物资源应排除在"人类共同继承财产"概念的范围之外，而适用公海自由原则。由于新技术的利用，与海洋遗传资源有关的海洋科学研究活动在一般情况下对公海生物多样性带来的影响微乎其微，不会对公海生物多样性造成伤害，过多的提及保护反而会阻碍科学技术的发展。

第三，环境保护。自20世纪60~70年代以来，随着全球环境与生态保护运动的兴起，如何保护全球公域的环境与生态受到了越来越多的关注和重视。目前，海洋污染使海洋生物处境急剧恶化，大气层中的臭氧层破坏、温室效应等带来了严重的后果，太空也遭受太空碎片的困扰。目前，全球公域环境与生态治理的主要任务包括应对气候变化、防止大气污染、加强海洋生态保护、减少海洋污染、处理太空碎片等。① 为了

---

① 张茗：《全球公域：从"部分"治理到"全球"治理》，《世界经济与政治》2013年第11期，第64页。

应对环境挑战，研究者一直在进行理论分析与思考，同时国际社会在几十年间通过一系列国际条约及国际法律文件确立了一系列针对全球公域中人类活动的规制与约束，确立了关于环境保护的一些重要原则。

近几十年来，环境保护意识和各种相关活动逐渐成为影响美国政府决策的重要因素。即使美国政府在环境保护和资源开发的矛盾中采取严格的保护环境政策，同时支持自由开发的立场，其仍需克服强大的国内反对力量，并采取相当严格的技术标准。环境保护原则逐渐上升为资源开发的前提条件。

例如，在南极资源开发问题上，环境保护组织成为 20 世纪 80 年代反对美国政府签署《南极矿产资源活动管理公约》的重要力量；在北极资源开发问题上，美国政府也面临同样的环保压力。为此，美国对如何避免石油泄漏等技术问题进行了详细的研究和讨论。[1] 2009 年的美国北极政策指令就声称，"对北极地区资源丰富与环境脆弱这一事实的认识日益加深"。[2] 可见，环境保护是极为重要的问题，在不能确保环境不被破坏的情况下，开发资源是不可能的。对环境保护的深入理解也有助于决定可否进行资源开发。例如，2009 年的美国北极政策指令还声称，"全球气候波动及变化对北极生态系统可能带来什么样的影响，对这一问题的深入理解，将有助于对北极自然资源进行长期有效的管理，并有利于判断自然资源使用方式的变化对社会经济的影响。鉴于现有数据的局限性，美国对北极环境及自然资源的保护必须谨慎行事，并在已有的最有效的信息基础上开展"。[3]

综上所述，美国政府在思考全球公域资源开发时需要顾及的问题是多方面的，这既与美国的国际地位有关，也与美国的政治体制、意识形态和社会组织有关。至于究竟哪方面的国家利益或代表这种利益的部门最终在决策中占上风，这是非常复杂的博弈过程，并无固定的模式，有时甚至会出现反复，主要取决于美国国内政策辩论与国际谈

---

[1] Strategic Importance of the Arctic in U. S. Policy: Hearing before Subcommittee on Homeland Security, U. S. Senate, 111th Congress, 1st Session, August 20, 2009, pp. 44 – 45.

[2] "Arctic Region Policy," NSPD – 66/HSPD – 25, January 9, 2009, Part II, Background. http://www.fas.org/irp/offdocs/nspd/nspd – 66. htm.

[3] "Arctic Region Policy," NSPD – 66 / HSPD – 25, January 9, 2009, Part III, Section H.

判进展的互动。

第三节　美国对全球公域资源开发
制度的塑造和影响

在针对全球公域资源开发领域的国际制度构建方面，美国发挥了非常重要的作用。在国际社会开始为任何一种新的全球公域资源开发问题进行制度设计的时候，美国作为世界强国和国际秩序的维护者都在发挥其影响力和重要作用，力图使该制度向自己期望的方向发展。如果美国认为其外交努力和国家利益遭到挫折和损害，无法在国际制度中得到维护，那么其可能暂时冻结或搁置争议，或者在一定程度上摆脱国际制度的约束，并争取一些与其有共同利益的国家打造新的国际制度。

一　海洋公域资源开发制度

为了取得美国沿海大陆架的石油和渔业资源，美国政府在 1945 年与英国等 12 个国家私下进行磋商。在无法得到其他国家支持的情况下，美国决定单方面采取行动。1945 年 9 月，杜鲁门总统发表《杜鲁门公告》，主张美国对邻接其海岸公海下大陆架地底和海床的天然资源拥有管辖权和控制权。① 出乎意料的是，美国政府以发表声明这种单边方式提出权利主张的做法并没遭到任何国家的公开反对，反而成为一种先例，掀起了其他国家对海底资源单方面提出权利主张的热潮。② 许多沿海国，特别是拉美国家纷纷提出对大陆架资源的权利主张，促使联合国第一次海洋法会议的召开和 1958 年《大陆架公约》的产生。这标志着美国倡导的沿海国拥有大陆架资源的主张得到了国际法的确认。而后 1982 年《联合国海洋法公约》完全确立了关于大陆架的制度。可以说，是美国的行为引发了相关国际制度的建立。

在公海渔业方面，美国长期以来都不赞同使用毁灭性的捕鱼方法在

---

① *Public Papers of the Presidents of the United States*, Harry S. Truman, 1945 – 1953 (Washington, D. C. : United States Government Printing Office, 1966), pp. 352 – 354 .

② 〔加拿大〕巴里·布赞：《海底政治》，时富鑫译，生活·读书·新知三联书店，1981，第 16 ~ 17 页。

公海进行捕捞。1966年，美国设立了12海里的渔区。1976年，美国又通过了《渔业养护与管理法》，该法是美国通过国内法塑造国际规则的典型案例。20世纪60年代，由于受到苏联等国拖网渔船等因素的影响，美国渔业捕捞量下降，美国超过10个商业渔场的资源严重枯竭。美国直接通过国内立法将美国的渔业管辖范围从12海里扩展到200海里，并禁止外国渔船在美国专属经济区作业。此时，《联合国海洋法公约》尚在商定之中。虽然众多国家已经单方面宣布了自己的渔业保护区，但此时专属经济区概念并未被国际社会正式认可。此时美国发布的单方面国内立法，其实是有违国际法关于海洋划界的规定的。但是，此部法律的确促进了美国领海外部200海里内渔业资源的保护。正是在美国《渔业养护与管理法》及一些相关法规的影响下，各国纷纷效仿，最终使得联合国海洋法会议承认了这一现实，并将其放进了《联合国海洋法公约》中。① 此外，美国在国际组织中推动限制公海捕鱼、捕鲸等方面都发挥了重要的影响力。

　　在国际海底区域资源方面，美国也是20世纪70～80年代《联合国海洋法公约》相关条款谈判的重要参与国。但美国的理念与发展中国家积极支持的"人类共同继承财产"原则之间形成了巨大冲突。美国政府曾力图通过对"人类共同继承财产"概念的内涵进行片面解释和通过在联合国主动提案来解决国内外尖锐的矛盾，但未能成功。考虑到国际海底区域资源开发问题与海洋问题的综合磋商进程，美国政府不敢轻易采取激烈措施。美国政府及其参加国际谈判的官员们力图扭转国际海底资源开发制度向不利于自己的方向发展的局面，但经过多年的努力并未取得预期效果。为了加强对国际制度发展方向的影响，1980年6月28日，卡特总统签署了《美国深海底硬矿物资源法》。② 在联合国第三次海洋法会议期间，美国单方面采取的上述行为引起了其他西方国家的纷纷效仿。例如，联邦德国于1980年制定了《深海采矿临时管理法》，英国

---

① 夏立平、苏平：《美国海洋管理制度研究——兼析奥巴马政府的海洋政策》，《美国研究》2011年第4期，第86页。

② 该法全称为《为在国际制度通过前妥善开发深海海底硬矿物资源和为其他目的而规定暂行办法的法令》（Public Law 96–283），简称《美国深海底硬矿物资源法》。具体内容参见 https://www.govinfo.gov/content/pkg/STATUTE–94/pdf/STATUTE–94–Pg553.pdf。

于 1981 年颁布了《深海采矿（暂行规定）法》，法国于 1981 年颁布了《深海底矿物资源勘探开发法》，日本于 1982 年颁布了《深海海底采矿暂行措施法》等。[①] 1982 年 9 月 2 日，美国、英国、法国和联邦德国还进一步签订了一项有关深海底问题的协议，即《关于深海海底多金属结核的临时措施的协议》（简称"四国协议"），旨在成为独立于《联合国海洋法公约》的一个体系。[②] 美国政府认为，即使美国采取强硬的立场并因此失去加入条约的机会，它也可以依靠与盟国的"小条约"系统独立于《联合国海洋法公约》之外。[③] 在这种背景下，美国于 1982 年以拒绝签署公约为代价来强调美国在国际海底区域的资源利益。在美国等发达国家的推动下，联合国于 1994 年 7 月达成《关于执行 1982 年 12 月 10 日〈联合国海洋法公约〉第十一部分的协定》（以下简称《执行协定》），对深海采矿相关规定作出了实质性的修改，包括取消生产限额及向最不发达国家进行技术转让的规定。同时，美国获得了国际海底管理局的常任席位，对预算和财政等议题拥有否决权等。由于《执行协定》对发达国家作出了让步，解决了美国的关切，克林顿政府于 1994 年 9 月签署了《联合国海洋法公约》，但美国国会至今因其他多种原因仍未批准《联合国海洋法公约》。

二　极地资源开发制度

在 1959 年《南极条约》诞生前，南极的主权归属问题曾引发了多个国家之间的激烈冲突。美国也曾试图提出自己的南极主权要求，但考虑到这种行为的后果将破坏美国的安全利益，美国政府不得不促使国际社会通过签署《南极条约》暂时冻结了南极主权和资源开发问题。但到 20 世纪 70 年代，南极的经济和资源潜力又开始引起国际社会的关注，日益增多的南极资源勘探活动使得国际社会不得不考虑制定相应的法律制度加以应对，以防止南极成为国际纷争的场所。20 世纪 70 年代初到 80 年代初，国际社会为建立南极矿物资源制度进行了多年的

---

① 李红云：《国际海底与国际法》，现代出版社，1997，第 18 页。
② 李红云：《国际海底与国际法》，第 21~22 页。
③ Leigh S. Ratiner, "The Law of the Sea: A Crossroads for American Foreign Policy," *Foreign Affairs*, Vol. 60, No. 5, 1982, pp. 1010 - 1011.

筹备。美国政府积极筹划应对政策，是推动国际谈判的重要力量之一。从 1982 年起，经过多年谈判，国际社会最终于 1988 年达成《南极矿产资源活动管理公约》。① 在谈判期间，美国国内围绕开发南极资源还是保护南极环境发生了激烈的争论。美国政府虽然于 1988 年 12 月 2 日签署了《南极矿产资源活动管理公约》，但该公约最终未能生效。美国国会则立即提出了 S. J. Res. 206 号决议案，② 指出《南极矿产资源活动管理公约》不能确保南极环境不受破坏，并可能刺激商业开发，因此敦促行政部门推动南极条约协商国进行新一轮谈判，以制定新的条约将南极划定为一个"全球生态公域"，永久禁止矿物开发活动。该决议案后来由布什总统签署成为美国公法。同样得到总统签署的还有众议院的 H. R. 3977 号议案，③ 该议案除与 S. J. Res. 206 号决议案有相似的内容外，还规定无限期禁止美国公民从事南极矿物资源开发活动。此后，1991 年国际社会通过《关于环境保护的南极条约议定书》，规定 50 年内禁止任何形式的南极矿产资源开发，这使得南极资源开发问题暂时告一段落。

北极的主权权利争夺在第二次世界大战后一直没有停止过，当今则正处于十分激烈的阶段。美国为了防止自己在北极利益竞争中失利，在北极的主权和资源开发问题上进行了长期的政策准备。2015 年 4 月，美国继任北极理事会轮值主席国。由于北极的主权之争和安全局势堪忧，美国力图利用担任北极理事会轮值主席国的机会，着重提升美国的安全利益，积极寻求负责任的北极区域管理和环境保护，且不急于推动资源开发，但不放弃美国在北极地区的大陆架主权权利。美国政府要求国务卿、国防部长、国土安全部长及其他相关政府部门和机构负责人采取一切必要行动，确定美国所属的、位于北极地区及其他地区大陆架的外部界限，并在国际法律许可范围内应尽可能将其外延。美国政府认为，取得大陆架延伸的国际认可与法律确认的最有效途径是通过《联合国海洋法公约》缔约国所适用的程序。④ 在北极治理机制方面，

---

① 《南极矿产资源活动管理公约》文本可参见 http://www.state.gov/documents/organization/15282.pdf。
② 决议案全称是《呼吁美国立即积极与南极条约协商国谈判新协定以使南极作为一个全球生态公域得到全面保护》，参见 S. J. Res. 206, 101th Congress, September 26, 1989。
③ H. R. 3977, 101th Congress, February 7, 1990.
④ "Arctic Region Policy," NSPD – 66 / HSPD – 25, January 9, 2009, Section III, Part D.

美国倾向于通过与北极诸国对话来解决它们之间的问题。2008 年 5 月，美国与加拿大、俄罗斯、丹麦、挪威五国在格陵兰岛的伊鲁利萨特（Ilulissat）召开了首次北极问题部长级会议。会议通过了《伊鲁利萨特宣言》，"认为没有必要再建立一个新的广泛性的国际法律制度来管理北冰洋"，强调"海洋法赋予了北冰洋沿岸各国重要的权利和义务，涉及大陆架边界划分、海洋包括冰封海域的环境保护、航海自由、海洋科学研究及其他的相关事务"。以海洋法为主体的法律框架"为五国和其他使用北冰洋的国家有效管理北冰洋提供了坚实的基础"。五国表示，各方之间的北极领土纷争和大陆架主权权利交叠问题将在这些法律框架下得到有序解决。[①] 2009 年的美国北极政策指令也声称"北极地区的地缘政治完全不同于南极地区，因此不适合也不需要仿效《南极条约》制定涉及诸多方面的'北极条约'"。[②]

三　外层空间资源开发制度

与国际海底资源开发类似，20 世纪 70 年代联合国关于《月球协定》的制定体现了世界各国围绕外空资源开发展开的博弈。美国同样面临发展中国家支持"人类共同继承财产"原则适用于外层空间资源开发的问题。虽然美国积极参加了该协定的制定工作，并且《月球协定》关于月球资源开发制度的总体原则，远不如《联合国海洋法公约》第十一部分对国际海底开发制度的规定具体，[③] 但 20 世纪 70 年代末，美国国内势力强烈反对美国批准《月球协定》，认为《月球协定》对"人类共同继承财产"原则的规定将对自由市场制度造成破坏，对外层空间资源开发造成阻碍。美国如果批准该条约，将使潜在的外层空间资源和技术投资者不敢冒险将其资本置于一个可以决定利润分配的国际制度之下。最终，里根政府拒绝签署该条约。目前，《月球协定》也没有得到大多数空间探索大国的签署和批准。美国等太空强国没有在

---

① "The Ilulissat Declaration," May 27–29, 2008, http://www.oceanlaw.org/downloads/arctic/Ilulissat_Declaration.pdf.

② "Arctic Region Policy," NSPD–66 / HSPD–25, January 9, 2009, Part III, Section C.

③ Glenn H. Reynolds and Robert P. Merges, *Outer Space: Problems of Law and Policy*, 2nd ed (Boulder, CO.: Publisher: Westview Press, 1998), p. 113.

《月球协定》上签字，这就意味着与外空资源所有权有关的法律存在监管漏洞。

在拒绝批准《月球协定》后，美国（以及其他一些国家）开始通过单边立法积极推进私人参加外层空间开发活动。1984年，美国通过了《商业空间发射法》，鼓励私营商业空间发射活动；1998年，又通过了《商业空间法》。2004年6月，美国总统设立的美国探索政策委员会号召政府更多地推进私人企业进行空间活动，鼓励企业对外层空间进行投资。相关政策法律促使一些私营公司跃跃欲试。① 在美国，确实已经有了致力于太空采矿业务的私人企业。当然，其中所需的成本、科学经验及技术依然是很大的障碍。2015年11月25日，奥巴马总统签署了《外空商业发射竞争法》，取消了此前美国法律对航天领域私人企业的种种法律限制，赋予私人太空采矿权。根据这项法案，美国任何参与小行星或太空资源商业开发计划的公民都有权获得小行星或太空上的任何资源，包括根据适用法律获得拥有、运输、使用或销售小行星或太空上任何资源的权利。因此，如果哪家企业在外层空间开采出有价值的矿物质，则这些财产就归属于该企业。②

近年来，美国战略界和决策层不断提及全球公域对美国安全和防务的重要性，并且多次强调美国在全球公域中面临的挑战，由此引发了一股全球公域研究热潮。但在关于全球公域的安全研究之外，也应关注全球公域资源开发问题的重要性和复杂性。虽然目前看似已经有了不少关于全球公域资源开发的国际制度和国际法，但实际上这些规制没能涵盖大多数全球公域资源开发的模糊领域，而且这些规制本身也在不断进行着调整。美国往往处于塑造和影响全球公域资源开发制度的前沿和风口浪尖。美国的"边疆"情结必将继续推动其向更多的全球公域进发，或发现新的全球公域，或发现新型资源，这都使得关注美国全球公域资源开发政策及其制定具有现实意义。

---

① 凌岩：《再论对月球和天体的财产权问题》，《哈尔滨工业大学学报》（社会科学版）2007年第1期，第57页。

② "The U. S. Commercial Space Launch Competitiveness Act（H. R. 2262），" Title IV, https://www. gpo. gov/fdsys/pkg/BILLS - 114hr2262enr/pdf/BILLS - 114hr2262enr. pdf.

第四节　美国的政策制定部门和角色

在全球公域问题的激烈的国家间磋商中，首先面临挑战的就是美国的外交政策制定部门。它们需要评估美国的国家利益，提出美国的政策立场，并维护美国的利益。在美国复杂的政治体制中，有多个政府部门参与美国外交政策的制定和执行。在核心的政府部门之外，还有各种利益集团试图影响美国的外交政策制定。具体到全球公域资源开发问题，发挥作用的机构和角色既与其他美国外交政策领域有类似性，也有一些不同之处。

首先，美国的行政部门在制定和执行全球公域资源开发政策时发挥着主导作用。

总统是美国外交政策的首要决策者。然而，总统个人并不能形成外交决策的所有想法，他必须依靠政府的外交决策机器及白宫顾问和助手为其决策提出问题和政策构想。美国外交决策的核心机构——国家安全委员会在需要作出重大决策时拟定、评估和选择各种政策方案。而涉及全球公域资源开发的政策只有在非常必要的情况下才会在国家安全委员会上作出决策。通常，美国政府的内阁各部会分头或协调处理与之相关的日常政策。而针对不同的地理区域，政府内阁各部以及各独立行政机构之间建立了多种政策协调机制。

国务院作为美国政府最高的外交决策机构，牵头负责全球公域外交政策的制定、修改和执行。在国务卿之下，有多位副国务卿和助理国务卿分工负责各类不同的外交事务，其中全球公域事务属于负责经济发展及能源环境事务的副国务卿的职责范围。这位副国务卿的工作职责是制定和执行经济发展、能源、农业、海洋、环境以及科技政策，以在透明、有规则和可持续发展的体系中推动美国经济繁荣和应对全球挑战。[①] 该副国务卿主持多个职能局和办公室的工作。其中全球公域事务由海洋、国际环境和科技事务局（The Bureau of Oceans and International Environmental and Scientific Affairs）具体负责。该局设立于 1974 年，主管者是

---

① 参见美国国务院官方网站，http://www.state.gov/e/index.htm。

一位助理国务卿。① 助理国务卿是全球公域事务最直接的主管官员。海洋、国际环境和科技事务局下辖多个处室，分别管理不同领域的事务，而全球公域资源事务基本由以下几个处室管理（参见图 2-1）。

（1）海洋保护办公室（The Office of Marine Conservation）。该办公室负责制定和执行一系列涉及国际海洋生物资源的政策。它负责双边或多边渔业协定的谈判，在地区和国际层面上参与各类国际渔业保护和管理组织，代表美国参加一系列与海洋生物资源养护有关的国际论坛。该办公室的宗旨是营造一个健康且多产的海洋环境和生态系统，通过可持续发展的渔业活动来帮助美国获得经济利益和食品安全。②

（2）海洋与极地事务办公室（The Office of Oceans and Polar Affairs）。该办公室负责制定和执行一系列涉及海洋、南极和北极的政策，以推进美国在海洋和极地事务方面的利益。其工作包括积极推动美国批准并实施《联合国海洋法公约》，代表美国参与与海洋和极地有关的双边和多边协议谈判，代表美国在有关海洋和极地问题的国际论坛上积极发挥领导作用，与其他美国联邦机构和利益相关方紧密合作。③

（3）外层空间和先进技术办公室（The Office of Space and Advanced Technology）。该办公室的宗旨是确保美国的空间政策和多边科研活动与美国的外交政策目标相吻合并能增进美国的空间技术竞争力。它代表美国参加在联合国和平利用外层空间委员会（UNCOPUOS）的活动，负责登记美国向外层空间发射的物体，监督 1998 年《国际空间站政府间协议》的执行，并协助美国国家航空航天局建设航天器在海外紧急降落的地点网络。该办公室还负责在各机构间进行协调，以落实所有与民用空间开发有关的国际协定。它还是推进军民两用技术发展（如空间定位、导航、计时、地球遥感和观测以及空间物理现象监控）的主导机构。④

由于全球公域资源开发问题涵盖的领域广泛，并且经济问题在外交决策中的重要性日益突出，因此除国务院对全球公域资源政策负有主要责任外，其他多个内阁级别的部门也参与相关政策的制定和执行。广而

---

① 参见美国国务院官方网站，http://www.state.gov/e/oes/index.htm。
② 参见美国国务院官方网站，http://www.state.gov/e/oes/ocns/fish/index.htm。
③ 参见美国国务院官方网站，http://www.state.gov/e/oes/ocns/opa/index.htm。
④ 参见美国国务院官方网站，http://www.state.gov/e/oes/sat/index.htm。

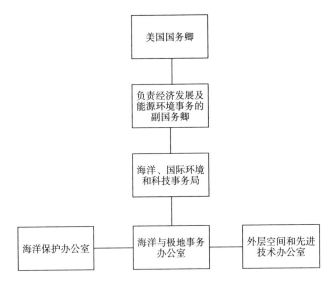

图 2 - 1　美国国务院下属与全球公域资源事务有关机构组织

资料来源：笔者自制。

言之，参与这方面决策的内阁部门还包括国防部、商务部、内政部[①]、能源部[②]、国土安全部等。

国防部在制定全球公域政策方面享有特殊的地位和作用。因为在一个充满潜在冲突和纠纷不断的领域，军事和国防战略直接涉及国家安全利益。各国关于全球公域的主权争议不断，因此国防部的意见在外交决策中举足轻重。此外，国防部所拥有的人员、物资和技术力量也可以在探索全球公域的活动中起到后勤保障的作用。与国防部相类似，在重大外交决策方面发挥作用的还有美国的情报系统，如中央情报局等。

与国务院、国防部等不同，美国商务部、内政部、能源部、国土安全部，在全球公域资源开发问题上主要发挥它们的专业作用，即在必要的情况下，提出其专业意见。因此，一些隶属于上述各部的行政部门或

---

① 内政部于 1849 年成立，初期负责管理全国的自然资源，后来职责扩大到矿产、海洋资源的管理和保护，担负着保护、开发美国联邦政府所有土地（包括联邦所属或管辖的海洋水域）上国土资源的重要职责。

② 能源部主要负责美国联邦政府能源政策制定、能源行业管理、能源相关技术研发、装备研制等。在 1977 年能源部建立之前，美国联邦政府对能源的管辖权曾经分散在 40 多个联邦机关中。

者完全独立的行政部门其实更加具体地负有某些职责，可以在某一个角度或领域提供关于全球公域的专业知识保障。这类行政部门包括美国国家环保局、美国国家航空航天局、美国地质勘探局、美国国家海洋和大气管理局、美国能源信息署、美国国家科学基金会等。

美国国家环境保护局（Environmental Protection Agency），是美国联邦政府的一个独立行政机构，主要负责保护自然环境和保护人类健康不受环境危害影响，设立于1970年。环保局局长由美国总统直接任命，直接向美国白宫负责。由于全球公域资源开发问题在近几十年越来越与环境保护问题密切关联，环保部门的意见变得越来越重要了。

美国国家航空航天局（National Aeronautics and Space Administration），是美国联邦政府的一个独立行政机构，主要负责制定、实施美国的民用太空计划，开展航空科学暨太空科学的研究。1958年7月29日，美国总统艾森豪威尔签署了《美国公共法案85-568》，创立了国家航空和太空管理局，取代了其前身美国国家航空咨询委员会（NACA）。美国国家航空航天局在行政上直属总统领导，由局长总体负责。

美国地质勘探局（United States Geological Survey）是内政部所属的科学研究机构，负责自然灾害、地质、矿产资源、地理与环境、野生动植物信息等方面的科研、监测、收集、分析，对自然资源进行全国范围的长期监测和评估。该机构为决策部门和公众提供广泛、高质量、及时的科学信息。

美国矿产管理局（Minerals Management Service）隶属于内政部，它的职责是管理美国外部大陆架的天然气、石油和其他矿产资源，及时征收、审核和分配来自联邦土地（包括陆上、海上）和印第安土地的矿产收入（包括权利金、红利、租金）。

美国国家海洋和大气管理局（National Oceanic and Atmospheric Administration，NOAA）是商务部所属的科技部门，主要关注地球大气和海洋变化，提供对灾害天气的预警，提供海图和空图，负责对海洋和沿海资源的利用和保护，研究如何加强对环境的了解和保护。NOAA是于1970年10月3日由尼克松总统建议，将原有的三个政府部门（美国海岸测量局、气象局和渔业管理局）收编成立的。目前，国家海洋和大气管理局下辖6个部门：美国国家气象局（National Weather Service），美国国家海洋局（National Ocean Service），美国国家海洋渔业局（National Marine Fisheries Service），美国国家环境卫星、数据及信息服务中心（National Environmental Satellite，Data and Information Service），海洋及大气研究中心（Office of Oceanic and Atmospheric Research），规划、计划和综合司（Office of Program Planning and Integration）。因此，国家海洋和大气管理局也管理着美国的沿岸和海洋环境，与联邦、州、地方、部落还有国际机构合作，调节渔业和海洋保护区，同时也保护濒危物种。

美国能源信息署（U. S. Energy Information Administration）是能源部所属的能源信息数据统计和分析机构，为美国政府的能源决策提供支持服务。能源信息署发布周、月、年度报告，内容包括能源的生产、储备、需求、进出口和价格等各个方面的数据，同时对上述各项内容提出分析意见并对当前社会关注的各种问题做专题报告。专题报告涉及能源价格、北极区石油和天然气生产、国家电力概况及区域性分析概要等。

国家科学基金会（National Science Foundation）是美国政府的一个独立机构，支持除医学领域外的科学和工程学基础研究和教育。在某些领域，如数学、计算机科学、经济学和社会科学，国家科学基金会是主要的联邦赞助者。其中，国家科学基金会下属的极地项目办公室在协调极地研究方面发挥重要作用。根据1982年里根总统签署的第6646号备忘录，国家科学基金会代表美国政府负责协调美国的极地研究项目。极地项目办公室直接控制极地科研拨款，还负责美国在极地的基础设施维护和后勤保障。例如，其负责美国三个南极考察站和两艘极地科考船的运转，负责管理与洛克希德·马丁公司签署的南极后勤支持协议，以及与美国军方等机构协调其他后勤支援。[①]

美国海岸警卫队（United States Coast Guard），隶属于美国国土安全部，[②] 是一支负责沿海水域、航道的执法，水上安全，遇难船只及飞机的救助，污染控制等任务的武装部队。它是美国五大武装力量之一。海岸警卫队的职责之一就是严防非法捕捞，以保护珍贵的鱼类资源。

以上并没有囊括所有参与全球公域资源政策制定和执行的行政部门，

---

① "Facts about the NSF and the United States Antarctic Program," http：//www. nsf. gov/div/in-dex. jsp？ org = PLR.

② 海岸警卫队本隶属于运输部，2003年国土安全部成立以后，由运输部移属国土安全部。

上述只是一些比较重要的部门。这么多行政部门参与全球公域资源事务，难免会出现意见不合，为了协调部门间的不同意见，设立一些部门间协调机制就显得非常必要。由于每一类全球公域政策都存在着不同的主要参与部门，因此部门间的协调机制虽然在机制上存在共性，但在主要由哪几个部门牵头方面存在一些区别。下面以美国南极政策协调机制的演变为例，具体阐述一种全球公域政策协调机制从雏形到稳定的复杂过程以及参与角色的多样性。

美国南极政策制定的组织框架最早出现于 1954 年。这一年，艾森豪威尔总统指定国家安全委员会（NSC）下属的行动协调委员会（Operations Coordinating Board）作为监督和协调美国南极政策的机构。[①] 为此，行动协调委员会又创立了一个由多个与南极事务最有关联的行政部门如国务院、国家科学基金会以及海军部的代表组成的南极工作小组。工作组的任务是为委员会起草总体政策。国务院官员在行动协调委员会中占据重要位置，其主任多数情况下是由一位副国务卿担任。国家科学基金会的任务是协调和管理美国的南极科研活动。海军部由于已经在南极探索多年，继续承担后勤保障任务。在 20 世纪 50 年代末期，国会的部分议员还曾试图推动建立一个完全独立的行政部门来管理美国的南极事务，但并未实现。随着 1959 年《南极条约》的签署，到了 60 年代，美国政府感到有必要将南极政策制定机制正式化。20 世纪 60 年代早期，艾森豪威尔政府经过评估基本维持了之前的政策制定模式。

但到了 1961 年，肯尼迪总统认为艾森豪威尔政府的国家安全委员会及其行动协调委员会机制阻碍了国务院提出有关南极政策的建议。因此，在他就任一个月后就撤销了行动协调委员会，而将美国南极政策的制定权力集中于国务院。[②] 随着行动协调委员会的撤销，约 50 个部门间的联络机制也被撤销了。这样，国务院就成为美国南极政策制定的中心，不但负责政策导向，还负责政策协调。而国务院内负责南极政策的部门也在经历变化。1961 年 3 月，国务院中负责南极政策的

---

① Steve Dobransky, "The Return of Antarctica and the Origins and Future of Potential Conflict: The Eisenhower Administration's Formulation of U. S. Antarctic Policy, 1953 – 1959," *American Diplomacy*, March 12, 2014, p.14.

② Anderson Patrick, *The President's Men* (New York: Doubleday, 1969), p.210.

国际组织局设立了南极事务机构间联络委员会。该委员会虽然不是一个政策制定机构，但它的工作可以为主要决策者的决策提供咨询。参加该委员会的代表来自国家科学基金会、国防部、商务部、内政部及其他相关部门。

约翰逊政府上台后，认为当时的南极政策制定机制仍不太正式，不能很好地处理复杂的南极事务。因此，1965 年 4 月 10 日，他推动建立了南极政策小组（Antarctic Policy Group），[①] 并于 5 月 1 日收到了南极政策小组的第一份工作报告。[②] 此后，南极政策小组的正式代表由三个主要部门的人员组成，即国务院（担任小组主席）、国家科学基金会和国防部。南极政策小组作为一个机构，可以通过国务卿向总统进行汇报。作为南极政策小组的主席和南极问题的首要谈判代表，国务院发挥了首要的作用。国务院代表美国参加所有的南极条约协商会议，并与其他国家政府保持外交联系。南极政策小组在设立时由负责国际组织事务的助理国务卿担任主席，因此，南极政策小组是个助理部长级别的机构。它每年都要评估美国在南极的活动，并讨论美国下一年的财政预算，平时通常是在必要的情况下才由主席召集开会。到 1970 年为止，处理南极事务的职责都归属于国务院的国际组织局。但 1971 年 4 月国务院进行了组织调整，处理南极事务的职责转入国际科学和技术事务局，而主管官员也转变为负责科学和技术事务的助理国务卿。1975 年 1 月，国际科学和技术事务局又重组为海洋、国际环境和科学事务局。此时，南极政策小组中国家科学基金会的代表由负责地质科学的助理主任担任，国防部的代表由负责国际安全政策的助理部长担任。此外，大约 13 个其他内阁部门或独立机构的人员也是该小组的特别代表，包括商务部、内政部、运输部、国家海洋和大气管理局、环保局等。当南极政策小组讨论某些专业问题时，这些非正式代表的作用就变得十分重要了。

由于南极政策小组每年通常只召开一两次会议（只在必要时才频繁

---

① "Antarctic Report," U. S. Antarctic Research Program, National Science Foundation, April 1965, p. 2, https://s3. amazonaws. com/Antarctica/AR/ARApr65. pdf.

② Lyndon B. Johnson, "Statement by the President in Response to a Progress Report by the Antarctic Policy Group," May 1, 1965, http://www. presidency. ucsb. edu/ws/index. php? pid = 26931&st = antarctic&st1 = .

地开会），各相关部门的人员还组织成立了一个工作组。国务院官员（海洋和极地事务办公室主任）仍担任主席职位。工作组通常一个月开一次会，但在必要时会频繁开会。它投入大量时间讨论和协调美国代表团在国际会议上的立场。工作组发挥了与以前那些部门间联络机制类似的作用，它为更高级的决策者提供了重要的政策建议。总之，美国的南极政策主要是在南极政策小组及其工作组的机制下制定的，争议通常在这个级别就得到了协调。只有当南极政策小组无法解决的重大问题出现时，才在国家安全委员会的级别作出决策。

上述南极政策的制定机制具有与其他全球公域政策制定机制相似的共性。各类全球公域事务都具有多个部门同时参与，由国务院牵头制定政策，并在必要时才由最高决策者作出决策的特点。

美国政治制度的基本特点反映在美国对外决策中，便是行政与立法部门共同行使外交权且彼此相互制约。虽然上述行政部门在美国的全球公域资源政策制定中发挥主导作用，但国会作为美国对外决策的另一个重要参与者，其作用也不可忽视。

根据美国宪法，国会在对外事务中享有下列权力。（1）立法权。国会时常通过立法制定有关外交政策，并通过立法对行政部门的政策执行予以法律限制。（2）拨款权。虽然拨款权并非直接的外事权，但由于某些外交政策的执行均需国会拨款，国会可利用掌握"钱袋"的权力影响外交政策。（3）条约批准权。总统对外缔结条约须征询参议院的同意和批准。虽然参议院否决条约的事例并不多，但它仍能对总统形成压力，使其考虑并尊重参议院的意见。（4）宣战权。美国宪法规定，宣战权属于国会。应该看到，国会在外交决策方面的权力与其实际运用是有差别的，在实际政治生活中，国会常常对外交政策施加保守性影响。① 这是因为，一方面，国会的情报信息相对于行政部门来说比较闭塞；另一方面，国会的组织结构松散，权力分散于两院众多的常设委员会和小组委员会，国会立法程序烦琐迟缓。国会议员更关心的是自己的连任，以及

---

① James M. Lindsay, "The Shifting Pendulum of Power: Executive-legislative Relations on American Foreign Policy," in James M. McCormick, *The Domestic Sources of American Foreign Policy: Insights and Evidence* (Lanham, MD: Rowman & Littlefield Publishers, Inc., 2012), pp. 225 – 226.

选区选民的利益和地方利益。①

　　具体到全球公域政策上，国会主要通过拨款权和立法权来影响这方面政策的制定和执行。参议院还通过条约批准权来影响全球公域政策。此外，国会各类委员会不时召开关于全球公域问题的听证会来监督行政部门政策的制定与执行。那么，国会在全球公域政策上的影响力到底如何呢？这需要从两个方面来看待。

　　一方面，作为一个整体，国会并不会在全球公域政策制定上发挥领导作用。国会对全球公域问题的兴趣总是短暂的，因为并没有大量的选民和地方利益压力能迫使议员长期关注全球公域问题。另外，国会众多的委员会系统本来就面临职责和权力重叠的问题，而全球公域问题本身又非常分散，因此，国会中没有哪个委员会能够全面关注任何一类全球公域问题，更不用说关注所有的全球公域问题了。②

　　另一方面，国会对全球公域政策的兴趣受到某些议员个人、某些州或某些利益集团的强烈影响。国会的影响力在涉及"资源""经济"等问题时，会变得更为强大。因此，当涉及全球公域资源问题时，国会的影响力还是非常大的。在后面的章节中我们将看到，对全球公域资源有强大兴趣的利益集团经常成为影响国会议程，甚至是美国全球公域资源政策的重大力量。尽管如此，国会对全球公域资源政策的关注也只是阶段性的。

　　另外，在美国的全球公域资源政策制定中，除美国政府之外，能够发挥显著影响力的角色还包括利益集团。③ 广义而言，利益集团指以集团利益为基础而组成的社会组织或团体，它们常常通过各种手段向社会其他集团提出要求以满足其集团利益。利益集团影响美国外交决策的方

① David R. Mayhew, *Congress: The Electoral Connection* (New Haven: Yale University Press, 1974), pp. 5 – 6.

② Ethel Rosie Theis, "In the National Interest: United States Antarctic Policy, 1960 – 1992," Ph. D. Dissertation, pp. 177 – 178.

③ 关于美国利益集团政治的基本研究可参见李寿祺《利益集团和美国政治》，中国社会科学出版社，1988；〔美〕诺曼·杰·奥恩斯坦、〔美〕雪利·埃尔德《利益集团、院外活动和政策制订》，潘同文等译，世界知识出版社，1981；谭融《美国利益集团政治研究》，中国社会科学出版社，2002；赵可金《营造未来——美国国会游说的制度解读》，复旦大学出版社，2005。

式主要靠游说，即利益集团直接向国会议员、政府官员陈述其立场和观点以影响决策。在美国许多对外政策制定过程中，国会或政府部门要举行公开听证会，听取有关利益集团的意见。利益集团往往利用这个机会向决策者提出或支持或反对或修改的意见。此外，利益集团还努力同与其观点相近的议员、政府部门及其官员建立和保持密切联系，向他们提供有利于本集团的政策选择方案，进而把自己的利益和目标转化为官方的利益和目标。利益集团还通过影响选民和利用大众传媒来影响政府决策。国会通常是许多利益集团的首选目标，它庞大的作用及其分散化的权力结构使之成为更加引人注目的目标。虽然利益集团在美国政治中发挥巨大的影响力，但它的作用并不是平均分布在各个政策领域。例如，在事关国家安全的关键时刻，由于对决策效率有很高的要求，需要及时、果断地制定相应对策，在这样的情况下，利益集团几乎无法参与决策。但本研究领域与经济利益密切相关，并且不是一个需要很高决策效率的领域，因此利益集团的影响力相当明显。

在全球公域资源政策领域存在着众多不同类型的利益集团。虽然全球公域中蕴藏的资源看似与普通人的生活关系不大，但实际上一些人群的生活一直与其相关，从而使相对应的利益集团对维护自身的利益相当敏感。例如，渔民团体、石油和矿业团体、北极的原住民团体、南极的科学家团体，以及近几十年蓬勃发展的各类环境保护团体。甚至在外层空间资源方面也存在着活跃的利益集团。当然，美国的各种利益集团之间也存在着尖锐的矛盾。例如，自 20 世纪 70 年代以来，虽然美国政府和国会越来越感受到环保利益集团的压力，但环保利益集团并不能完全主导美国政府的政策走向。各种利益集团通常只聚焦于一个较狭窄的利益视角，它们能否将各自的利益转变为美国在全球公域资源问题上的官方政策，则由国内外多种力量进行博弈和平衡的过程来决定。

本节阐释了在美国的全球公域资源政策制定中最重要的一些机构和角色。在美国相关政策决策过程中，其实还存在着许多机构和组织，例如司法部门、大众传媒、智库等，但在本研究领域，这些组织的作用无法与美国行政部门、国会、利益集团的作用相提并论。因此，在本书随后的案例研究中，将重点关注美国行政部门、国会和利益集团之间的互动过程。

第三章　美国与大陆架资源开发

在 20 世纪之前，海底的资源价值很少引起人们的注意，只是在某些可以取得生物资源的地方，才显示出一定的重要性。限于当时的技术条件以及利用陆上资源的可能性较大，沿海国的利益很少延伸到 3 海里管辖权之外。[①] 因此，从历史的角度看，大陆架资源曾经属于全球公域资源的一部分，但这种资源的性质在 20 世纪 40 年代以后发生了巨大的变化。大陆架问题成为国际海洋制度变革的突出议题。因为大陆架是海底资源开发尤其是海底石油开发最先展开的区域。曾经属于全球公域资源的大陆架资源如今基本上已被世界各国分割占有，并得到国际法的确认。[②] 虽然目前大陆架资源已经基本不属于全球公域资源的一部分，[③] 但厘清大陆架资源性质的变迁有助于读者更好地理解全球公域资源的历史背景及其变化的可能性。

20 世纪 40 年代以来的美国相关政策是引起大陆架资源被分割占有的关键原因。因此，本章的重点是考察美国政府出台这些政策的原因，并进一步研究到大陆架资源国有化浪潮得到国际法承认为止的美国外交

---

① 〔加拿大〕巴里·布赞:《海底政治》，时富鑫译，第 10～11 页。

② 无论是大陆架还是专属经济区，沿海国都不享有主权。沿海国的权利主要是在开发利用自然资源方面，以及对海洋科研和环保等的管辖权。这种对资源的权利属于由"主权"派生出的"主权权利"。主权是国家最重要的属性，是最高的也是平等的，主权国家不受其他任何国家的控制和干预。主权与国家不可分，而且作为国家最重要的属性，它是法律权利的渊源和解释。主权权利，则表现为国家管理具体社会事务的权利，是具体的一种或几种权利。它是由国家法律规定的，政府部门以国家授权的方式行使权利。可见，在性质上，主权是抽象的，主权权利则是具体的权利；在位级上，主权高于主权权利，前者是国家的固有属性，后者则是由国内法规定的；前者作为法律权利的渊源，派生出具体的各项管理权利。主权权利作为政府管理具体事务的权利，是可以而且应该被分割的。主权权利经法律授权和规定，可以被分割为管理各项不同事务的权利，还可以被分割为由本国政府部门行使的权利和由其他国际组织甚至是其他国家行使的权利。尤其是在全球化进程中，国际合作具有重要的作用，各国有必要让渡一部分主权权利，以争取本国更大的国家利益。

③ 目前，超过 200 海里宽度的大陆架与国际海底区域之间的分界线尚未完全划定，这里所谈到的大陆架笼统地指已经被沿海国占有的部分，并非指地理上世界所有的大陆架。

政策进程。

第一节　美国谋求大陆架资源的背景

自古以来，人们通常认为海洋资源是取之不尽的。虽然18世纪出现的3海里的领海界限得到了国际上的普遍承认，但人们在相当长的一段时间内尚未对海底资源提出权利主张，海洋争论基本上集中在领海与渔业权利问题上。

19世纪中后期，海洋科学技术有了飞速发展。海洋活动逐渐超越3海里的领海限制。19世纪末20世纪初，石油开采企业开始在近海开采石油，各国对海底的勘测工作也已取得大量资料，足以证明大陆架是大陆板块的自然延伸。这时有人开始提出按照大陆架的界限来扩大沿海国的管辖权。[1] 到20世纪30～40年代，由于对旧的沿海国管辖权限严重不满，并且国际联盟于1930年召开的国际法编纂会议未能就领海宽度达成协议，一系列国家（主要是拉丁美洲国家）陆续采取单方面行动，将其领海界限扩大到3海里范围以外。例如，乌拉圭、哥伦比亚、伊朗、古巴、希腊和意大利先后宣布领海界限为6海里，墨西哥宣布领海宽度为9海里，危地马拉和委内瑞拉则宣布领海宽度为12海里。[2] 不顾传统规范而单方面扩大管辖权的做法在国际社会上引起了两个棘手的问题，即国家是否有权对长期作为公海使用的区域实施管辖权，以及习惯上形成的一些国际规范是否只有通过国际协议才能改变。[3]

以上扩大沿海国管辖范围的行动的目标并不是大陆架资源，提出的主张也还比较克制。然而，这个过程很快就发展成更具野心的权利主张。1945年，美国对大陆架资源提出权利主张，标志着扩大沿海国管辖权趋势的质变，使大陆架第一次成为法律上的概念。那么，美国是在什么情

---

[1] 例如，葡萄牙于1910年根据自然延伸论对深至100海寻（1海寻＝1.8288米，为非法定计量单位）等深线以内的捕鱼活动提出了管辖权主张，1916年西班牙的奥东·德布恩·伊德尔·科斯主张，有必要把一国领海扩大到整个大陆架，因为大陆架是沿海国领土的继续，受毗邻大陆的影响要比受海洋的影响更大，阿根廷、古巴等国也有人著书立说，力主按照大陆架的界限来扩大沿海国的管辖权。

[2] 〔加拿大〕巴里·布赞：《海底政治》，时富鑫译，第12～14页。

[3] 俄国1909年将其管辖权扩大到12海里的行动曾遭到传统海洋大国的强烈反对。

况下并且经历了怎样的决策过程而提出如此激进的主张呢？

促使美国决策层关注美国大陆架利益的国内利益集团主要由两种行业的力量构成，一是渔业利益集团，二是石油工业集团。

一　渔业与大陆架利益

20 世纪 30 年代，日本在美国阿拉斯加州沿海捕捞海产品的活动促使美国决策层开始关注大陆架问题。1936 ~ 1938 年，日本渔船开始在美国阿拉斯加布里斯托湾渔场捕捞鲑鱼，[1] 这不但使阿拉斯加鲑鱼产业界担心鲑鱼资源因此而枯竭，并且在美国国内引发强烈反日情绪。[2] 1937 年 6 月，美国政府收到阿拉斯加渔民的投诉电报，声称有至少 100 艘日本渔船进入阿拉斯加捕捞鲑鱼。鲑鱼当时是美国渔业产值中最高的一种鱼，阿拉斯加是美国鲑鱼主要的生产基地。从 1927 年至 1936 年，美国和加拿大共同投资 1600 万美元用于鲑鱼资源的养护和管理。1937 年美国太平洋沿岸鲑鱼业总资产大约是 2 亿美元。[3] 为了保护沿海各州和私人的大规模投资，渔业利益集团给美国政府施加了强大的政治压力，要求政府采取行动限制外国公民在阿拉斯加大陆架上覆水域捕鱼的权利。[4] 一篇发表在《太平洋渔民》杂志上的文章引起了国务院的关注，代表了当时渔业利益集团的声音。文章称：

> 无论如何，我们能够且必须以一切方式维护并坚持我们对鲑鱼的所有权，这些鲑鱼作为明确的阿拉斯加自然资源，无论在哪里被发现，我们对它们的权利都是天赋的、排他的。这一权利有坚实的理由，并基于公认的生物学、地理学和经济学事实……

---

① 1930 年日本渔船开始在阿拉斯加布里斯托湾捕捞海产品，主要是捕捞螃蟹。1931 年日本和美国达成君子协定，日本保证其活动将不会干扰美国的鲑鱼业。但从 1936 年开始，日本政府支持渔业人员对布里斯托湾的鲑鱼资源进行调查，以期将来可以进行商业生产。

② *FRUS*, 1937 (The Far East), Vol. IV, pp. 744 – 745; Joseph W. Bingham, "The Continental Shelf and the Marginal Belt," *American Journal of International Law*, Vol. 40, 1946, p. 175.

③ Lawrence Juda, *International Law and Ocean Use Management: the Evolution of Ocean Governance* (London and New York: Routledge, 1996), p. 74; *FRUS*, 1937, Vol. IV, p. 766.

④ *FRUS*, 1937, Vol. IV, pp. 740 – 748, 761 – 763, 774 – 776.

美国政府有责任声明并坚持这一原则，要求其得到承认，并设计和制定能够有效保护美国渔业利益的坚实政策。只要我们提出并坚持这一原则，我们的权利就可以得到承认——日本就曾不顾别国的反对，多次成功地坚持执行其国家政策，尽管其政策并未像我们在阿拉斯加的政策那样建立在坚实的基础上。现在需要的是在坚持我们自己的权利时体现出合理的坚定性和热情。①

1937 年 7 月至 8 月，美国国务院官员斯特金在阿拉斯加州渔业局官员以及阿拉斯加鲑鱼业代表的陪同下，对西雅图至布里斯托湾一带的渔场进行了实地考察。在与渔业利益团体代表广泛接触后，斯特金报告国务院，渔业界认为日本的捕鱼活动对美国鲑鱼产业构成了威胁，应控制美国领海以外海域的捕鱼活动。②

渔业利益集团的要求也迅速在美国国会引起回应。1937 年，国会参议员博恩（Homer T. Bone）提出一个议案，要求将美国沿海管辖权范围扩大到水深 100 海寻等深线处，以便对"鲑鱼资源进行必要的保护和养护"。③ 他还写信给国务卿赫尔要求国务院采取措施制止日本的行为。④

对于博恩提出的议案，赫尔回信表示，虽然同情该议案的意图，但如果其成为法律将是史无前例的，并且"该议案可能引起国际争端，遭到反对的危险将是立竿见影的"。如果其他国家提出相似的权利主张，美国政府将很难反对其对美国公民和船只行使类似的原则。因此，国务院认为虽然应继续考虑扩大 3 海里管辖权的问题，但应通过与有关国家谈判而非采取单边行动的方式解决这一问题。⑤ 国务院内部的意见是考虑与日本、加拿大、苏联等国谈判签订关于鲑鱼捕捞的多边协定，这样就可以不破坏"现存的国际法原则"。但美国的渔业利益团体反对与日本商讨任何条约，因为它们认为美国对白令海中的鲑鱼享有所有权。⑥

---

① *FRUS*, 1937, Vol. IV, p. 745.
② *FRUS*, 1937, Vol. IV, pp. 759 – 760.
③ Congressional Record, June 18, 1937, p. 5953.
④ *FRUS*, 1937, Vol. IV, p. 749.
⑤ 参见国务卿赫尔致国会参议院商业委员会主席科普兰德的信。*FRUS*, 1937, Vol. IV, pp. 754 – 757.
⑥ *FRUS*, 1937, Vol. IV, pp. 740 – 748.

　　为了缓和渔民和国会的情绪，美国国务院开始与日本交涉。日本一开始断然否认这些指控，声称捕捞是为了科学目的。就在美国国务院与日本交涉的过程中，阿拉斯加州众议员戴蒙（Anthony Joseph Dimond）又于 1938 年 2 月在众议院提出更为激进的议案，要求外国公民不得在阿拉斯加沿海远至大陆架外延以内的水域捕捞鲑鱼，同时希望国会授权美国总统建立鲑鱼业执法区域。[①] 他认为，在 20 世纪中期依然盲目坚持适于 17 ~ 18 世纪甚至 19 世纪早期的渔业制度十分荒唐，这将导致一个或几个大型渔场彻底被破坏，新制度则可以保护这些渔场。[②] 5 月，参议员科普兰德又在参议院提出议案，要求将美国的管辖权范围扩展到阿拉斯加周围的大陆架。[③]

　　此事也引起了罗斯福总统的注意。1937 年 11 月，他在一份备忘录中询问国务院法律顾问摩尔，就他是否可以发布一项总统声明，宣布禁止在阿拉斯加沿岸海区进行一切捕捞活动，并建立一个海洋保护区征求意见。在另一份备忘录中，他又询问是否可以宣布禁止在阿拉斯加大陆架区域捕鱼。对此，摩尔委婉地告诫称这些可能会引起国际麻烦。[④]

　　1937 年 11 月，阿拉斯加渔民协会通过决议开始抵制日货，太平洋沿岸的海员协会和工人们也采取拒绝为日本船搬运货物的行动来支持阿拉斯加渔民协会的决定。[⑤] 美国国务院向日本发出警告，要求日本立即撤出渔船，并暗示如达不成协议可能会制裁日本。这是美国首次对阿拉斯加的鲑鱼资源提出专属权，理由是美国对鲑鱼业的投资不容外国公民破坏。为了减轻国内的压力，国务院公布了其与日本政府交涉的文件。由于国务院最终在 1938 年获得了日本政府暂时禁止其公民在阿拉斯加沿海捕捞鲑鱼的保证，此事总算告一段落，美国转而关注其他更为紧迫的事

---

① H. R. 8344, 75th Congress, 3rd Session.

② US Congress, Committee on Merchant Marine and Fisheries, Hearings, "Alaska Salmon Fishery," 75th Congress, 3rd Session, pp. 50 – 51. 转引自 Lawrence Juda, *International Law and Ocean Use Management: The Evolution of Ocean Governance* (London and New York: Routledge, 1996), p. 76。

③ S. 3744, May 5, 1938. 转引自 Lawrence Juda, *International Law and Ocean Use Management: The Evolution of Ocean Governance* (London and New York: Routledge, 1996), p. 77。

④ *FRUS*, 1937, Vol. IV, pp. 768 – 771.

⑤ *FRUS*, 1937, Vol. IV, pp. 760 – 762.

务，上述议案也未获得通过。① 但防止未来出现类似问题的愿望最终在
1945 年发展成《杜鲁门公告》中关于渔业利益的内容。

二 石油与大陆架利益

美国作为一个已经崛起的工业化国家，需要有充足的能源和原材料
供应。美国占有大陆架资源的企图与石油工业的发展密不可分。② 从
1901 年到 1940 年，美国自己就占了世界原油总产量的 64%。1910 年，
美国石油日产量刚刚达到 57 万桶。到 1920 年，该数据已增加了一倍多。
到 1929 年，美国国内的石油日产量几乎又翻了一番，达到 215 万桶。
1941 年该数据几乎又翻了一番：国内石油日产量达到 384 万桶，国外美
国公司的石油日产量达 61 万桶。③ 几乎从石油工业开创之日起，报纸上
就出现了石油资源衰减的可怕预言。④ 地质学家、采矿工程师和油气企
业家纷纷到世界各地去寻找石油。人们越来越依赖石油，为工商业和私
人供热、供电和保证机器的运转。早在 1911 年，美国人就尝试在路易斯
安那的喀多湖进行石油勘探。1920 年，加利福尼亚州已经开始对其太平
洋沿岸的油气田进行商业性开采。1937 年，纯石油公司（Pure Oil Com-
pany）和超级石油公司（Superior Oil Company）在墨西哥湾内距路易斯安
那州海岸 1 英里处发现了石油，这次发现开启了墨西哥湾的大规模石油开
采。1941 年英美石油公司又在墨西哥湾另一地点发现了石油，这里距路易
斯安那州海岸线 2 海里，距美国可行使领海管辖权的界限只有 1 海里。⑤

第二次世界大战期间，全球石油产品的需求量急剧增加，石油供应几
乎成为生死攸关的问题。战争期间，仅美国自己消耗的石油就相当于 1859
年至 1941 年美国全部石油消费量的 1/5。1940 年美国已有 3200 万辆汽车，

① Lawrence Juda and Lewis M. Alexander, "Ocean Space Rights: Developing U. S. Policy," *The American Journal of International Law*, Vol. 71, No. 2, 1977, p. 12; Lawrence Juda, *International Law and Ocean Use Management: The Evolution of Ocean Governance*, p. 77.
② 关于美国石油工业的早期发展以及美国早期大陆架石油开采情况，可参见王才良、周珊编著《石油科技史话》，石油工业出版社，2006，第 85～92 页。
③ 直到第二次世界大战前，中东石油几乎还未开始开采，参见〔美〕杰拉尔德·J. 曼贡《美国海洋政策》，张继先译，第 241 页。
④ 关于早期人们对石油蕴藏量的悲观看法，可参见〔美〕哈维·奥康诺《石油帝国》，郭外合译，世界知识出版社，1958，第 79～80 页。
⑤ 〔美〕杰拉尔德·J. 曼贡：《美国海洋政策》，张继先译，第 244～245 页。

汽油年需求量为 5.9 亿桶。① 按照美国 1945 年的石油消费量，当时探明的
石油资源只够再开采 5 年。20 世纪 40 年代，美国的技术能力已经能够开
采离岸 3 海里以外、水深超过 15 英尺的石油资源了。因此，美国石油利益
集团一直非常希望美国海岸外面潜存着巨大的油田，以满足战后需求。

　　1918 年就曾有人写信给美国国务院，询问如何取得距墨西哥湾海岸
40 英里外的石油资源开采权。但国务院回复称，美国对领海外的墨西哥
湾海底没有管辖权。② 在整个 20 世纪 20~30 年代，内政部也不断收到申
请，请求根据 1920 年的《联邦矿藏出租法》（Federal Mineral Leasing
Act）获得在加州海岸附近水域勘探矿藏的联邦许可证。这些申请也被内
政部一一驳回，理由是联邦政府对领海内外的沿岸石油不拥有管辖权。③
1933 年，内政部长哈罗德·伊克斯（Harold L. Ickes）曾给一位申请加州
海岸附近水域矿藏勘探许可证的 O. S. 普罗克特先生回信说："我没有发
现能授予您在加利福尼亚州 3 海里管辖范围以外的海洋中建立建筑物这
样的法律权力，也没有人告知我，联邦政府内的任何其他部门有这样的
权力。"④ 1938 年，独立勘探公司（Independent Exploration Company）寻
求美国内政部雇用该公司对距墨西哥湾海岸 3 海里以外的区域进行石油
勘探。内政部很关心此事，但内政部的法律顾问建议对此事的处理需十
分谨慎。这种要求不久后引起了罗斯福总统的注意。罗斯福于 1938 年下
半年建议内政部考虑能否由总统发布一项行政指令，建立大面积的海洋
石油储备区域。罗斯福总统的敦促加强了内政部对 3 海里外的海底资源
问题的关注，并促使内政部逐渐转变了立场。⑤ 1939 年 7 月 1 日，罗斯
福在致司法部长、国务卿、内政部长及海军部长的备忘录中，建议设立

---

① Lawrence Juda, *International Law and Ocean Use Management：The Evolution of Ocean Govern-*
　　ance, p. 94.
② Green Hackworth, *Digest of International Law*（Washington, D. C. : Government Printing Of-
　　fice, 1941）, p. 680.
③ 〔美〕J. M. 阿姆斯特朗、〔美〕P. C. 赖纳：《美国海洋管理》，林宝法等译，海洋出版
　　社，1986，第 13 页。当时无论是美国最高法院还是联邦政府或州政府基本上都认为美
　　国领海是州的而不是联邦的领地，因此内政部称联邦政府对领海内外的沿岸石油不拥
　　有管辖权。
④ 〔美〕J. M. 阿姆斯特朗、〔美〕P. C. 赖纳：《美国海洋管理》，林宝法等译，第 14 页。
⑤ Lawrence Juda and Lewis M. Alexander, "Ocean Space Rights：Developing U. S. Policy," *The*
　　American Journal of International Law, Vol. 71, No. 2, 1977, p. 15.

新的跨部门联合委员会来研究大陆架矿产权问题。1940 年 3 月 13 日，总统授权成立了"海床石油矿产土地研究委员会"（Interdepartment Committee to Study Title to Submerged Oil Lands）。[①]

此外，1938 年和 1939 年，已经有数个国会委员会在全面调查近海石油开采问题了。几次听证会都把注意力对准了 3 海里外的海床的所有权和管辖权问题。例如，第 75 届国会众议院司法委员会举行了题为"美国对水下石油储层的权利"的听证会，第 76 届国会参议院公共土地和勘测委员会也举行了同样题目的听证会。美国海军石油事务处的负责人斯图尔特上校在听证会上对美国石油储备量作了悲观的评估，指出 1931 ~ 1938 年的石油发现量只及 1924 ~ 1930 年发现量的一半，但同时他也指出美国领海之下的石油储层是增加美国石油供应量的机会。[②] 虽然行政部门的人士仍对美国占有领海之外的大陆架资源比较谨慎，但国会议员们对提出美国的大陆架权利已经十分急切。例如，俄勒冈州参议员荷尔曼（Rufus C. Holman）强烈敦促美国政府控制远至大陆架外缘的海底土地。[③]在地方政府层面上，1938 年和 1939 年路易斯安那州和加利福尼亚州先后宣布拥有 24 海里的采矿权。[④]

综上所述，美国国内利益集团和美国国会在 1945 年之前已经就美国大陆架利益问题向美国行政部门施加了巨大的影响。美国国内势力的目标是尽快对 3 海里以外的大陆架资源提出权利主张，以防止外国侵害美国利益，并拓展美国资源开发的潜力。美国国务院和内政部在这些压力之下分别对美国大陆架渔业资源和石油资源问题着手进行研究。

第二节　美国政府在国内外压力下的政策协调与决策

从 1943 年至 1945 年，美国行政部门内部就提出大陆架权利主张以及采取何种方式提出这些主张进行了密集的探讨。主要的意见冲突集中

---

① 张玉生：《美国海洋政策》，黎明文化事业股份有限公司，1992，第 23 ~ 24 页。

② Lawrence Juda, *International Law and Ocean Use Management：The Evolution of Ocean Governance*, p. 94.

③ Lawrence Juda, *International Law and Ocean Use Management：The Evolution of Ocean Governance*, p. 15.

④ 张玉生：《美国海洋政策》，第 23 ~ 24 页。

在内政部和国务院两个部门之间。其中，内政部与国内利益集团的联系十分紧密，其立场代表着国内利益集团的要求。而国务院则受制于国际压力，担心美国如果采取单边行动将会造成不良的国际影响。

一　内政部与国务院联合决策与意见分歧的出现（1943 年 5 月至 1944 年底）

二战期间，美国汽油曾严重短缺，导致其被迫减少战斗机和战略轰炸机的数量。美国油田的生产利用率已超过世界其他地区。国内石油储量在快速下降而新油田发现的进度却很缓慢。时任内政部长伊克斯在二战期间负责战时石油供应，深知保证石油供应的重要性。内政部所属的地质勘查部门一直在研究美国沿海大陆架的石油资源问题，伊克斯也在持续关注着这一问题。1943 年 5 月，伊克斯收到公共土地办公室的一份备忘录。备忘录指出了美国对自然资源的需求程度以及大陆架不仅蕴藏着重要的石油资源并且是鱼类繁殖的场所，因此建议美国以 100 海里或 150 海里代替 3 海里的领海界限。伊克斯在关心此事多年后终于决定牵头制定美国的大陆架政策。[①] 他立即写信给罗斯福总统，建议采取行动使美国获得大陆架及其上覆水域中的资源，并提出领海界限的新规定。他在信中写道：

> 亲爱的总统先生：战争使我们深刻意识到有必要扩大自然资源的供应。有鉴于此，我希望请您关注大陆架的重要性，这不仅体现在国防方面，还体现在其作为自然资源宝库方面。大陆架资源的储藏量当前只能被估计，后期还需要对它进行仔细的勘测。
>
> 从我国海岸线延伸 100～150 海里的大陆架区域是各种鱼类良好的繁殖地，也是潜艇极好的隐蔽处，而且由于它是我国大陆的延续，这里很可能蕴藏着石油和其他类似于在我国发现的资源。
>
> 我建议现在是时候对海底及其上覆水域开展勘察工作了。这涉及繁复的国际和国内法律与政策问题。在国际方面，可能需要推广

[①] Memorandum from the General Land Office, Department of the Interior, to Interior Secretary Ickes, dated May 28, 1943. In the Files of the Interior Department, file no. 2 208, pt. 4. 转引自 Lawrence Juda and Lewis M. Alexander, "Ocean Space Rights: Developing U. S. Policy," *The American Journal of International Law*, Vol. 71, No. 2, 1977, p. 15。

超过 3 海里领海宽度的新概念，以及使国际社会认可相关国家有占有和开发公海海床和底土资源的权利。因此，在战后和平条约的谈判中考虑此问题可能是很重要的。在国内方面，联邦政府和沿海诸州之间如何划分对大陆架的主权和所有权是复杂的问题之一。[①]

他希望由内政部组织来自国家资源规划委员会、国务院以及司法部的专家对这一系列复杂的问题进行研究。[②] 伊克斯的建议得到罗斯福的大力支持。罗斯福于 1943 年 6 月 9 日给国务卿赫尔送去一份备忘录：

> 我认为哈罗德·伊克斯关于这一问题的看法是正确的。多年来，我一直感到原有的 3 海里领海界限或 20 海里领海界限应该由一种符合常理的管辖权取而代之。例如，墨西哥湾南邻墨西哥，北靠美国。在海湾的部分地区，浅水区离岸延伸数海里。在我看来，墨西哥政府应在海湾的南半部钻探石油，而我们则在海湾的北半部钻探石油。这样做比允许某个欧洲国家到那里钻探石油更为明智。
>
> 我们曾经议论的另一件事是有关阿拉斯加弯曲部分的陆架。日本渔船惯常在离岸 25 海里、30 海里或 40 海里的地方布网捕捞鲑鱼和蟹，在它们去阿拉斯加海岸和河流产卵的途中将其捕获。
>
> 伊克斯建议由国务院、内政部、国家资源规划委员会和司法部各派出代表组成一个委员会，对此，您意下如何？[③]

国务卿赫尔同意成立一个部际委员会来研究有关问题，并建议海军部的代表[④]一同加入。同年 7 月，助理国务卿朗（Breckinridge Long）通知国务院负责渔业政策的官员斯特金，称总统要求既研究大陆架渔业资源问题也研究矿产资源问题。此后，内政部与国务院等部门开始了联合研究，但内政部主要负责规划大陆架矿产资源政策而国务院则主要负责准备渔业政策声明。

内政部起初的意见是对大陆架区域提出主权要求，但这一看法遭到

① *FRUS*，1945，Vol. II，p. 1481.
② *FRUS*，1945，Vol. II，p. 1481.
③ *FRUS*，1945，Vol. II，p. 1482.
④ *FRUS*，1945，Vol. II，p. 1482.

国务院法律顾问们的反对。反对理由有四：一是提出主权要求很难得到其他国家的接受；二是提出主权要求将鼓励其他国家提出类似主张，导致美国在其他国家沿海的渔业活动受到影响；三是其他国家过宽的领海将损害美国的海上军事利益；四是如果美国的目的只是为了取得大陆架矿产资源，实在没有必要提出主权要求。这一意见最终占了上风，伊克斯不情愿地放弃了提出主权要求的意见。①

1944 年 7 ~ 8 月，国务院和内政部的磋商小组已就声明草稿达成初步的一致意见。双方同意通过发表总统公告的方式，宣布对水下土地和资源行使管理权。海洋空间被划分为两个部分：水下土地和大洋水。大洋水将明确从水下土地制度中分离出来，被看成是"公海"，不得作为国家利益所在的区域或被占用。渔业政策声明将从大陆架矿产资源权利声明中分离出来，形成两个声明。② 但当声明草稿被提交给经济事务办公室（ECA）审核时，该部门提出了一条意见，认为如果政策发布之前不与其他国家进行适当的沟通，将导致其他国家的"误解、怀疑和反对"。美国应与有重大利益关系的国家进行磋商，如加拿大、纽芬兰（当时尚不是加拿大的省）、英国、苏联、墨西哥、厄瓜多尔等。这些国家的同意是美国发布政策的重要前提条件。对于其他不太关心此事的国家或不便表达意见的国家，美国也应予以通知并征求其意见。③

联合决策期间，磋商小组成员助理国务卿朗不断受到内政部要求其快速作出决策的压力。他于 9 月 23 日将政策制定情况上报，希望由国务卿作出决断。④ 代理国务卿斯退丁纽斯同意了声明草稿，同时对经济事务办公室的意见予以支持，建议将两项决策的文本先提交给总统批准，文本批准后则需要非正式地通知主要相关国家，等待这些国家的反应，然后再决定是否将政策公之于众。⑤ 这实际上构成了与内政部意见相冲

① Lawrence Juda and Lewis M. Alexander，"Ocean Space Rights：Developing U. S. Policy," *The American Journal of International Law*，Vol. 71，No. 2，1977，p. 16.

② 〔美〕J. M. 阿姆斯特朗、〔美〕P. C. 赖纳：《美国海洋管理》，林宝法等译，第 22 ~ 23 页；Lawrence Juda and Lewis M. Alexander，"Ocean Space Rights：Developing U. S. Policy," *The American Journal of International Law*，Vol. 71，No. 2，1977，p. 15。

③ *FRUS*，1945，Vol. II，pp. 1485 – 1487.

④ *FRUS*，1945，Vol. II，p. 1484.

⑤ *FRUS*，1945，Vol. II，pp. 1487 – 1488.

突的解决方案，即反对尽快以单边主义的方式提出权利主张。国务院的这种意见表明国际压力对美国决策产生了作用。

二 争夺政策主导权与国务院方案的失败（1944 年底至 1945 年 9 月）

1944 年底，内政部与国务院的意见形成拉锯战。内政部希望绕过通常的渠道尽快发布大陆架声明，而国务院则一再强调与其他国家磋商的重要性。12 月 19 日，斯退丁纽斯在致伊克斯的备忘录中再次强调需要在总统批准声明文本后，与其他国家进行磋商，以"使其他政府对此事抱有积极态度"。他还称美国已经与加拿大、墨西哥和纽芬兰进行了一段时间的渔业问题磋商，因此这些国家可能愿意与美国一起采取行动。此外，从美国与加拿大关系的角度看，美国尤其应该避免单边主义行动。① 在同日起草的致总统的备忘录中，国务院的意见是在得到其他利益相关国家的意见反馈后，再决定政策公开的步骤。对于这条意见，伊克斯于 1945 年 1 月 4 日提出了修改意见。他写道，"为了加快此事，在与其他国家磋商之前是否不必事事要求总统来作决定？这对于公布政策的时间来说尤为重要，我认为应尽早公布政策"，因此建议给政策公布加以时间限制。② 国务卿同意了这个修改意见。

1945 年 1 月 22 日，内政部和国务院终于拟好了向总统提交的联合备忘录。备忘录综合了内政部和国务院的意见，规定"在总统批准备忘录之后两个月内，并在征求相关外国政府意见后"，由总统签署并发布美国的大陆架政策。此外，考虑到国会过去对此事的兴趣，建议总统在公布政策之前与国会或国会领袖进行正式或非正式沟通。③ 由于此后国务院又一再耽搁，伊克斯感到越来越不耐烦。3 月，他问副国务卿格鲁到底为何还未向总统提交联合备忘录，并明确表示希望这件事能"向前推进"。④ 内政部此时十分担心如果不尽快宣布大陆架政策，可能会发生政

---

① *FRUS*, 1945, Vol. II, pp. 1488 – 1490.

② *FRUS*, 1945, Vol. II, p. 1491, note 29.

③ *FRUS*, 1945, Vol. II, p. 1491.

④ Memorandum of Undersecretary of State Grew, dated March 23, 1945, in the files of the State Department, 811.0145/3 – 2345. 转引自 Lawrence Juda and Lewis M. Alexander, "Ocean Space Rights: Developing U. S. Policy," *The American Journal of International Law*, Vol. 71, No. 2, 1977, p. 16。

策逆转，因为国务院内部仍存在强烈的反对意见。①

　　罗斯福总统于 3 月 31 日批准了备忘录，并同意在公布政策之前与几个国家进行非正式磋商。② 由于罗斯福总统于 4 月 12 日逝世，国务院和内政部于 4 月 30 日再次向杜鲁门总统汇报了此事。国务院强调罗斯福总统要求在发布政策前与其他国家进行磋商，希望了解杜鲁门总统是否同意两个部门继续推进此事；而内政部强调罗斯福总统已经批准了这些政策，希望杜鲁门总统能重新确认并指示国务卿迅速与其他国家进行磋商以确保在两个月的期限内发布政策。③ 杜鲁门总统于 5 月初同意继续推进既定政策。

　　从 1945 年 4 月 26 日至 5 月 17 日，国务院将美国的意图陆续通知了加拿大、墨西哥、英国、苏联、古巴、荷兰、挪威、法国、冰岛、丹麦和葡萄牙，④ 同时表示希望各国支持美国的政策，与美国采取共同行动，并尽快作出答复。由于加拿大与美国在渔业方面的合作非常密切，美国政府认为应先于其他国家与加拿大进行沟通。然而，美国希望与加拿大采取联合行动的意图遭到挫折。加拿大政府表示，加拿大将于 1945 年 6 月举行大选，在大选之前加拿大政府无法作出决定或采取任何行动。⑤ 除了加拿大，美国也很希望得到英国的支持。美方向英方表示，美国需要对美国海岸附近的活动进行必要的控制，防止美国矿产资源枯竭。美国不会以任何方式干涉欧洲国家在大西洋的既定的渔业利益。美国还建议英国研究其海岸附近有巨大利益的区域，⑥ 但英国并未快速作出回应。苏联只是把美国的照会当作一个建议，没有回应美国要求其表达的意见。它关注的焦点是领海宽度问题。时至 6 月，美国仅得到古巴政府的支持，其他国家都认为所涉问题十分复杂不能立即表态。⑦

---

① Lawrence Juda and Lewis M. Alexander, "Ocean Space Rights: Developing U. S. Policy," *The American Journal of International Law*, Vol. 71, No. 2, 1977, p. 16.

② *FRUS*, 1945, Vol. II, p. 1491.

③ *FRUS*, 1945, Vol. II, pp. 1503 – 1504.

④ 其中，古巴、荷兰、挪威、法国、冰岛、丹麦和葡萄牙只被通知了美国拟定中的沿海渔业政策。

⑤ *FRUS*, 1945, Vol. II, pp. 1493 – 1495.

⑥ *FRUS*, 1945, Vol. II, pp. 1504 – 1506.

⑦ *FRUS*, 1945, Vol. II, pp. 1510 – 1511.

　　由于国务院迟迟无法得到其他国家支持美国政策的消息，内政部长伊克斯对国务院的拖延最终表示了愤怒。他于 6 月 28 日致信国务卿斯退丁纽斯称，从政策开始筹划到现在已过去两年多的时间，致总统的备忘录规定的两个月内征求其他国家意见的期限已过，"鉴于两位总统，更不用说国务卿，已经作出了决定，我想拖延应该结束了。我相信你不会认为我要求尽快将拟好的公告和行政命令提交总统签署是不合理的要求吧"。①

　　7 月 2 日，詹姆斯·伯恩斯代替斯退丁纽斯出任国务卿。伯恩斯回复伊克斯说自己刚刚就任国务卿，因此还不熟悉这件事，建议在采取最终行动之前与国会参议院外交委员会和公共土地委员会的成员沟通。② 1945 年夏，行政机关向国会参议员们通报了政策制定情况。议员们没有提出反对意见，只是担心大陆架公告会影响联邦政府和州政府之间对水下土地的管辖权限问题。③

　　七八月间，美国国务院仍抓紧时间与各国磋商。对于美国的渔业政策，英国认为美国现在发布这一政策，可能会给欧洲渔业造成困扰，并可能会严重损害英国的利益，因为英国的渔业资源主要从靠近其他国家而非英国的水域中获得。英国政府的意见是美国最好不要发布相关政策，如果一定要发布的话，建议美国将渔业保护区的范围缩小到北美区域，不要使之成为影响全球的政策。对于大陆架矿产资源政策，英国政府认为英国也面临同样的问题，建议各国磋商达成国际协议，形成制度保证。④

　　8 月 17 日，助理国务卿帮办索普在致国务卿的备忘录里总结了磋商的进展情况称，除古巴外，其他 11 国都未正式表明态度。他说，"现在

①　*FRUS*，1945，Vol. II，p. 1516.

②　美国国会对于石油问题一直保持着关注。1944 年设立石油资源调查特别委员会，举行了大量的听证会，听取政府官员和行业代表们的意见，涉及大陆架区域的石油资源问题。参见 American Petroleum Interests in Foreign Countries：Hearings before a Special Committee Investigating Petroleum Resources，United States Senate，79th Cong.，1st Sess.，on S. Res. 36（Washington，D. C.：United States Government Printing Office，1946）。

③　后来在大陆架公告和有关行政命令中都明确强调大陆架政策不会影响联邦政府和州政府之间的管辖权限问题。

④　*FRUS*，1945，Vol. II，pp. 1516 - 1519，1522 - 1524.

的问题是美国是否要采取单方面行动"，内政部和企业界要求迅速采取单边行动的呼声高涨。他同时又强调，目前美国寻求尽可能以国际合作的方式处理各种事务，因此比较合适的方式是继续与各国磋商，或是通过某种国际机构，如联合国粮农组织，构建相关国际政策。[1]

8月27日，国务卿伯恩斯致信内政部长伊克斯称，国务院已经收到了英国希望就大陆架矿产资源问题达成一种国际制度安排的意愿，英国政府希望继续就此事与美国政府磋商。伯恩斯还特地引用了一段英国政府的回信内容，以此表明英国政府的意图。鉴于此，国务院建议放弃单方面宣布政策的方案，转而提出以下两种方案：一是与有关国家达成双边协议；二是美国政府可以先表明立场，然后通过双边协议来支持自己的立场。[2]

出乎意料的是，与国务院揣测的情况相反，英国驻美使馆8月31日致信美国国务院称，英国政府尚未就大陆架矿产资源问题发出任何指示，而且近期也不会有任何指示。英国政府不希望与美国的政策有任何瓜葛，并且当美国公布政策时，不要提及英美曾经进行过前期沟通。[3] 至此，国务院的方案已落空，外交努力的前景遥遥无期。在内政部和美国国内利益集团的催促和压力下，美国决策层在9月统一了立场，决定满足美国国内团体希望早日出台政策的要求。

1945年9月28日，美国总统杜鲁门宣布了两个早已拟好的文件，即《大陆架公告》和《公海捕鱼声明》，统称《杜鲁门公告》。

在《大陆架公告》中，杜鲁门总统声称，"认识到全世界对于石油及其他矿藏的长远需求，美国政府鼓励发现和有效利用这些资源"；"鉴于专家指出这些资源大量存在于美国沿岸大陆架之下，同时随着现代科技的发展，这些资源的利用已经或即将成为现实"；"鉴于应对这些资源加以保护并谨慎利用，在着手开发这些资源时承认对这些资源的管辖权是必要的"；"美国政府认为毗邻国家对于大陆架底土和海床的自然资源行使管辖权是合理的、公正的，因为利用和保全这些资源的措施的实际效果取决于来自岸上的合作和保护，可以把大陆架看成是沿海国家的陆

---

① 　*FRUS*，1945，Vol. II，p. 1525.

② 　*FRUS*，1945，Vol. II，pp. 1526 – 1527.

③ 　*FRUS*，1945，Vol. II，p. 1527.

地延伸，因而自然地属于它"。因此，美国政府认为，"处于公海下但毗邻美国海岸的大陆架底土和海床的自然资源属于美国，受美国的管辖和控制"。①

在《公海捕鱼声明》中，杜鲁门总统宣布，"鉴于迫切需要保全和养护渔业资源，美国政府认为，在捕捞活动现已或将来可能大规模扩大的前提下，在与美国海岸相邻的公海的那些区域内建立保护区是正当的。在这种捕捞活动现已或将要由美国公民来实施的区域内，美国认为，建立边界明确的保护区是正当的，保护区内的捕捞活动将由美国管理和控制。在这种捕捞活动现已或将由美国公民和其他国家的国民联合实施的区域内，边界明确的保护区可以依照美国和其他有关国家之间的协定建立；这种保护区内的所有捕捞活动将按照协定的有关规定进行管理和控制。如果任何国家相应地承认美国公民在这种区域内可能存在的任何捕捞利益，那么其依照上述原则在其沿岸水域建立保护区的权利将得到承认。在建有这种保护区的区域内，公海的性质及各国拥有的自由无阻通航的权利决不会因此而受到影响"。②

由于担心美国单边主义行为会激起世界各国的强烈反对，美国发布的公告措辞谨慎，对大陆架上覆水域和大陆架本身均未提出主权主张，只对资源主张管辖权。公告本身未对大陆架下定义，但是与公告同时发表的一份白宫新闻稿确定这是一片毗连大陆、面积约75万平方英里、上覆水深不超过600英尺的区域。新闻稿还声称美国政府无意把大陆架的资源排他地保留给本国公民，也无意将外国人排斥于参与开发美国陆上资源的活动之外。美国政府的主要关切点是"对美国海岸附近的活动……实行必要的管制，以防止矿物资源……耗竭，并从安全的观点出发，对接近美国海岸的外国人的活动进行管理"；大陆架上覆水域的公海性质以及公海自由和无碍航行权利不受任何影响。③ 这样既可以使美国充分利

① Proclamation 2667, "Policy of the United States with Respect to the Natural Resources of the Subsoil and Sea Bed of the Continental Shelf," September 28, 1945, http://www. presidency. ucsb. edu/ws/index. php? pid = 12332&st = &st1 = .

② Proclamation 2668, "Policy of the United States with Respect to Coastal Fisheries in Certain Areas of the High Seas," September 28, 1945, http://www. presidency. ucsb. edu/ws/index. php? pid = 58816&st = &st1 = .

③ FRUS, 1945, Vol. II, pp. 1528 – 1530.

用其先进开发技术，获得大陆架区域的自然资源利益，又不影响大陆架上覆水域的公海性质，以继续维护美国在军事、贸易、科研方面的利益。

上文的分析表明，美国对大陆架利益诉求的动力来自美国国内维护近海渔业利益的需求和开采近海石油的兴趣，美国国会和内政部代表了这种利益，要求尽快取得大陆架区域的资源利益。考虑到美国单边行动可能造成严重的负面国际影响，国务院提出了与其他国家磋商的建议。内政部和国务院之间因此出现政策分歧。在国务院的努力不见成效的情况下，美国最高决策者最终采取单边行动，取得了大陆架区域的资源利益。从更深层次看，美国政府最终以单边主义的方式出台政策主要有以下原因。

第一，美国的行为有"搭便车"的性质。二战期间已经有个别国家开始对近海海底提出权利主张。例如，1941 年至 1944 年，委内瑞拉和阿根廷对大陆架和陆缘海的渔业资源和矿物资源制定了法律；委内瑞拉和英国于 1942 年签订了《关于帕里亚湾海底区域的条约》，在委内瑞拉和英国殖民地特立尼达之间划分了帕里亚湾的海底和底土。根据这一条约，英国宣布把划归特立尼达一方的海湾海底和底土部分并入英国领土。这些权利主张虽然并未产生什么影响，但也表明主权国家在对其沿海大陆架资源提出主张后并不会受到国际制度的惩罚。国务院在为美国政策辩解时明确指出，多年来，某些国家已经对其沿海属于公海海底的定居鱼类提出专属开发权利，并得到其他国家的默许或承认。如印度、爱尔兰、澳大利亚等。[①] 此外，美国在其最终政策出台前先行进行了试探，并且措辞十分谨慎，因此，美国决策者可能并不十分担心单边行动会导致不可接受的后果，何况美国的实力和威望在当时的世界正处于无可匹敌的巅峰状态。作为海上霸主的美国提出这一新规则后，其他沿海国家纷纷跟随。战后美国的权力地位促使其行为必然吸引非西方国家的觉醒和跟从，这也是自然的事情。

第二，如果不能尽快取得对大陆架石油资源的管辖权，石油企业考虑到产权问题将不可能开发近海石油。在解释美国政策时，美国国务院称如果不能对大陆架资源行使公认的管辖权，开发和利用这些资源的行

---

① *FRUS*, 1945, Vol. II, pp. 1501 – 1502.

动将得不到保证，企业将不愿进行投资或购置昂贵的设备。企业还必须获得其开发产品的所有权和适当的政府保护。在美国某些海岸，石油开采的启动只等取得大陆架资源管辖权这一步了，因此美国必须尽快行动。①

第三，国务院提出的方案在国内利益团体中找不到同盟者。在决策过程中，石油和渔业利益集团、美国国会以及内政部之间基本上形成了一种"铁三角"关系，不断向国务院施压，而国务院提出的方案却并没有任何国内力量的支持。正如官僚政治研究者们指出的那样，外交部门强调外交手段是美国实施对外政策的主要工具，外交官们对国外发生的事情比对国内事情更感兴趣，因此外交部门被视为认同外国的观点。②在大陆架政策这种跨越国内政策和外交政策的领域，很容易出现行政部门内部的分裂。国务院提出的反对意见曾使内政部放弃了对大陆架区域提出主权要求的方案，但最终方案并没有危及美国传统文化中的"公海自由"原则，因此国务院再也无法阻挡美国国内利益团体要求维护"私有产权"的迫切要求了。

《杜鲁门公告》里程碑式地开启了国家海洋管辖权的扩展，对海洋自由原则、国际海洋关系以及海底政治都提出了一个新挑战，造就了一个新议题和新概念。它集合了当时各方零散的意见，提出了"大陆架"这一新的国际法概念。《杜鲁门公告》对大陆架提出管辖权要求的做法代替了之前有些国家扩大领海宽度的做法，标志着沿海国扩大海域管辖权这一趋势的加速和性质的根本变化。这项具有激进性质的美国政策并没有遭到任何国家的公开反对，反而成为一种先例，掀起了各国对海底资源单方面提出权利主张的热潮。③ 许多沿海国，特别是拉美国家此后纷纷以美国为例，提出对大陆架的权利主张，并且远远超出《杜鲁门公告》所提出的范围，这又搭了美国的"便车"。美国虽然不承认拉美国

---

① *FRUS*, 1945, Vol. II, p.1500.

② 关于国务院的这种行为特点参见〔美〕罗杰·希尔斯曼等《防务与外交决策中的政治——概念模式与官僚政治》，曹大鹏译，商务印书馆，2000，第435页；〔美〕杰里尔·A. 罗赛蒂《美国对外政策的政治学》，周启朋等译，世界知识出版社，1997，第123～124页。

③ Shigeru Oda, *International Control of Sea Resources* (Dordrecht, The Netherlands: Martinus Nijhoff Publishers, 1989), p. xxvii；〔加拿大〕巴里·布赞：《海底政治》，时富鑫译，第16～17页；〔美〕杰拉尔德·J. 曼贡：《美国海洋政策》，张继先译，第248～249页。

家扩大其管辖权，但也没有进行强烈的抵制。这是因为随后出现的冷战限制了美国使用其海军优势对付拉美国家扩大沿海管辖范围的可能，这一现象值得深思。可以说，《杜鲁门公告》在无意间触发了海洋自由原则在战后的逐渐崩溃，催生了大规模的海上"圈地运动"，促使公海海底被各国争夺与抢占，公海面积因此缩小。霸权国维持所谓海洋航行自由的代价变得越来越大。当然，美国的单边行动，损害了其作为二战后的世界大国维护世界秩序的可信性，在此后的相关谈判中美国陷入一种尴尬的境地。在此后的章节中我们可以经常看到，美国的海洋政策有一种在国际主义和单边主义之间摇摆的倾向，有时采取国际合作的方式制定全球规则，有时则强推超前或与多数意见相左的美国规则。沿海国扩大海洋管辖权的复杂后果还包括国家之间在海上边界划分方面的问题更为突出。海洋划界从仅限于划分领海界限延伸到需要划分海底和大陆架界限。各国之间的渔业纠纷也大幅度增加。开发海底资源的广阔前景促使世界各国更加关注海洋问题。

第三节　美国与大陆架制度的谈判和建立

《杜鲁门公告》所树立的先例引发了许多国家宣称拥有其附近海岸大陆架、渔业等方面的权利。有的国家主张的权利就超过了美国，甚至被写入了它们的立法中，从而对公海自由原则不断造成侵蚀。墨西哥在《杜鲁门公告》发表一个月后就跟随美国的做法，提出对大陆架资源拥有管辖权，而没有对大陆架上覆水域提出管辖要求。但阿根廷在 1946 年重申了其 1944 年的主张，提出对大陆架及其上覆水域拥有主权的要求。1947年，智利提出对邻近其海岸的 200 海里海域的主权主张。1952 年，智利、厄瓜多尔和秘鲁联合签署《圣地亚哥宣言》，这是拉丁美洲国家首次签署关于 200 海里海洋权的宣言。三国政府宣布对临近本国海岸并从该海岸延伸不少于 200 海里的水域享有专属的主权和管辖权，包括对其海床和底土的主权和管辖权，但允许一切国家的船舶在上述海域无害通过。

在这种情况下，国际社会开始考虑通过推动和加快国际海洋法编纂来解决这一问题。1950 年召开的泛美法学家理事会（Inter-American Council of Jurists）就开始研究和讨论一些海洋法问题。美国是该组织成员国，参与了历次会议。不过，该组织后来通过的一些决议吸取了阿根廷、智利等国家的主张，支持各国对大陆架的海床和底土的权利可以扩展到发现自然资源最远的地方。这与美国的立场相冲突，遭到美国的反对。

在这种情况下，美国考虑推动联合国层面的海洋法编纂，以推动符合自己利益的国际制度的设立。联合国第一次海洋法会议很快被联合国提上议事议程，这与美国的推动密不可分。

1947 年 11 月，联合国大会决定设立国际法委员会（International Law Commission）。该委员会负责相关海洋法的编纂。国际法委员会在美国的敦促下开始加紧处理大陆架以及领海等问题。该委员会总共进行了 7 年的研究，制定了数十项条约草案。1949 年 4 月 12 日至 6 月 9 日召开首期会议。此后，其讨论的内容包括大陆架的含义、权利性质、外部界限、领海、毗连区、渔业等问题。美国积极参与有关谈判以促使自己的政策主张成为国际制度。在国际法委员会的讨论和磋商中，各方主要围绕大陆架界限、大陆架权利的性质等问题展开争论。关于大陆架界限的界定，有两种不同的意见。一种是以 200 米固定深度为界限，另一种是以上覆水域允许海底自然资源开发的深度为界限。《杜鲁门公告》提出的 100 英寻（约 182.88 米）深度，大概相当于 200 米。但这种以固定深度界定大陆架界限的做法不利于后期对海底资源的开发。有鉴于此，美国又提出了以上覆水域允许海底自然资源开发的深度界定大陆架界限的原则。这种原则虽然比较灵活，并有利于美国，但它会模糊大陆架的具体界限。1956 年国际法委员会最终报告以两种原则相结合的方式界定大陆架界限。对于大陆架权利的性质，国际法委员会曾使用过沿海国享有勘探和开发大陆架自然资源的控制权和管辖权的提法。后来这种提法被抛弃，而采用沿海国对大陆架资源行使主权权利的提法。对于大陆架自然资源的范畴，除了矿物资源，经过讨论把定栖鱼类也纳入大陆架自然资源的范畴。

国际法委员会于 1951 年专门围绕大陆架问题进行了磋商并形成了草案。美国基本赞同大陆架草案的条款，因为草案与《杜鲁门公告》的有关内容基本一致，同时也提出了一点意见。① 美国的诉求是将大陆架问

---

① 　*FRUS*，1952－1954，Vol. 1，Part 2，pp. 1666－1667.

题与渔业及领海等问题分开解决，希望 1953 年联合国大会能先行通过大陆架草案，但一些国家反对这么做。1953 年联合国大会决定，公海、大陆架、领海等问题不能分开解决。除非国际法委员会从整体上对所有问题完成研讨并提交报告，否则联合国大会将不会对部分海洋法条款采取行动。① 1954 年，美国再次联合英国等国家向联合国大会提出大陆架制度的草案，建议将大陆架问题单独列入联合国大会议程，但再次遭到其他国家的反对。联合国大会于 1954 年 12 月 14 日通过相关决议，仍要求国际法委员会提出一份关于所有海洋法问题的整体性报告，上交给 1956 年联合国大会审议。② 虽然美国希望单独解决大陆架问题的努力受挫，但这份联合国大会决议也为国际法委员会报告的提交设定了期限，这让美国政府感到欣慰。1954 年 12 月 21 日，美国参会代表、副国务卿渔业和野生生物事务特别助理赫林顿（Herrington）致信英国外交部："在大陆架问题上，我认为我们的收获还不算差……因为决议为国际法委员会提交报告设立了一个不算太晚的具体期限……"③ 他们看到了大陆架制度建立的希望。国际法委员会于 1956 年 7 月向联合国大会提交了最终报告。美国对报告内容表示赞同，因为即使各国无法就海洋法的所有问题达成一致，也不妨碍各国就大陆架问题本身建立相关制度。

联合国大会根据国际法委员会的建议决定于 1958 年召开第一次海洋法会议。美国非常支持召开联合国海洋法会议，并在会议召开之前进行了细致的准备工作和外交磋商工作。美国注意到各国在其他海洋法问题上的分歧较多，但在大陆架问题上基本同意美国的政策主张。

1958 年 2 月，联合国第一次海洋法会议在日内瓦召开。其中设立的第四委员会负责处理大陆架问题。在美国的推动下，会议最后通过了《大陆架公约》。公约中关于大陆架资源开发方面的内容主要包括：④

（1）大陆架指邻接海岸但在领海以外之海底区域之海床及底土，其上海水深度不逾 200 米，或虽逾此限度而其上海水深度仍使该区域天然

---

①　*FRUS*, 1952 – 1954, Vol. I, Part 2, p. 1664.

②　*FRUS*, 1952 – 1954, Vol. I, Part 2, p. 1726.

③　*FRUS*, 1952 – 1954, Vol. I, Part 2, p. 1727.

④　Convention on the Continental Shelf, https://treaties. un. org/doc/Publication/UNTS/Volume%20499/volume – 499 – I – 7302 – English. pdf.

资源有开发之可能性者。

（2）沿海国为了勘探和开采自然资源的目的，对大陆架行使主权权利。

（3）第一款所指的权利是专属性的，即如果沿海国不勘探大陆架或开采其自然资源，任何人未经沿海国的明示同意，均不得进行这种活动，或对大陆架提出权利主张。

（4）公约各条款所指的自然资源包括海床和底土的矿物和其他非生物资源，以及属于定着种的生物，即在可收获阶段在海床上或海床下不移动或除与海床或底土经常实体接触外不能移动的生物。

（5）沿海国对大陆架的权利不影响上覆水域作为公海的法律地位，也不影响此项水域上空的法律地位。

（6）勘探大陆架和开采其自然资源不应使航行、捕鱼或海洋生物资源的养护受到任何不当的干涉，或使以公开发表为目的的基础海洋学或其他科学研究受到任何干涉。

上述公约内容与美国政府发布的《杜鲁门公告》的政策主张基本一致。一些拉美国家希望将大陆架完全纳入国家主权管辖的主张没有得到公约的支持。而且沿海国对大陆架资源的主权权利并没有影响到其上覆水域的公海性质，这一点非常符合美国的利益。总之，《杜鲁门公告》提出的利益诉求得到了国际制度层面的确认。但大陆架的法律概念与地质层面的大陆架概念是有差别的。大陆架的法律概念为了避免产生国际冲突，同时采取了两项标准：海水的深度和开发的可能性。这就比地质学上的概念范围更广，它包括了海底区域。1958年的《大陆架公约》虽然在一段时间内比较成功地冷却了各国对海底资源的争夺，但该公约却无法真正地结束国际纷争。《大陆架公约》中使用的"可开发性"等模糊辞令，使得大陆架在国际法领域的定义始终存在争议。各国越来越认为大陆架这一定义是不充分的，因为人们越来越关注国家界限以外的深海海底潜在的矿产资源的管辖权。

随着人类海洋科技水平的不断提高，要求建立新的大陆架规则的呼声持续不断。以"足够精确"的方式界定大陆架的范围成为从1973年到1982年的联合国第三次海洋法会议的主要关注点。在1975年，第三次海洋法会议的谈判者已经就大陆架的法律定义达成了基本共识，并最终作为 1982 年《联合国海洋法公约》第七十六条第 1 款出现。《联合国海洋法公约》继承并发展了《大陆架公约》的规定。

1982 年的《联合国海洋法公约》关于大陆架界限和资源规定的最终确立，也经历了一个谈判的过程。在国际谈判开始之前，美国内部就此还展开了一系列国内政治博弈和公开的长时间争论。在尼克松政府时期，国防部、内政部、国务院等部门从它们各自的部门利益和立场出发对大陆架的界限提出了各自的主张，各部门之间的争论相当激烈，其中国防部的观点和内政部的观点冲突尤为严重。国防部从与苏联进行军事对抗和安全的角度考虑，支持狭窄大陆架界限的立场。国防部认为，大陆架界限不应超过 200 米等深线，并且绝不可超出 550 米等深线或 50 海里的宽度，否则，美军将无法在其他沿海国家大陆架边缘放置声音监听系统（Sound Surveillance System）以监控苏联潜艇的威胁。① 而如果采取宽阔大陆架界限的立场，则会导致沿海国试图将大陆架上覆水域确定为领海，从而有损美国的安全利益。国防部支持建立一项国际制度以确保发展中国家能够获取国家管辖范围外开发大陆架资源的利益。对于国防部的立场，内政部针锋相对地支持宽阔大陆架界限的立场，认为这样才能充分获得大陆架资源。对于国防部的忧虑，内政部认为《大陆架公约》已对资源开发主权权利加以限制，不会出现大规模扩大领海范围的趋势。虽然确保安全利益是必须的，但军事技术的发展可能会使监听装置在深于550 米等深线的水域发挥作用。对于建立深海底制度的建议，内政部认为美国应谨慎对待，一旦放弃对宽阔大陆架的资源提出诉求，就将产生决定性的后果。② 内政部显然考虑到了美国的技术水平极大地领先于其他国家的情况。只要取得许可，美国就可以对其整个大陆架甚至更深的海底资源进行控制。内政部的立场得到了商务部、国家石油委员会等部门的支持，也得到了国会的大力支持。对于国防部和内政部相持不下的争议，国务院的立场比较模糊，因为美国的利益到底是什么还需要进一步明确。它倾向于国防部所支持的狭窄大陆架的立场，但又不想停止海

① Document 363, "Memorandum from Robert Osgood of the National Security Council Staff to the President's Assistant for National Security Affairs (Kissinger)," *FRUS*, 1969–1972, Vol. E–1.

② Document 363, "Memorandum from Robert Osgood of the National Security Council Staff to the President's Assistant for National Security Affairs (Kissinger)," *FRUS*, 1969–1972, Vol. E–1.

底资源的开发，还寻求能暂缓提出大陆架界限和开采权利的做法。但暂缓提议遭到了内政部和商务部的强烈反对。美国政府的内部分歧直到1970年1月29日召开有十多个部门参加的副部长委员会会议也未能解决。① 美国行政部门受到的来自国会和国际社会的压力不断增加。为了打破内政部与国防部、国务院等部门之间的僵局，美国国家安全事务助理基辛格于1970年5月8日向尼克松总统提交备忘录，总结了各部门的立场并分析了优劣，希望由总统作出最后决断。② 基辛格倾向于狭窄大陆架界限的立场。5月23日，尼克松总统发表公开声明，提出设立200海里海底托管区的提议，③ 仍旧把大陆架界限界定为200米等深线，目的还是维护美国的安全利益。

尼克松的方案出台后遭到内政部以及各类利益集团的一致反对，它们游说国会也加入了反对阵营。美国政府的立场也没能得到国际上的支持，没过多久美国即在国际压力下舍弃了国际托管区的提议。这样，在联合国第三次海洋法会议召开时，美国关于大陆架界限的立场日益转变为接受宽阔大陆架界限，支持将大陆架界限扩展到200海里以及200海里以外的整个大陆边缘。这既是世界上很多希望能够获得大陆架资源的国家施加压力的结果，也是美国内部石油、矿产利益集团不断游说的结果。

1982年《联合国海洋法公约》关于大陆架的范围、资源开发的条款规定如下：④

第七十六条 大陆架的定义

1. 沿海国的大陆架包括其领海以外依其陆地领土的全部自然延伸，扩展到大陆边外缘的海底区域的海床和底土，如果从测算领海

---

① Document 363, "Memorandum from Robert Osgood of the National Security Council Staff to the President's Assistant for National Security Affairs (Kissinger)," *FRUS*, 1969–1972, Vol. E‑1.

② Document 373, "Memorandum from the President's Assistant for National Security Affairs (Kissinger) to President Nixon," *FRUS*, 1969–1972, Vol. E‑1.

③ *Public Papers of the Presidents of the United States*, Richard Nixon, May 23, 1970, Statement about United States Oceans Policy, http://www.presidency.ucsb.edu/ws/index.php? pid = 2514&st = &st1 = .

④ 《联合国海洋法公约》第六部分。

宽度的基线量起到大陆边的外缘的距离不到 200 海里，则扩展到 200 海里的距离。

2. 沿海国的大陆架不应扩展到第 4 至第 6 款所规定的界限以外。

3. 大陆边包括沿海国陆块没入水中的延伸部分，由陆架、陆坡和陆基的海床和底土构成，它不包括深洋洋底及其洋脊，也不包括其底土。

4. （a）为本公约的目的，在大陆边从测算领海宽度的基线量起超过 200 海里的任何情形下，沿海国应以下列两种方式之一，划定大陆边的外缘：

（1）按照第 7 款，以最外各定点为准划定界线，每一定点上沉积岩厚度至少为从该点至大陆坡脚最短距离的百分之一；或

（2）按照第 7 款，以离大陆坡脚的距离不超过 60 海里的各定点为准划定界线。

（b）在没有相反证明的情形下，大陆坡脚应定为大陆坡底坡度变动最大之点。

5. 组成按照第 4 款（a）项（1）和（2）目划定的大陆架在海床上的外部界线的各定点，不应超过从测算领海宽度的基线量起 350 海里，或不应超过连接 2500 米深度各点的 2500 米等深线 100 海里。

6. 虽有第 5 款的规定，在海底洋脊上的大陆架外部界限不应超过从测算领海宽度的基线量起 350 海里。本款规定不适用于作为大陆边自然构成部分的海台、海隆、海峰、暗滩和坡尖等海底高地。

7. 沿海国的大陆架如从测算领海宽度的基线量起超过 200 海里，应连接以经纬度坐标标出的各定点划出长度各不超过 60 海里的若干直线，划定其大陆架的外部界限。

8. 从测算领海宽度的基线量起 200 海里以外大陆架界限的情报应由沿海国提交根据附件二在公平地区代表制基础上成立的大陆架界限委员会。委员会应就有关划定大陆架外部界限的事项向沿海国提出建议，沿海国在这些建议的基础上划定的大陆架界限应有确定性和拘束力。

9. 沿海国应将永久标明其大陆架外部界限的海图和有关情报，

包括大地基准点，交存于联合国秘书长。秘书长应将这些情报妥为公布。

10. 本条的规定不妨害海岸相向或相邻国家间大陆架界限划定的问题。

第七十七条　沿海国对大陆架的权利

1. 沿海国为勘探大陆架和开发其自然资源的目的，对大陆架行使主权权利。

2. 第 1 款所指的权利是专属性的，即：如果沿海国不勘探大陆架或开发其自然资源，任何人未经沿海国明示同意，均不得从事这种活动。

3. 沿海国对大陆架的权利并不取决于有效或象征的占领或任何明文公告。

4. 本部分所指的自然资源包括海床和底土的矿物和其他非生物资源，以及属于定居种的生物，即在可捕捞阶段海床上或海床下不能移动或其躯体须与海床或底土保持接触才能移动的生物。

第七十八条　上覆水域和上空的法律地位以及其他国家的权利和自由

1. 沿海国对大陆架的权利不影响上覆水域或水域上空的法律地位。

2. 沿海国对大陆架权利的行使，绝不得对航行和本公约规定的其他国家的其他权利和自由有所侵害，或造成不当的干扰。

第八十二条　对 200 海里以外的大陆架上的开发应缴的费用和实物

1. 沿海国对从测算领海宽度的基线量起 200 海里以外的大陆架上的非生物资源的开发，应缴付费用或实物。

2. 在某一矿址进行第一个五年生产以后，对该矿址的全部生产应每年缴付费用和实物。第六年缴付费用或实物的比率应为矿址产值或产量的百分之一。此后该比率每年增加百分之一，至第十二年为止，其后比率应保持为百分之七。产品不包括供开发用途的资源。

3. 某一发展中国家如果是其大陆架上所生产的某种矿物资源的纯输入者，对该种矿物资源免缴这种费用或实物。

4. 费用或实物应通过管理局缴纳。管理局应根据公平分享的标准将其分配给本公约各缔约国，同时考虑到发展中国家的利益和需要，特别是其中最不发达的国家和内陆国的利益和需要。

《联合国海洋法公约》对大陆架，特别是对外大陆架的规定远远超出 1958 年《大陆架公约》的规定。某些宽大陆架的国家有权获得 200 海里以外的外大陆架，但范围不得超过 350 海里或者 2500 米等深线以外 100 海里。各沿海国面临在超出基线 200 海里的外大陆架范围内如何划界的问题。国际上仍然存在大量关于外大陆架的划界争议。由于"国际海底区域"的范围起始于大陆架终点，国际海底资源开发适用的是不同的规则。概言之，划定外大陆架的界限影响到沿海国和国际社会在资源开发等方面的权利和义务。外大陆架划界可以说是世界地图的又一次大调整。值得注意的是，《联合国海洋法公约》第七十六条第 1 款和第八十二条之间存在着特别紧密的联系。第八十二条规定，沿海国在 200 海里以外的大陆架进行五年的矿产开采之后，必须与其他国家分享一部分由此产生的收入。这是为了确保那些主张大陆架绝对最高界限为 200 海里的国家（主要是内陆国）接受更宽阔的大陆架的标准。

《联合国海洋法公约》创设了大陆架界限委员会来评估各国提交的有关外大陆架的技术数据并就该等大陆架界限提供建议。① 欲获得外大陆架的国家必须向大陆架界限委员会提出申请。该委员会成立于 1997 年，是根据《联合国海洋法公约》设立的拥有 21 名委员的独立国际机构。设立大陆架界限委员会的目的是便利在确定从测算领海宽度的基线量起 200 海里以外大陆架外部界限方面执行《联合国海洋法公约》。它并不负责划定或测定外大陆架界限，只是通过签发建议的方式协助沿海国确定外大陆架界限。《联合国海洋法公约》附件二含有关于大陆架界限委员会的规定。正如附件二第三条所规定的，委员会的职务是：

（a）审议沿海国提出的关于扩展到二百海里以外的大陆架外部界限的资料和其他材料，并按照第七十六条和一九八○年八月二十

---

① 《联合国海洋法公约》附件二。

九日第三次联合国海洋法会议通过的谅解声明提出建议；

（b）经有关沿海国请求，在编制（a）项所述资料时，提供科学和技术咨询意见。

按照第七十六条第8款，委员会应就有关划定大陆架外部界限的事项向沿海国提出建议，沿海国在这些建议的基础上划定的大陆架界限应有确定性和拘束力。[①]

在1997年9月2日至12日的委员会第二届会议上，各委员完成了对修订后的《议事规则》的二读，并进一步讨论了那些未能达成一致意见的规则。委员会的工作方法也在此次会议上得以阐明并通过，各委员还就委员会的《科学和技术准则》开展了初步研究工作。1999年5月，委员会通过了《科学和技术准则》的最后定稿。2000年5月，委员会在第七届会议期间向参与编写划界案的海洋科学专家解释委员会对实际实施《科学和技术准则》的考虑。由于缔约国纷纷表示在2004年11月前无法完成搜集和提供科学支撑材料等工作，考虑到《科学和技术准则》对沿海国编写划界案极为重要，在缔约国第10次全体会议上，各方决定对于《联合国海洋法公约》在1999年5月13日之前生效的缔约国，该日是《联合国海洋法公约》附件二第四条规定的向委员会提交划界案10年期开始日期，从而将沿海国提交划界案的第一个截止日期从2004年改为2009年5月13日。2001年12月20日，俄罗斯联邦向委员会提交其划界案，这是委员会成立以来收到的第一件划界案。该划界案所载数据和其他信息涉及北冰洋中部、巴伦支海和鄂霍次克海200海里以外的大陆架外部界限等内容。到2016年，大陆架界限委员会共收到61份划界案和45份初步信息，这些划界案主张的外大陆架总面积约合2600万平方公里。[②] 在各国提交的划界案和初步信息中有很多重叠的现象。根据《联合国海洋法公约》的规定，大陆架界限委员会不会对涉及领土争议的提案进行划定，除非所有相关国家一致同意该提案，但大陆架界限委员会会对所有争议国家联合提交的提案出具建议。因此，大陆架界限委

[①] 参见大陆架界限委员会官方网站，https://www.un.org/zh/law/sea/clcs.shtml。

[②] 《赢得大陆架划界的国际话语权》，《中国海洋报》2016年1月19日，http://www.oeofo.com/news/201601/19/list158305.html。

员会的工作备受瞩目。

外大陆架划界必须依据大陆边缘地质理论，利用海底地形、沉积物厚度等高精度科学数据，通过陆坡坡脚、百分之一沉积物厚度点、2500米等深线等关键参数确定。《联合国海洋法公约》只规定了外大陆架划界的法律原则，如何将其转化为具体的科学技术标准是划界实践必须解决的现实问题。因此，外大陆架划界必须运用现代海底勘测手段获得关键性的支撑证据和参数，包括使用多波束条幅测深系统获取海底地形数据，使用多道地震系统获取沉积物厚度数据，综合利用海底地震仪、重力仪、磁力仪、热流探针、声速仪、地质取样设备等获取大陆边缘地质特征和地壳结构等数据。

美国至今未加入 1982 年《联合国海洋法公约》，但美国仍然认为自己受《联合国海洋法公约》第七十六条的约束。作为 1958 年《大陆架公约》的缔约国，美国从 1969 年开始将大陆边缘确定为法律层面上的大陆架的适当界限。当时，行政部门官员在美国参议院作证时表示，《大陆架公约》的可开发性标准应根据大陆边缘界限来解释。一年后，尼克松总统颁布的美国海洋政策中使用"大陆边缘"作为应由沿海国管制的区域和应由"商定的国际机制"管制的区域之间的分界线。① 美国自 2003年以来公开进行了海上数据收集工作，包括对美国大陆边缘的 30 多次测深和地震调查。美国政府扩展大陆架项目的网站指出，与其他国家一样，美国正在利用《联合国海洋法公约》第七十六条第 1 款至第 7 款来确定自己的大陆架界限，并认为这些规定反映了习惯国际法。② 美国尊重遵守《联合国海洋法公约》第七十六条的其他国家的大陆架界限。美国政府声称美国的利益在于了解并向其他国家宣布其外大陆架的确切范围，估计美国的外大陆架面积有 100 万平方公里，资源（包括能源、矿产和生物资源）的价值可达数十亿甚至数万亿美元。

美国政府设立了跨部门机构（ECS Task Force）来协调划定美国外大陆架界限的工作。该机构的办公室位于科罗拉多州的国家海洋和大气管

---

① Kevin A. Baumert, "The Outer Limits of the Continental Shelf under Customary International Law," *The American Journal of International Law*, Vol. 111, No. 4, 2017, pp. 834 – 835.

② "U. S. Extended Continental Shelf Project," https://www. state. gov/frequently-asked-questions-u-s-extended-continental-shelf-project/.

理局下属的国家环境信息中心。国务院的人员担任工作组主席，领导外大陆架工作组，并负责项目的对外联络和法律方面的工作。美国地质勘探局负责收集、处理和解释地震数据。国家海洋和大气管理局负责收集、处理和分析水深数据。另有军方、能源部、环保局、国家科学基金会等11个部门参与工作组的工作。美国外大陆架项目的水深数据是通过海岸和海洋测绘中心/联合水文中心收集的，该中心是由国家海洋和大气管理局与新罕布什尔大学合作发起成立的。自2002年以来，海岸和海洋测绘中心/联合水文中心绘制了250多万平方公里的海底地图。这些数据是在10个地区的31艘邮轮上收集的。地震数据采集通过美国地质调查局进行协调。北极、大西洋、白令海和阿拉斯加湾的地震数据已经采集完成。北冰洋的地震数据是与加拿大合作采集的。五个北极沿海国家（加拿大、丹麦、挪威、俄罗斯和美国）中的每一个都在北冰洋拥有外大陆架。俄罗斯、挪威、丹麦和加拿大都向大陆架界限委员会提交了与各自北极外大陆架区域相关的申请。美国在北极地区的外大陆架区域可能与俄罗斯和加拿大的重叠。1990年，美国和苏联同意划定海洋边界（包括北极），并签署《白令海及其邻近海域海洋边界协定》。该条约于1991年获得美国参议院批准，但尚未获得俄罗斯杜马的批准。俄罗斯向大陆架界限委员会提交的文件中也表达了自己尊重该海洋边界协定的立场。该条约在生效前继续暂时适用。加拿大和美国尚未在北极划定海洋边界，但美国和加拿大进行了广泛的合作以收集界定北冰洋大陆架所需的数据。美国和加拿大大陆架重叠的区域只有在两国确定各自在北冰洋的外大陆架范围后才能完全知晓。一旦确定这些地区，美国和加拿大估计会在双边基础上处理海洋边界问题。

美国国内就如何更好地确保美国在外大陆架资源方面的利益存在分歧。反对美国加入《联合国海洋法公约》的声音认为，美国没有因为不是《联合国海洋法公约》的缔约国而放弃了在外大陆架资源方面的利益。1945年的《杜鲁门公告》没有受到任何国家的质疑。美国加入1958年《大陆架公约》又巩固了这一主张。此外，尽管美国是非缔约国，但《联合国海洋法公约》没有任何规定禁止美国向大陆架界限委员会提出外大陆架的主张。作为一个有宽阔大陆架的沿海国，美国可以自由地向大陆架界限委员会提交科学和技术数据，以证明其外大陆架主张。在大陆架界限委员会中拥有席位不会使美国政府在审议其他国家外大陆架主张方面拥有发言权。因为作为一个科学专家机构,大陆架界限委员会对沿海国的呈件没有否决权。沿海国可能会接受或拒绝这些建议。《联合国海洋法公约》附件二(第八条)仅要求沿海国在不同意委员会的建议的情况下提交订正或新的划界案。① 此外,即使美国是《联合国海洋法公约》的缔约国,也不能保证美国代表会被选入大陆架界限委员会。退一步讲,即使可以当选,美国代表也将以个人身份任职,并被排除在美国提交的任何划界案的表决程序之外。因此,加入《联合国海洋法公约》对美国的好处微乎其微。

支持美国加入《联合国海洋法公约》的声音认为,北极冰融化为美国在阿拉斯加沿海开发外大陆架资源开辟了新的商业机会。美国在北极的权利并没有因美国参加大陆架界限委员会就变得比以前更加重要。有一些人建议,只有美国不加入《联合国海洋法公约》才能享受好处,因为条约的主要条款现在已被接受为"习惯国际法"。根据这一论点,美国可以享有国际航行自由、开发美国外大陆架和国际海底区域资源的权利,而无须承担条约规定的任何义务,因为这些规定已被接受为习惯国际法。支持美国加入《联合国海洋法公约》的则认为,由于许多原因,依靠习惯国际法来保护美国的利益是不够的。首先,除非美国是《联合国海洋法公约》的缔约国,否则美国无法让自己的公民当选为大陆架界限委员会的成员,美国对该机构的决定就没有发言权。其次,并不是《联合国海洋法公约》的所有实质性条款都被承认为习惯国际法。美国可能极难相信世界各国普遍同意一个国家在不加入《联合国海洋法公约》的情况下,有合法开发外大陆架的资源的权利。与一些人的主张相反,根据1958年《大陆架公约》,美国对其外大陆架没有提出明确的权利。这也是尼克松总统赞同制定《联合国海洋法公约》的主要原因。再次,美国公司不愿意进行成本昂贵的勘探和开采活动,因为这些理论和法律论据没有被其他国家接受。如果美国要在自己的外大陆架从事资源开采活动,那么对美国或美国公司提起诉讼可能会更受关注。在《联合国海洋法公约》之外开展海底采矿的美国公司在证明此举有利可图之后,

---

① 《联合国海洋法公约》附件二。

外国公司就有可能提出索赔。没有一家美国公司想承担这种法律风险。最后，依赖习惯国际法并不能保证目前享有的好处能得到长期保障。习惯国际法不是维护美国航行自由和经济权利的最坚实的基础。它没有得到各国的普遍接受，而且可能会根据国家的实践，随着时间的推移而改变。因此，不能假设习惯国际法将始终反映《联合国海洋法公约》，而应将公约中的权利作为条约法问题加以锁定。一些人认为，如果美国加入《联合国海洋法公约》并在外大陆架上开发资源，美国就有义务向国际海底管理局支付费用。有些人不准确地称之为"联合国税"，这可能导致美国财政部损失数十亿美元。美国政府曾仔细考虑了这些关切，并得出结论认为，《联合国海洋法公约》规定的许可证制度和收费结构是可以接受的。一方面，与美国将获得的巨大经济价值以及美国在北极外大陆架上从事石油、天然气和矿物开发将要创造的就业机会相比，这些费用是很低的。加入《联合国海洋法公约》将吸引大量的投资，为美国带来可观的收入。另一方面，按规定在任何地点进行生产的头五年不支付任何费用，然后从第六年开始每年支付 1% 的费用，在第十二年最多支付不超过 7% 的费用。假设美国政府对美国外大陆架的生产征收约 18% 的特许权费，即使按照《联合国海洋法公约》支付最高为 7% 的费用，美国财政部在每个生产基地的收益仍将比美国不加入公约的情况要好。这将是美国的巨大好处而不是损失。只有在美国外大陆架上实际有生产的情况下，美国才需要支付这些费用。这些费用是由美国谈判人员与美国石油和天然气行业专家协商确定的，他们认为这些费用是可以接受的。包括其他西方发达国家以及俄罗斯和中国都认为，这些费用是可以接受的，并已加入该条约。如果这些费用真的会造成批评者声称的经济困境，那么这些国家是不会支付的。相反，这些国家中的大多数已经在忙于对其外大陆架进行调查和提出主张，以便石油、天然气和采矿公司能够开发这些资源。

第四章　美国与国际海底区域资源开发

　　虽然近海石油工业在 20 世纪 60～70 年代已经涉及地球上几乎所有的大陆架区域，但石油工业对大陆架以外的深海底的价值并没有产生多大的影响。深海底区域的价值是在 20 世纪 60 年代中期由于人们对深海底蕴藏的锰结核矿产生商业兴趣才开始提高的。随着 20 世纪 60 年代后期锰结核矿开采技术开始迅速发展，硬矿物工业一跃成为一股重要力量，并且使世界各国对几乎整个海底产生了商业兴趣。海底资源的不可再生性、人们对各种资源需求的不断增长以及 20 世纪 70 年代的石油危机，共同推动了人们对深海底及其资源实行控制或占有的呼声与日俱增。[①]

　　海底经济价值的提高使之在 20 世纪 60 年代变成了一个国际政治问题。在这一问题上，发达国家与发展中国家同样进行了利益博弈，联合国成为磋商和制定相关国际法的场所。国际社会于 1973 年至 1982 年召开了联合国第三次海洋法会议。其主要目的是重新制定全面规范所有海域的法律制度，即制定海洋法公约，构建公正合理的国际海洋法律新秩序。召开此次会议的主要动因之一是 1967 年马耳他驻联合国大使阿维德·帕多（Arvid Pardo）向联合国大会提交的提案。他建议，国际社会应把国家管辖范围以外的海床洋底及其底土规定为人类共同继承财产，并应建立管理该区域资源的国际管制制度，包括管理机构，以维护和平。该提案由此拉开了国际社会审议讨论国际海底区域法律地位及资源开发制度的序幕。经过联大机构和联合国第三次海洋法会议的审议和讨论，最终 1982 年通过的《联合国海洋法公约》对上述问题做了明确的规定，确立了国际海底区域作为人类共同继承财产的基本原则。

　　美国从 20 世纪 50～60 年代即开始关注国际海底区域的资源问题，并积极参与国际社会就这一问题展开的磋商与博弈，但最终因为利益分配、管理方式等方面的分歧而拒绝签署 1982 年《联合国海洋法公约》。

---

① 〔加拿大〕巴里·布赞：《海底政治》，时富鑫译，第 315～318 页。

到目前为止，美国依然游离在《联合国海洋法公约》之外。

第一节　美国参与国际海底区域资源开发的背景

一　美国科学界对国际海底区域资源的兴趣

20 世纪前半叶，美国及其他国家都极少进行深海掘样调查，对深海潜在财富的认识一直很有限。[①] 然而，1957 ~ 1958 年的"国际地球物理年"重新激起了人们对深海底的兴趣。在此期间，美国圣迭戈的斯克里普斯海洋研究所（Scripps Institution of Oceanography）对东太平洋洋盆进行了掘样和照相，发现几乎到处都有深海锰结核。1957 年，伯克利的加利福尼亚大学矿业技术系和斯克里普斯海洋研究所开始制订一项海洋合作研究计划，约翰·默罗（John L. Mero）被任命为主任调查员。默罗发表了重要的研究论文，表明开采锰结核无论在政治上还是在经济上都是可行的。[②]

默罗早在 1952 年就提出开采锰结核大概是可行的这一观点，但直到 1959 年他的研究论文（论文于 1965 年扩展为《海洋矿物资源》一书[③]）才引起了美国采矿业、法律顾问和联合国的注意，成为 20 世纪 60 年代后期美国科技界和企业界围绕锰结核开采潜力展开大辩论的催化剂。默罗乐观地认为，"若每平方英尺的海床能够生产 1 磅锰结核，这种开采就是经济的"，"与目前锰、镍、钴、铜的陆上来源相比"，海底锰结核"是一种比较便宜的矿源"，"按目前自由世界的消耗率来看，即使太平洋的锰结核只有 1% 具有经济开采价值，其中几种矿物的储量也够利用数千年"。他同时指出必须和平地、有条不紊地解决各国管辖范围之外这

---

① 深海锰结核首次发现于 1873 年。英国的"挑战者"号考察船在进行环球海洋科学考察时第一次打捞到这种物质。这次科学考察还证明了锰结核在深海底分布的分散性和丰盛度。此后人们虽然又在 1901 年、1906 年、1919 年获得了有关锰结核分布、构造及成分的资料，但在 20 世纪 50 年代以前，基本上停止了对这种物质的进一步调查和分析。参见陈德恭编著《国际海底资源与海洋法》，海洋出版社，1986，第 1 ~ 3 页；〔美〕杰拉尔德·J. 曼贡《美国海洋政策》，张继先译，第 262 页。

② 〔美〕杰拉尔德·J. 曼贡：《美国海洋政策》，张继先译，第 259 ~ 261 页；Jack N. Barkenbus, *Deep Seabed Resources*, p. 7。

③ John L. Mero, *The Mineral Resources of the Sea*（Amsterdam: Elsevier Publishing Company, 1965）。

种极其丰富的海底资源的所有权问题。① 虽然此后人们对开发深海底资源的困难进行了更严格的评价，并对默罗的乐观预言产生了一定的怀疑，但专家们普遍认为，将来总有一天要实现对某些深海底矿物的商业生产。

从 1966 年到 1970 年，美国国内围绕着深海采矿和国家管辖范围外的海底制度问题进行了一场公开大辩论。这场辩论是美国对开采锰结核的兴趣高于其他任何国家的体现。辩论主要在学术界进行，一些研究机构，如罗德岛大学海洋法研究所，对辩论起了重大的推动作用。美国政府和企业界人士以及各种利益集团的代表也都参与其中。辩论参加者的立场充分反映了各种各样的观点，从主张大幅度扩大沿海国管辖权的极端民族主义观点到赞成建立一个能够控制一切海洋活动的国际组织或机构的极端国际主义观点都有。② 总之，美国的科研人员在调查研究深海锰结核资源方面走在了世界各国以及联合国的前面。

二　美国企业界对开发国际海底区域资源的准备性工作

受美国科学界开拓性研究的影响，美国各大矿业公司很快就对锰结核产生了兴趣。但由于该行业的风险性，20 世纪 60 ~ 70 年代，世界上出现了一些由多国资本组成的国际财团。其主要参与国都是发达国家，包括美国、澳大利亚、比利时、加拿大、联邦德国、法国、英国和日本。在众多矿业公司中，深海探险公司（Deepsea Ventures）和肯尼柯特铜股份公司（Kennecott Copper）是两家最重要的公司，其资本构成中都以美国资本为主，并以美国为大本营。③

深海探险公司专为开采锰结核而组建，并于 1962 年开始执行一项包括勘探、技术研究、发展和经济效果研究的计划。该公司是在发展深海开采技术和进行相关实践方面最积极的公司之一。1970 年，该公司将一艘 300 吨的货船改装成海洋采矿船原型，配备了各种装备，并对海底矿产资源进行了试探性挖掘。截至 1973 年，它已在太平洋进行了 30 多次

---

① 参见〔加拿大〕巴里·布赞：《海底政治》，时富鑫译，第 77 ~ 78 页；〔美〕杰拉尔德·J. 曼页：《美国海洋政策》，张继先译，第 259 ~ 261 页；Jack N. Barkenbus, *Deep Seabed Resources*, pp. 7 – 11。

② 〔加拿大〕巴里·布赞：《海底政治》，时富鑫译，第 97 ~ 107 页。

③ 〔加拿大〕巴里·布赞：《海底政治》，时富鑫译，第 77 页。

勘察，找到了若干可能的矿址。它还在结核矿小型加工试验厂内进行过若干次试验。[1]

肯尼柯特铜股份公司则于 1965 年开始对海底采矿进行研究，又于 1967 年进行了初次勘测航行。此后，该公司也进行了广泛的勘察并找到了可能的矿址。1972 年，该公司广告宣称，再有几年的时间即可进行海底锰结核的商业开采了。[2]

除上述两家公司外，有美国资本参加的国际公司还有另外几家，如海洋矿业公司（Ocean Minerals Cooperation）、海洋管理集团（Ocean Management Group）、CLB 集团等。[3]

在这一新兴行业中，美国政府并未像日本政府那样进行大量的投资，也未大力介入技术开发领域，企业和非政府组织实际上在发挥着支柱的作用。

虽然，美国企业 20 世纪 60 年代就发出了开采深海底资源的乐观声明，但直到 70 年代末，世界上还没有任何地方开始商业开采。70 年代，人们仍在推测能否从锰结核中获得镍、钴、铜、锰，以及这些矿物的经济价值到底如何。然而，这并不会改变美国企业界希望影响美国政府参与国际谈判的立场。

三　美国相关利益集团的诉求

虽然美国国内在关于深海底资源的大辩论中涌现了各种各样的声音，但希望进行深海底资源商业开发的美国企业界一直在进行积极的游说活动，从而使它们的立场在美国国会得到了有力的表达。由此形成的美国国内利益的目标是确保私人投资的产权安全，享受最大的开发海底资源的自由以及比较少的国际管理。

进入 20 世纪 70 年代，随着联合国对深海底资源问题的探讨日渐频繁以及美国企业界准备进入锰结核实际开采阶段，美国国内出现了一场

---

① 〔加拿大〕巴里·布赞：《海底政治》，时富鑫译，第 178 页；Jack N. Barkenbus, *Deep Seabed Resources*, p. 15。

② 〔美〕杰拉尔德·J. 曼贡：《美国海洋政策》，张继先译，第 265 页。

③ 参与深海底资源开发的各大公司情况，可参见 Jack N. Barkenbus, *Deep Seabed Resources*, pp. 16 – 17。

支持国家对深海底资源开采拥有管辖权的政治运动。例如，代表美国矿业界利益的美国矿业会议（American Mining Congress）从 1970 年开始关心国家管辖范围外区域的美国海洋政策。该组织发言人宣称，美国矿业界需要得到投资的保障、租地使用权的保障、没有他人干扰的金融方面的保护，以及希望国家减少对美国管辖下的个人采矿活动的管制。他称，美国可以确立某种形式的习惯法或规章，作为与其他相同立场的国家达成协议的基础。① 矿业界实质上是希望国会授权内政部长立即向美国企业家签发深海底矿物勘探执照。一旦实现了商业化开采，只要开采工作仍在继续，执照就永远有效。

美国国会则早在 1966 年即通过 89 - 454 号公法成立了国家海洋资源与工程发展委员会。国会的各委员会随后举行了一系列听证会，围绕着海上划界问题和海底资源问题展开了广泛的讨论。美国参议院外交委员会的海洋空间小组委员会，在参议员克莱本·佩尔（Claiborne Pell）的领导下，积极参与和推动了海洋法辩论，表现得比行政机构更为主动。

第二节　美国参与国际海底政治的分析

美国行政部门不但面临国内矿业利益集团日益增强的兴趣所带来的国内压力，也面临国际上其他竞争对手的竞争压力。除其他发达国家的勘探试验外，部分发展中国家充分利用联合国这一场合，给美国行政部门的决策者和参与国际协议谈判的外交人员施加了相当大的国际压力。

一　国外力量的利益诉求

其他一些发达国家在 20 世纪 60 ~ 70 年代也开始进行深海底资源开采试验。例如，日本的住友财团在通商产业省的支持下，于 1968 年开始对锰结核开采产生兴趣；三家德国公司在政府资助下，组成了一个名为 AMR 的联合探险财团；法国的 CNEXO 公司于 1970 年至 1971 年在法属波利尼西亚群岛周围进行了勘探调查，并于 1972 年完成了太平洋海洋中

---

① 〔美〕杰拉尔德·J. 曼贡：《美国海洋政策》，张继先译，第 287 ~ 288 页。

心的筹建工作。与此同时，苏联也进行了多次海底调查。①

　　发展中国家也迅速意识到它们在这一问题上的利益，不愿看到少数发达国家利用其技术优势来垄断尚未明确的资源。联合国则从一开始就积极参与了海底资源问题的磋商。自 1966 年起，联合国大会就对海底区域产生了日益浓厚的兴趣，这与发展中国家对海底利益认识的提高有着直接的联系。

　　1966 年 3 月，联合国经社理事会通过了第 1112 号决议，指出"大陆架以外海洋的矿物和食物资源（鱼类除外）是目前尚未被充分利用的原料储备；合理地使用这些资源，从中取得最大限度的收益和尽可能避免浪费，对于一切国家说来都是非常重要的"。"理事会要求秘书长对这些资源的了解程度……和开发（这些资源）的技术现状进行调查。"② 决议清楚地表明，发展中国家作为一个集团已经意识到它们在这一问题上的共同利益。联合国所提供的方便条件成为发展中国家用以抗衡发达国家在技术、经济和经验方面优势的一种手段。

　　1966 年 12 月，联合国大会又通过了第 2172 号决议。它在肯定经社理事会决议的同时，还要求秘书长提交一份概述世界范围内海洋科学技术活动及有关改进海洋科学方面的国际合作和教育的各种建议的补充报告。这个补充报告将显示哪些国家在海洋科技方面享有巨大的既得利益。③ 这个决议又一次表明了发展中国家对其经济利益和相关情报的关心。

　　1967 年发生的一件极不平凡的事情大大加速了联合国关于海底问题的辩论。8 月 17 日，马耳他驻联和国大使阿维德·帕多向联合国秘书长建议在第 22 届联大的议程中列入一项称为"关于专为和平目的保留目前国家管辖范围外海洋下海床和洋底及为人类利益而使用其资源的宣言和条约"的议题，并附有一项解释性备忘录。在这个备忘录中正式提出了

---

①　〔加拿大〕巴里·布赞：《海底政治》，时富鑫译，第 179～180 页；〔美〕杰拉尔德·J. 曼贡：《美国海洋政策》，张继先译，第 265 页。

②　U. N. Doc. E/4449, Feb. , 1968；〔加拿大〕巴里·布赞：《海底政治》，时富鑫译，第 81～82 页；王岩：《国际海底区域资源开发制度研究》，博士学位论文，中国海洋大学，2007，第 10 页。

③　UN General Assembly Resolution, Resources of the Sea, 2172 (XXI), Dec. 12, 1966, http://daccess-ods. un. org/TMP/698658. 3. html.

"人类共同继承财产"① 的概念。

该备忘录指出，鉴于技术先进国家新技术的迅猛发展，海床洋底成为发达国家竞相占有和利用的对象，因此应发表一项宣言宣告海床和洋底是人类共同继承财产，并由此缔结一项条约。该条约应包含下述原则：（1）海水下方处于国家管辖权范围之外的海床及洋底，无论如何都不应被任何国家以任何方式占用；（2）海水下方处于国家管辖权范围之外的海床及洋底的勘探，其所使用的方法应与联合国特许原则许可的方式一致；（3）海水下方处于国家管辖权范围之外的海床及洋底，对其利用与经济上的开采应以保障全体人类的利益为目的，对其使用及开发所获得的经济上的利益，应首先用于促进贫穷国家的发展；（4）海水下方处于国家管辖权范围之外的海床及洋底，永远仅能出于和平的目的使用。

帕多还建议应设立一个国际机构，用来：（1）作为所有国家的受托人对目前国家管辖范围以外的海床和洋底承担管辖权；（2）调整、监督和控制其上的一切活动；（3）保证从事的活动符合建议的条约所包含的原则和规定。②

该项极具重要性的建议案对深海底制度的制定产生了深远影响，成为海底问题的一个关键性事件。它使海底问题脱离总的海洋问题，成为人们关注的中心；它把"人类共同继承财产"思想与发展中国家的利益联系起来；它把这个问题置于发达国家与发展中国家利益冲突的背景下；它把制定深海底制度的政策主动权牢牢地置于联合国手中。③

经过激烈讨论，1967 年 12 月 18 日联大通过第 2340 号决议，④ "确认全人类在构成地球主要部分的海底方面的共同利益"，设立特设委员会

---

① 从理论上讲，早在 19 世纪末，就有人想把人类的遗产的概念应用到海洋领域。在 1958 年联合国第一次海洋法会议上，也有人曾提出"人类共同继承财产"这一词语，但他们用这个词语指的是"公有物""共同财产"的意思，而且也没有论及人类共同继承财产的内容。因此，"人类共同继承财产"的概念是在 1967 年第一次被正式提出的。参见王铁崖《论人类的共同继承财产的概念》，《中国国际法年刊（1984）》，中国对外翻译出版公司，1984，第 23 页；Jack N. Barkenbus, *Deep Seabed Resources*, p. 33。

② U. N. Doc. A/6695, Aug. 18, 1967.

③ 〔加拿大〕巴里·布赞：《海底政治》，时富鑫译，第 84 页。

④ UN General Assembly Resolution, 2340（XXII）, Dec. 18, 1967, http://daccess-ods. un. org/TMP/4619324. html.

来研究国家管辖范围以外海床和洋底的和平利用问题。[①] 但决议把帕多提案中原来的一些措辞改缓和了，例如，"关于……的宣言和条约"改为"审议……问题"，而且决议不提帕多提案中的大部分具体建议。造成这个结果的原因之一是美国害怕这一议题会破坏海底采矿的发展。

二　美国行政部门在国内外压力下的政策立场变化

从 1967 年到 1982 年，美国行政部门对国际海底区域资源的政策立场经历了一个变化的过程，这是一个面对国内外压力不断协调的过程。美国国会在这期间成为代表国内利益向美国行政部门施加压力的重要力量。

（一）美国行政部门应对帕多提案的政策与国会的反应

美国行政部门对帕多提案表示出十分谨慎的态度。美国驻联合国大使古登伯格表示美国认同帕多的关切。他指出美国总统约翰逊在 1966 年 7 月 13 日就表示"我们必须小心地避免争夺和占有公海下土地的竞赛。我们必须确保深海和洋底目前和将来都是人类共同的遗产"。[②] 但他认为该问题十分复杂，任何匆忙的行动都是轻率的。要对深海底体制计划作出最终决定，还为时尚早。[③]

1967 年 10 月，国务院为美国驻联合国代表团准备了一份针对帕多提案的立场文件。国务院认为在进行仔细调研之前，联合国大会任何关于海底资源的根本性决定都不符合美国的利益。只有提出有吸引力和建设性的新建议才能阻止联大的行动。国务院提出的建议包括：建立一个海洋问题委员会，鼓励各国合作获取关于海洋及其资源的知识，考虑制定

---

① 根据第 22 届联大第 2340 号决议，建立"和平利用国家管辖范围以外海床和洋底特设委员会"（简称"海底特设委员会"）。第 23 届联大决定将特设委员会改为常设委员会，建立"和平利用国家管辖范围以外海床和洋底委员会"（简称"海底委员会"）。从此，国际海底的有关问题就有了专门机构负责研究，向联大提出报告。参见 Shigeru Oda, *International Law of the Resources of the Sea* (Alphen aan den Rijn, The Netherlands: Sijthoff & Noordhoff International Publishers, 1979), pp. 109 – 110; 张玉生《美国海洋政策》，第 85 ~ 86 页。

② "Remarks at the Commissioning of the Research Ship-Oceanographer," *Public Papers of the Presidents of the United States*, Lyndon B. Johnson, July 13, 1966, http://www.presidency. ucsb. edu/ws/index. php? pid = 27711&st = &st1 =.

③ Lawrence Juda, *Ocean Space Rights: Developing U. S. Policy*, p. 83.

指导各国勘探和开发深海底资源的一般性原则。① 可见，国务院此时对国内政治压力十分敏感，认为在建立海底资源的国际体制之前，必须充分咨询美国国会和私人企业的意见。

与此同时，国会对帕多提案作出迅速反应。国会参众两院共收到 30 多个提案，不同的国会委员会召开了多次听证会。众议院外交委员会下属的国际组织和活动小组委员会于 1967 年 9 月至 10 月围绕深海底问题召开了听证会，参议院外交委员会也于 1967 年 11 月召开了听证会，1968 年 6 月至 7 月众议院外交委员会下属的国际组织和活动小组委员会与众议院海运渔业委员会下属的海洋学小组委员会又共同举行了听证会。美国国会的多数提案指出，现阶段向国际机构赋予深海底资源的管辖权还为时尚早，并建议政府不应放弃对深海底有用资源的权利。②

参议员佩尔先后于 1967 年 9 月 29 日和 11 月 17 日向参议院提交了两份决议案。第一份决议案强调有必要制定合理的实施规则，以指导各国"在领海以外水域下面"的活动。第二份决议案要求美国驻联合国代表团向该组织提交一份关于指导各国"海洋空间"活动的决议案，以取得在这个问题上的领导地位。佩尔希望联合国通过一项决议，宣布：（1）所有国家都享有探测和开发海洋空间的自由；（2）所有国家都享有使用 12 海里领海以外公海的自由；（3）有必要由联合国指定，并经安理会批准，设立一个签发许可证的机关，负责向各国或国际组织发放海床采矿执照，规定矿区使用费，划定设备安全区等。1968 年 3 月 5 日，佩尔向参议院提交了一份条约草案，主要包括了上述各项原则。③

1967 年 9 月，众议员佩里则声称"美国如果同意将全世界的深海底矿物资源都交给联合国（政府好像准备这么做），那么这将成为美国历史上最大的赠送"。④ 美国行政部门的官员们为此专门接触了一些国会议

---

① *FRUS*, 1964 - 1968, Vol. XXXIII, p. 904; Lawrence Juda and Lewis M. Alexander, "Ocean Space Rights: Developing U. S. Policy," *The American Journal of International Law*, Vol. 71, No. 2, 1977, p. 84.

② George A. Doumani, *Ocean Wealth: Policy and Potential* (New York: Spartan Books, 1973), p. 85; 金永明：《国际海底区域的法律地位与资源开发制度研究》，博士学位论文，华东政法学院，2005，第 121 页。

③ Congressional Record, March 5, 1968, p. 5181.

④ Congressional Record, September 14, 1967, p. 25649.

员，向他们保证美国行政部门并不支持帕多提案的全部意图。①

1967 年 12 月，国会众议院对外关系委员会发布了关于"联合国与深海底资源问题"的研究报告。报告称，美国国务院几乎尚未在这一问题上作出任何决策。佛罗里达州众议员罗杰斯敦促国会密切关注并监视行政机构的行动。他称，根据《大陆架公约》，美国的权利可以延伸到大洋的中心地带。② 以上情况表明国会从一开始就深深地介入了深海底资源政策的制定过程，并反对建立强大的国际机构介入海底资源问题。

（二）美国行政部门对其他联合国关键性决议的政策

1968～1969 年，联合国海底委员会审议了关于保留国家管辖范围以外海底专供和平利用以及开发海床资源的各种可能的制度等问题。第 23 届、24 届联大通过了一系列有关国际海底问题的决议。美国驻联合国代表团支持并积极参加了海底委员会的工作，但美国驻联合国代表团在协商的最初阶段并不支持"人类共同继承财产"原则，只是认为把取自深海底的资源的部分价值捐献给国际社会是适宜和可行的。反过来，美国驻联合国代表团集中强调要维持一种能够鼓励私人向海底采矿投资的法律环境，并且为这个区域划定疆界。与此同时，尼克松总统发表了一项政策声明，强调必须推进国家的海洋计划，以便尽快获得经济上的利益，同时指出吸引私人企业参加计划的必要性，而国际合作则只有在符合美国的"最佳利益"时才予以鼓励。如果把这个声明与美国在表决关于对建立国际机构的问题进行研究的提案时投弃权票的情况结合起来，可以看出美国对国际制度的看法与发展中国家的看法之间的差距正在日益扩大。③

1969 年，联大通过了争议最大的第 2574D（XXIV）号决议（又被称为《暂缓决议》）。该决议宣告，在国际制度建立之前，"（a）所有国家与个人，不论其为自然人或法人，均不得对国家管辖范围以外的海床、洋底及其底土的资源进行任何开发活动；（b）对此种地区的任何部分或

---

① Congressional Record, September 14, 1967, p. 25659.

② Lawrence Juda and Lewis M. Alexander, "Ocean Space Rights: Developing U. S. Policy," *The American Journal of International Law*, Vol. 71, No. 2, 1977, p. 85.

③ 〔加拿大〕巴里·布赞：《海底政治》，时富鑫译，第 96 页。

其资源之要求概不承认"。① 该决议的目的是在建立一项深海采矿的国际制度之前，冻结在深海底的开发活动，以及各国对深海底的权利主张。此外决议还重申了"人类共同继承财产"的概念。

大会表决结果为 62 票赞成、28 票反对、28 票弃权。美国等众多发达国家投了反对票，美国宣称该决议案并无约束力。该决议标志着发达国家与发展中国家就控制深海底而进行的斗争发生了重大转折。这是发展中国家运用表决权左右国际局势的一次有益尝试。

美国认为该决议的目的显然在于限制少数发达国家开发深海底资源，因为增加深海底资源法律地位的不确定性必然会挫伤私人向锰结核工业投资的积极性。例如，戈尔迪教授在美国国会作证时称："那项决议的倡导国之一最近在一篇并不值得赞扬的声明中承认，暂缓决议的目标是专门针对美国的企业界和其他发达国家的私人企业的。它企图对投资者起'泼冷水'的作用。"② 国务院对国会的政策质询作了以下答复："国务院无意劝阻美国国民继续进行现有的勘探计划。如果美国国民希望在一项国际协议建立之前进行商业开采，我们将设法保障其能依据国际法的有关原则（包括海洋自由）进行活动，并保证其投资在此后达成的任何国际协议中得到应有的保护。"③

（三）美国行政部门主动提出解决方案及其受挫

随着海底问题的日益突出，美国行政部门感到必须提出明确的政策立场。1969 年由国务院、国防部、内政部联合组成的一个部际小组，吸收了多方面的意见，编制了一份美国官方立场文件。④ 1970 年 5 月 23 日，尼克松总统向国际社会提出了一项建议，主要内容包括：（1）所有

① UN General Assembly Resolution, 2574D (XXIV), Dec. 15, 1969, http://daccess-ods. un. org/TMP/9832191. html.
② 〔加拿大〕巴里·布赞：《海底政治》，时富鑫译，第 119 页。
③ 〔加拿大〕巴里·布赞：《海底政治》，时富鑫译，第 183 页。
④ 在制订该方案的过程中，国防部与内政部就美国应提出宽大陆架还是窄大陆架的问题发生了激烈的争吵。国防部为了美国军事行动自由而支持窄大陆架方案，而内政部以及美国石油产业界则支持宽大陆架方案，双方无法达成一致。国务院在这个问题上没有明确的意见。但国防部和国务院都强调达成国际条约的重要性，而内政部则强调美国单边资源利益的重要性。最后尼克松总统决定支持国防部的意见。这一问题并不是本章关注的重点，可参见本书第三章。

国家放弃对本国 200 米深度线以外公海海床资源的一切权利要求；（2）各国同意把这些资源视为人类共同继承的财产；（3）建立国际制度，以管制 200 米深度线以外的资源开发和征收矿区使用费，用以对发展中国家提供经济援助。（4）授权一个国际机构管制大陆边缘以外海床资源的勘探和利用。① 尼克松总统实际上提出了一个三级制度，即沿海国对 200 米深度线以内的海底资源拥有完全的控制权，200 米深度线以外海底区域的一切资源属于人类共同继承财产；但是，200 米深度线与大陆边缘之间的区域应划为国际托管区，沿海国在托管区内仍保有许多权利，但必须与相应的国际组织机构分享该区域的收益；此组织机构只对大陆边缘以外的海底区域拥有专属管辖权。此外，尼克松还建议，在国际制度建立之前，各国拥有对 200 米深度线以外的区域的开发活动发放许可证的权利，条件是此类许可应遵守将要建立的制度。同时，发放许可证的国家应把全部收益的一半至三分之二交给相关国际组织机构。②

此后，国务院感到了美国国内对此方案的强大的反对力量。③ 为了防止发生政策逆转，并使美国的政策立场固定下来，在上述主要政策概念的基础上，美国驻联合国代表团于 1970 年 8 月 3 日向联合国海底委员会提交了一份内容十分详尽的公约草案。④ 美国提出的公约草案描绘了未来新的国际组织机构的主要构成，其中包括一个由所有成员国代表组成的全体大会，一个由 24 个成员国代表组成的理事会。理事会将拥有最大的权力，并将给予发达国家较大比重的表决权。6 个工业最发达国家将占有常任席位，只有当它们中的多数投赞成票时才能作出重要决定。⑤

---

① "Statement about United States Oceans Policy," *Public Papers of the Presidents of the United States*, Richard Nixon, May 23, 1970, http://www.presidency.ucsb.edu/ws/index.php?pid=2514&st=&st1=.

② Lawrence Juda and Lewis M. Alexander, "Ocean Space Rights: Developing U. S. Policy," *The American Journal of International Law*, Vol. 71, No. 2, 1977, pp. 102 – 103；〔加拿大〕巴里·布赞：《海底政治》，时富鑫译，第 125、191 页。

③ 参见基辛格 1970 年 8 月 8 日致国安会的备忘录，基辛格强调了尼克松总统在此事上的坚定立场。*FRUS*，1969 – 1976，Vol. E1，Doc. 380.

④ Lawrence Juda and Lewis M. Alexander, "Ocean Space Rights: Developing U. S. Policy," *The American Journal of International Law*, Vol. 71, No. 2, 1977, p. 121.

⑤ U. N. Doc. A/AC. 138/25, Aug. 3, 1970；Finn Laursen, *Superpower at Sea: U. S. Ocean Policy*, pp. 91 – 92；Shigeru Oda, *International Law of the Resources of the Sea*, p. 126.

从根本上说，美国的提案意在建立一种松散的注册性制度。

　　尼克松方案是一个力图让国际和国内不同利益诉求都得到满足的方案。国务院法律顾问史蒂文森解释称，该方案将使所有国家拥有平等的权利，以防止沿海国之间围绕大陆架以外的水域的管辖权展开争夺。[1]"托管区"的概念意在关照沿海国利益，而国际海底机构未来收益的规定意在寻求不发达国家以及内陆国的支持。然而，该方案却遭到国际国内的双重反对，因为它未能满足任何利益相关者的全部要求。[2]

　　在国际上，苏联和智利等国认为立即考虑具体的海底国际体制为时过早；英国和澳大利亚由于其近海石油业的快速发展，并不赞成美国建议的200米深度线的界限，而希望一个更宽更深的界限；肯尼亚和印度等国则反对美国关于托管区的主张，倾向于对海底进行简单的划分。[3]

　　在国内，有组织的反对力量寻求改变美国政府提出的政策，而支持行政部门政策的声音很小。石油工业界强烈谴责美国提出的公约草案。美国石油研究所（American Petroleum Institute）发言人从两方面批评了美国的政策：一是，政策未能保护美国大陆架边缘的矿产利益，这是重大的失败；二是，政策将对美国未来开发200米深度线外的大陆架资源造成扼杀效应。美国国家石油协会（National Petroleum Council）也提出了类似的看法。石油利益集团认为通过扩大大陆架界限可以在海底资源竞拍中与其他国家更好地打交道，而限制界限的扩大可能增加美国的石油进口税。它们坚持认为，可以通过单方面与沿海国家的双边谈判而不是通过与未来的国际海底机构打交道获得更大的利益。[4]

　　矿业界比石油工业界的观点要缓和一些，但它反对赋予国际海底管理机构过多的权力，反对美国政府迁就国际诉求。矿业界很担心国际机

① 张玉生：《美国海洋政策》，第93页。也可参见副国务卿理查德森在参议院的发言，Lawrence Juda and Lewis M. Alexander，"Ocean Space Rights：Developing U. S. Policy，"*The American Journal of International Law*，Vol. 71，No. 2，1977，p. 104。

② Jack N. Barkenbus，*Deep Seabed Resources*，p. 39.

③ Lawrence Juda and Lewis M. Alexander，"Ocean Space Rights：Developing U. S. Policy，"*The American Journal of International Law*，Vol. 71，No. 2，1977，pp. 119－120；Lawrence Juda，*International Law and Ocean Use Management：The Evolution of Ocean Governance*，p. 194.

④ 王金强、王蔚：《美国对海底权利的诉求与国内利益的平衡——以海底界限的争论为中心（1969~1972）》，《美国研究》2008年第3期，第134页。

构可能带有很强的官僚作风，并给海底资源勘探者增加不必要的经济负担。1971 年 1 月，美国矿业会议在一份声明中详细阐述了反对美国政策的理由，其总体看法可归纳如下：投资安全和土地使用安全是开展新工业所必需的；适当的法律框架是必要的，但这种法律框架必须赋予美国企业尽可能多的自由；各种费用应尽量减少；国际海底机构的组织结构应尽量简单，权力应尽量弱小。此外，1970 年 9 月，与矿业界联系密切的美国律师协会（American Bar Association）代表艾利在美国国会作证时也强烈批评了美国政府的政策。[①]

尼克松总统海底政策的最大阻力来自国会。在尼克松总统关于海底政策的声明发表 4 天后，副国务卿埃利奥特·理查德森被要求专门向参议院内政委员会陈述尼克松总统海底政策的利弊得失，并作出了某种承诺，承认美国公司继续在远达大陆架边缘（包括托管区域）的海底开采自然资源的权利。1970 年 10 月 21 日，参议院内政委员会下属的外大陆架特别委员会（Special Subcommittee on the Outer Continental Shelf）公开的一份报告将这一争论推向新的高峰。这一报告所陈述的内容与石油企业的立场相似，并以强烈的口吻要求尼克松政府尊重沿海国家对大陆架边缘海底资源的开采权，委员会"代表美国人民要求政府归还美国民众所固有的权利"。因为这一报告是向全世界公开的，这就表明内政委员会公开与美国行政部门就海底政策相对抗。国务院在各方的压力下，不得不把美国提议的国际海底公约称为"工作文件"（working paper）。国务院法律顾问约翰·史蒂文森也指出，条约其中的某些细节需要做进一步研究，之前所宣称的海底公约也不一定代表美国政府的最终立场。[②]

虽然尼克松方案没有在国内外得到支持，并以失败告终，但众多国家却感到有必要发表一个指导世界各国缔结国际海底区域条约的原则宣言。1970 年 12 月 17 日，联合国大会以 108 票赞成、0 票反对、14 票弃权通过了第 2749 号决议案，即《国家管辖范围以外海床洋底及其底土的

---

① Lawrence Juda and Lewis M. Alexander，"Ocean Space Rights: Developing U. S. Policy," *The American Journal of International Law*，Vol. 71，No. 2，1977，pp. 114 – 116；Finn Laursen，*Superpower at Sea: U. S. Ocean Policy*（New York: Praeger Publishers，1983），pp. 92 – 95.

② 王金强、王蔚：《美国对海底权利的诉求与国内利益的平衡——以海底界限的争论为中心（1969～1972）》，《美国研究》2008 年第 3 期，第 135～136 页。

原则宣言》（简称《原则宣言》）。同日，联合国大会还通过了 2750 号决议，决定召开联合国第三次海洋法会议。①

根据《原则宣言》，联合国大会宣布国家管辖范围以外海床洋底及其底土以及区域内的资源是人类的共同继承财产。宣言中明确了适用于该区域的几方面规定：（1）国家和个人，不论自然人或法人，不得以任何方法将区域据为己有，任何国家不得对其任何部分行使主权或主张主权权利；（2）区域对所有国家自由开放，不得对任何国家有歧视；（3）各国的活动都应当遵守各项适用的国际法原则和规则，包括《联合国宪章》《各国间友好关系和合作的国际法原则宣言》；（4）区域及其资源的勘探和开发应为全人类的利益进行，不论各国的地理位置在内陆还是在沿海地区，同时还应当特别顾及发展中国家的利益和需要；（5）区域应为和平目的保留，并通过尽早缔结一个或几个国际协议有效地履行这项原则。②

《原则宣言》的通过是一个重要的里程碑。它进一步充实和发展了帕多提案，使其更加明确、具体，更有 120 多个第三世界国家认为此决议具有法律拘束力。美国虽然对该决议投下赞成票，但同时也发表了一份声明，称该决议没有约束力，美国保留勘探和开发深海底的权利，直至自己成为一项国际海洋法条约的当事国。③由此可见美国行政部门的矛盾态度。

（四）美国国会审议《深海底硬矿物资源法案》与美国行政部门在联合国第三次海洋法会议期间的立场

随着时间的推移，由于美国深海结核矿产的开采工作不断发展，美国矿业界对联合国缓慢的立法进程越来越不耐烦，对美国行政部门的立场也十分不满。④ 美国矿业界通过国会加大对行政部门的压力，它反复向国会提出《深海底硬矿物资源法案》（Deep Seabed Hard Minerals Resources Act，S. 2801），以表达支持国家对深海底资源开采拥有管辖权的

① UN General Assembly Resolution，2750（XXV），Dec. 17，1970，http://daccess-ods. un. org/TMP/3410581. html.
② UN General Assembly Resolution，2749（XXV），Dec. 17，1970，http://daccess-ods. un. org/TMP/6892782. html.
③ 李红云：《国际海底与国际法》，第 10 页。
④ Jack N. Barkenbus，*Deep Seabed Resources*：*Politics and Technology*（New York：Free Press，1979），p. 36.

立场。以美国矿业大会为代表的矿业界不仅在起草该法案时发挥了主要作用，而且是支持这个法案的最强大的院外游说集团。为了给该法案作辩护，矿业界提出了多种理由。例如，声称该法案只是一种临时政策，可以填补目前的法律真空；开发深海底矿产可以减少美国对多种金属的进口依赖；可以增加美国外交的灵活度并给美国经济提供显著帮助；可以增加美国的就业率；等等。[①]

自 1971 年开始，美国国会对该法案进行了长达十年的审议。该法案是参议员李·梅特卡夫（Lee Metcalf）于 1971 年 11 月第一次向国会提出的。[②] 以梅特卡夫为主席的参议院矿物、原料及燃料小组委员会的立场十分迎合美国矿业界。他说："我们走在许多人的前头，如果我们只是坐等国务院慢吞吞地谈判一项国际条约，我们就可能失去我们的领先地位和资源。"[③]

《深海底硬矿物资源法案》的目标是"授权内政部长在关于海底的国际制度确定之前促进深海底硬矿物资源的保护和合理开发"。为此，该法案特别规定：（1）法案适用范围为四万平方公里的结核矿开采执照区；（2）任何个人或组织有在执照区以外的海底自由进行科学研究和勘探的权利；（3）不得要求执照持有人公布其专利情报；（4）国际机构的职能只限于对已领执照进行注册；（5）按申请的先后次序发放执照，执照申请人需交纳少量手续费（5000 美元），并且须符合内政部长规定的技术和经济要求，只有当执照持有人在收到内政部的通知后的合理时间内仍未纠正其损害行为时方可撤销其执照；（6）从政府根据本法收取的全部执照申请手续费和税收收益中抽取一定比例的款项设立一个公益基金，美国对该基金的负担应与接受这一立法的其他发达国家的水平相同，这项收益应按国会指示用于援助接受这一立法的发展中国家；（7）保护矿业主不受其他国家任何合法或非法的干预，不受因美国接受某项有关该区域的国际制度而造成的不利影响的影响，不受国际制度之不利影响的影响应包

---

① Lawrence Juda and Lewis M. Alexander, "Ocean Space Rights: Developing U. S. Policy," *The American Journal of International Law*, Vol. 71, No. 2, 1977, pp. 130 – 133; Finn Laursen, *Superpower at Sea: U. S. Ocean Policy*, pp. 104 – 105.

② 1972 年 3 月 20 日，众议员托马斯·唐宁（Thomas Downing）向众议院提出了相似的议案 H. R. 13904。梅特卡夫和唐宁分别来自矿业大州蒙大拿和深海探险公司所在的弗吉尼亚州。

③ 〔加拿大〕巴里·布赞：《海底政治》，时富鑫译，第 182 页。

括保障矿业主有继续按照执照期限在其执照区内进行开采作业的权利，以及对因新制度而遭受投资损失或生产成本提高的矿业主给予赔偿。

该议案在 1971 年并未通过国会委员会的审议，但自此之后，又有多个类似议案被提交到参众两院。① 这些议案被反复提交国会审议，给美国行政部门及联合国海洋法磋商工作都带来了巨大的压力。1974 年 11 月，深海探险公司竟向美国国务院提出一份"发现矿藏及要求专属采矿权的通知书"，提出对东太平洋中部的一块海床矿区的权利要求，并且要求对其投资给予外交保护。国务院虽然声称其从未同意过这种权利要求，拒绝提供外交保护，但同时补充说："在海洋法会议取得成果之前，按照现行国际法，美国政府认为在国家管辖范围外的深海进行采矿是一种公海自由。"②

1972 年 3 月，国际上出现了对《深海底硬矿物资源法案》的强烈反应。科威特代表向海委会提出决议草案，援引了《暂缓决议》和《原则宣言》，对"某些国家、组织和财团"的开采活动表示严重关切。智利首先带头代表发展中国家谴责《深海底硬矿物资源法案》破坏了《暂缓决议》，威胁到"人类共同继承财产"原则。③

上述情况再次表明，由于处在国会压力和"人类共同继承财产"这一国际思潮之间，美国行政部门的地位十分尴尬。一方面，行政部门不得不反对《深海底硬矿物资源法案》，④ 因为该法案违背了发展中国家所理解的"人类共同继承财产"原则，如果通过，一定会在国际上遭到强烈反对；另一方面，在 20 世纪 70 年代很长时间内美国行政部门表面上支持"人类共同继承财产"原则，但尼克松政府、福特政府、卡特政府对这一概念支持的目的是希望能改变它的内涵，使之与美国倡导的"公海自由"原则相一致。美国提出的解释是"人类共同继承财产"原则与"公海自

---

① 例如，1973 年的 S. 1134、H. R. 9，1976 年的 S. 173、H. R. 11879，1977 年的 S. 2053、S. 2085、S. 2168、H. R. 3350、H. R. 3652、H. R. 6784，1979 年的 S. 493、H. R. 2759。具体议案的内容修改情况可参见金永明《国际海底区域的法律地位与资源开发制度研究》，博士学位论文，华东政法学院，2005，第 126 ~ 142 页；Jack N. Barkenbus, *Deep Seabed Resources: Politics and Technology*, pp. 92 - 98。

② Finn Laursen, *Superpower at Sea: U. S. Ocean Policy*, p. 108；Jack N. Barkenbus, *Deep Sea-bed Resources: Politics and Technology*, pp. 36 - 39.

③ 〔加拿大〕巴里·布赞：《海底政治》，时富鑫译，第 185 页。

④ 美国政府曾于 1973 年否决过《深海底硬矿物资源法案》。

由"原则是一致的，所有国家都平等地享有航行的几种权利及利用公海及其底土资源的权利。① 美国行政部门也不希望赋予国际海底管理机构过多的权力，而这与发展中国家所要求的产生了矛盾。1973 年，委内瑞拉的海洋法会议代表就声称，对于发展中国家来说，"人类共同继承财产"概念不仅仅意味着分享深海底区域资源的利益，更意味着全面有效地"参与"管理这些人类共同继承财产。从 1974 年起，77 国集团的目标更是提高到要全面有效地"控制"深海底区域的活动，而不仅仅是"参与"。②

　　由于联合国第三次海洋法会议涉及的内容十分广泛，远远超出了深海底资源问题，美国行政部门此时无法轻易地从两难境地中摆脱出来。事实上，除了深海底资源问题，美国行政部门对其他海洋问题谈判的进展相当满意。国务卿基辛格在 20 世纪 70 年代中期仍然强调，联合国第三次海洋法会议是"世界避免毫无约束的军事和商业对抗以及不断增加的政治混乱的最后机会"。③ 尽管如此，美国行政部门在整个 20 世纪 70 年代都在坚持其在深海底资源问题上的基本立场。为了推动海洋法会议进程，基辛格在 1975 年日内瓦会议和 1976 年纽约会议期间曾提出了一些经济上的让步措施，但各国在国际海底管理机构权力问题上的分歧依旧无法解决。④ 海洋法会议谈判逐渐走向僵局。美国行政部门面临的国内外压力越来越大，一方面，"人类共同继承财产"原则越来越为国际社会所接受，另一方面，美国国内也越来越重视国际海底区域资源的潜力，反对"人类共同继承财产"原则。

① 洪源：《蔚蓝色的法律：海洋法与国际海底》，贵州民族出版社，1998，第 183 页；Kemal Baslar, *The Concept of the Common Heritage of Mankind in International Law*, p. 162。
② Jack N. Barkenbus, *Deep Seabed Resources: Politics and Technology*, p. 42. 发展中国家理解的"人类共同继承财产"原则的含义可参见本书第一章。
③ George Galdorisi, Doug Bandow and M. Casey Jarman, *The United States and the 1982 Law of the Sea Convention: The Cases Pro & Con*, Occasional Paper, No. 38 (Honolulu: Law of the Sea Institute, University of Hawaii, 1994), p. 17.
④ 基辛格于 1976 年发表声明称："美国愿意对深海底开采制度作出一些让步，在实行平行开发制并且有明确规定的勘探开发条件得以接受的情况下，美国将同意给予财政资助以使企业能与国家或私人财团同时或先后开始采矿作业；美国准备接受公约中规定的转让由某些工业国家所持有的先进技术；美国也同意在公约中增加一项定期审查制度，如果通过 25 年的实施认为该制度不适于作为永久开发制，就应作出修订。"参见陈德恭《现代国际海洋法》，海洋出版社，2009，第 255 页；Finn Laursen, *Superpower at Sea: U. S. Ocean Policy*, pp. 99 - 104。

　　到 1977 年秋，意识到美国行政部门多年来没能在国内外任何一条战线上取得进展，美国海洋法会议首席谈判代表理查德森大使建议卡特总统对美国海洋政策进行严肃评估。① 美国行政部门转而从反对国会立法变为支持国会立法，标志着美国国内力量终于在主导美国政策走向上取得优势。

　　由于得到美国行政部门的支持，《深海底硬矿物资源法案》在经过细节讨论和修改后，于 1980 年获得国会通过，并提交总统签署。② 1980年 6 月 28 日，卡特总统签署该法并发表声明，称赞该法在参众两院获得全票通过是所有党派全面合作的成果。③ 该法要点具体如下：（1）促使国际社会成功地缔结了一项综合性的海洋法公约，该公约赋予深海底矿产资源系属于人类共同继承财产的法律原则定义，并保证所有国家不受歧视地勘探与开采这种资源；（2）此项法律为美国批准公约和公约在美国生效前制定的一个暂行办法，以规制美国对深海底矿产资源的勘探与商业开发；（3）美国国民从 1981 年 8 月 1 日起便可领取从事深海底勘探的许可证，并准许于 1988 年 1 月开始进行商业开采。④

　　在联合国第三次海洋法会议期间，美国单方面通过上述国内法律的

① 1977 年 5 月，海洋法第六期会议提出的"非正式综合协商文件"规定了管理区域的原则、勘探开发制度、勘探开发条件、国际海底管理局机构、争端的解决等内容，并且采纳"平行开发制"。但美国表示无法接受此"非正式综合协商文件"中第十一部分有关深海底的开发与管理制度。反对的主要理由是：第一，此文件事先未经传阅；第二，此文件未经各国代表或大会审议通过；第三，此文件与原先挪威外长詹森·埃文森（Jensen Evensen）所提的折中提案内容不同；第四，此文件关于深海底的一些条款，美国有不同意见。美国代表理查德森针对"非正式综合协商文件"向美国政府提出一份报告书，指出美国已达忍耐的最大限度，在任何情形下都不会同意综合文件中关于海底部分的修订内容。参见 Finn Laursen, *Superpower at Sea: U. S. Ocean Policy*, pp. 110 – 114; Myron H. Nordquist and Choon-ho Park, *Report of the Untied States Delegation to the Third United Nations Conference on the Law of the Sea*, Occasional Paper, No. 33 (Honolulu: Law of the Sea Institute, University of Hawaii, 1983), pp. 162 – 168.

② "Deep Seabed Hard Mineral Resources Act," Public Law 96 – 283, https://www. govinfo. gov/content/pkg/STATUTE – 94/pdf/STATUTE – 94 – Pg553. pdf.

③ "Statement of the President on the Deep Seabed Hard Mineral Resources Act," *Public Papers of the Presidents of the United States*, Jimmy Carter, July 3, 1980, http://www. presi-dency. ucsb. edu/ws/index. php? pid = 44708&st = &st1 =.

④ 王岩：《国际海底区域资源开发制度研究》，博士学位论文，中国海洋大学，2007，第64 页; George V. Galdorisi and Kevin R. Vienna, *Beyond the Law of the Sea: New Directions for U. S. Oceans Policy* (Now York: Praeger Publishers, 1997), p. 48.

行为自然遭到了各国，尤其是发展中国家的强烈批评，但也引发其他西方国家的纷纷效仿。例如，联邦德国于 1980 年制定了《深海采矿临时管理法》，英国于 1981 年颁布了《深海采矿（暂行规定）法》，法国于 1981 年颁布了《深海底矿物资源勘探开发法》，日本于 1982 年颁布了《深海底采矿暂行措施法》等。[①]

《深海底硬矿物资源法案》通过后，卡特政府并未停止在海洋法会议上寻求达成国际条约的努力，也希望通过国内立法来影响国际谈判的进程。经过努力，美国的立场与发展中国家的立场都互相接近了。在 1980 年的海洋法第九期会议期间，理查德森向国会报告称只剩下 6 到 10 个实质性问题尚待解决，并且参会代表都相信将在海洋法第十期会议上完成所有的工作。1980 年 9 月 24 日，理查德森在旧金山与美国矿业大会代表们谈话时努力想使他们相信，建立一个全世界都承认的深海底资源开发体制对他们也有利，这种体制是唯一能够避免各种威胁和不确定性的途径。他强烈认为条约草案已经能够满足矿业界在市场进入、投资回报、防止国际机构滥用权力、技术转让等方面的要求。[②]

然而，矿业界并不买理查德森的账。当罗纳德·里根赢得 1980 年美国总统大选后，立即收到大量来自矿业界及其国会同盟者的游说信件。写信者包括美国矿业大会、多名国会议员、国家海洋工业协会等，它们严厉批评了卡特政府向国际势力让步的行为并向当选总统强调深海底资源对美国的战略重要性。[③] 里根政府于是决定重新评估海洋法公约草案。[④]

第三节　美国对《联合国海洋法公约》的拒绝

1981 年 3 月 3 日，代理国务卿威廉·克拉克召集参与海洋法谈判的各部门代表举行联合审查会议。会议中，代表美国海底矿产开发利益集团的商业部和内务部对公约草案提出了一系列指责。3 月 5 日，参议院

---

① 李红云：《国际海底与国际法》，第 18 页。
② Finn Laursen, *Superpower at Sea: U. S. Ocean Policy*, pp. 131 – 134.
③ Finn Laursen, *Superpower at Sea: U. S. Ocean Policy*, pp. 134 – 136.
④ Bernard Gwertzman, "U. S. Bars Treaty for Now on Use of Sea Resources," *New York Times*, March 4, 1981, pp. A1 and A11; Don Oberdorfer, "Sea Law Treaty Blocked at White House," *The Washington Post*, March 4, 1981, pp. A1 and A4.

外交关系委员会下属的海洋小组举行了听证会。国会议员贝鲁克斯、国家海洋和大气管理局的詹姆斯·沃尔什、全国海洋工业协会的理查德·拉加斯基、美国石油协会的罗克·芬莱等都在会上发言，猛烈抨击公约草案。整个听证会上发言支持公约草案的人并不多，无法对反对公约草案的声音产生实质的影响。

直到 1982 年 1 月 29 日，里根总统才宣布政策评估结束，美国将重回海洋法会议参加谈判协商，但他指示美国代表团在提交并讨论海洋法草案议题时须达到以下目标：（1）美国开发海底矿产资源的活动不能受到阻碍；（2）保证美国有资格的企业能开发海底资源，防止国际海底管理局企业部对该资源的垄断；（3）使美国在深海底制度方面有决策权；（4）如果没有包括美国在内的参与者的同意，对公约的修改不能通过生效；（5）不能为其他国际组织树立不适当的先例；（6）取消公约草案中关于私有技术强制转让的内容，不允许民族解放组织参加公约并得到资助。①

1982 年 3 月 19 日，美国代表团在海洋法第十一期会议上散发了"绿皮书"，要求对海洋法公约草案第十一部分中的 44 个条款进行彻底修改。② 77 国集团和其他许多国家拒绝就美国的建议进行谈判。加拿大和其他十个持中间立场的发达国家为了打破僵局，提出了一系列调和建议，但遭到了美国的反对。最后，77 国集团对美国作出了一系列重大让步，包括：（1）建立对先驱投资者的保护制度；（2）保证美国在管理局理事会拥有一个席位；（3）把审查会议作出决定所需的法定多数由 2/3 提高到 3/4；（4）简化对开采海底资源申请的审批程序；（5）对锰结核外其他海底矿产制定管理规则。

虽然这些让步对美国有利，但美国行政部门由于受到国内反对海洋法公约草案势力的强大压力，认为上述让步没有达到美国的要求，仍然坚持要对海洋法公约草案作重新修正，并提议对公约草案放弃协商一致原则进行投票表决。

---

① "Statement on United States Participation in the Third United Nations Conference on the Law of the Sea," *Public Papers of the Presidents of the United States*, Ronald Reagan, January 29, 1982, http://www.presidency.ucsb.edu/ws/index.php? pid =42853&st = &st1 = .

② James B. Morell, *The Law of the Sea: An Historical Analysis of the 1982 Treaty and Its Rejection by the U.S.*, p. 81.

在 1982 年 4 月 29 日的国家安全委员会会议上，美国行政部门作出不签署公约的决策，会上几乎无人反对这一决策。① 第二天，美国在联合国投下了反对票，但公约最终以 130 票赞成、4 票反对、17 票弃权的压倒性多数获得通过。随后，美国代表团团长马龙说明了美国投反对票的理由，指出公约第十一部分（关于深海采矿）的条款会产生以下消极作用：（1）会阻碍深海区域矿产资源的开发；（2）对未来有资格的矿产资源开发者未能提供促成这类资源开发的应有的保障；（3）国际海底管理局企业部所享有的特权，将对国家和私营矿产开发者造成不公平的待遇；（4）规定的决策过程无法公平地反映和有效地保护受决策影响最大的国家的利益；（5）规定的修订过程不需获得缔约国的同意，这违背了美国接受国际条约义务的程序宗旨；（6）所形成的先例，尤其是有关强制性技术转移和将利益分享给民族解放运动组织的规定，将会给美国带来极为严重的影响。

1982 年 7 月 9 日，美国总统里根发表正式声明，宣布美国将不签署《联合国海洋法公约》。他指出："对深海底资源进行开采一直是合法行使公海自由权利的体现，应向所有国家开放，美国将继续允许其公司在市场允许时勘探和开发这些资源。"② 对国际海底制度不满是美国拒绝签署公约的唯一原因。

美国 20 世纪 60～80 年代关于国际海底区域资源的决策表明，美国国内矿业界和美国国会对国际海底区域资源的极大兴趣与发展中国家积极支持的"人类共同继承财产"原则之间形成了巨大的冲突。与大陆架资源和南极主权争夺的情况不同的是，国际组织从一开始就在国际海底政策制定中发挥了重要作用，美国行政部门因此也面临着更大的国际压力。国际海底区域资源问题与其他海洋问题的综合磋商进程，使美国决策者更加难以轻易采取单边主义行动。"人类共同继承财产"原则所包含的合理性使美国行政部门在 20 世纪 60～70 年代不得不对其表示支持。从历史背景看，冷战期间是国际社会南北分裂最严重的阶段，发展中国家提出的"国际经

---

① Finn Laursen, *Superpower at Sea: U. S. Ocean Policy*, p. 148.

② "Statement on United States Actions Concerning the Conference on the Law of the Sea," *Public Papers of the Presidents of the United States*, Ronald Reagan, July 9, 1982, http://www.presidency. ucsb. edu/ws/index. php? pid = 42717&st = &st1 = .

济新秩序"理论广泛影响了国际法的发展,《联合国海洋法公约》实际上就是"国际经济新秩序"在海洋法领域的体现,二者互为表里。加上美国当时对国际海底的实际了解有限和海底资源开发的前景并不明朗,预期的经济收益也有限,因此美国开始时并不清楚怎样才能最大化美国利益。美国行政部门曾力图通过对"人类共同继承财产"概念的内涵进行片面解释和通过在联合国主动提案解决国内外尖锐矛盾,但未能成功。当国内势力的压力越来越强大后,美国行政部门的最终政策选择是以国内利益为导向的,并因为海底资源这一片面利益不惜拒绝签署《联合国海洋法公约》。美国行政部门最终以单边主义方式出台政策主要有以下原因。

第一,美国政治文化传统中自由和开放原则在这一问题上表现得十分明显。美国私人企业认为《联合国海洋法公约》的规定限制了自由经济的发展。因此,美国行政部门一直强烈反对在海底采矿中规定生产限额,认为限制生产会阻碍海底采矿业的发展。

第二,私人产权问题成为企业界向美国行政部门施压的原因。美国企业界一直强烈要求政府保护私人投资的安全,这一要求是美国行政部门无法拒绝的。而"人类共同继承财产"原则提倡所有权性质为共同所有,这种共同所有意味着海底区域及其资源应由代表全人类的国际海底管理局加以管理和控制。这被美国企业界认为是对私人产权的威胁。

第三,国际海底管理局对海底采矿活动进行干预是美国十分担心的问题。美国认为《联合国海洋法公约》中的许多条款,如财政、税收的规定都使国际海底管理局企业部处于有利地位,一段时间之后,企业部就会控制海底采矿。

第四,美国国内利益集团中持国际主义立场的力量十分弱小,无法制约反对海洋法公约的力量。美国石油界、矿业界、众多的国会议员以及内政部、商务部等部门都反对限制开发海底资源。与之形成对比的是,担心破坏海洋生态环境的利益团体当时力量还十分弱小。美国国务院虽然从长期来看希望达成国际协议,消除因海底资源争夺或占有引发冲突的可能,但由于反对海洋法公约的声音过于强大,在里根政府的最终决策过程中,国务院也没有表现出明确的态度。①

---

① Finn Laursen, *Superpower at Sea*: *U. S. Ocean Policy*, p. 148.

第五，美国作为世界最大的海底资源潜在开发者，其单边立法行为还引发了其他发达国家的效仿，使得本来就缺乏权威的国际制度更加无法对其行为进行惩罚。1982 年 9 月 2 日，美国、英国、法国和联邦德国还进一步签订了一项有关深海底问题的协议，即《关于深海海底多金属结核的临时措施的协议》（简称"四国协议"），目的是使其成为独立于《联合国海洋法公约》的一个国际法体系。[1] 美国行政部门内部认为，虽然美国采取了强硬的立场并因此失去了加入条约的机会，但它可以依靠与盟国的"小条约"系统建立独立于《联合国海洋法公约》的国际法体系。[2]

围绕《联合国海洋法公约》和国际海底区域资源问题的国际磋商与博弈过程十分漫长。这一事件中的核心矛盾以发展中国家利益对抗美国国内利益的形式展开。无论在具体的经济利益分配方面还是在产权观念方面，根本性矛盾都显示出全球公域资源开发问题的高度对抗性。国际谈判的约束力曾经使几届美国政府在外交决策中与国内利益诉求走远，但终究未逾越某些政治底线。一旦政治气候有变化，外交决策的天平就又向国内利益一方倾斜。

第四节　1982 年之后美国与国际海底区域资源开发

《联合国海洋法公约》通过后，自 1982 年 12 月 10 日开放签字至 1984 年 12 月 9 日签字截止日，有 159 个国家和实体签署了该公约。但批准公约的主要是一些中小发展中国家，西方国家中只有冰岛批准了该公约。美国等主要发达国家或未签署《联合国海洋法公约》，或表示无意批准。没有发达国家的财力和技术支持，即使建立深海采矿制度，也难以真正地运行起来。这样，公约的普遍性和有效性就面临挑战。此外，20 世纪 80 年代锰、铜、钴、镍等金属在国际市场上基本供过于求，深海采矿还没有什么预期收益。深海底矿产资源的商业性开采被长期推迟。

根据联合国第三次海洋法会议的决议，联合国设立了国际海底管理

---

① 李红云：《国际海底与国际法》，第 21～22 页。

② Leigh S. Ratiner，"The Law of the Sea：A Crossroads for American Foreign Policy," *Foreign Affairs*，Vol. 60，No. 5，1982，pp. 1010 - 1011.

局和国际海洋法法庭筹备委员会。该委员会从 1983 年 3 月开始履行职责至 1995 年 3 月国际海底管理局第一届会议召开时结束使命。其主要职责是对国际海底管理局各级机构的设置、管理局企业部的早期业务建设、深海采矿对发展中陆地产矿国的影响、有关深海采矿制度的各项规则，以及先驱投资者申请登记国际海底矿区等问题进行了全面审议。到 20 世纪 80 年代末，在世界政治格局发生重大变化的形势下，美国和一些发达国家强化了对国际海底区域资源开发重开谈判的立场，它们普遍认为基于 70 年代对国际金属市场供应短缺和商业性深海采矿时机不准确的预测，《联合国海洋法公约》订立的国际海底制度不能适应国际政治和经济形势的变化。有关海底制度的任何修改都超出了国际海底管理局和国际海洋法法庭筹备委员会的职责范围。美国拒绝参加筹委会的工作，认为在筹委会范围内无法解决国际海底制度问题。对此，发展中国家在很长时间内一直持谴责态度。① 但随着国际形势的发展，由发展中国家组成的 77 国集团的态度逐步有所变化。1989 年，77 国集团发表声明称，为确保《联合国海洋法公约》的普遍性，77 国集团愿意与任何集团或任何已签署或未签署公约的国家就公约的任何问题进行谈判。基于这些情况，为了防止发达国家在《联合国海洋法公约》外另起炉灶，联合国秘书长于 1990 年开始推动《联合国海洋法公约》的进一步协商，这是对美国等发达国家的一种让步。美欧各发达国家广泛参与了这一历时四年的关于《联合国海洋法公约》第十一部分的磋商过程。经过 15 次有关海底问题的非正式磋商会议，1994 年 7 月 28 日，第 48 届联大续会以 121 票赞成、7 票弃权、0 票反对的结果通过了《关于执行 1982 年 12 月 10 日〈联合国海洋法公约〉第十一部分的决议和协定》（以下简称《执行协定》）②，并强调《执行协定》和《联合国海洋法公约》应作为单一文书来解释和适用，二者不一致之处以《执行协定》为准。

　　《执行协定》吸收了美国等国的意见，对《联合国海洋法公约》第十一部分中关于国际海底资源的内容进行了重大修改，照顾了美国和其

---

① 《国际海底问题与〈联合国海洋法公约〉》，http://china-isa.jm.china-embassy.org/chn/gjhd/hdzd/P020051125219611881447.pdf。

② 《关于执行 1982 年 12 月 10 日〈联合国海洋法公约〉第十一部分的决议和协定》（联合国大会第 48/263 号决议），https://undocs.org/zh/A/RES/48/263。

他发达国家多个方面的利益。例如，增强了美国的发言权，确保其在理事会中拥有席位，而理事会在实质性问题上具有决策权；调整了企业部的职能，规定缔约方没有义务为企业部的矿址提供资金或与其进行联合开发；减轻了发达国家向发展中国家进行技术转让的压力，企业部和发展中国家可以在公平合理的商业条款的基础上通过联合企业获取深海采矿技术，如果无法获取这种技术，管理局可以请承包者在与有效保护知识产权相一致的商业条款的基础上进行合作；保护陆上生产国（受国际海底区域内活动影响而出口下降的国家）的最高产量的规定被取消。[①]在《执行协定》附件第五节获得通过后，《联合国海洋法公约》附件三第五条[②]的规定不再适用，这意味着国际海底区域内的技术转让不再是强制性的。此后，多数发达国家不再持反对《联合国海洋法公约》的立场。包括英国、日本、意大利和德国在内的曾拒绝签署《联合国海洋法公约》的发达国家都决定加入公约。它们都曾与美国一样关切公约中的国际海底采矿条款，但认为1994年的修订解决了这个问题。公约的生效和国际海底管理局[③]的成立是1994年国际社会引人注目的重大事件，是国际法发展史上一个重要的里程碑。它标志着一套公认的国际海底区域制度的基本确立。中国和俄罗斯也分别于1996年和1997年加入了《联合国海洋法公约》。

　　美国的克林顿政府也在1994年签署了《执行协定》，并提请参议院批准《联合国海洋法公约》。在当时来看，美国似乎迟早要加入《联合国海洋法公约》。但事实上，从克林顿政府之后的几十年，美国参议院外交委员会多次举行相关听证会，但不同意见一直争论不休，行政部门推动国会批准条约的尝试多次碰壁，公约从未进入最后表决阶段。具体而

---

① 《关于执行1982年12月10日〈联合国海洋法公约〉第十一部分的决议和协定》（联合国大会第48/263号决议），https://undocs.org/zh/A/RES/48/263。

② 《联合国海洋法公约》附件三第五条。

③ 国际海底管理局由大会、理事会、法律和技术委员会、财务委员会和秘书处组成，总部设在牙买加的金斯敦，目前有168个成员。大会是管理局的最高机关，由《联合国海洋法公约》所有缔约国组成。理事会由管理局36名成员组成（与缔约国相同），根据与矿物消费和生产以及内陆国家等特殊利益有关的复杂公式选出。法律和技术委员会目前由理事会选出的30名个人成员组成。虽然大会和理事会对观察员开放，但法律和技术委员会举行非公开会议。企业部有权代表国际社会对海底矿物进行勘探和开采，但尚未采取步骤启动企业部。

言，民主党议员和温和派共和党议员对批准《联合国海洋法公约》持支持态度，但少数保守派共和党议员持坚决反对的态度。自 1995 年至 2001年，把持参议院外交关系委员会主席职位的杰西·赫尔姆斯（Jesse Alexander Helms）根本拒绝举行听证会。小布什政府时期，经过长达一年的机构间审查得出的结论是，《联合国海洋法公约》符合美国的国家利益，赞同批准该条约。2004 年，公约由参议院外交关系委员会提交到参议院后，依然被阻挠未能得到全体投票表决。2007 年，小布什政府加紧敦促参议院批准《联合国海洋法公约》。2007 年 5 月 15 日，小布什总统发表了关于《促进美国在世界海洋中的利益》的声明，"敦促参议院在本届国会期间就美国加入《联合国海洋法公约》采取积极行动"。[①] 小布什政府时期的国务院、军方、情报界都曾表态支持加入公约。2009 年 1 月 9日，小布什政府在发布的关于"北极地区政策"的第 66 号国家安全指令中再次呼吁参议院迅速就加入公约采取积极行动，但参议院依然没有采取行动。2012 年，奥巴马政府再次推动国会批准《联合国海洋法公约》。2012 年，参议院外交关系委员会多次举行听证会，其参与人员包含美国政府官员、军方、学者、商界人士等。国务卿希拉里·克林顿（Hillary Clinton）、国防部长帕内塔（Leon E. Panetta）、参谋长联席会议主席邓普西（Martin E. Dempsey）都发言表示支持美国加入公约。但意见对立的双方仍针锋相对，导致无果而终。反对者认为公约有损美国主权和军事自由，并对经济利益不利。支持者则认为批准条约能扩大美国主权，确保美国船舶通行自由并加强美国在全球海洋治理中的发言权。[②]其中，双方关于国际海底区域资源开发问题的分歧在于以下几个方面。

反对加入条约的一方认为，美国已经宣布的专属经济区是世界上最大的，面积超过 115 万平方公里。美国无论是不是《联合国海洋法公约》的缔约国，都将继续在自己的专属经济区行使专属资源权。没有任何国家会对这些权利提出质疑。美国的政策和国内法律都规定，无论美国是

---

① "Statement on the Advancement of United States Maritime Interests," George W. Bush, May 15, 2007, https://www.presidency.ucsb.edu/documents/statement-the-advancement-united-states-maritime-interests.

② "Testimony of John B. Bellinger," United States Senate Committee on Foreign Relations, June 14, 2012, https://www.foreign.senate.gov/imo/media/doc/John_Bellinger_Testimony.pdf.

不是《联合国海洋法公约》的缔约国，美国公民和公司都有权探索和开发国际海底资源。尽管在国际海底采矿场地的使用权保障方面可能存在一些问题，但这些困难并非不可克服。美国拥有的外大陆架的资源可能价值数十亿美元甚至更多。如果加入《联合国海洋法公约》，那么美国将向国际海底管理局交纳无法估量的使用费，它将被重新分配给发展中国家和内陆国家甚至是一些美国认定的支持恐怖主义的国家。美国是一个人均温室气体排放量和总温室气体排放量都高的发达国家，加入《联合国海洋法公约》将迫使美国承诺控制污染物如二氧化碳和其他温室气体的排放，以免对海洋环境产生负面影响。美国还有义务通过法律和条例防止大气污染对海洋环境产生影响，美国可能对未能颁布防止大气污染的立法承担责任。诉讼当事人可能援引《联合国气候变化框架公约》及《京都议定书》等国际文书。因此，加入《联合国海洋法公约》将使美国面临涉及海洋活动的国际诉讼，包括环境案件和有关全球气候变化的诉讼。某些缔约国、环境保护人士和国际法学界人士正在积极探索在根据《联合国海洋法公约》设立的法庭中利用针对美国的国际诉讼来推进气候变化议程。国际环保界和法律界已形成共识，认为美国是国际气候变化诉讼的最佳目标。根据《联合国海洋法公约》提起的诉讼，如果最终结果是不利判决，那么这将是终审判决，不可上诉，在美国国内也可以执行。美国政府将被要求以执行和遵守美国最高法院判决的方式执行和遵守判决。[①] 这样的判决将给美国公司造成巨大的负担，而美国公司会将成本转嫁给美国消费者。即使这些案件只是象征性的，美国也不得不为免遭此类诉讼而付出代价。《联合国海洋法公约》通过之后近30年来，尽管美国未加入该公约，但美国海军从未被阻止进入任何国际海峡或群岛水域，并在公海行使航行自由和飞越权。美国是国际海事组织的成员，也是北极理事会的创始成员。只要美国继续在国际海事组织等机构中发挥领导作用，并保持一支强大的海军，美国的海洋利益和国家安全利益就会得到维护。

　　另外，反对加入公约的一方认为，国际海底资源开发的可行性值得

---

① 《联合国海洋法公约》第二九六条规定："根据本节具有管辖权的法院或法庭对争端所作的任何裁判应有确定性，争端所有各方均应遵从。"

怀疑。例如，关于富钴结壳，要想进行采矿，首先必须制作地壳矿床详细地图、海山地形图包括地震剖面图等。然而，在可能存在众多富钴结壳矿床的海隆中，很少有人能绘制详细的地图，更别说取样了。并且，高丰度的结壳主要存在于沿海国的浅水水域而不是国际海底区域。大多数勘探和开发海底资源的技术只适用于浅水。绝大多数海底采矿活动都在沿海国离岸 200 海里范围内进行。富钴结壳最优的开采区域位于约翰斯顿岛、夏威夷群岛、马绍尔群岛和密克罗尼西亚联邦。已知最大的多金属硫化物矿藏则位于红海，处于沿海国专属经济区内。国际海底管理局正在制定的环境标准要求减少深海底采矿对海洋环境的影响，这将大大提高深海底开发的成本。即使未来国际海底区域采矿确实成为现实，也不能剥夺美国从事采矿的权利。

支持加入条约的一方认为，除非美国批准公约，否则美国不可能在国际海底管理局理事会中占有常任理事国席位。国际海底管理局近年来不断作出影响美国利益的重要决定，通过了与国际海底区域采矿有关的规则。世界各国可能普遍不会同意一个国家在不加入《联合国海洋法公约》的情况下，有合法开发国际海底区域的资源的权利。美国公司也不愿意投入昂贵的勘探和开采活动，而希望在进行数十亿美元的投资前，获得条约提供的法律确定性。如果某家美国公司在《联合国海洋法公约》之外开展海底采矿活动证明有利可图，那么由《联合国海洋法公约》缔约国赞助的外国公司就有可能提出索赔。对于担心美国加入公约后就有义务向国际海底管理局支付数十亿美元的费用的问题，小布什政府曾仔细考虑了这些关切，认为《联合国海洋法公约》规定的许可证制度和收费结构是可以接受的。与美国将获得的巨大的经济价值和创造的就业机会相比，这些费用是很低的。因为在海底任何矿址进行生产的头五年不支付任何费用，然后从第六年开始每年支付矿址产值 1% 的费用，在第十二年需要支付的费用最多不超过矿址产值的 7%。加入公约将吸引大量的投资，为美国财政带来可观的收入。美国的主要盟国以及中国和俄罗斯都认为，这些费用是可以接受的，并已加入该条约。国际海底管理局不是联合国的一部分，而是一个不隶属于联合国的独立机构，规模很小。该机构已经运作了 18 年，美国不可能通过不加入《联合国海洋法公约》来阻止它的存在或运作。如果美国在国际海底管理局理事会拥有常任席位，那么美国对其财务和实质性决定将拥有否决权。关于国际海底管理局会监管美国在国际海底区域的活动，并将资金分配给某些美国反对的政权的说法是夸大的。另外，《联合国海洋法公约》的条款并不要求缔约方遵守其他国际环境条约。《联合国海洋法公约》第十二部分第 5 节只是要求缔约方应防止、减少和控制海洋污染，但在这样做时，缔约方只需考虑国际商定的规则、标准以及推荐的做法和程序。这并不是强制要求美国遵守其尚未加入的环境条约。如果美国加入公约，则意味着对美国提起环境诉讼的风险很低。如果美国在不成为缔约国的情况下单方面进行国际海底区域资源开发的活动，那么意味着对美国提起国际诉讼的风险要高得多。美国在历史上参加的许多条约都有争端解决机制，争端仲裁机构可以依据这些机制对美国作出裁决，这其中也不乏有利于美国的裁决，这都是正常的现象。[①] 加入《联合国海洋法公约》可以使美国在世界海洋事务中的影响力大大增强，使美国更有力地影响海洋法的解释和适用。美国成为缔约国后就可以提名美国人到海洋法法庭、大陆架界限委员会，以及国际海底管理局大会、理事会及各委员会任职，还能更好地参与北极事务和环境保护工作。总之，加入《联合国海洋法公约》是塑造美国外交声誉和遵守国际法形象的重要举措。

国内意见的分歧导致美国至今未加入《联合国海洋法公约》和国际海底资源开发体制。如何看待美国利益的得失，已经受到党派、价值倾向甚至总统和国会博弈的强烈影响，民主党政要和智库支持加入公约的态度与共和党政要和智库反对的态度很难妥协。未来美国能否加入《联合国海洋法公约》还取决于政府的态度以及参议院自由和保守议员的比例。但从长远来看，美国的抉择会转向更符合其国家利益的一方，不排除未来美国会全面参与国际海底资源开发的各项事务。[②]

国际海底区域资源开发的步伐在近几十年里一直在加快。国际海底管理局不断推进关于国际海底资源开发的政策文件的制定，从 2000 年至 2012 年完成了三大矿产勘探规章的制定，分别是：2000 年的《"区域"

[①] "Testimony of John B. Bellinger," United States Senate Committee on Foreign Relations, June 14, 2012, https://www.foreign.senate.gov/imo/media/doc/John_Bellinger_Testimony.pdf.

[②] 张梓太、程飞鸿：《论美国国际海底区域政策的演进逻辑、走向及启示》，《太平洋学报》2020 年第 11 期，第 67 页。

内多金属结核探矿和勘探规章》（2013年进行了修订）①、2010年的《"区域"内多金属硫化物探矿和勘探规章》②和2012年的《"区域"内富钴铁锰结壳探矿和勘探规章》。③进入21世纪，随着矿区申请以及申请从事海底资源勘探与开发的企业数量不断增加，截至2021年8月，国际海底管理局已经与22个合同方签订了31份勘探合同（包括19份多金属结核勘探合同、7份多金属硫化物勘探合同、5份富钴铁锰结壳勘探合同）。④而2010年时合同数量才只有6份。这些合同涉及的勘探区域包括了除北冰洋之外的所有大洋。在这些勘探区域中最引人注目的区块是位于北太平洋的克拉里昂－克利珀顿区域（Clarion-Clipperton Area），目前众多研究成果都出自该区域。此外，纳米比亚外海以及红海海域也是热点勘探区域。

在能源转型愈发重要的今天，深海底资源对于开发智能手机、笔记本电脑、太阳能电池板、风力涡轮机和电动车等技术都具有重要的价值。例如，全球每年钴矿产量的约25%都被用于智能手机，但刚果（金）这一个国家就供应着全球约60%的钴。陆上矿产资源开采成本的不断提高，使得深海采矿变得有利可图。深海采矿相对于陆地作业有其优势：开采过程中不需要挖掘矿坑，不用考虑废石处理问题，几乎没有道路建设和运输成本问题，陆上采矿可能遇到的原住民和地方政府阻力问题也不存在。但问题在于，目前以挖掘海底松软岩体为主流的开采方式制约了国际海底区域资源开发向商业化、产业化方向发展。同时，国际海底管理局表示在各国达成开发规章之前，不会颁发开采许可。

当前国际海底管理局的工作重点是商讨开发规章、国家间经济分配模式、承包方的商业收益以及潜在环境影响等问题。在矿产开发阶段，还有很多细节需要探讨。《"区域"内多金属结核探矿和勘探规章》第26条第1款规定："核准的勘探工作计划的期限应为15年。勘探工作计划期满时，承包者应申请开发工作计划，除非承包者已经提出申请，或已

———————————

① 《"区域"内多金属结核探矿和勘探规章》，https://isa.org.jm/files/files/documents/isba－19c－17_1.pdf。

② 《"区域"内多金属硫化物探矿和勘探规章》，https://isa.org.jm/files/files/documents/isba－16a－12rev1_1.pdf。

③ 《"区域"内富钴铁锰结壳探矿和勘探规章》，https://isa.org.jm/files/files/documents/isba－18a－11_1.pdf。

④ 参见国际海底管理局官方网站，https://www.isa.org.jm/exploration-contracts。

获准延长勘探工作计划，或决定放弃其在勘探工作计划所涉区域的权利。"① 随着国际社会对海底区域资源商业开采的兴趣的提高，国际海底管理局开始制定开发监管框架，并成为近年来的优先工作事项。2011年，国际海底管理局在第17届大会上决定启动开发规章的制定工作，但由于发达国家与发展中国家存在不同的利益诉求，制定后的开发规章仍未生效。2016年7月，国际海底管理局发布了题为《区域内矿产资源开采条例和标准合同条款》（Working Draft Regulations and Standard Contract Terms on Exploitation for Mineral Resources in the Area）的首个开发规章草案。② 2017年8月，国际海底管理局在第23届会议上讨论了努力确保环境保护以及采矿活动对环境造成"可接受的损害"的措施，还讨论了在签订合同时考虑保护脆弱海洋生态系统和具有生态或生物重要性的海洋区域的必要性。非政府观察员组织在会上呼吁提高政策的透明度和设立一个单独的环境委员会。到2018年，国际海底管理局共推出三个开发规章草案，在内容方面不断对其进行丰富和细化，强化环境保护方面的规定。③ 国际海底管理局法律和技术委员会、秘书处和不少成员国都主张应不迟于2020年完成开发规章的制定。但开发规章涉及采矿、财务、环保、法律等诸多问题，谈判进展相对缓慢。2019年7月15日至26日，国际海底管理局第25届会议第二期会议在牙买加金斯敦举行，与会各方共同讨论了经济模型与财务条款、区域环境管理计划、独立专家审查环境计划、标准与准则的制定等内容。一些国家转而强调开发规章的制定应"质量胜过速度"，不必非在2020年出台。区域环境管理计划（REMP）是国际海底管理局为落实《联合国海洋法公约》第一四五条所规定的环保

① 《"区域"内多金属结核探矿和勘探规章》第26条，https://isa.org.jm/files/files/documents/isba-19c-17_1.pdf。

② "Working Draft Regulations and Standard Contract Terms on Exploitation for Mineral Resources in the Area," https://www.isa.org.jm/files/documents/EN/Regs/DraftExpl/Draft _ ExplReg _ SCT.pdf.

③ 参见 "Draft Regulations on Exploitation of Mineral Resources in the Area," August 8, 2017, https://www.isa.org.jm/files/documents/EN/Regs/DraftExpl/ISBA23-LTC-CRP3-Rev.pdf; "Draft Regulations on Exploitation of Mineral Resources in the Area," July 9, 2018, https://isa.org.jm/files/files/documents/isba24_ltcwp1rev1-en_0.pdf; 《"区域"内矿物资源开发规章草案》，https://isa.org.jm/files/files/documents/isba_25_c_wp1-c_0.pdf; 王勇《国际海底区域开发规章草案的发展演变与中国的因应》，《当代法学》2019年第4期，第79~80页。

义务而采取的一项独特环保措施。区域环境管理计划是 2019~2023 年战略计划的重要内容。目前只在太平洋中勘探矿区密集的克拉利昂－克利珀顿区设区域环境管理计划。① 各国也在讨论西太平洋、大西洋中脊等区域的区域环境管理计划。伴随开发规章的制定，英国、德国、荷兰和非洲国家等进一步主张"无区域环境管理计划，不开发"。2018 年，欧洲议会呼吁，在完全了解环境影响以及独特的深海生态系统所面临的风险前禁止海底采矿，还敦促欧盟要求成员国停止向国际海域及其领海范围内的勘探活动提供赞助和补贴。确保国际海底区域开发利用和环境保护的平衡是开发规章的基本原则。开发规章是否要对区域环境管理计划进行明确规定，各国存在不同的意见。部分国家认为区域环境管理计划不应对商业开发形成根本阻碍。②

目前，有的深海挖矿机就像一台巨大的吸尘器一样，将矿物与海底淤泥一并吸入，经过滤后向后喷出。采矿激起的海底沉淀物羽流可能会扰乱海洋生态系统，增加水体的浑浊度并堵塞生物的过滤性器官。这会削弱食物链的低级梯级，并可能对其他生物产生连锁反应。而开采靠近海底热液喷口的多金属硫化物对海洋环境造成的影响很可能更大。在缺少阳光、寒冷高压环境下，依靠硫化物以及地热维持的生态系统在地球上独一无二，这也是人类探索地外生命的绝佳样本。生态环境一旦遭到破坏，在高压和黑暗的深海下恢复将需要很长时间。也有的公司在研发新型技术，不准备在海底进行钻探、爆破和挖掘，而是在海底捡捞小的含金属岩石。目前，国际海底管理局已有 28 个非政府组织观察员，其中深海保护联盟、深海管理倡议等多个非政府组织积极呼吁加强深海环境保护。绿色和平组织要求停止深海勘探和开发。加拿大的鹦鹉螺矿业公司（Nautilus Minerals Group）是首批跨越勘探阶段获得开采许可的公司之一。2009 年，巴布亚新几内亚政府授予鹦鹉螺矿业公司在俾斯麦海开发索尔瓦拉 1 号（Solwara 1）铜金银矿项目的环境许可证，为期 25 年，

① 克拉里昂－克利珀顿区环境管理计划是区域环境管理计划的首次实践，于 2011 年由国际海底管理局法律和技术委员会提出，并于 2012 年在理事会会议上获得通过。参见张克宁、朱珍梅《国际海底区域环境管理计划评析——基于克拉里昂－克利珀顿区实践》，《边界与海洋研究》2020 年第 1 期，第 17~29 页。

② 曾文革、高颖：《国际海底区域采矿规章谈判：理念更新与制度完善》，《阅江学刊》2020 年第 1 期，第 100 页。

又于 2011 年授予该公司第一份采矿租约。但该公司在开始商业运营之前，就遭遇到大量的环境投诉，使得投资者的耐心消失殆尽，2019 年鹦鹉螺矿业公司从多伦多股票交易所退市。在 20 世纪 60 年代开始提出对深海底资源进行商业开发时，人类对环境后果考虑得很少。几十年后，人类在对海底矿物的商业兴趣增加的同时，对海洋生态和生物多样性的科学认识也在加深。由于关于深海生物多样性的数据稀缺，人类需要对此进行长期研究，而关于采矿后对海底生物的长期影响也需要做深入跟踪研究。

美国一方面关注国际海底区域资源开发制度的进展，另一方面强调其 1980 年通过的《深海底硬矿物资源法案》规定美国政府可以向美国公民和企业发放勘探和开发国际海底资源的许可证。美国主要关心的问题包括技术转让、开发收益的分享以及国际海底区域事务中的话语权等。

除国际海底区域的矿产资源外，科学界在 20 世纪 70 年代发现深海底也生活着大量微生物和动物。在深海发现的物种往往与陆地或沿海物种没有相似之处。生活在深海软沉积物平原上的物种的多样性可与热带雨林相媲美。有可能地球上生命数量最大、种群数量最多的地方就是深海底。生活在深海底的物种证明了地球上的生命可以适应极端情况。许多物种都有科研和商业价值。遗传技术是了解微生物多样性的关键。因此，目前这一问题被统称为海洋遗传资源（Marine Genetic Resources, MGRs）问题。[①] 尽管海洋生物技术发展仍处于起步阶段，但海洋遗传资源已被用于消炎、抗癌或其他医疗产品中，这些产品的潜在经济回报率

① 目前还没有国际统一的海洋遗传资源的法律定义。根据《联合国海洋法公约》的规定及国家管辖范围以外区域海洋生物多样性的养护和可持续利用问题拟订的协议草案的修改稿，海洋遗传材料指来自海洋植物、动物、微生物或其他来源的任何含有遗传功能单位的材料。参见 A/CONF. 232/2020/3, Artical 1, https://documents-dds-ny. un. org/doc/UN-DOC/GEN/N19/372/87/pdf/N1937287. pdf？ OpenElement。也可以参考 1992 年《生物多样性公约》和 2010 年《关于获得遗传资源和公平公正分享其利用所产生惠益的名古屋议定书》（《名古屋议定书》）（Nagoya Protocol on Access to Genetic Resources and the Fair and Equitable Sharing of Benefits Arising from Their Utilization to the Convention on Biological Diversity）中的相关定义。"遗传材料"是指来自植物、动物、微生物或其他来源的任何含有遗传功能单位的材料。"遗传资源"指"具有实际或潜在价值的遗传材料"。参见《生物多样性公约》第 2 条，https://www. cbd. int/doc/legal/cbd-zh. pdf；《名古屋议定书》进一步规定了"衍生物"的定义，"衍生物"是指"自然产生的生化化合物，它来自生物或遗传基因的遗传表达或代谢资源，即使它不包含遗传的功能单位"。参见《名古屋议定书》，https://www. cbd. int/abs/doc/protocol/nagoya-protocol-en. pdf。

非常高。与矿产资源开发不同，遗传资源的获取主要是对生物体进行少量样本采集，其对生物种群数量和生态环境造成的影响目前来看很小，生物遗传资源的利用也不会造成生物遗传资源的减少。过去十多年，生物研究的进展很快，但在 20 世纪 70~80 年代的海洋法谈判时期，根据当时的科技勘探水平，海洋遗传资源的开发前景不明，没有设置具体的国际制度方面的议题，《联合国海洋法公约》对这一问题没有进行相应的制度设置。1994 年的《执行协定》、1995 年的《鱼类种群协定》① 都没有关于"海洋遗传资源"的表述。② 目前，以海洋遗传资源为关键内容的国际磋商正在进行中，其核心问题被国际法学界概括为"国家管辖范围以外"（areas beyond national jurisdiction，ABNJ）海洋遗传资源问题。③海洋遗传资源问题在本质上是海洋生物多样性问题。因此，自 2004 年以来，更为广泛的养护和可持续利用公海和深海底生物多样性的问题，即国家管辖范围以外的生物多样性（biological diversity of areas beyond national jurisdiction，BBNJ）问题，被列入联合国大会议程。可以说，由于深海底法律框架存在明显的缺陷，涉及海洋遗传资源的法律制度不完善的问题一直是国家管辖范围以外生物多样性谈判的主要议题。公海的海洋遗传资源可以适用"公海自由"原则，但是在"国际海底区域"的海洋遗传资源领域存在制度空白。

　　2004 年，联合国大会设立了关于国家管辖范围以外生物多样性问题的不限成员名额的非正式特设工作组。工作组于 2006 年首次召开会议，成为讨论国家管辖范围以外生物多样性问题的牵头论坛，在接下来的几年里共举行了 9 次会议。在工作组的建议下，联合国大会于 2015 年 6 月

---

① "Agreement for the Implementation of the Provisions of the United Nations Convention on the Law of the Sea of 10 December 1982 relating to the Conservation and Management of Straddling Fish Stocks and Highly Migratory Fish Stocks," https://documents-dds-ny. un. org/doc/UN-DOC/GEN/N95/274/67/PDF/N9527467. pdf? OpenElement.

② 有学者指出，《联合国海洋法公约》确立的公海制度和国际海底制度，《生物多样性公约》确立的生物多样性养护和可持续利用制度及惠益分享制度，世界知识产权组织和《与贸易有关的知识产权协议》确立的国际知识产权制度，在解决国际海底生物多样性的问题上虽都有涉及，但均存在不足。参见王传良《国家管辖范围以外区域海洋遗传资源获取与惠益分享制度研究》，博士学位论文，山东大学，2020，第 36~39 页。

③ 刘思竹：《论国家管辖范围外海洋遗传资源的惠益分享制度》，《政法论丛》2020 年第 5 期，第 70 页。

19 日通过了第 69/292 号决议。随后，联合国大会召集了筹备委员会，旨在就国家管辖范围以外生物多样性的法律文书草案的内容提出建议。根据联合国第 69/292 号决议，正式启动"BBNJ 国际协定"的谈判进程。[①] 筹备委员会在 2016 年至 2017 年举行了四次会议，并于 2017 年 9 月向联合国大会提交了建议。从 2018 年开始，联合国开启了国家管辖范围以外生物多样性法律文书的政府间谈判，这被认为是当下海洋领域最重要的国际立法过程，受到了各国政府部门、国际组织、学术机构和民间环保组织的高度关注。筹备进程有来自联合国会员国和非会员国、众多基金和办事处、联合国系统专门机构和相关组织、政府间组织和非政府组织的广泛参与。谈判主要围绕 4 个议题展开：海洋遗传资源、包括海洋保护区在内的划区管理工具、环境影响评价以及能力建设与海洋技术转让。第一次政府间会议于 2018 年 9 月 4 日至 17 日召开，第二次会议于 2019 年 3 月 25 日至 4 月 5 日举行，第三次会议于 2019 年 8 月 19 日至 30 日举行。因新冠肺炎疫情的影响，原定于 2020 年 3 月在纽约联合国总部召开的 BBNJ 协定谈判第四次政府间会议延期举行。预计到谈判结束时，各方有希望达成一项关于 BBNJ 的新的海洋法公约执行协定。如果谈判取得成功，这将是《联合国海洋法公约》的第三部执行协定。BBNJ 协定仅适用于国家管辖范围以外的地区，不会对领海和专属经济区以及大陆架设定强制性规则。一项新的 BBNJ 协定将尊重现有的边界，而且还将尊重已有的全球公域领域的长期制度，例如《南极条约》或《国际民用航空公约》。它将在《联合国海洋法公约》框架内依托先前存在的制度以及区域和机构（例如北极理事会），以稳定和无威胁的方式逐步发展海洋法。如果已有的制度已经涵盖了特定的地理位置，BBNJ 协定不太可能取代它们。但毋庸置疑，因为该议题的复杂性和重要性，寻求就国家管辖范围以外生物多样性问题达成协议仍是非常困难的。

目前，国际社会就 BBNJ 协定草案的案文仍存在许多分歧。[②] 国家利益、发达国家不愿平等分享经济的利益，特别是来自海洋遗传资源的利益，以及区域渔业组织不愿意放弃其权力等问题仍困扰着谈判者。当今，

---

① 联合国大会第 69/292 号决议，https://undocs. org/zh/A/RES/69/292。

② A/CONF. 232/2020/3，https://documents-dds-ny. un. org/doc/UNDOC/GEN/N19/372/87/ pdf/N1937287. pdf？OpenElement。

只有少数发达国家具备开发利用海洋遗传资源的资金和技术条件。以 77 国集团为代表的发展中国家和以美国为代表的发达国家之间存在着根本性的分歧，发达国家主张这一问题领域适用公海自由原则，而发展中国家则主张适用人类共同继承财产原则。这场关于 BBNJ 协定基本原则的争议自谈判第一天起就一直困扰着谈判各方。这与联合国第三次海洋法会议期间关于国际海底采矿的争议非常类似。公海自由原则看似不设置开发障碍，但可能会引发无序竞争等问题。惠益分享问题可能是谈判中最复杂和最有争议的方面。发展中国家总的来说支持一套更强有力的规则来管理海洋遗传资源，包括非货币和货币利益分享。很大程度上，发展中国家希望从其他相关的国际协定中汲取经验。例如，《生物多样性公约》体系将"事前知情同意"确定为国家管辖范围以内区域遗传资源获取的基本原则（并非强制性规定）。2010 年关于生物多样性的《名古屋议定书》规定，生物多样性丰富的供应国将通过事先知情同意来管制获得遗传资源的机会。发达国家则认为应仅设置非货币惠益分享、主张自愿惠益分享模式，免费获得现场海洋遗传资源。从目前国际社会的谈判情况来看，国际海底管理局模式已被 BBNJ 协定草案否定。关于协议的适用范围，海洋遗传资源可以以三种模式存在：原地（in situ，在海洋中的现场）、异地（ex situ，在海洋生物自然栖息地以外获取海洋遗传资源，如在基因库或生物存储库中）和电脑模拟（in Silico，对海洋生物样品进行选择、培育和电脑模拟分析获取有用的信息）。[①] 对于是否应将这三种模式包括衍生品纳入新协定，各方的看法截然不同。发达国家倾向于只包括原位遗传资源，而发展中国家则呼吁包括所有三种模式。遗传资源的实质范围是否包含衍生物也一直是发达国家与发展中国家争议的焦点。发达国家强调遗传资源仅限于有遗传功能的材料，不包括衍生物。发展中国家则认为应将衍生物纳入惠益分享制度的范围。各方之间存在巨大分歧的内容可能不会进入最后的案文，或者只能以模糊或稀释的形式存在。

　　总之，在竞争日益激烈的全球市场中，海洋生物产业是最有前途的

---

① A/CONF. 232/2020/3，Artical 1，https：//documents-dds-ny. un. org/doc/UNDOC/GEN/N19/ 372/87/pdf/N1937287. pdf？OpenElement.

新兴产业之一。就最发达的国家而言，它们不太可能同意放弃与海洋生物技术有关的知识产权。美国依然坚持建立开放的海洋遗传资源获取制度，要求海洋科学研究不受阻碍，反对强制性的货币化惠益分享机制，仅同意建立有关共享海洋遗传资源科研信息与知识的惠益分享制度，如通过信息交换机制共享航次信息等。与之相对，发展中国家要求加强追踪海洋遗传资源获取和利用的全过程，在信息交换机制中建立"一站式"追踪系统并强制通报相关情况。也有国家集团提出建立由专家构成的获取海洋遗传资源和惠益分享的机制。

第五章　美国与公海生物资源开发

　　长期以来，海洋一直是资源开发的场所。海洋生物资源，特别是渔业资源，为美国提供了丰富的食物、工业原料、医疗药品等。美国在历史上很早就已经开始制定海洋生物资源管理政策。而对于如何合理合法地开发处于国家管辖范围之外的公海生物资源，则是一个既古老又新颖的问题。海洋生物资源是可再生资源，可是随着捕鱼技术的进步和人口增长等因素的影响，海洋生物资源面临枯竭的危险，因而在某种程度上也成了各国争夺的稀缺资源。沿海国近海资源管辖权的扩张趋势不可逆转，并且公海的范围在第二次世界大战之后经历了极大的改变。美国在这一国际法和国际规制确立的过程中发挥了非常重要的作用。随着时代的变化，美国政府越来越重视海洋生物资源的管理和养护，在渔业生态环境和濒临灭绝物种的保护等领域都出台了管理规范，如《渔业保护和管理法》、《海洋哺乳动物保护法》、《濒临灭绝物种法》和《鱼类和野生生物法》等。经过几十年的法律建设，美国已积累了很多经验。因此，在未来进一步开发和养护公海生物资源问题方面，需持续关注美国的立场和影响。

第一节　美国早期海洋生物资源开发外交

　　在20世纪以前，人类普遍认为海洋生物资源枯竭的危险很低，海洋生物资源的供应是无限的，不存在谁可以捕鱼或谁不可以捕鱼的规定。依照国际法之父格劳秀斯的观点，公海的渔业资源是极其丰富的，国家拥有的公海捕鱼自由权应当不受任何限制。18世纪初，荷兰学者宾刻舒克（Cornelis van Bijnkershoek）提出了著名的"大炮射程论"，以确定领海的宽度。[①] 1782年，意大利驻巴黎使馆秘书加利亚尼（F. Galiani）根

---

　　① 王铁崖主编《国际法》，法律出版社，1995，第257页。

据当时大炮射程约为 3 海里，建议将领海宽度定为 3 海里，后来逐步发展成为"3 海里"规则。美国较早采纳了 3 海里领海宽度的主张。19 世纪，以公海和领海的界定为主要内容的海洋法逐渐形成，该过程一直延续到 20 世纪上半期。

在美国建国之前的殖民地时期，渔业已是其重要的支柱产业。① 到 19 世纪 40 年代中期，美国拥有世界捕鲸船总量的 3/4。联邦政府和州政府分享渔业管辖权。由于相信海洋生物资源非常丰富，联邦政府和州政府都很少对渔业进行限制。然而，美国新英格兰地区快速的工业化导致大西洋金枪鱼和美洲西鲱的产卵地遭到破坏。然而，当时政府的对策不是如何限制过度捕鱼，而是力图寻找到培养更多的鱼类资源的方法。② 1871 年，美国国会还专门拨款成立美国渔业委员会，该委员会负责调查新英格兰地区渔业退化的原因，并帮助当地建立更多的鱼类繁殖地。

随着海上运输业和航海技术的发展，世界各国开始意识到过度捕捞和环境问题，于是开始采取一些措施保护海洋生物资源。从 19 世纪开始，一些欧洲国家开始互相签订旨在规范双方渔业行为的公约或协定，例如，1867 年的《英法渔业条约》（Convention between France and Great Britain Relative to Fisheries）和 1882 年英国、比利时、丹麦、法国、德国、荷兰签订的《北海渔业公约》（International Convention for Regulating the Police of the North Sea Fisheries outside Territorial Waters），这些是较早限制公海捕鱼的区域性或双边性质的法律协议。美国也较早意识到海洋生物资源枯竭的问题。这一时期，美国还不断与日本、俄国、加拿大等国家发生渔业纠纷。发生在 1893 年的"白令海海豹仲裁案"体现了国际法对于公海捕鱼自由权的限制逐渐增多。1867 年，美国从俄国收购了阿拉斯加及其附近岛屿。其中，普里比洛夫群岛（Pribiloff）是该海域海豹的主要繁殖点。在 1868 年至 1873 年，美国国会通过了多个法案禁止在

---

① 随着经济的发展，美国的渔业和捕鲸业在国家经济中的比重大幅缩小。近代以来，渔业在美国政治和经济中的地位并不高。

② Daniel Vickers, "Those Damned Shad: Would the River Fisheries of New England Have Survived in the Absence of Industrialization?" *William and Mary Quarterly*, Third Series, Vol. 61, No. 4, 2004, pp. 685 – 712.

普里比洛夫群岛及其附近海域捕杀太平洋海豹，但英国渔船却在该岛周边属于公海的海域上不断截杀前往繁殖地的海豹。1881 年，美国宣布其有权在 3 海里领海线以外采取行动保护前往本国领土的海豹，并开始阻挠英国渔船的捕捞作业。英国则以"公海自由"原则为依据反对美国这一做法。在两国磋商没有取得结果之后，两国将争端提交到了由英国、美国、法国、意大利和瑞典组成的国际仲裁庭。1893 年，该国际仲裁庭最终支持了英国的主张，认为美国对处于公海领域内的海豹没有保护权或财产权，但是仲裁庭同时也规定了一些有关保护公海海域海豹资源的措施。此后，美国还曾于 1911 年与英国、日本、俄国签订了《北太平洋海豹保护公约》。[①]

美国和加拿大之间为解决渔业纠纷而开展的早期外交活动比较频繁。两国之间签署的有关渔业的条约对促进渔业资源保护起到了重要作用，并为国际上保护洄游性鱼类资源和公海渔业资源提供了历史借鉴。例如，1918 年 1 月 16 日，美国和加拿大举行了渔业会议。会议讨论的内容包括美加渔船在对方港口的权利问题，恢复和保护弗雷泽河（Fraser River）流域红大马哈鱼渔业资源问题，保护太平洋大比目鱼渔业资源问题，美国捕虾船在加拿大海岸捕捞龙虾问题，保护尚普兰湖区（Lake Champlain）渔业资源问题，保护鲸鱼问题等。[②] 两国代表就会议中讨论的问题进行了总结，并于 1920 年 7 月 26 日发布了《1918 年美加渔业会议报告》（Report of the American-Canadian Fisheries Conference）。此后，两国以《1918 年美加渔业会议报告》为基础，继续就保护弗雷泽河流域红大马哈鱼渔业资源问题和保护太平洋大比目鱼渔业资源问题等进行了谈判，并分别签署了 1923 年的《保护北太平洋大比目鱼公约》[③] 和 1930 年的《美加保护、保存和繁殖弗雷泽河流域红大马哈鱼渔业资源公约》。这些公约就休渔区、休渔期、捕鱼工具以及处罚原则等进行了明确的规定。美加两国还成立了国际太平洋大马哈鱼渔业委员会和国际渔业委员

[①] "North Pacific Fur Seal Convention of 1911," http：//pribilof. noaa. gov/documents/THE_FUR_SEAL_TREATY_OF_1911. pdf.

[②] *FRUS*, 1918, Papers Relating to the Foreign Relations of the United States, p. 440.

[③] "Convention for the Preservation of the Halibut Fisheries of the North Pacific Ocean," https：//iea. uoregon. edu/treaty-text/56.

会来管理大马哈鱼和大比目鱼的保护事宜。美国和加拿大成立的渔业委员会是较早实施总可捕量制度（total allowable catch）的组织。两国于1932 年采取了针对总可捕量的管理措施，在管理初期效果明显，各渔业资源得到逐步恢复，但也出现了很多问题，如渔期的大幅度缩短和国家间的恶性竞争。为解决总可捕量制度存在的弊端，配额制度被引入两国的渔业管理措施中。1937 年，美加太平洋鲑鱼渔业委员会把总可捕量按50∶50 的比例分配给了两个国家，在这个基础上两国又按渔船或企业的数量对配额再次进行了分配。这是配额制度最早实施的雏形。上述措施对美国保护本国的渔业资源具有重要作用，同时国际上保护洄游性鱼类和公海生物资源的规则建设也从这里获得了启发。

20 世纪 30 年代，日本在美国阿拉斯加州沿海捕捞海产品的活动促使美国决策层更加关注渔业问题。鲑鱼是当时美国渔业产值最高的一种鱼，阿拉斯加是美国鲑鱼主要的生产基地。从 1927 年至 1936 年，美国和加拿大共同投资 1600 万美元用于鲑鱼资源的养护和管理。1937 年美国太平洋沿岸鲑鱼业总资产大约是 2 亿美元。[1] 1936 年至 1938 年，日本渔船开始在阿拉斯加布里斯托湾渔场捕捞鲑鱼，这使美国鲑鱼产业界担心鲑鱼资源枯竭问题，并出现了反日情绪。[2] 为了保护自身利益，美国渔业利益集团要求政府采取行动，限制外国公民在阿拉斯加大陆架上覆水域捕鱼的权利。[3] 渔业利益集团的要求也得到了美国国会的回应，有议员要求将美国沿海管辖权范围扩大到水深 100 海寻等深线处。[4] 美国国务院内部的意见是考虑与日本、加拿大、苏联等国谈判签订关于鲑鱼捕捞的协定。1937 年 11 月，美国渔业从业人员开始抵制日货。此事以日本在1938 年作出让步得以暂时了结，但为了防止未来出现类似的问题，1945年杜鲁门总统发表了关于渔业利益的声明——《公海捕鱼声明》。

从总体的形势来看，到 19 世纪末，远洋捕鱼能力的提高已经使得部分海域的渔业资源开始减少，鱼群的种类和数量都下降了。但在第一次世界

---

① *FRUS*, 1937, Vol. IV, p. 766.

② *FRUS*, 1937, Vol. IV, pp. 744 - 745; Joseph W. Bingham, "The Continental Shelf and the Marginal Belt," *American Journal of International Law*, Vol. 40, 1946, p. 175.

③ *FRUS*, 1937, Vol. IV, pp. 740 - 748, 761 - 763, 774 - 776.

④ Congressional Record, June 18, 1937, p. 5953.

大战和第二次世界大战期间，由于渔业生产活动受到战争的影响，渔业资源得到一定程度的恢复。第二次世界大战以后，渔船数量再次大规模增长，各国近海和远洋捕捞能力都得到大幅提高，一些主要的传统经济鱼类资源明显减少。在这种背景下，一些国家签订了一些双边或区域性质的公海养护海洋生物资源的国际协定。例如，鲸作为一种传统上捕捞较多的生物资源，其生存受到的威胁特别大。一些国家于 20 世纪30～40 年代相继签订了几个关于管理捕鲸活动的国际协定，试图为公海海域人类共有的海洋生物资源建立国际制度。第二次世界大战之后，在美国的倡导下，国际捕鲸大会于 1946 年 11 月在美国首都华盛顿召开。1946 年 12 月通过的《国际捕鲸管制公约》合并和统一了以前通过的各个捕鲸协定，将国际捕鲸活动进行制度化管理，并成立了国际捕鲸委员会。① 签署公约的国家都是当时从事捕鲸的国家，公约的目的是对各国的捕鲸行为进行一定的管制，但公约存在不少漏洞，因此还不能有效地对鲸类形成保护。此外，英国、法国、挪威、荷兰、丹麦等 12 个国家分别在 1946 年、1959 年相继签订了《关于限制渔网网眼和鱼体长度的公约》《大西洋东北部渔业公约》，但这些条约并未对公海捕鱼自由形成根本制约。

从早期历史来看，美利坚民族漂洋过海改变命运的经历和生存发展的需要，促使美国更关注自身的海洋渔业利益。由于很多捕鱼活动发生在国家领土之外的区域，美国较早地试图通过国家间的协商或国际法在国际层面上解决相关问题。此时，虽然各国对于渔业资源的保护意识还很薄弱，相关政策还不成熟，但这一时期的政策演变过程为以后相关国际制度和国际法的发展奠定了基础。

第二节　20 世纪40～60 年代美国对渔业利益与安全利益的权衡

第二次世界大战结束后，国际社会要求扩大国家渔业管辖权的呼声逐渐升高，在这种形势下，美国也更加担心外国的捕捞活动将使美国沿

---

① "International Convention for the Regulation of Whaling," https：//archive. iwc. int/pages/ view. php？ ref＝3607&k＝.

岸渔业资源枯竭。因此，杜鲁门总统于 1945 年 9 月 28 日发布了《公海捕鱼声明》："鉴于迫切需要保全和养护渔业资源，美国政府认为，在捕捞活动现已或将来可能大规模扩大的前提下，在与美国海岸相邻的公海的那些区域内建立保护区是正当的。在这种捕捞活动现已或将要由美国公民来实施的区域内，美国认为，建立边界明确的保护区是正当的，保护区内的捕捞活动将由美国管理和控制。在这种捕捞活动现已或将由美国公民和其他国家的国民联合实施的区域内，边界明确的保护区可以依照美国和其他有关国家之间的协定建立；这种保护区内的所有捕捞活动将按照协定的有关规定进行管理和控制。如果任何国家相应地承认美国公民在这种区域内可能存在的任何捕捞利益，那么其依照上述原则在其沿岸水域建立保护区的权利将得到承认。在建有这种保护区的区域内，公海的性质及各国拥有的自由无阻通航的权利决不会因此而受到影响。"[1]

《杜鲁门公告》扩大了美国的领海管辖权，但并没有明确规定管辖权的范围。这加剧了美国与邻国在海洋资源开发和渔民捕鱼等多方面的矛盾。世界各国此后纷纷宣布对毗连渔区以及大陆架的权利，将主权和管辖权扩大到领海之外。中南美洲的一些国家甚至将管辖权扩大到离岸 200 海里的海域。显而易见，捕鱼权问题仅凭单边声明和行动不可能得到解决。

为了调整各国在利用和开发海洋资源方面的权利和义务，在 1982 年联合国第三次海洋法会议之前，联合国连续召开了两次海洋法会议，美国都是会议的主要参加国。1947 年，联合国成立的国际法委员会对海洋法问题进行了多年的研究。1956 年，国际法委员会发布了一份最终报告。该报告包含了成为联合国第一次海洋法会议讨论基础的大量草案，其中关于捕捞公海生物资源的权利和义务的内容大量吸取了美国的提议，并得到了美国的支持。国际法委员会在 1953 年和 1956 年两次建议召开海洋法会议。美国对此大力支持，并对会议予以高度重视。

1958 年 2 月，联合国第一次海洋法会议在日内瓦召开。美国在会议前做了充分的准备，希望最大限度维护美国的渔业利益、工业利益和军

---

[1] Proclamation 2668, "Policy of the United States with Respect to Coastal Fisheries in Certain Areas of the High Seas," September 28, 1945, http://www.presidency.ucsb.edu/ws/index.php? pid = 58816&st = &st1 = .

事利益。1958 年 2 月 5 日，负责政治事务的副国务卿帮办的特别助理递交的一份备忘录，阐述了美国为参加联合国第一次海洋法会议所做的准备。① 从军事和安全的角度出发，美国政府认为任何将领海宽度扩展到 3 海里之外的企图，将对美国国家安全及自由世界带来危害，但美国的立场可能不会得到足够的支持。而加拿大政府的提案也要求 3 海里的领海，但另外附有 9 海里的专属渔业区。经过讨论，美国政府决定美国代表团的首要任务是确保 3 海里的领海界限，并在这个基础上应当尽力保护美国沿岸的商业利益。因此，决定让美国会议代表团主席自行决断，美国是否应当支持加拿大的提案。② 美国政府考虑接受毗连渔区的建议以满足沿海国对专属渔业管辖权的需求，从而换取它们对 3 海里领海宽度的支持。这种立场可以保护美国的安全利益和在本国海岸附近捕鱼的美国渔民的利益，但会损害美国远洋渔业集团的利益。好在远洋渔业在美国渔业的总体份额中所占比例不大。

　　会议开始后，美国和英国支持 3 海里领海宽度，苏联主张 12 海里领海宽度，加拿大主张 3 海里领海宽度并附加 9 海里的毗连渔区。由于 3 海里领海方案不可能得到与会者 2/3 的支持，美国转而支持加拿大的方案，以避免大会陷入僵局。很多国家宣布支持大于 3 海里领海的方案的主要原因是经济依赖渔业的发展，但以英国为首的西欧国家极力反对加拿大提案中的捕鱼区条款，认为毗连渔区的设立将损害其渔业界的利益。美国在英国和加拿大之间进行了大量斡旋，但以失败告终。会议期间，美国联邦参议员沃伦·G. 马格努森（Warren G. Magnuson）和亨利·M. 杰克逊（Henry M. Jackson）还写信给国务卿对美国代表团关于领海和毗连区的立场表达不满，认为代表团没有保护美国的传统渔场。总的来说，美国在联合国第一次海洋法会议上认为，加拿大的提案是唯一可能被大会通过的解决领海宽度和捕鱼区问题的提案。美国既想维护国家安全利益（限制苏联集团军事机动性），又想维护经济利益。但联合国第一次

---

① Memorandum from the Deputy Under Secretary of State for Political Affairs' Special Assistant (Sanders) to the Deputy under Secretary of State (Murphy), *FRUS*, 1958 – 1960, Vol. II, p. 642.

② "Letter from the Secretary of Defense (McElroy) to the Secretary of State," *FRUS*, 1958 – 1960, Vol. II, p. 646.

海洋法会议没能在领海宽度和毗连渔区这两个问题上达成协议。

1958年4月，会议最后产生了四项公约，即《领海与毗连区公约》《公海公约》《捕鱼及养护公海生物资源公约》《大陆架公约》。其中，世界各国签订的涉及公海捕鱼自由的国际条约就正式始于这次会议上通过的《公海公约》和《捕鱼及养护公海生物资源公约》。由于领海宽度未能确定，这些公约有的未能全面生效实施，但为以后《联合国海洋法公约》的制定打下了基础。《公海公约》首次引入了"适当顾及"（reasonable regard）的概念。① 实际上，美国联邦最高法院在某一项判决中最早使用了"适当顾及"一词。《公海公约》首次将此概念通过文字的形式体现出来，显示出国际社会对渔业资源枯竭的担忧，标志着各国初步形成对限制公海捕鱼自由权的共识。《捕鱼及养护公海生物资源公约》是第一个全球性质的调整公海渔业的公约，反映了国际社会已经认识到公海生物资源管理与养护的重要性。该公约第1条对国家行使公海捕鱼权规定了三种具体的限制条件：（1）遵守其条约义务；（2）尊重本公约所规定之沿海国利益与权利；（3）遵守下列各条关于养护公海生物资源之规定。② 这三条规定通常被视为《公海公约》第2条中"适当顾及"一词的具体体现。这两项公约的不足之处在于都只是从原则和框架上对公海生物资源保护进行了规范，没有相关的配套措施和具体的实施办法。美国对会议达成的渔业和大陆架条款是满意的，因此后来签署并批准了《捕鱼及养护公海生物资源公约》和《大陆架公约》。

为继续寻求解决领海宽度和渔区范围的办法，联合国第二次海洋法会议于1960年3月在日内瓦召开。为了避免失败，美国为联合国第二次海洋法会议的召开积极筹备，并将美国在联合国第二次海洋法会议上的立场转变为6+6模式（即6海里领海宽度加6海里毗连渔区）。在6海里毗连渔区内经常捕鱼的外国渔船，可以保有继续捕鱼的权利，但捕捞量不能超过近5年的捕捞量。这仍是为了对抗苏联12海里领海提案退而求其次的一种选择。美国的主要目标仍是希望获得各国对狭窄领海方案的广泛支持，而这种支持只能通过适当调和渔业利益才能获得。

---

① 《公海公约》第2条，http://www.un.org/chinese/law/ilc/hsea.htm。

② 《捕鱼及养护公海生物资源公约》第1条，http://www.un.org/chinese/law/ilc/fish.htm。

尽管美国不希望在一定的年限里终止传统捕鱼权利，因为该方案会损害传统渔业的利益，但这一方案很可能获得与会者 2/3 的多数票，因此最后很可能会得到通过。①

会议期间，美国仍在加拿大和以英国为首的欧洲各国之间进行协调。加拿大同意美国提出的 6＋6 模式的方案，但在传统捕鱼权问题上难以让步。而以英国为首的欧洲国家不能接受没有传统捕鱼权的加拿大的提案。美国在加拿大和英国间进行的斡旋没有成功。其结果是加拿大和英国都提出了 6 海里领海宽度和 6 海里毗连渔区的方案，但加拿大没有将传统捕鱼权附加在提案中，而英国在提案中附加了传统捕鱼权的条件，并且提出传统渔区的使用权没有限期。美国虽然在捕鱼权问题上与英国的利益相符，但认为亚非拉国家大多支持加拿大的提案，因此只有给传统捕鱼权加上一定的年限，提案才有可能获得与会者 2/3 的票数。在形势紧迫的情况下，美国和加拿大联合提案，并在提案中给传统捕鱼权增加了 10 年的限制。② 然而，在大会进行最后投票时，这个最有希望获得通过的提案却因一票之差没有达到 2/3 多数票的门槛，导致以解决领海宽度问题和毗连渔区问题的联合国第二次海洋法会议失败。实际上，在会议前和会议期间，美国国内就有较强的反对美国政府提案的呼声。因为 6 海里的捕鱼权虽然在一定程度上保护了美国国内渔民的利益，但却极大地限制了渔业企业的捕鱼范围，使其无法捕捞其他国家沿岸的鱼类。1960 年 2 月 11 日，参议员马格努森和杰克逊就曾致信国务卿赫托表示，反对以损害渔业利益为代价达成国防目标的做法。③ 4 月 19 日，国会众议员托马斯·M. 佩利（Thomas M. Pelly）和参议员马格努森又致信国务卿赫托表示，如果最终达成的协定事实上废除了美国国民的历史捕鱼权利，他们将采取立法措施加以保护，并在国会竭力阻止批准这种协定。④

---

① "Circular Instruction from the Department of State to All Diplomatic Posts," *FRUS*, 1958 – 1960, Vol. II, p. 744.

② "Telegram from the Delegation to the Conference on the Law of the Sea to the Department of State," *FRUS*, 1958 – 1960, Vol. II, pp. 774 – 775.

③ "Letter from Senator Warren G. Magnuson and Senator Herry M. Jackson to the Secretary of State," *FRUS*, 1958 – 1960, Vol. II, pp. 750 – 751.

④ "Letter from Representative Thomas M. Pelly and Senator Warren G. Magnuson to the Secretary of State," *FRUS*, 1958 – 1960, Vol. II, pp. 793 – 794.

　　联合国第二次海洋法会议的情形反映出各国越来越重视海洋生物资源利益，各国对各自的立场不会轻易作出妥协，美国政府也面临渔业利益集团越来越大的压力。会议后，英国和加拿大提出希望能使美加提案成为一个多边协议而非国际法的计划，但美国内政部和国防部一致反对美国加入多边协议计划。内政部更多的是出于保护渔业利益的目的，认为参与多边协议会损害美国的渔业利益，而国防部认为这对美国的安全利益极为不利。肯尼迪政府最终决定不加入多边协议计划。联合国第二次海洋法会议之后，越来越多的国家单方面宣布实行 12 海里领海或 12 海里捕鱼区。美国、墨西哥、南非以及多个欧洲国家先后实行 12 海里捕鱼区。而尼加拉瓜、厄瓜多尔、巴西、巴拿马等国则宣布实行 200 海里领海或 200 海里捕鱼区。在没有达成全面的公海渔业公约的情况下，许多国家达成了各种双边或区域性的关于捕鱼权的临时协定。例如，1964年 3 月 9 日英国与 14 国签署了《伦敦渔业公约》。①

　　1968 年，为了尽快解决海洋法问题，美国接受苏联的要求举行了两轮美苏海洋法谈判。这时美苏两国在海洋法编纂方面有共同的利益。美苏海洋法谈判是美国和苏联在海洋法问题上从对抗走向合作的转折点。1968 年 7 月在第一轮会谈上，两国讨论了领海宽度、国际海峡和渔业问题，但双方在渔业问题上没有达成一致意见。美国国务院、国防部与内政部在渔业问题上出现分歧。国务院和国防部认为渔业利益不应影响安全利益的实现，而内政部认为尽管安全利益比渔业利益重要，但并不意味着渔业利益可以被完全忽视。最后国务院和国防部的观点占了上风，即承认沿海国在 12 海里领海之外的特别捕鱼权。它们希望以此获得更多国家的支持，达成一项关于确立 12 海里领海与通过和飞越国际海峡权利的条约。12 月，美苏举行了第二轮会谈，苏联接受了美国关于渔业问题的观点。双方达成的三项条款草案主要有以下内容：（1）每个国家都有权确立不超过 12 海里的领海宽度，领海宽度小于 12 海里的国家可以在

---

①　《伦敦渔业公约》（London Fisheries Convention），又称《渔业公约》（Fisheries Convention）。主要内容是对西欧沿海水域的捕捞权利进行管理。其中，重点水域包括北海（North Sea）、斯卡格拉克海峡（Skagerrak Strait）、卡特加特海峡（Kattegat Strait）和欧洲的大西洋海岸。该公约规定签约国有权到自身海岸线向外延伸6~12 海里的海域捕鱼，只要该签约国于 1953~1962 年曾有过捕捞的历史。

领海之外建立毗连渔区，但渔区宽度和领海宽度不得超过 12 海里；
（2）用于国际航行的海峡内的领海将以提供适合所有船舶和飞机通过的
公海通道的方式定界，但已有国际条约规定的特别海峡的法律地位不受
影响；（3）在特定情况下，沿海国可以采取单方面措施保护邻接其领海
或渔区的任意公海区域的鱼类或其他海洋生物资源；倘若沿海国对某种
鱼类的繁殖进行了大量投资，它可以采取措施为自身保留此种鱼类的部
分可捕量；如果某种特定鱼类对沿海国的经济非常重要，在一定条件下，
该国可以采取措施为自身保留这种鱼类的部分可捕量；在平等的基础上，
所有国家都可以捕捞没有留给沿海国的可捕鱼类。①

　　总之，在美苏海洋法谈判中，美国在领海宽度上作出了让步，但是
其国际海峡的航行和飞越自由得到了保证，而渔业权利方面立场的调整
实际上仍是以渔业权益换取安全利益的做法。虽然美苏在海洋法谈判上
实现了一定程度的合作，但苏联对渔业条款也不太满意。在联合国第三
次海洋法筹备会议召开之后，苏联又开始反对美国提交的经修改的渔业
条款草案。从美国国内政治的角度看，渔业条款不但没有征求渔业利益
集团的意见，反而损害了远洋渔业利益集团的利益。1969 年 4 月，内政
部长希克尔致信国务卿罗杰斯继续反映渔业利益被忽视的问题，要求开
展部门间审查。② 从 1971 年起，渔业利益集团通过影响国会立法介入美
国渔业政策的制定，并逐渐取得了效果。

第三节　美国与《联合国海洋法公约》
渔业条款的出台

　　20 世纪 60 年代，国际社会继续就规范公海生物资源开发加以思考
和讨论，但与此同时摩擦与冲突也在不断发生，拉美国家及其他国家基
于种种原因提出扩大渔业管辖权的新要求。科学技术的发展和各国海洋

---

① Document 333, "Circular Airgram CA – 406 from the Department of State to Multiple Posts,"
January 23, 1969, 1025Z, *FRUS*, 1969 – 1972, Vol. E – 1.
② Document 336, "Letter from Secretary of Interior Hickel to Secretary of State Rogers," Wash-
ington, April 15, 1969, *FRUS*, 1969 – 1972, Vol. E – 1.

权益主张的激增①等推动了联合国启动第三次海洋法会议的筹备工作。美国政府也是推动联合国召开第三次海洋法会议的重要力量。从 1969 年到 1970 年，美国政府先后与许多国家就海洋法问题进行了接触和磋商，但在公海捕鱼权利方面得到的反馈并不好。

从 1971 年到 1973 年，联合国海底委员会一共召开了 7 期筹备会议。在筹备会议期间，美国政府修正了渔业政策，把渔业政策与领海和海峡政策分开考虑。美国拟允许沿海国控制其邻近水域的渔业资源，继续保护远洋渔业，并建立 200 海里托管区（地区和国际组织可以行使控制权）。② 协调美国的远洋渔业利益与沿海渔业利益成为一项重要工作。美国沿海渔业利益集团乐于接受国际上扩大近海渔业管辖权的运动，但美国远洋渔业利益集团则反对扩大沿海国的近海渔业管辖权。不过，在政策酝酿过程中，沿海渔业利益集团和远洋渔业利益集团放下了利益分歧，联合起来借国会的力量干预渔业政策的制定。

美国在 1971 年的筹备会议上提出了按海洋生物种类确定渔业管辖权的范围，即沿海国享有 12 海里之外邻接其领海的公海的沿海鱼类和溯河产卵鱼类（如鲑鱼）的优惠渔业权利，但高度洄游鱼类（如金枪鱼）除外。这是美国沿海渔业利益集团和远洋渔业利益集团立场协调的产物。高度洄游鱼类被排除在沿海国享有的权益之外，使美国能继续在拉美西海岸捕捞金枪鱼。美国还提出，在沿海国无力捕捞全部可捕量的情况下，应允许其他国家捕捞可捕量的剩余部分。这可以确保美国的远洋渔业利益得到维护，并迎合其他远洋渔业大国的需要。此外，美国还提出赋予地区和国际渔业组织更大的权力，以加强渔业养护等问题的国际合作。美国的上述提议引起了不少发展中国家的兴趣，但有远洋渔业利益的国家（如日本、苏联）反对美国提出的渔业条款。总的来看，美国的提议

---

① 20 世纪 60 年代，一些国家单方面宣布实行 12 海里领海或 12 海里捕鱼区，而另一些国家则单方面宣布实行 200 海里领海或 200 海里捕鱼区。1970 年，拉美国家间签订的《蒙得维亚海洋法宣言》和《利马宣言》重申了《圣地亚哥宣言》的主张，并开始使用"承袭海"的概念。1972 年，在雅温得召开的非洲国家海洋法问题区域讨论会正式提出了"专属经济区"的概念。设立专属经济区的主张迅速得到广大发展中国家的支持。

② Document 400, "Analytical Summary Prepared by John Negroponte of the National Security Council Staff, Washington, Undated," *FRUS*, 1969 – 1972, Vol. E – 1.

并没有得到什么支持。

在 1972 年的春季筹备会议上，美国对渔业提案又作出了一些修改，不再强调地区和国际渔业组织的作用，不再限制沿海国行使沿海渔业资源控制权。美国同时提出，沿海国享有沿海和溯河鱼类的监管和执法权，并可以依据鱼群的活动地点指定监管区域；随着沿海国捕鱼能力的提升，沿海国有权通过补偿的方式逐步停止外国远洋传统捕鱼活动；沿海国有权以国际通行的非歧视方式向外国颁发剩余可捕鱼类的捕捞许可证，并收取一定的费用；限制仲裁期间仲裁委员会作出推迟沿海国实行管理权力的裁决等。①

为了争取更多国家的支持，美国在 1972 年的夏季筹备会议上进一步对沿海国作出了让步。美国提出，沿海国有权把其可捕的所有鱼类留给悬挂其国旗的船舶，有权优先考虑历史上在其海岸捕鱼的国家。这些提议也符合美国国内渔业利益集团的利益诉求。② 总的来说，在筹备会议期间，美国渔业政策逐渐倾向于赋予沿海国更多的资源管辖权，同时逐渐倾向于接受专属经济区的概念。

联合国第三次海洋法会议于 1973 年召开，最终于 1982 年 4 月 30 日正式通过了《联合国海洋法公约》。在 1974 年，美国并未对筹备会议期间提出的渔业目标和立场进行大的改变，依然寻求达成沿海国管理沿海和溯河鱼类，地区和国际渔业组织管理高度洄游鱼类，以及保护传统渔业的目标。有所改变的是，美国正式支持 200 海里专属经济区的概念。美国接受专属经济区这一概念的条件是，强调沿海国对沿海资源既有专属权利也有养护义务。美国提出的保护高度洄游鱼类的立场获得不少国家的支持。1975 年，200 海里专属经济区的概念获得了国际社会普遍的赞同。当时，挪威公使詹森·埃文森提交了一份关于专属经济区的提案，其中的渔业条款成为有关渔业问题的最终文本的基础，它包括了几乎所有渔业问题的规定（高度洄游鱼类除外）。美国认为该提案符合美国的

---

① Document 423, "Memorandum from the Chairman of the Inter-Agency Task Force on the Law of the Sea (Stevenson) to the President's Assistant for National Security Affairs (Kissinger)," *FRUS*, 1969–1972, Vol. E–1.

② 吴少杰：《联合国三次海洋法会议与美国关于海洋法问题的政策（1958～1982）》，博士学位论文，东北师范大学，2013，第 124 页。

利益。

到 1976 年，联合国海洋法会议关于渔业问题的谈判已经很少，美国的谈判目标已基本实现。在这种情况下，美国渔业利益集团急于通过国内立法确立美国的渔业管辖权，而不再等待海洋法谈判的结束。[1] 渔业利益集团促使国会于 1976 年通过了《马格努森渔业养护和管理法》。这是渔业集团向政府施压的结果，也是国会通过立法影响政府渔业政策的表现。1976 年 4 月 13 日，尽管美国国务院极力反对，[2] 但美国总统福特仍然签署了《马格努森渔业养护和管理法》。[3] 该法单方面确立了美国对沿海海洋生物资源的独家管辖权，将美国的渔业管辖权范围扩展至 200 海里，为管理渔业设立了新的全国性标准，提出通过运用科学信息，根据经济、社会、生态要素来确定渔业产量，要求努力提高渔业资源利用效率。该法案不把追求经济利益当作管理的唯一目标，通过限制外国渔业活动最终将所有外国渔船从美国管辖的水域排除出去。《马格努森渔业养护和管理法》的通过是在国际协定达成前，美国单方面维护和实现其海洋利益的行动，也是美国通过国内法塑造国际规则的案例。可以说，美国渔业利益集团在国际谈判完成之前，提前实现了维护和扩大其利益的目标。

1982 年《联合国海洋法公约》中的相关条款，沿用了 1975 年埃文森提案中的专属经济区条款的内容，明确了专属经济区的地位，并通过权利义务的分配明晰专属经济区对沿海国和其他国家的意义，规定沿海国在专属经济区内享有"以勘探和开发、养护和管理海床上覆水域和海底及其底土的自然资源（不论为生物或非生物资源）为目的的主权权利"。[4]《联合国海洋法公约》将原属于公海范围的大部分海洋生物资源

---

① 1976 年，由于苏联、波兰等国的渔业活动，美国已有超过 10 个商业渔场的渔业资源严重枯竭。

② Document 26, "Memorandum from Secretary of State Kissinger to President Ford," *FRUS*, 1973 – 1976, Vol. E – 3.

③ 《马格努森渔业养护和管理法》经过数次修订后，目前的名称是《马格努森 – 史蒂文斯渔业养护和管理法》，参见 "Magnuson-Stevens Fishery Conservation and Management Act," Public Law 94 – 265, https://www.gpo.gov/fdsys/pkg/STATUTE – 90/pdf/STATUTE – 90 – Pg331. pdf; Eugene H. Buck and Harold F. Upton, "Fishery, Aquaculture, and Marine Mammal Issues in the 112th Congress," *CRS Report for Congress*, R.41613, November 4, 2011, p.3.

④ 《联合国海洋法公约》第五十六条第 1 款（a）项。

的养护和管理权利交予沿海国，是对一系列关于海洋生物资源开发和养护的国际协议的编纂和国际实践的总结与发展，在海洋生物资源养护制度的形成中具有不可替代的地位。公约还从海洋物种的特点出发为不同方式迁徙的物种制定特殊的制度，并为海洋生物资源争端的解决提供法律依据。可以说，在公海自由原则基础上，国际社会逐渐摸索形成了一些关于公海生物资源开发的新原则。各国都有权在公海中捕捞生物资源，但在这个过程中各国应遵守相关条约或协议，承担在鱼种、数量、方法、区域等方面的义务。

　　沿海国在专属经济区内海洋生物资源方面的权利和义务主要体现为：决定其专属经济区内生物资源的可捕量，以及对其他国家捕捞可捕量剩余部分的授权；采取针对海洋生物资源的养护和管理措施以维持或恢复最高持续产量，防止专属经济区内渔业资源过度开发。① 在国家管辖范围之外的公海，所有国家均享有捕鱼的权利，但应受制于沿海国在专属经济区和公海洄游鱼类种群养护方面的权利和义务。联合国第三次海洋法会议谈判各方一致同意依据海洋物种的种类为某些物种制定特殊的制度，并结合分区域制度实现对海洋生物资源的养护和管理。公约明确提出了5种海洋生物资源的养护，包括跨界洄游物种、高度洄游物种、海洋哺乳动物、溯河产卵种群以及降河产卵鱼种。② 《联合国海洋法公约》第一一七条提出了各国对公海生物资源的养护义务，规定"所有国家均有义务为各该国国民采取，或与其他国家合作采取养护公海生物资源的必要措施"。《联合国海洋法公约》第一一八条对养护和管理生物资源方面的国际合作提出了进一步规定，"凡其国民开发相同生物资源，或在同一区域内开发不同生物资源的国家，应进行谈判，以期采取养护有关生物资源的必要措施"。同时，公约要求这些国家应在适当的情形下设立分区域或区域性渔业管理组织，以进行合作。这两个条款可以看作《联合国海洋法公约》对各国在渔业养护的国际合作义务方面提出的总体要求。

　　显而易见，美国在可捕量原则、物种分类原则等方面的观念在《联合国海洋法公约》中得到了充分体现。公约第六十四条没有为高度洄游

① 《联合国海洋法公约》第六十一条、第六十二条。
② 《联合国海洋法公约》第六十三条、第六十四条、第六十五条、第六十六条、第六十七条。

鱼种设定具体的管理规定，也是因为美国希望高度洄游鱼种可以尽可能脱离沿海国的控制，并使这些鱼种的管理受国际规范的调整。① 高度洄游鱼种的养护问题在 1982 年以后常引发复杂的矛盾和争端，直至后来才有了进一步的结论。此外，美国还在国际捕鲸管制机制的确立中发挥了重要作用。20 世纪 70 年代，迫于环保组织等非政府组织的压力以及民众环境保护意识的觉醒，美国于 1971 年通过了终止商业捕鲸的禁令。在随后的很多年中，美国及越来越多的国家不断推动国际捕鲸委员会通过"商业捕鲸禁令"，并在 1982 年得以实现。② 这一时期随着美国环境保护理念和运动的快速发展，如何可持续地开发公海渔业资源成为紧迫的问题。由于气候变化、环境污染、海运、石油开采以及过度捕捞等对海洋渔业资源破坏的加剧，美国渔业政策不但受渔业利益集团的影响，也越来越受到环保、石油等利益集团的影响。国会通常是利益集团发挥影响的舞台。美国行政部门在参与海洋法谈判时，不得不通过步步为营的方式，去平衡国内外不同力量的诉求，以达成公海渔业协议。

第四节　美国与后《联合国海洋法公约》时代的公海生物资源开发和保护

一　美国不断推出针对公海生物资源的举措

自《联合国海洋法公约》通过后，由于确立了专属经济区制度，一些远洋渔业国家，只能从近岸的渔业生产转向成本更高的公海捕捞。各传统渔业国家纷纷增加了离岸 200 海里以外的公海捕捞力量。《联合国海洋法公约》第八十七条规定了"公海捕鱼自由"，同时还为其设置了"适当顾及"的限制。而公约第一一六条至第一二○条几乎只是复制了1958 年《公海捕鱼公约》的条款。一些国家认为公约赋予了沿海国对紧邻其专属经济区的公海渔业资源一定的优先权利，但这并不能得到另外一些国家的认同，导致公海渔业在快速发展的同时，相关纠纷也持续增多。

---

① 《联合国海洋法公约》第六十四条。
② 孙凯：《捕鲸的国际管制及其变迁》，社会科学文献出版社，2012。

针对跨界种群或高度洄游种群鱼类开发和养护之间的矛盾，美国在相关国际制度还未成熟之前与一些相关国家签订了一些特别条约。

例如，从 20 世纪 80 年代中期开始，一些远洋渔业国增加了在白令海"甜甜圈"（Donut Hole）①区域的捕鱼活动，导致该区域狭鳕资源被过度捕捞。白令海的狭鳕对于美国来说是重要的渔业资源。为此，1988年 4 月，美国和苏联政府召开渔业会议就白令海等相关水域的资源保护问题交换了意见。1988 年 7 月和 1990 年 4 月，美苏发起召开了两次白令海渔业国际科学研讨会。1990 年 5 月，美苏首脑在会晤期间再次就白令公海狭鳕捕捞问题交换了意见。从 1991 年开始，美国、俄罗斯与韩国、日本、中国和波兰 4 个公海捕鱼国开始了一系列有关建立白令海公海狭鳕资源养护和管理制度的谈判，最终于 1994 年签署了各方一致接受的《中白令海狭鳕资源养护和管理公约》。②该公约规定了一系列管理制度，包括确定可捕量、国别配额制度、联合实施制度和船旗国责任制度等。该公约允许任何渔船上有一个不同于船旗国的观察员，以监视其运作，并且允许任何一个成员国登临和检查其他成员国的船只。《中白令海狭鳕资源养护和管理公约》为公海渔业的管理提供了一个先例，即通过沿海国与公海捕鱼国的合作，建立起为各方所能接受的管理制度。

对于美国十分重视的金枪鱼资源，美国坚持认为，沿海国对其专属经济区的金枪鱼资源没有管辖权。美国渔船继续在金枪鱼资源的主要聚集区，如太平洋很多岛国附近③进行捕捞。这导致美国渔船经常被扣押，而美国则以经济禁运作为针对太平洋岛国的报复措施。为了解决这一纠纷，1987 年美国与 6 个太平洋岛国签订了《南太平洋金枪鱼渔业条约》（South Pacific Tuna Treaty）。④该条约规定在美国支付一定的入渔费（每年的具体数额由双方通过谈判确定）后，协议签署国允许美国捕鱼船

---

① "甜甜圈"是在白令海区域被俄罗斯专属经济区和美国的领土所包围的一块飞地。此区域既不属于俄罗斯，也不属于美国的专属经济区。

② "Convention on the Conservation and Management of Pollock Resources in the Central Bering Sea," https://www.afsc.noaa.gov/REFM/CBS/Docs/Convention% 20on% 20Conservation% 20of% 20Pollock% 20in% 20Central% 20Bering% 20Sea.pdf.

③ 南太平洋岛国所处的海域盛产金枪鱼，其每年的金枪鱼产量占世界总产量的 50% 以上。金枪鱼是南太平洋岛国重要的收入来源。

④ 参见美国国家海洋与大气管理局网站，http://www.fpir.noaa.gov/IFD/ifd_sptt.html。

进入其 200 海里专属经济区捕捞金枪鱼。作为利益交换，美国则须提供科技和经济援助。另外，美国还须利用相关岛国的加工辅助设施、购买其设备并雇用当地的劳动力。美国必须遵守所有这些岛国的国内法律和条约本身所规定的保育和管理措施，定期报告捕鱼活动的情况，允许观察员登船检查。美国交纳的罚金必须被交予相关沿海国。

为了防止公海生物资源枯竭，20 世纪 90 年代联合国就公海生物资源管理问题制定和出台了一系列规定，建立了许多区域和分区域渔业组织。这些组织也相继出台了各自的资源养护管理规定。① 公海生物资源管理制度已渐渐成型。1990 年 3 月 15 日，联合国大会通过《关于禁止在公海使用大型流网的决议》，规定应于 1992 年 6 月 30 日前强行暂禁一切大型流网②捕捞作业。联合国大会又于 1991 年 12 月 21 日通过了第 46/215 号决议，要求于 1992 年 12 月 31 日前，在包括半闭海和闭海在内的所有海域，全面禁止大型流网捕捞作业。联合国关于禁止大型流网捕鱼作业的决议并不具有正式的约束力，但是几乎所有的国家都遵守这项决议，使得该决议的条款成为国际惯例。联合国粮农组织于 1992 年通过了《促进公海捕鱼船只遵守国际养护及管理措施协议》，规定了各国对悬挂其国旗的在公海捕鱼的船只所担负的责任。1993 年又通过了《负责任渔业行为守则》，要求各国采取预防措施，确保对海洋生物资源进行有效的养护和管理，并强调使用对环境安全的渔具和规范，以尽量减少对其他物种的捕获。1995 年 8 月，联合国公海渔业会议通过了《执行 1982 年 12 月 10 日〈联合国海洋法公约〉有关养护和管理跨界鱼类种群和高度

---

① 自 1945 年以来，世界上已建立了约 60 个区域和分区域的渔业管理组织与安排。这些区域渔业管理组织几乎覆盖了全球所有海域。值得关注的是，北极也存在公海渔业捕捞的现象，但由于北极治理的特殊性，北极渔业管理目前还存在一定的困难。北极国家主导北极公海渔业管理的意愿明显，造成北极国家与北极域外国家潜在的渔业权益争端。现阶段，北极相关的区域性渔业管理组织由于分鱼类、分区域的特点而不能胜任北极渔业管理的职责。美国积极推动北极公海渔业协议的通过，但明确表示不会在北极理事会框架内进行讨论，而是希望引入域外国家。在美国的大力推动下，2015 年 7 月 16 日，北极五国（加拿大、丹麦、挪威、俄罗斯及美国）发布《北极渔业宣言》，同意在以科学为依据的渔业管理措施到位前，暂时禁止在中央北冰洋的公海从事商业渔业捕捞活动。

② 流网（driftnet），也叫刺流网，是用船拖曳的一张垂直的大网。当鱼撞到网上时，鱼因其鳃盖和鳍等被网缠绕而困住。流网的使用，使得海洋生物不论大小会被一网打尽，因此对海洋生物的破坏性很大。

洄游鱼类种群的规定的协定》（以下简称《执行协定》）。《执行协定》主要针对 200 海里专属经济区以外的公海，授权区域性渔业组织的成员国可以对任何一艘涉嫌违规的外国渔船登临检查。该协定规定公海捕鱼国必须加入分区域或区域性渔业管理组织和安排或同意适用其所订立的养护和管理措施，以获得对有关区域内跨界鱼种和高度洄游鱼种的入渔权，非成员国或不同意适用的国家则不享有此区域内这两个鱼种的入渔权。该协定是对《联合国海洋法公约》中的部分原则的具体化，目标是通过有效执行《联合国海洋法公约》有关规定以确保跨界鱼类种群和高度洄游鱼类种群的长期养护和可持续利用。① 《执行协定》对公海生物资源的开发、养护及国际海洋渔业合作产生了深远影响。《执行协定》于 2001 年 12 月 11 日正式生效。

此外，相关国家还签订了如《北太平洋溯河性种群养护公约》《印度洋金枪鱼国际公约》《养护大西洋金枪鱼国际公约》《中西部太平洋高度洄游鱼类种群养护和管理公约》等区域性养护公约。②

美国是世界上主要的公海捕鱼国之一，历来反对使用毁灭性的捕鱼方法在公海进行捕捞。因此，美国积极提议或配合上述公海生物资源管理措施的实施。例如，自 1990 年以来，根据《马格努森 - 史蒂文斯渔业养护和管理法》，美国政府禁止任何美国国民或渔船使用大型中上层流网捕鱼。美国是联合国大会关于禁止使用大型流网捕鱼的第 46/215 号决议的主要提案国之一，已与其他国家集体采取措施，防止在公海使用大型中上层流网捕鱼。美国促请国际社会所有成员，包括政府间组织、非政府组织和具有海洋生物资源专门知识的科学研究机构向联合国秘书长汇报任何不符合第 46/215 号决议规定的活动或行为。美国还不允许任何使用大型流网捕鱼的渔船享受港口特权，并禁止从任何有国民或船只在任何国家的专属经济区以外的公海使用大型流网捕鱼的国家进口某些产品。1993 年 3 月，美国声明将对有确切证据证明在公海使用流网捕鱼的行为

---

① 《执行 1982 年 12 月 10 日〈联合国海洋法公约〉有关养护和管理跨界鱼类种群和高度洄游鱼类种群的规定的协定》，https://documents-dds-ny.un.org/doc/UNDOC/GEN/N95/274/67/PDF/N9527467.pdf? OpenElement。

② 白洋：《后 UNCLOS 时期国际海洋渔业资源法律制度分析与展望》，《河南财经政法大学学报》2012 年第 5 期，第 121 页。

进行制裁。如果美国与船旗国存在事先的协定，美国将通知船旗国并对相关船只进行处罚；如果美国与船旗国事先不存在协定，美国将找寻一项特别法案来实施法律，或者代表船旗国政府采取适当的行动；如果渔船是无船旗国的，将被美国直接处罚。[①]

二　美国对 IUU 捕捞的立场

近些年来，涉及公海生物资源开发和养护的还有打击 IUU（Illegal, Unreported and Unregulated）捕捞的问题，即"非法、未报告及未受管制的捕捞"。[②] IUU 捕捞可以说是对海洋生物资源可持续利用最严重的威胁之一。它会极大破坏鱼类种群及其繁殖的海洋栖息地，威胁粮食安全和经济稳定，而且对严格遵守保护措施的渔民造成一种不公平的市场竞争。每年世界范围内的合法捕捞作业因非法捕捞活动而蒙受的经济损失介于100 亿至 230 亿美元之间。IUU 捕捞是导致一些全球鱼类种群处于不可持续状态的主要原因。IUU 捕捞现象源于一系列经济、政治、执法等方面的因素，但主要动因是经济收益。为打击 IUU 捕捞，联合国粮农组织于 1995 年通过了基于自愿原则的《负责任渔业行为守则》。[③] 2001 年，又通过了《预防、制止及消除非法、未报告及未受管制捕捞的国际行动计划》（IPOA-IUU），要求各国和国际渔业组织采取措施切实保护渔业资源。[④] 2009 年 11 月，又通过了《港口国预防、抵制及消除非法、未报告和未受管制捕捞活动的措施协定》，旨在杜绝一切涉及 IUU 渔获的卸货和运输行为。[⑤] 该协定于 2016 年 6 月生效，是有史以来特定解决 IUU 捕捞问题的第一个具有约束力的国际准则，也是唯一一个非船旗国协助公海作

[①]　张晏瑒：《国际渔业法律制度的演进与发展》，《国际法研究》2015 年第 5 期，第 33 页。

[②]　IUU 捕捞的概念最早是英国于 1997 年在南极海洋生物资源养护委员会的会议上针对南极海域的捕捞活动提出的。关于 IUU 捕捞的定义参见董晓婉、陈力《南极海域 IUU 捕捞的国际法规制》，《复旦国际关系评论》2017 年第 2 期，第 143～144 页。

[③]　《负责任渔业行为守则》，https://www.fao.org/3/v9878c/v9878c00.htm#2。

[④]　"International Plan of Action to Prevent, Deter and Eliminate Illegal, Unreported and Unregulated Fishing," http://www.fao.org/docrep/003/y1224E/Y1224E00.HTM.

[⑤]　"FAO Agreement on Port State Measures to Prevent, Deter and Eliminate Illegal, Unreported and Unregulated Fishing," http://www.fao.org/documents/card/en/c/b4a306dd-c4c0-5753-8e1b-ada5af04fd1e/.

业渔船所在的船旗国打击 IUU 捕捞的国际协定。①

　　对于国际上打击 IUU 捕捞的努力，美国近几十年来一直持积极态度
并发挥了推动作用。美国国家海洋与大气管理局强调，目前在全球范围
内打击 IUU 捕捞活动仍是该机构工作的重点。美国支持联合国粮农组织
于 2001 年通过的《预防、制止及消除非法、未报告及未受管制捕捞的国
际行动计划》，并于 2004 年出台了美国版的打击 IUU 捕捞国家行动计划。
美国商务部 2009 年 1 月向国会提交了 2007 ～ 2008 年度 IUU 捕捞报告。
该报告指出，法国、意大利、利比亚等 6 国在过去 2 年中存在 IUU 捕鱼
行为或没有采取足够措施来保护海洋生物资源。报告声称，若名单内的
国家不采取停止 IUU 捕捞的措施，美国将启动程序，禁止从那些国家进
口鱼及鱼类产品，并实施其他制裁。美国还主张在地区渔业管理组织内
建立打击 IUU 捕捞的机制，通过联合国粮农组织寻求建立一个全面的鱼
类和海产品追溯识别机制，并通过政府和非政府间合作推动其他沿海国
家加强打击 IUU 捕捞的能力。2014 年 6 月，由美国国务院和商务部牵头
成立了由 14 个机构组成的"总统工作组"，并于 2015 年 3 月 15 日发布
了"打击 IUU 捕捞的行动纲要"，要求美国政府相关部门联合国外政府
共同构建可持续发展的渔业经济，打击 IUU 捕捞以及水产品欺诈行为。②
2015 年 11 月 5 日，美国总统奥巴马签署了《非法、未报告和未受管制
捕捞执行法案》。③ 该法案是"打击 IUU 捕捞的行动纲要"的具体实施方
案。同时，美国批准了《港口国预防、抵制及消除非法、未报告和未受
管制捕捞活动的措施协定》，以打击进入美国港口的非法捕捞船只和禁止
非法渔获进入美国市场。

---

① 《联合国海洋法公约》虽然规定船旗国对公海上行驶的悬挂其国旗的船舶享有专属管辖权，但实际上经常出现船旗国与船舶之间缺乏真正联系的情况，因此通过船旗国国内法规制其船舶的公海捕捞活动存在漏洞。
② "Presidential Task Force Releases Action Plan to Combat Illegal, Unreported, and Unregulated Fishing and Seafood Fraud," March 15, 2015, http://www.noaanews.noaa.gov/stories2015/20150315-presidential-task-force-releases-action-plan-to-combat-illegal-unreported-and-unregulated-fishingaand-seafood-fraud.html.
③ "Statement by the Press Secretary on H. R. 774, Illegal, Unreported, and Unregulated Fishing Enforcement Act," The White House, https://obamawhitehouse.archives.gov/the-press-office/2015/11/05/statement-press-secretary-hr-774-illegal-unreported-and-unregulated.

三　美国对设立海洋保护区等问题的态度

当前，为了进一步确保海洋生物资源的可持续利用，在专属经济区内和公海建立海洋保护区（marine protected area）成为一种趋势。海洋保护区广义上是指管理海洋资源和空间，保护脆弱生境或濒危物种而划定的任何海岸带或开阔海域。① 海洋保护区分为国家管辖范围以外海域的自然保护区和国家管辖范围以内海域的自然保护区。海洋保护区的概念是在 1962 年的世界国家公园大会（World Conference of National Parks）上首次被提出的。建立海洋保护区这一问题并未在《联合国海洋法公约》中被提及。建立公海海洋保护区涉及如何协调公海捕鱼自由原则、国际海底区域资源开发以及国际渔业组织管理等问题。虽然 1992 年的《21 世纪议程》等没有法律约束力的文件呼吁各国建立海洋保护区，但海洋保护区在国际海洋法律制度中的地位仍未解决。尽管如此，近年来国际社会已日益重视设立海洋保护区的问题，世界自然基金会、国际自然保护联盟（IUCN）等非政府组织都明确主张设立公海海洋保护区。在 2008 年《生物多样性公约》缔约方第九次大会上，各国代表就划分海洋保护区的标准达成了一致，首次草拟了建立公海海洋保护区的标准。该标准对建立公海海洋保护区具有重要的科学指导意义。目前，在公海设立的海洋保护区主要包括 1999 年设立的地中海派拉格斯海洋保护区、2009 年设立的南奥克尼群岛南大陆架海洋保护区、2010 年设立的大西洋中央海脊海洋保护区、2016 年设立的南极罗斯海海洋保护区。目前，还有几个区域可能设立海洋保护区，但仍在探讨之中。

美国早在 20 世纪 70 年代就开始逐步制定其国内的海洋保护区计划，并于 1972 年颁布了《国家海洋自然保护区法》。目前，美国国内已建立众多的海洋保护区，它们面积大小不等，从北极到南太平洋，海域的跨度极大。近些年，在各种探讨海洋保护区问题的国际会议上，美国政府主要表达了以下一些意见：首先，应明确建立海洋保护区及海洋保护区

---

① 为了指导各国海洋保护区的建设，国际自然保护联盟将海洋保护区定义为："任何通过法律程序或其他有效方式建立的，对其中部分或全部环境进行封闭保护的潮间带或潮下带陆架区域，包括其上覆水体及相关的动植物群落、历史及文化属性。"参见国际自然保护联盟网站，https://www.iucn.org/content/marine-protected-areas-why-have-them。

网络的标准，这些标准应建立在科学的基础上，必须是有效的、可执行的，且须与生态方法及国际法相协调；其次，海洋保护区应是对环境影响有明确定义的区域，反对将海洋保护区设定成禁止一切活动的区域，应发挥区域渔业管理组织等机制的作用。①

在具体实践中，2012 年，美国与新西兰在南极海洋生物资源养护委员会年会上联合提交了在南极罗斯海②建立海洋保护区的建议。美国与新西兰的提案遭到了俄罗斯、日本、挪威、乌克兰等远洋渔业比较发达的国家的反对。这些国家担心提案一旦通过，其远洋捕捞业将大为受损。俄罗斯认为南极海洋保护区的建立缺乏一定的法律依据。美国和俄罗斯身后分别形成了一个阵营。按照南极海洋生物资源养护委员会的相关制度，提案必须经所有 24 个成员国和欧盟达成一致才能通过。由于两个阵营针锋相对，美国与新西兰连续 5 年提交了该提案。相关成员国间进行了长期的对话和磋商，并对最初的提案内容进行了若干修改。③ 美国与俄罗斯都作出了妥协。最终案文照顾了俄罗斯等国家的渔业发展。保护区的建立还为俄罗斯等国打开了原已关闭的、位于海洋保护区之外的渔场，并增加了海洋保护区特别研究区内犬牙鱼的捕捞配额。2016 年 10 月 28 日，24 个成员国以及欧盟一致通过了关于在南极罗斯海建立海洋保护区的提案。该海洋保护区面积达 155 万平方公里，建成后将成为全球最大的海洋保护区，也是全球首个大型公海海洋保护区。根据提案，罗斯海海洋保护区建成后将在 35 年内禁止商业捕捞活动。其中，将在 112 万平方公里的保护区海域内（约占 72% 的保护区面积）完全禁止任何捕捞活动，在其余保护区海域内只可捕捞用于科研目的的海洋生物。具体包括将在保护区内建立面积为 32.2 万平方公里的磷虾研究区，允许捕捞用

---

① 公衍芬、姜丽、王群：《以美国为鉴探讨中国参与公海保护区建设的对策建议》，《环境科学导刊》2014 年第 1 期，第 38～39 页。

② 罗斯海是南太平洋深入南极洲的大海湾，也是人类航海所能到达的地球最南海域之一。有超过 1 万多个海洋物种在这里栖息，包括企鹅、鲸类、海鸟、巨型鱿鱼和南极犬牙鱼等。在科学研究上，罗斯海被认为是地球上最后一块完整的海洋生态系统区域，是研究南极海洋生物以及全球气候变化的理想之地。

③ Chelsea Harvey, "In Historic Agreement, Nations Create the World's Largest Marine Reserve in Antarctica," *The Washington Post*, October 27, 2016, https://www.washingtonpost.com/news/energy-environment/wp/2016/10/27/in-historic-agreement-nations-forge-the-worlds-largest-marine-reserve-in-antarctica/? utm_term = . b928de44cb1c.

于科研目的的磷虾，但禁止捕捞南极犬牙鱼；在保护区内建立面积为11万平方公里的特别研究区，允许捕捞用于科研目的的磷虾和南极犬牙鱼。最初，美国和新西兰的提案是建议将保护区的期限设定为50年。最终通过的方案为保护区设定了两个期限，一是禁捕区的期限为35年，二是特别研究区的期限为30年。美国国务卿约翰·克里在一份声明中表示："罗斯海海洋保护区的建立，是保护海洋的重要一步……"[1]

最后，深海底层渔业对脆弱的海洋生态系统的危害也受到越来越多的关注。由于国际社会对公海深海底拖网渔业的管理措施十分缺乏，一些环保组织和科研机构不断呼吁对公海深海底拖网渔业采取国际性管制措施。[2] 2003年以来，联合国大会多次通过决议呼吁各国各自或通过区域性渔业组织采取行动，采用基于生态系统的管理方法，评估深海底层渔业对脆弱的海洋生态系统的影响。2008年，联合国粮农组织主要从技术角度审议并通过了《公海深海渔业管理国际准则》。[3] 有些区域性渔业组织已采取了暂停部分区域深海底拖网渔业的措施，但世界各国对于全面禁止公海深海底拖网渔业的做法仍存在不少分歧，渔业产业界也大多持反对立场，因此近期尚难以全面禁止公海深海底层渔业。美国、新西兰、澳大利亚等国是禁止公海深海底拖网渔业的支持者。美国在2006年联合国大会渔业相关决议的非正式协商会议上就提出禁止公海深海底拖网渔业的提案，但加拿大、日本等国认为禁止公海深海底拖网渔业并不恰当，应采取大多数渔业国家都可以接受的办法。

通过以上分析可以看出，当前关于公海生物资源开发和养护的法律制度及其执行尚存在空白和争议，但公海渔业管理措施更加趋向于强制性和综合性，公海渔业已进入全面严格管理的时代。美国明确反对制定

---

[1]　"On the New Marine Protected Area in Antarctica's Ross Sea," Statement by John Kerry, Secretary of State, Washington, D. C. , October 27, 2016, https://2009 – 2017. state. gov/secretary/remarks/2016/10/263763. htm.

[2]　在深海底层进行拖网渔业作业对深海生物资源以及作业区域的生态环境具有很大的破坏性。深海渔业捕捞的海洋生物具有性成熟晚、年龄较大、生长缓慢、可能并非每年产卵等特征。具有这些特征的深海海洋生物生产力低，仅能维持很低的开发率，一旦被过度开发，恢复时间长且无法保证。

[3]　《公海深海渔业管理国际准则》，参见联合国粮农组织网站，http://www.fao.org/docrep/012/i0816c/i0816c00. htm。

一部关于公海渔业的新的国际条约，认为这既费时间，也存在着许多不确定的因素，强调应充分有效地执行现有协定和利用现有机制来解决最紧迫的问题。总之，公海生物资源的开发与其他全球公域资源的开发有相当多的差异。公海生物资源是可再生资源，不像矿物资源那样不易再生，但生物资源也会因被过度开发而枯竭，这就需要国际社会采取更多更复杂的养护和环境保护措施。国家之间就如何管理和分配这些可移动的资源也需要进行更多的协调。

第六章　美国与南极资源开发

长久以来，美国都积极参加了南极的探险和考察活动。二战之前的很长时期内，美国官方只是有限度地参与了南极探险，美国民间力量在南极探险中扮演了主要角色。二战之后，世界各国对南极的争夺愈演愈烈，美国政府则组织了数次大规模的南极考察行动。二战前后的这些活动使美国国内形成了对南极的利益诉求。在1959年《南极条约》出台之前，美国决策层内部关于如何解决南极主权争端的想法几经变动。在后《南极条约》时代，美国持续关注悬而未决的南极资源问题，考虑在不破坏南极环境的情况下自由开发南极资源的可能性。20世纪80年代，美国国内就是否设立南极资源开发制度发生过激烈的争论。目前，南极资源开发问题虽被冻结，但美国依然关心这一问题在未来是否会威胁南极条约体系的稳定性。

第一节　美国在南极地区活动的历史背景

南极大陆于1821年才被发现。1908年之前，从未有任何国家对南极大陆提出主权要求。到20世纪40年代，南极主权争夺战越来越激烈。取得南极的领土主权意味着可以占有南极丰富的资源和重要的战略位置。到40年代末，英国、澳大利亚、新西兰、法国、智利、阿根廷、挪威共七个国家根据扇形法则和先占原则对南极提出领土主权要求，其面积占南极大陆总面积的83%。其中，挪威、澳大利亚、法国、新西兰提出领土主权要求的地区是重叠的；阿根廷、智利、英国在南极半岛地区提出的领土主权要求是相互冲突的。冲突的领土主权要求造成了英国与阿根廷、英国与智利之间关系的紧张。此外，到20世纪50年代，另有许多国家也对南极进行了开发和探索，在南极建立了暂时的和永久性的基地。这些国家在南极也有利益诉求，或是根据其过去在南极进行的活动，如苏联、比利时、日本、德国等；或是根据其在南半球的位置，如南非。

其中，苏联在南极投入了很大的力量，在南极事务中的影响力举足轻重。① 与上述国家相比，美国民间组织和政府组织在南极进行的活动最具影响力。据说，南极大陆的80%是由美国探险家发现的，还有一小部分是由美国和其他国家的探险家共同发现的。②

一　二战前的美国南极探险活动：民间为主，官方支持

在二战前的一个多世纪中，美国民间力量扮演了探索南极的主要角色。这些早期探索激发了美国公众对南极的兴趣，在推动美国官方重视南极问题方面发挥了重要的作用。

美国人参与南极探险活动最早的时间可以追溯到1790年在南乔治亚岛的猎取海豹活动。自那以后，有许多猎取海豹者涌入南极半岛（又称帕尔默半岛），其中最著名的是海豹猎人纳撒尼尔·B.帕尔默（Nathaniel B. Palmer）。他乘坐单桅小船"英雄"号于1820~1821年出海航行时看到了南极半岛并与俄国船只相遇。这被有的人称为人类历史上第一次南极大陆航行。③

19世纪30年代，美国国会不断收到来自捕鲸者、海员和船只所有者的急切游说，希望国会批准一次对南极的探险，以调查他们经常去的南极水域。1836年，国会修改了海军拨款法案，授权总统派遣一支探险队赴太平洋和南大洋进行考察，并为此拨款30万美元。④ 1838~1842年，由国会资助，查尔斯·威尔克斯（Charles Wilkes）领导的美国考察队对南极大陆部分海岸进行了调查，但没有登陆，也没有提出

---

① 关于南极地区探险史及南极主权争夺史可参见位梦华编著《南北极探险史话》，中国旅游出版社、商务印书馆，1999；孙国维编著《神秘的南极洲》，海洋出版社，1981；金雷、紫桑编著《南北极探险》，湖北教育出版社，2000；Lan Cameron, *Antarctica: The Last Continent* (Boston: Little, Brown and Company, 1974)；Peter J. Beck, *The International Politics of Antarctica* (London: Croom Helm Ltd., 1986)。
② 郭培清：《美国政府的南极洲政策与〈南极条约〉的形成》，《世界历史》2006年第1期，第84~85页。
③ Frank G. Klotz, *America on the Ice: Antarctic Policy Issues*, p. 14. 历史学家目前也没有明确最先看到南极大陆的是哪个国家。英国、俄国、美国的船只在19世纪20年代早期都曾到过南极半岛地区，显然在这一时期这三国中的一国最早看到南极大陆。
④ Christopher C. Joyner and Ethel R. Theis, *Eagle Over the Ice: The U. S. in the Antarctic* (Hanover, NH: UPNE, 1997), p. 21.

主权要求。这是美国官方的第一次南极探险，此次探险为长约 1500 英里的南极海岸线绘制了地图。威尔克斯成为第一个承认并证实南极大陆存在的人。[①] 从这之后几乎 90 年的时间里，美国政府没有在南极采取什么重大的行动。1853 年，美国"东方"号船长赫德（Rachael Hurd）对其发现的岛屿命名为赫德岛，并向美国政府建议对该岛提出主权要求，但没有结果。这是美国公民第一次向政府建议对南极提出主权要求。

1908 年英国对南极提出领土主权要求后，[②] 美国政府对于南极领土主权问题采取了"两面政策"：一方面，坚决拒绝承认任何国家对南极的任何部分所提出的领土主权要求；另一方面，声称保留美国在南极的"基本历史权利"。美国为何拒绝效仿其他国家对南极大陆提出领土主权要求？首先，在工业化时代初期，美国的探险活动具有功利性的特点，看重行动的经济价值，如南极的海豹和鲸提供的工业油脂。世界上比南极更有价值的地区似乎还有很多，美国政治家无暇从更广阔的视野看待南极的探险活动。其次，1867 年美国从俄国购买阿拉斯加后，美国民众并不理解，阿拉斯加也被讥讽为"西沃德冰箱"。当时美国社会尚不可能特别看重南极的探险活动。最后，19 世纪末，西方列强瓜分非洲时提出的"有效占领原则"也支配了美国政府的南极思维。"有效占领原则"要求土地占有国必须对宣布占领的土地派出公民或军队并进行有效管理，列强才能予以承认，否则仅仅通过书面或口头宣布主权是无效的，美国政府可谓这一原则的"忠诚"维护者。[③] 1924 年，国务卿休斯在致挪威政府的一封信里明确表示："对于尚未被文明世界所知的土地被发现一事，即使当时附带有某种形式的占有，也不能支持一项有效的主权要求，除非在发现之后，接着由发现国作出了某种实际的解决。"在这封信中，休斯还指出，英国已经提出领土主权要求的南极半岛地区，并没有永久

---

① "Report on United States Antarctic Program," Committee on Fundamental Science, National Science and Technology Council, April 1996, http://www.nsf.gov/pubs/1996/nstc96rp/chi.htm#chi-b.

② 英国对南极的领土主权要求是通过 1908 年将南极正式纳入"皇家专利证"的形式提出来的，并于 1917 年将其作为"英属地"。参见位梦华编著《南北极探险史话》，第 170 页。

③ 郭培清：《美国政府的南极洲政策与〈南极条约〉的形成》，《世界历史》2006 年第 1 期，第 85 页。

性居民。言外之意是英国的行动并没有构成某种实际解决。① 休斯的观点代表了美国国务院的态度，说明国务院在面对国外势力争夺南极主权的情势时，尚未做好出台美国南极政策的准备。

20 世纪 20 ~ 30 年代，美国私人探索南极的热情再次高涨。随着科技的发展，这时的考察已是大规模的机械化考察。由于充分利用了飞机，美国人得以深入南极内陆，发现了大片未被开发的地区。其中理查德·E. 伯德（Richard E. Byrd）领导了数次成功的考察。这一时期私人探险家们的成就不但表明在南极大陆进行持续的活动是可能的，而且在很大程度上推动了美国政府积极参与南极政治。

伯德从 1928 年到 1930 年完成了他的第一次南极考察。伯德的 80 万美元开支主要是由美国公众、企业家以及私人机构赞助的。② 在这次考察中，他在罗斯冰架上修建了"小美国"基地，并驾驶飞机飞越了南极点和玛丽·伯德地。③ 此外，伯德代表美国对西经 150°以东的部分地区提出了主权要求，这使美国国务院不得不开始关注南极问题。伯德的考察也激发了美国国会对南极的兴趣。一些国会议员开始敦促国务院研究南极的战略和经济潜力并保护伯德的探险成果。参议员米拉德·泰丁斯（Millard Tydings）于 1930 年 7 月 1 日提出了一个非强制性决议案，要求总统代表美国"对所有美国公民发现或探索过的南极区域提出主权要求"。④ 该决议案虽然未获通过，却获得了国务院的回应。在此后的一份备忘录中，国务院专家建议要研究和评估各国对南极的主权要求，使其成为美国政府官员起草的第一份详细的关于南极形势的文件。⑤

1933 ~ 1935 年，伯德进行了第二次南极探险，进一步探索了南极内

---

① *FRUS*，1924，Vol. II，p. 519.

② Ethel Rosie Theis，"In the National Interest：United States Antarctic Policy，1960 - 1992，" Ph. D. Dissertation，p. 134.

③ 在这次考察中，伯德从飞机上拍摄了南极大陆约 39 万平方公里的区域，发现了以前谁都未曾见过的山脉，并用他妻子的名字把这个地区命名为玛丽·伯德地。参见位梦华编著《南北极探险史话》，第 163 ~ 164 页。

④ Congressional Record，71st Cong.，1st Sess.，Vol. 72，pt. II（July 1，1930），pp. 12179 - 12180.

⑤ Ethel Rosie Theis，"In the National Interest：United States Antarctic policy，1960 - 1992，" Ph. D. Dissertation，p. 136.

陆地区，而且经历了南极的冬天。① 这次探险仍然是私人资助的。虽然没有政府的财政支持，但罗斯福总统写信鼓励伯德称，"美国政府十分支持他"，并且他可以"在需要时或在紧急的情况下请求美国政府援助"。② 政府还特别派一名邮递员跟随伯德，在南极基地里为信件盖邮戳。③

另一名私人探险家林肯·埃尔思沃斯（Lincoln Ellsworth）于 1936 年完成了横穿南极大陆的飞行，并代表美国对西经 80°～120°的地区提出了主权要求，并把这一地区称为埃尔思沃斯地。他于 1939 年又进一步完成了 240 英里的南极内陆飞行，并代表美国对东经 79°以东、以西和南纬 70°以南各 150 英里的区域提出主权要求。④ 罗斯福总统当时并不支持公开对南极提出主权要求的做法，但国会还是授予埃尔思沃斯一枚金质奖章，褒奖他代表美国对南极大约 35 万平方英里的区域提出了领土主权要求。⑤

虽然伯德和埃尔思沃斯的探险行动激发了美国公众探索南极的热情，并得到了私人机构的经济支持，但直到 1939 年，美国政府赞助的南极考察活动仍极为有限。20 世纪 30 年代后期，美国的几个州已经开始代表美国对南极提出领土主权要求。当伯德准备第三次探险时，纳粹德国的探险家也登上了南极大陆。1938 年 5 月，英国、澳大利亚、新西兰、法国和挪威相互承认了各自在南极的领土主权。⑥ 这些情况促使罗斯福政府开始严肃考虑美国在南极的利益。1938 年国务院的一份备忘录指出，

---

① 本次南极探险活动，伯德率领了 120 人的庞大队伍，配备了 6 架飞机、6 台拖拉机和 150 只爱斯基摩狗。他对南极广大的地区进行了航空测绘，航程达 31000 公里，测绘区域达 116 万平方公里，并在南极大陆的冰面上行进了 2100 公里。

② 1933 年 9 月 7 日罗斯福致伯德的信。Samuel Rosenman, ed., *The Years of Crisis: The Private Papers and Addresses of Franklin Delano Roosevelt*, 5 Vols. (New York: Random House, 1938), p. 355. 转引自 Christopher C. Joyner and Ethel R. Theis, *Eagle Over the Ice: The U. S. in the Antarctic*, p. 23。

③ Frank G. Klotz, *America on the Ice: Antarctic Policy Issues*, pp. 16 – 17.

④ 参见位梦华、郭琨编著《南极政治与法律》，第 88 页；Christopher C. Joyner and Ethel R. Theis, *Eagle Over the Ice: The U. S. in the Antarctic*, p. 23。

⑤ Howard J. Taubenfeld, "A Treaty for Antarctica," *International Conciliation*, January 1961, p. 256.

⑥ Christopher C. Joyner and Ethel R. Theis, *Eagle Over the Ice: The U. S. in the Antarctic*, pp. 23 – 24；郭培清：《美国政府的南极洲政策与〈南极条约〉的形成》，《世界历史》2006 年第 1 期，第 85~86 页。

美国对南极洲提出主权要求的行动太"不积极"。美国政府应积极地去反对其他国家的主权要求，并且努力通过"建设性占领"来取得它在南极洲的控制权。① 因此，行政部门秘密邀请伯德帮助政府执行南极考察计划，组建美国南极考察队，考察的目标是永久占领以前美国公民曾代表美国提出过主权要求的地区，避免其他国家侵犯自己的权利。② 1939年，罗斯福任命伯德为指挥官，领导美国第一次对南极大陆的官方考察。联邦政府为此专门成立了隶属于美国内政部的"美国南极服务"（United States Antarctic Service）机构，主要负责考察事务。该机构的行政委员会由来自国务院、内政部、财政部、战争部和海军部的代表组成，具体的南极考察事务主要由内政部和海军部负责。③ 国会为"美国南极服务"项目拨款 35 万美元，④ 但这些资金仍远远不足，最终项目资金由国会拨款和私人赞助共同组成。1939～1941 年的这次考察，考察队在凡是有岩石露出的地方都埋下了一些写有主权要求的传单，并插上了美国国旗作为标记。由于二战导致美国资金短缺，"美国南极服务"的工作于 1941年被迫中止。

二战前的历史表明，美国民间对南极领土主权的非官方要求已经多次出现，上文尚未全部涵盖。国会受民间情绪的影响，在谋求美国南极主权利益方面走在了美国行政机构的前面。美国国内利益团体的目标是尽可能多地取得南极领土主权，底线是尽量不放弃由美国人发现或探索过的南极土地。20 世纪 30 年代后期，在美国民间力量的影响下，美国行政部门开始秘密鼓励考察者以个人名义宣布对南极的领土主权或做上标记，重新调查以前考察过和绘制过地图的地区，回忆考察情况并写进政府备忘录，为在南极地区取得控制权打下基础。⑤ 由于美国国内利益诉求者与国外竞争者之间的矛盾尚不激烈，美国政策制定者们此时尚不

---

① 〔美〕德博拉·沙普利：《第七大陆：资源时代的南极洲》，张辉旭等译，中国环境科学出版社，1990，第 42 页。

② *FRUS*, 1947, Vol. I, p. 1047.

③ 罗斯福决定不用"美国南极探险队"（United States Antarctic Expedition）而用"美国南极服务"这个名称，是因为"探险队"一词意味着美国在南极的活动只是临时的，而罗斯福希望美国在南极保持持续存在。*FRUS*, 1939, Vol. II, pp. 7 - 8, 11.

④ *FRUS*, 1939, Vol. II, p. 11.

⑤ *FRUS*, 1939, Vol. II, p. 13.

想严肃面对美国与其他国家在南极领土主权方面相冲突的问题，因此美国对南极的公开态度没有变化，即反对与其他国家磋商南极主权问题。1939 年的国务院重复着前国务卿休斯 1924 年的立场。[①]

二　二战后初期的美国南极考察活动：军事部门全面介入，国内外矛盾加剧

二战后，国际社会掀起了新一轮南极考察热潮。南极地区潜在的矿产资源和生物资源引起了各国的广泛兴趣。美国军事部门此时已全面介入南极考察。这期间美国派出的官方考察队比其他任何国家都多。

1946～1947 年，美国制定了海军南极发展计划，即"远跳行动"（Operation Highjump）。[②] 这次大规模行动由海军部负责，伯德再次被任命为指挥官，共派出 13 艘船、4700 名武装人员和数十名科学家。美国政府对外声称此次计划是为了在极地测试设备和训练人员，但实际上也是为了巩固并且扩展美国人在南极地区的权利。国务卿艾奇逊在致海军部长福莱斯特的信中建议，行动时要埋设或从飞机上扔下主权标志物。[③] 这次考察一共安置了 68 个主权标志物，并对 77.7 万平方公里的地区进行了摄像。

"远跳行动"结束后，美国海军又于 1948 年组织了代号为"风车行动"（Operation Windmill）的考察活动。这次考察继续按照"远跳行动"的目标训练人员、测试设备、建立地面控制点和绘制地图。此次考察中，考察队安放了 12 个主权标志物。[④]

这一时期美国仍有少量私人探险活动，这些活动与美国政府也保持着密切的联系。例如，1946～1948 年，由美国南极协会赞助，芬·罗尼

---

①　1939 年美国对各国表示，美国保留对南极的权利，参见 FRUS, 1939, Vol. II, pp. 1 - 6。

②　"远跳行动"也被译为"跳高行动"。关于"远跳行动"的情况可参见孙天竺《美国军事利用南极的政策（1946～1957）》，硕士学位论文，东北师范大学，2005，第 8～10 页；Christopher C. Joyner and Ethel R. Theis, Eagle Over the Ice: The U. S. in the Antarctic, p. 25；"The United States Navy Antarctic Developments Project 1946 - 1947," http://www. south-pole. com/p0000150. htm。

③　FRUS, 1946, Vol. I, pp. 1497 - 1498.

④　关于"风车行动"的情况可参见孙天竺《美国军事利用南极的政策（1946～1957）》，硕士学位论文，东北师范大学，2005，第 10～11 页；"U. S. Navy Second Antarctic Developments Project 1947 - 1948," http://www. south-pole. com/windmill. htm。

（Finn Ronne）率领一支私人探险队前往玛格丽特湾进行考察，但他同时也被美国政府任命为南极斯托宁顿岛的邮政官。[①]

二战后初期，军方大规模的南极考察活动为美国提出南极主权诉求打下了更为坚实的基础。由于官方考察活动对私人探险活动的成果进行了重新确认，军方也成为美国积极谋求南极利益的代表机构。[②] 这一时期，包括国务院在内的行政部门都在为美国提出南极主权要求做着行动上的准备，但在如何提出主权要求方面则面临许多外交上的困难。美国的考察活动引起了7个主权要求国的极大警惕，它们对南极的主权诉求与美国的利益诉求之间的矛盾越来越激烈。美国决策者们将面临如何处理这种矛盾的压力。矛盾主要体现在以下几个方面。

第一，美国希望占有的地区与其他国家提出主权要求的地区相冲突。到20世纪40年代末，南极大陆有价值的地区几乎都被提出了主权要求，只剩下西经90°～150°的区域属于"空白地"。这一地区（又被称为美国扇形，包括玛丽·伯德地和埃尔思沃斯地）被其他主权要求国认为是美国的利益范围，最难到达而且战略价值较低。美国政府认为，美国有权提出主权要求的区域远远超出其他南极主权要求国"预留给"美国的区域。1947年，美国国务院认为，美国私人和官方探险队已对东经100°～160°和西经50°～150°的区域提出了主权要求，只是美国官方没有正式宣布而已。[③] 此外，美国感兴趣的地区，如罗斯海是新西兰的利益范围，[④] 英国、智利和美国在玛格丽特湾的主权诉求也发生了冲突。英国认为，芬·罗尼1946～1948年在玛格丽特湾的活动是对英国主权权利的侵犯，为此英国政府还向美国政府表示抗议。[⑤]

第二，美国如果对南极提出主权要求，将大大加剧已有的南极国际争端。到二战结束时，各国在南极的领土主权之争已十分激烈。尤其是

---

① FRUS, 1947, Vol. I, p. 1048; Howard J. Taubenfeld, "A Treaty for Antarctica," *International Conciliation*, January 1961, pp. 256 – 257.

② 此后直到1955年，美国才对南极进行了另两次较大规模的考察活动，分别是"深冻行动1"（1955～1956年）和"深冻行动2"（1956～1957年）。

③ FRUS, 1947, Vol. I, p. 1048.

④ 位梦华、郭琨编著《南极政治与法律》，第95～99页。

⑤ FRUS, 1946, Vol. I, pp. 1493 – 1494, 1501; FRUS, 1947, Vol. I, p. 1052; Peter J. Beck, *The International Politics of Antarctica*, pp. 37 – 38.

英国、智利和阿根廷三国提出领土主权要求的区域互有交叉，美国夹在三国的争吵之间，还需要为之进行调解。1947～1948年，这三个国家分别将军舰派往南极地区。为了对抗英国，1947年智利和阿根廷达成协议，宣布双方在南极主权方面"不发生争论"。[①] 英国则从1947年到1954年先后四次向国际法院提出对南极部分地区的主权要求，但遭到了智利、阿根廷的反对。1955年，英国单方面向国际法院提出仲裁申请，国际法院也没有作出判决。1952年，当英国在南极半岛的霍普湾准备登陆建立基地时，遭到阿根廷部队的开枪警告。除此之外，越来越多的国家正拟对南极提出主权要求，如比利时、南非、巴西等国。[②] 如果美国对南极提出主权要求，很难想象南极局势将发生什么变化。

第三，二战后苏联在南极的影响迅猛扩张，给美国决策者解决南极问题带来极大的紧迫性。苏联扩张的地区不但与美国的利益范围相冲突，也使所有南极主权要求国感到恐慌。与美国及其他国家的做法不同，1949年以前苏联对南极从来没有提出过任何官方和非官方的主权要求，但这并不能说明苏联对南极的领土不感兴趣。1949年，苏联根据俄国航海家别林斯高晋的发现[③]提出了其在南极地区的利益诉求，但没有宣布对南极的主权要求。美苏冷战的局面使美国十分想将苏联排除在南极事务之外。

第二节 美国应对南极主权争端的外交过程

在国内外利益冲突下，虽然美国表面上未改变其一贯的不提出南极主权要求也不承认其他国家南极主权要求的立场，但美国行政部门从20

---

① *FRUS*, 1947, Vol. I, p. 1051.

② Peter J. Beck, *The International Politics of Antarctica*, pp. 31 – 36; Frank G. Klotz, *America on the Ice: Antarctic Policy Issues*, pp. 5 – 14；郭培清：《美国政府的南极洲政策与〈南极条约〉的形成》，《世界历史》2006年第1期，第86页；位梦华、郭琨编著《南极政治与法律》，第71～87页。

③ 1819～1821年，别林斯高晋（Fabian von Bellingshausen）进行了环南极航行，发现了南桑威奇群岛、彼得一世岛和亚历山大岛，并考察了南设得兰群岛。苏联认为，在这次航行中，别林斯高晋看见了南极大陆。但自1949年以来，对于这一问题一直存在着严重分歧。参见 *FRUS*, 1949, Vol. I, p. 793。

世纪 40 年代末到 50 年代末却公开或私下地尝试了各种解决南极问题的方案。由于受到国内外力量的反对，这些方案都未能成功地调和国内外利益冲突。

一　南极共管方案的酝酿与受挫（1948～1949 年）

1947 年 6 月，美国国务院起草的一份南极政策回顾文件称，美国政府尚未决定应采取何种方式彻底解决南极主权争端问题。美国政府不认为南极问题已经到了必须立即召开国际会议进行处理的地步。①

但随着英国、阿根廷和智利之间的争端越来越激烈，1947 年 9 月，美国国务院称其开始考虑一种特殊的联合国托管方案，以彻底解决南极争端并保护某些国家在南极的利益。② 12 月，国务院正式致函海军部、陆军部、内政部、空军部和商务部，征求它们对国务院提出的南极政策的意见。国务院的意见是南极大陆的战略价值和资源重要性很小，并且各国成功瓜分南极的可能性很小，南极的潜在价值主要体现在科学研究方面。因此，建议选择以下两种方案中的一个来解决南极问题：（1）将各国提出的主权要求全部列出，同时提出一种通过法律途径解决主权冲突的方案；（2）提出联合国托管或国际共管方案。国务院认为美国无法通过占有南极大陆获得什么利益，因此倾向于第二种方案。③

内务部回复称，考虑到美国可以通过国际共管方案公平地获得南极大陆矿产资源和南极周围海域的资源，因此同意国际共管方案。对于内政部而言，其最关心的是南极资源问题，因此美国应尽量有效地提出权利要求。④

新组建的国防部认为，南极目前的战略价值虽然不大，但其未来的战略价值（包括资源价值）很难预测，因此应将美国的敌人排除在南极事务之外。国防部从军事角度提出的意见是：（1）反对联合国托管方案，因为这一方案无法将美国的敌人（指苏联）排除在南极事务之外；（2）国际共管方案能否将美国的敌人排除在南极事务之外还不太清楚，

---

① *FRUS*，1947，Vol. I，p. 1049.
② *FRUS*，1947，Vol. I，pp. 1051，1054.
③ *FRUS*，1947，Vol. I，p. 1056.
④ *FRUS*，1948，Vol. I，Part 2，p. 962.

但估计很难成功，如果不能成功则与联合国托管方案无异；（3）支持美国先提出南极主权要求，随后将整个南极问题提交司法裁定。①

国务院于1948年6月起草了PPS-31号南极政策文件，后来递交国家安全委员会审议，成为NSC-21号文件。文件重申了当前南极主权争端的局势，提出美国有足够的理由占有西经90°~150°的区域以及其他大片美国探险家考察过的地区；认为控制南极大陆对美国的安全来说并不十分重要，除非南极未来发现大量铀矿或巴拿马运河未来被关闭，船只能绕道德雷克海峡；在这种情况下，美国则需防止敌国控制这些矿藏和重要的战略位置。文件的建议主要包括：（1）通过联合国托管形式或其他形式，使南极地位国际化，美国及7个南极主权要求国应先达成协议，再将协议文本提交联合国大会批准，托管机构应由这8个国家组成；（2）为了与其他7国地位一致，美国应在适当的时候提出官方的南极主权要求，因为其他7国都是主权要求国，这一行动应放在其他国家同意谈判之后。② 国务院在文件后附加了起草好的国际协议文本。③

国务院这一联合国托管方案将实现国防部提出的两个目标，即既排除苏联插手南极事务，又保证美国的主权利益。同时，7个南极主权要求国也可以避免主权争端。托管委员会将被赋予规则制定的权力，管理世界各国在南极的科学考察、资源开发等活动。④ 鉴于此，国防部也对这一方案表示了首肯。⑤

此后，美国开始向7个南极主权要求国提出上述方案。英国的意见是不采用联合国托管的形式，而采用8国国际共管的形式（eight-power condominium），以避免一些与联合国托管制度有关的麻烦。国务院采纳了英国的建议，并修改了协议文本。⑥

1948年8月，国务院还起草了关于美国南极主权要求的文件和地图，并得到了国防部的支持。有了国际共管制度的掩护，国务院此时不

---

① *FRUS*, 1948, Vol. I, Part 2, pp. 971 - 974.

② *FRUS*, 1948, Vol. I, Part 2, pp. 977 - 983.

③ *FRUS*, 1948, Vol. I, Part 2, pp. 984 - 987.

④ *FRUS*, 1948, Vol. I, Part 2, p. 986.

⑤ 参见国防部长福莱斯特致国务卿马歇尔的信。*FRUS*, 1948, Vol. I, Part 2, pp. 989 - 990.

⑥ *FRUS*, 1948, Vol. I, Part 2, pp. 992 - 993.

再担心美国的主权要求会引起其他主权要求国的强烈反对，因此拟提出极为广阔的主权要求区域，包括西经 35°~135° 且处于南纬 68°~81° 的地区和西经 135°~140° 的地区（除了南极点附近探险家阿蒙森于 1911 年代表挪威提出主权要求的地区），以及东经 13°~140° 且大体上处于南纬 75° 以北的地区。后来由于国际共管方案的受挫，这一文件并未出台就胎死腹中了，但还是可以看出美国实际上希望追求的国内利益目标是多么得惊人。①

美国与 7 国就国际共管方案进行的接触持续了半年多，到 1949 年初，方案已遭到智利、阿根廷、挪威、法国、澳大利亚的反对，只得到英国、新西兰的支持。② 此外，方案还遭到南非、比利时的质询，更不用说苏联的强烈反对了。③ 不得已，美国放弃了国际共管方案。

二　智利方案的采纳与被边缘化（1949~1951 年）

国际共管方案受挫后，另一个方案进入了美国决策者的视线。这一方案是 1948 年美国就国际共管方案征求智利意见时，由智利提出的一项冻结现状的临时性安排。1949 年，美国国务院有关部门对其加以修改并采纳，经国安会批准后成为 NSC-21/1 号文件。④

这一方案的主要内容是：南极主权要求国及美国共同签署协议，宣布在 5 年或 10 年（或更长）的时间内，任何国家在南极的活动都不会影响到已经提出的南极主权要求（美国应在签署协议之前提出主权要求），也不会成为提出主权要求的依据；主权要求国允许其他国家在其主权要求区域内进行考察和科学研究；如果任何事件威胁到南极现状，签字国将协商采取应对措施……⑤

国务院认为这一方案与国际共管方案的精神一致，因此迅速起草了协议文本，并开始征求其他国家的意见。⑥ 经过与英国和智利的反复磋商及修改，到 1951 年 8 月，国务院仍坚信这一方案是解决美国面临的困

---

① *FRUS*, 1948, Vol. I, Part 2, p. 1001.
② *FRUS*, 1949, Vol. I, pp. 800-801.
③ *FRUS*, 1948, Vol. I, Part 2, pp. 1007-1010; *FRUS*, 1949, Vol. I, p. 794.
④ *FRUS*, 1948, Vol. I, Part 2, p. 1002; *FRUS*, 1949, Vol. I, pp. 801-805.
⑤ *FRUS*, 1949, Vol. I, pp. 801-802.
⑥ *FRUS*, 1949, Vol. I, pp. 807-809.

境的最好办法。

但在 1952 年和 1953 年，这一方案却从美国外交文件的记录中消失了。在 1954 年的 NSC - 5424 号文件中，有一段关于这一方案的总结。自 1949 年以来，智利方案一直被间断地讨论着。对于美国考察活动相对于其他国家较少的南极地区，该方案可以防止美国在这些地区潜在的权利退化；然而，对于美国将要开展考察活动的地区，该方案却会使美国可能从中获得的权利无效。因此，该方案可以被视为一种替代方案。此外，想通过国际谈判达成这种协议也是相当困难的。[①]

可见到 1954 年，美国决策层已转向积极谋求美国在南极的单边主权利益。智利方案虽然曾在 1949 ~ 1951 年得到国务院的积极推动，并经过多次双边磋商和细节修改，但到 1954 年，它逐渐被边缘化为一种谋求美国主权利益的替代性方案。

三　南极主权要求方案的酝酿过程与受挫 （1954 ~ 1958 年）

美国决策层在尝试国际共管方案和智利方案的过程中一直面临国内外不时出现的压力。

国内势力要求美国不可放弃自己的权利。例如，1949 年，在一次各部门人员参加的会议上，退休后又被起用的海军上将伯德严厉批评国务院未与他沟通就对外提出南极国际化方案。因为他相信南极大陆是一个巨大的矿产资源宝库，美国不应放弃对南极大陆的权利，没人知道未来在南极还会发现什么资源。[②]

国外竞争者则十分强硬地坚持着各自在南极的权利。例如，1950 年 6 月，苏联在得知美国提出的国际共管方案后致函美国及其他南极主权要求国，声明如果没有苏联参与，南极版图上任何问题的解决都不具有法律效力。[③] 20 世纪 50 年代，一艘艘苏联船只奔忙在南半球的海洋上，把考察用的后勤设备大量运往南极。苏联已经在澳大利亚的主权要求区

---

① *FRUS*，1952 - 1954，Vol. I，Part 2，p. 1754.

② *FRUS*，1949，Vol. I，p. 799.

③ *FRUS*，1950，Vol. I，pp. 911 - 912；郭培清：《美国南极洲政策中的苏联因素》，《中国海洋大学学报》（社会科学版）2007 年第 2 期；位梦华、郭琨编著《南极政治与法律》，第 108 ~ 109 页。

域建立了半永久性的科考站。苏联宣布打算将装备有科学设备的核潜艇和核动力破冰船用于考察，并拟在南极使用核能，发射人造卫星。苏联的行动大有取代美国，成为南极领导者之势，这引起了南美各国以及美国的恐慌。① 美国国防部要求海军派出特遣部队，对苏联可能涉足的地方首先进行考察，以便为发现权引发的国际争端预置筹码。美国国务院向美国驻阿根廷、澳大利亚、英国、南非、智利和新西兰使馆发出指令，要求它们向驻在国传达美国的意愿：不要允许苏联使用它们的机场和港口，不给苏联的考察活动提供便利。②

以上这些情况促使美国决策层更加关注南极问题，并再次加强南极考察活动。在 1954 年的罗马会议上，国际地球物理协会将第三届极地年确定为"国际地球物理年"（1957～1958 年），67 个国家计划参加在南极地区的科考活动。为执行考察活动，强化美国在南极的存在，美国政府成立了两个专门机构：南极技术委员会（The Technical Group on Antarctica）和南极特别委员会（The Ad Hoc Group on Antarctica）。国会通过了 S.3381 和 H.R.8954 两个法案，授权它们对南极进行考察。政府为此制定了 1956～1957 年的"第二号深冻行动"（The Operation Deepfreeze Ⅱ）考察计划。③ 国际地球物理年结束时，12 个国家建立的 65 个南极考察站中，美国建的就占了 7 个，包括位于南极扇形中心，即南极点的阿蒙森-斯科特考察站。该站具有重要的象征意义，被认为对所有扇形区域都有发言权。

1954 年前后，美国行政部门总体上逐渐转向适时提出美国对南极主权要求的立场，这一过程充满了犹豫和反复。从 1954 年到 1958 年，美国相继了制定了 NSC-5424、NSC-5528、NSC-5715 等几个关于南极政策的国家安全委员会文件，这些文件的更新体现了美国南极主权要求方案的制定与放弃的过程。美国行政部门内部在提出南极主权要求的具体区域和具体方式上相继出现了数种意见，国务院一直倾向于提出比较温和的方案，而其他部门的方案则比较激进。

1954 年制定的 NSC-5424 号文件与 1948 年的 NSC-21 号文件不同，

① *FRUS*, 1958-1960, Vol. II, p.514.
② *FRUS*, 1955-1957, Vol. XI, pp.630-632.
③ *FRUS*, 1952-1954, Vol. I, Part 2, pp.1737-1739.

它开篇即强调，"南极可能具有目前尚不能确定的潜在价值，因此随着知识的积累和新技术的发展它的重要性必将大大增加"。从此，国安会的文件都将"获得南极可能有用的自然资源"作为美国的根本政策目标之一。① 在 NSC - 5424 号文件的酝酿过程中，曾出现两种关于美国如何提出南极权利要求的方案，② 主要内容是：

（1）国安会多数方案：适时初步提出美国官方的南极领土权利要求，即帕尔默半岛及其附近岛屿区域，往南至少到南纬82°，往西至"小美国"基地（位于南纬78°、西经163°）；把保留美国在南极其他地区的"权利"作为进一步提出主权要求和谈判的基础；表示愿与相关国家谈判，早日达成解决主权冲突的办法。

（2）中央情报局方案：适时提出美国官方的南极领土权利要求，即西经90°至"小美国"基地之间的区域，往南至少到南纬82°；承认阿根廷和智利对西经24°~90°区域的领土主权要求以换取它们对美国以上要求的承认。

但在 1954 年 7 月 15 日的国安会会议上，艾森豪威尔总统认为当下最好的办法仍是重申美国在南极的利益，任何突然提出权利要求的行为都将使美国处于困难境地。国家安全委员会最终通过的 NSC - 5424/1 号文件没有采纳上述提出权利要求的方案，仍然只是决定适时重申美国在南极的历史性权利。③

随着苏联在南极活动的加剧，1955 年 12 月开始酝酿的 NSC - 5528 号文件又提出三种可选方案，并详细对比了三种方案各自的优劣：

（1）继续保留美国在南极的"权利"，同时不承认其他国家的主权要求；

（2）只对其他国家未提出主权要求的区域（西经90°~150°区域，即所谓的美国扇形区域）提出主权要求；

（3）对其他国家未提出主权要求的区域以及所有基于美国的探险活动美国有权提出要求的区域提出主权要求。④

---

① *FRUS*, 1952 - 1954, Vol. I, Part 2, pp. 1744 - 1745.
② *FRUS*, 1952 - 1954, Vol. I, Part 2, pp. 1745 - 1746.
③ *FRUS*, 1952 - 1954, Vol. I, Part 2, pp. 1758 - 1759.
④ *FRUS*, 1955 - 1957, Vol. XI, pp. 634 - 636.

国家安全委员会认为从对抗苏联活动以及提出主权要求的角度考虑，方案二和方案三优于方案一，因为在苏联之前提出主权要求可使美国的要求具备法律基础，并有利于美国与其他国家共同对付苏联。方案二与方案三相比，前者又稍优于后者，因为前者不会使美国与7个南极主权要求国相冲突。①

但美国军方此时却强烈反对方案二和方案三，倾向于方案一。军方并非不想提出权利要求，只是认为南极除了地缘位置重要，其军事价值还在于其蕴藏的科学秘密和战略资源，因此目前不宜盲目提出明确的权利要求，以防对美国的行动造成限制。②

1956年1月，国安会召开最高决策会议。在艾森豪威尔总统的质疑下，最终通过的 NSC－5528/1 号文件决定保留 NSC－5424/1 号文件中的有关规定，即只是适时重申美国在南极的历史性权利，但同时要求政府寻求与南极主权要求国达成一个协议，以保留各国在南极的权利。③

1956年2月17日，印度向联合国秘书长提出将南极问题纳入第11届联合国大会议事日程，最终实现南极地区由联合国托管。美国政府认为这极有可能把与南极无关的因素牵扯进来，并且使苏联有机可乘。一旦南极落入联合国之手，将来美国提出主权要求时，反而会出现一道新的障碍。④ 印度的联合国托管方案也遭到澳大利亚、阿根廷和智利等国的反对，印度最后收回了建议。

1957年，澳大利亚表示极其担心苏联在南极的活动对澳大利亚造成的威胁，开始积极敦促美国选择南极某地提出主权要求，放弃一贯坚持的不承认政策，希望美国的行动发挥牵制和平衡苏联的作用。1957年3月，美国国务卿杜勒斯访问澳大利亚时，澳大利亚外交部长凯西（Richard G. Casey）要求美国在国际地球物理年之后划定自己的利益范围。⑤ 澳大利亚甚至把这个问题拿到在堪培拉举行的东南亚条约组织会议上讨论。⑥

---

① *FRUS*, 1955－1957, Vol. XI, pp. 636－637.
② *FRUS*, 1955－1957, Vol. XI, pp. 638－639.
③ *FRUS*, 1955－1957, Vol. XI, p. 642.
④ *FRUS*, 1955－1957, Vol. XI, p. 643, p. 650.
⑤ 〔美〕德博拉·沙普利：《第七大陆：资源时代的南极洲》，张辉旭等译，第92页。
⑥ *FRUS*, 1955－1957, Vol. XI, p. 658.

上述事件加剧了美国决策层对南极提出主权要求的紧迫感，于是再次开始评估美国的南极政策。此时，美国国务院急于尽快提出明确的主权要求区域，以解决这一长期棘手的问题，但国防部强烈反对只对其他国家未提出要求的区域提出主权要求。此间召开的几次跨部门会议都未能就此达成一致意见，但国安会受国务院影响倾向于立即对南极提出主权要求。①

在 1957 年 5 月 13 日的国务院会议上，与会成员一致认为，美国应在 1959 年 1 月 1 日对南极提出主权要求。② 前提是苏联在此时间之前不能提出主权要求，如果苏联在此之前提出，或联合国对南极提出托管要求，则美国应立即公开提出主权要求。③

1957 年 6 月 29 日，国安会出台了 NSC – 5715/1 号文件。该文件综合了国务院和其他政府部门的意见，决定向其他南极主权要求国透露美国将在适当时机对南极提出主权要求的想法，并应如此宣布美国希望占有的地区：

（1）尚未被其他国家提出主权要求的区域：西经 90°~150°区域（美国活动很多），以及东经 45°~西经 20°以南的区域（美国活动虽然不多，但其他国家也未提出过主权要求）；

（2）根据美国的发现、探险和其他活动而产生的主权保留地（这些区域已被其他国家提出主权要求），此外，美国还可能对其他区域提出主权要求，但这些区域尚需早日确定。④

文件还要求继续加强美国在南极的存在，以便为将来提出主权要求制造法理依据。美国政府应着手与其他主权要求国展开会谈。⑤ 为了应对美国提出主权要求后的事态发展，国际共管方案和联合国托管方案被附于文件后面作为后续行动指针。⑥ 1957 年 12 月，国务院准备了对南极提出主权要求的总统声明稿。⑦

---

①　*FRUS*，1955 – 1957，Vol. XI，pp. 659 – 662.

②　*FRUS*，1955 – 1957，Vol. XI，pp. 673 – 674.

③　*FRUS*，1955 – 1957，Vol. XI，p. 678.

④　*FRUS*，1955 – 1957，Vol. XI，p. 697.

⑤　*FRUS*，1955 – 1957，Vol. XI，pp. 699 – 700.

⑥　*FRUS*，1955 – 1957，Vol. XI，pp. 701 – 710.

⑦　*FRUS*，1955 – 1957，Vol. XI，pp. 718 – 719.

1958 年 1 月 6~13 日，美国、澳大利亚、新西兰和英国的代表在华盛顿举行正式会谈。令美国行政部门始料未及的是，其主权诉求遭到了盟国的反对。澳新两国代表对美国提出的保留"空白地"以外区域权利的说法表示十分不安，因为澳新两国提出主权要求的地区，都曾出现过美国探险家的身影。英国代表委婉指出，如果美国在谈判时不提出主权要求，那么建立南极国际制度的可能性比较大。①

至此，十年来美国行政部门希望协调国内外在南极领土主权上的冲突的努力已经落空。

第三节　美国与《南极条约》的签订

在有利于美国的多边方案和单边方案都行不通的情况下，1958 年 3 月，国安会制定了 NSC-5804 号文件，对美国面临的困境作出了最终决策。在讨论这一新方案时，国务院和军方的观点发生了激烈的碰撞。国务院建议应立即放弃宣布美国对南极的主权要求，并组织包括苏联在内的各国进行国际谈判。军方此时则转为要求对大片美国考察过或没考察过的地区提出主权要求。时任国务卿杜勒斯告诫同僚，除非通过武力，否则立即宣布对南极的主权要求只能引起各国冲突，使情况更糟。② 最终通过的 NSC-5804/1 号文件决定提出一项多边条约，冻结南极地区的法律地位。在南极有直接或潜在利益的国家（包括苏联）将签署一个多边条约，将南极的行政管辖权交给一个新设立的不属于联合国（但与联合国保持密切关系）的国际组织，但各国仍可以保留各自对南极的主权要求。如果该条约在未来终结，美国也仍可保留在南极的历史权利。③

美国决策者停止犹豫不决的决策过程而转向组织较大范围国际谈判的动力主要来自苏联猛烈的南极攻势。在 1957~1958 "国际地球物理年"前，苏联宣布将在南极建立 3 个科考站。苏联还宣布打算将核潜艇和核动力破冰船用于南极考察，并拟在南极使用核能，发射卫星。这些行为引起美国及其盟国的强烈担忧。美国国防部紧急要求海军派特遣队

---

①　*FRUS*, 1958-1960, Vol. II, p. 466.

②　*FRUS*, 1958-1960, Vol. II, pp. 473-475.

③　*FRUS*, 1958-1960, Vol. II, p. 484.

对苏联将要建立考察站的地方先行考察。此外，南半球各国普遍担忧苏联在其南极基地安装导弹发射装置。[①] 正是苏联的这些活动迫使美国慎重掂量对南极提出主权诉求的政治目标，为了不使事态恶化，转而寻求南极中立化。

1958 年 3 月 24 日，美国国务院在致阿根廷、澳大利亚、比利时、智利、法国、日本、挪威、新西兰、南非、苏联、英国驻美大使馆的备忘录中，提出了美国关于南极政策的公开设想。经过一年多的艰苦谈判，1959 年 12 月 1 日，与会各国签署了《南极条约》。条约奠定了管理南极事务的基础，冻结了南极主权与资源之争。条约的主要内容有：南极洲仅用于和平目的，保证在南极地区进行科学考察的自由，促进科学考察中的国际合作，禁止在南极地区进行一切具有军事性质的活动及核爆炸和处理放射性废物，冻结对南极的主权要求等。其中关于南极主权要求的第四条规定：

第 1 款：本条约的任何规定不得解释为：（1）缔约任何一方放弃在南极洲原来所主张的领土主权权利或领土的要求；（2）缔约任何一方全部或部分放弃由于它在南极洲的活动或由于它的国民在南极洲的活动或其他原因而构成的对南极洲领土主权的要求的任何根据；（3）损害缔约任何一方关于它承认或否认其他国家在南极洲的领土主权的要求或要求的依据的立场。

第 2 款：在本条约有效期间所发生的一切行为或活动，不得构成主张、支持或否定对南极洲的领土主权的要求的基础，也不得创立在南极洲的任何主权权利。在本条约有效期间，对在南极洲的领土主权不得提出新的要求或扩大现有的要求。[②]

此外，《南极条约》在南极矿产资源管理、南极大陆架包括外大陆架的界定等方面或轻描淡写，或毫无文字。

《南极条约》只是冻结了南极主权和资源之争，此后世界各国并未

---

① Deborah Shapley, *The Seventh Continent：Antarctica in a Resource Age* (New York：Earthscan LLC，2011)，p. 90.

② 参见《南极条约》，http://www. scar. org/treaty/at_ text. html。

放弃对南极主权和资源的兴趣。在矿产资源问题上，在第二届南极条约特别协商会议上各国经过整整六年的争吵，于 1988 年签署了《南极矿产资源活动管理公约》，但因为各国分歧太大，许多国家拒绝批准，该条约未能生效。[①] 世界各国对南极主权和资源的诉求只是处于一种被压制的状态。假设对极寒地区资源进行开采的技术成熟，并且在不破坏南极环境的前提下，很难彻底否认南极资源在未来有被开发的可能性。

尽管《南极条约》被认为是解决了当时急迫的南极争端问题，但美国国内势力还是对美国没有提出主权要求表示不满。例如，对于 NSC - 5804 号文件，美国军方持保留意见。[②] 1959 年 4 月，国安会又制定了 NSC - 5905 号文件，国务院和军方再次就是否在国际谈判时提出美国对南极的主权要求展开激烈争论，结果国务院的观点再次获得国安会采纳，NSC - 5905 号文件基本保持了 NSC - 5804 号文件的精神。[③] 一些美国参议员在批准《南极条约》的过程中因美国没对南极提出领土主权要求而对条约表示了反对，尽管这并没有阻碍《南极条约》被批准。[④]

虽然美国国内势力希望尽量扩大美国在南极主权范围的要求没有得到充分满足，但美国的最终政策是否逾越了美国国内利益的底线？答案是否定的。冻结南极领土主权和资源开发的决策对于美国国内利益集团来说是可以接受的，它们把获得南极利益的希望寄托于未来。国务院在《南极条约》听证会上保证："《南极条约》第四条一点也没有放弃美国的主权要求或者放弃提出主权要求依据的意思。条约对这一点说得是非常清楚的。"[⑤] 美国政府在多年试图协调国内外利益冲突不成功的情况下，作出了冻结南极主权争端的决策，这一决策过程和决策结果都体现了美国国内利益和美国政治文化的巨大影响。

第一，美国对外正式提出的所有方案（南极共管方案、智利方案和

---

① Ethel Rosie Theis, "In the National Interest: United States Antarctic Policy, 1960 - 1992," Ph. D. Dissertation, pp. 392 - 399.

② *FRUS*, 1958 - 1960, Vol. II, p. 485.

③ *FRUS*, 1958 - 1960, Vol. II, pp. 547 - 553.

④ The Antarctic Treaty Hearings, U. S. Senate Committee on Foreign Relations, 86th Congress, 2nd Session (1960).

⑤ The Antarctic Treaty Hearings, U. S. Senate Committee on Foreign Relations, 86th Congress, 2nd Session (1960), p. 40.

南极主权要求方案）都首先确保美国完全占有美国人曾经考察过的所有区域，即使作出冻结南极主权的最终决策，美国也未放弃这一权利。放弃部分美国人考察过的区域的方案根本没有机会通过国家安全委员会的评估。

第二，美国对国际组织涉足南极事务十分谨慎。美国从未有过让联合国插手南极事务的念头。决策过程中出现的联合国托管方案也原本打算由美国为首的几个国家主导南极事务。最终根据《南极条约》设立的南极管理机构——"南极条约协商国组织"（简称"南极条约组织"），并不是联合国的下属机构。其组织极为松散，并采取协商一致的原则，即参加国拥有一票否决权。"南极条约秘书处"晚至2004年才设立。[①]

第三，美国的一贯政策是在条件允许的情况下可以对南极矿产资源进行自由的开发。

第四节 美国与后《南极条约》时代的 资源开发问题

无论是在《南极条约》签署之前还是之后，美国政府都持续关注悬而未决的南极资源问题。[②] 美国的政策一直强调在不破坏南极生态环境的情况下可以自由地开发南极资源。随着时代的进步，美国越来越意识到开发极地资源与保护自然环境之间的矛盾，并且认为必须防止因争夺资源而出现严重的国际争端。在20世纪80年代《南极矿产资源活动管理公约》的谈判和签署过程中，围绕着环境保护和开发南极资源的问题，美国国内发生了激烈争论，美国政府面临艰难的选择，但最终决定签署条约。然而，由于国际社会在该问题上无法取得共识，《南极矿产资源活动管理公约》没有生效，南极资源开发问题被暂时冻结。

---

① 郭培清：《联合国"无权"管辖的南极洲》，《海洋世界》2006年第12期，第34~37页；郭培清：《南极洲与联合国关系辨析》，《太平洋学报》2006年第5期，第17~24页。

② 《南极条约》签署后，国际社会又通过了数个保护南极环境和生态的法律文件，如1964年的《保护南极动植物的议定措施》（Agreed Measures for the Conservation of Antarctic Fauna and Flora）、1972年的《南极海豹保护公约》（Convention for the Conservation of Antarctic Seals）、1980年的《南极海洋生物资源保护公约》（Convention for the Conservation of Antarctic Marine Living Resources），但仍没有关于管理南极矿物资源开发方面的文件。

一　美国南极资源开发政策的连续性

根据前文所述，在《南极条约》签署前，美国政府就已经在关注和思考南极的资源前景问题。1939 年，美国政府组织第一次对南极大陆的官方考察，其重要目的之一就是调查南极的资源潜力。① 1954 年，美国国家安全委员会发布的 NSC － 5424 号文件开篇即强调，南极可能具有目前尚不能确定的潜在价值。② 到 1959 年有关国家举行《南极条约》谈判时，人们对于南极的资源情况仍知之甚少。但 1959 年美国国家安全委员会发布的 NSC － 5905/1 号文件指出："南极的战略和经济潜力目前还不能明确描述，但在当今科技进步的背景下，我们必须意识到这一问题。有鉴于此，美国的国家利益是确保自身在南极事务中保持领导地位，并且在新的因素出现使我们可以评估该地区战略和经济潜力时，美国处于一种有利地位。"③ 该报告还称"在未来任何可能的资源开发中，应制定一些适合所有国家和民族的统一的非优先规则"。④ 可见，《南极条约》的筹备已为美国的南极资源政策奠定了基础，但同时，美国决策者们意识到，《南极条约》的谈判必须绕过资源问题，否则各国将难以达成甚至不可能达成协议。虽然《南极条约》中的条款没有涉及资源问题，但在《南极条约》的谈判和批准过程中，美国决策者们多次探讨了南极资源问题。

在后《南极条约》时代，美国关于南极资源问题的政策表述更为详细，同时美国对环境保护也更为重视。例如，1965 年，助理国务卿哈兰·克利夫兰（Harlan Cleveland）在美国国会听证会上阐明了如下政策："（1）美国支持《南极条约》诸原则，并且将做需要做的事情以保证南极只用于和平目的；（2）我们鼓励在南极活动的各国进行国际合作，只要有可能就努力寻求进一步合作的领域；（3）对只有在南极才能进行研究的那些科研项目，我们将继续给予重视和支持；（4）我们将继续积极地对南极地区进行调查和测量；（5）我们将不会忽视这样的可能性，即在某

---

① *FRUS*, 1939, Vol. II, pp. 7 – 8.
② *FRUS*, 1952 – 1954, Vol. I, Part 2, pp. 1744 – 1745.
③ *FRUS*, 1958 – 1960, Vol. II, p. 554.
④ *FRUS*, 1958 – 1960, Vol. II, p. 560.

一个难以预测的时间里，南极可能会提供世界所需要的资源；（6）作为试图控制困难的南极环境的努力的一部分，我们将对与运输和其他后勤供应有关的技术性问题给予特别的注意；（7）在我们所有的活动中，我们将作出特别的努力以保护南极的动植物的生命。"① 其中第5、6、7条显示了美国政府对开发南极资源和保护环境的双重关注。1970年，尼克松总统提出的美国南极政策包括："鼓励为了解决世界或地区性问题而进行环境监测和资源预测及评估等科学研究项目的国际合作，保护南极环境并制定适当的措施以保证南极生物和非生物资源能够被平等而合理地使用。"② 1975年，助理国务卿兼南极政策小组主席迪克西·李·雷（Dixy Lee Ray）在国会参议院听证会上阐述的美国南极政策包括："自由勘探南极资源，并为将来任何可能的资源开发制定一些适合所有国家和民族的统一的非优先规则。"③ 1978年，美国国会通过了《南极保护法》。④ 1983年，管理和预算办公室向国会参众两院拨款委员会递交的一份《美国南极项目》报告声称，"如果适当并可行，应为美国私人企业提供开发南极矿产资源的机会"。1986年，负责海洋与国际环境和科学事务的助理国务卿帮办大卫·考尔森（David A. Colson）称，"在南极所有可能允许矿产资源开发的区域，美国都应有权不受歧视地进入"。⑤ 而美国的石油企业，如德士古石油公司早在20世纪70年代初，就向美国政府询问过如何取得在南极勘探石油的许可证。埃克森公司也对南极地区的石油资源感兴趣。这说明这些公司不想自动放弃任何选择，南极是它们在地球上开发矿物资源的最后一块地方。

　　南极资源开发这一话题在美国外交政策议程中反复出现并不断演进，可见美国的政策保持了相当的连续性。作为《南极条约》的原始缔约国和南极事务最积极的参与者，美国一直认为它有权在未来任何可能进行的南极资源开发（特别是矿物资源开发）中分得利益。美国决策者们虽

---

① 转引自位梦华编著《南北极探险史话》，第197页。
② 参见美国国家科学基金会网站，http://www.nsf.gov/od/opp/antarct/usaphist.jsp。
③ 位梦华编著《南北极探险史话》，第198页。
④ "Antarctic Conservation Act of 1978," http://www.nsf.gov/od/opp/antarct/aca/nsf01151/start.jsp。
⑤ Ethel Rosie Theis, "In the National Interest: United States Antarctic Policy, 1960 – 1992," Ph. D. Dissertation, pp. 366 – 367.

然表示他们对开发南极资源并没有强烈的兴趣，但认为"应该给开发可能发现的资源保留一扇开放的大门"。① 假如未来开发南极矿物资源变得可行，美国政府应为美国私人企业提供开发的机会。② 但同时，美国政府强调，美国的南极资源开发政策受环境因素制约，必须确保南极的环境和生态系统不受破坏。然而，20 世纪 80 年代关于南极资源开发的国际博弈加剧，美国政府不得不加紧考虑如何面对资源与环境之间日益激化的矛盾。

二　《南极矿产资源活动管理公约》谈判与美国的政策演变

20 世纪 70 年代，南极的经济和资源潜力开始引起国际社会的广泛关注，日益增加的南极资源活动使得国际社会不得不考虑制定相应的法律制度加以应对，以防止南极成为国际纷争的场所。③ 1970 年，南极条约第 6 届协商会议首次非正式地讨论了南极矿物资源开发的问题，以及建立一项法律制度的必要性。20 世纪 70 年代初到 80 年代初，国际社会为建立南极矿物资源制度进行了多年的筹备。1981 年，南极条约第 11 届协商会议确定了南极矿物资源制度谈判的基础。根据这一基础，1982 年6 月，南极条约第 4 届特别协商会议在新西兰召开，会议专门讨论了南极矿物资源制度的内容。从 1982 年起，特别协商会议历时 6 年，各国最终于 1988 年达成《南极矿产资源活动管理公约》。④ 公约的内容包括：将环境保护作为公约的一个基本原则；在对有关矿物资源活动可能引发的环境问题作出判定之前，任何矿物资源活动均不得进行；应根据实际

---

① Statement of Dixy Lee Ray, Assistant Secretary of State and Chairwoman of the Antarctic Policy Group in Congress, in "US Policy with Respect to Mineral Exploration and Exploitation in the Antarctic," Senate, 94th Congress, 1st Session, May 15, 1975, p. 16. 转引自 Ethel Rosie Theis, "In the National Interest: United States Antarctic Policy, 1960 – 1992," Ph. D. Dissertation, p. 362。

② U. S. Congress, Office of Technology Assessment, *Polar Prospects: A Minerals Treaty for Antarctica*, OTA-O – 428 (Washington, D. C. : U. S. Government Printing Office, 1989), p. 15.

③ 美国的"格洛马·挑战者"号（Glomar Challenger）钻探船于 1973 年在南极罗斯海的大陆架上发现了与石油资源密切相关的甲烷和乙烷；20 世纪 70 年代的石油危机也促使世界各国对南极矿物资源开发的兴趣大增，一些石油公司向其政府征询有关南极资源勘探的问题。

④ 《南极矿产资源活动管理公约》，http://www. state. gov/documents/organization/15282. pdf；关于该条约的内容分析可参见邹克渊编著《南极矿物资源与国际法》。

情况作出关于矿物资源活动的决定，矿物资源活动不得对大气、陆地、海洋环境及动植物种群的分布或繁殖造成重大不良影响；在矿物资源活动开始之前，经营者应具备安全作业和保障环境的技术和工序，具备监测关键环境参数和生态系统各组成部分的能力，具备对事故特别是对环境具有潜在影响的事故作出有效反应的能力；如果已经开始的矿物资源活动产生了重大的环境问题，这些活动将被中止甚至取消。为了有效保护南极环境，公约还规定了一系列涉及环境监测、视察、责任等的保障条款。

在谈判中，各国围绕南极矿物资源出现了很多分歧，主要体现在：领土主权要求国希望在未来的南极矿物资源制度中应优先考虑主权因素，而非领土主权要求国则强调南极的国际性特点；一些国家倾向于制定一种能促进南极资源开发的制度，而另外一些国家则把对资源的保护放在首位。对此，美国政府积极筹划应对政策，成为推动国际谈判的重要力量之一。例如，1974 年 7 月 29 日，尼克松政府制定了名为《美国的南极矿物资源政策》的国家安全委员会文件，授权美国国务院参加关于南极矿物资源制度的预备性国际谈判，要求迅速研究在谈判中美国希望得到什么和避免什么。该文件指出美国的政策目标主要是：确保在南极的商业勘探和开发不会破坏《南极条约》的实行，相关活动应避免造成国际冲突；确保任何开发活动符合美国在《南极条约》中承诺的环境保护义务；努力使其他国家接受这样一种观念，即应为勘探和开发南极矿物资源建立一个统一的国际制度，该制度应允许美国和其他国家公民为了开发资源而自由进入任何区域，除非该区域明确有其他用途；应保留《南极条约》规定的科学研究的权利；在达成统一的国际制度前，美国反对任何国家在南极进行商业勘探和开发；继续进行科学研究以更精确地确定南极的矿物资源潜力。[1]

为了维护美国的资源利益，防止美国企业受到不公平待遇，美国政府官员在这一时期多次阐述了美国的政策。1979 年，在南极条约第 10 届协商会议召开前，美国国务院发布了一份文件，敦促各国协商建立南极

---

[1]　"U. S. Policy on Antarctic Mineral Resources," National Security Decision Memorandum 263, July 29, 1974, http://nixon. archives. gov/virtuallibrary/documents/nsdm/nsdm_263. pdf.

矿物资源制度，并强调应充分认识到任何矿物资源开发对环境造成的后果，假如南极矿物资源得到开发，必须在有效的环境保护措施下进行，美国有权不受歧视地分享开发活动的利益。① 1983 年，美国预算管理办公室（OMB）向国会参众两院拨款委员会提交的一份名为《美国南极项目》的报告声称，美国南极政策的重要目标之一是"在条件适当并可行的情况下，为美国私人企业提供开发南极矿产资源的机会"。② 1984 年，美国国务院海洋和极地事务管理局局长 R. 塔克·斯卡利（R. Tucker Scully）在国会作证时指出，美国在南极的经济利益包括获得更多的关于南极地区资源潜力的知识，保证资源开发活动对环境不造成破坏，保证美国有机会在合理的条件下参与可能进行的资源开发活动。③ 1986 年，助理国务卿帮办大卫·考尔森（David A. Colson）再次称，应保证任何南极矿物资源开发活动在环境上是可接受的，在南极所有可能允许矿产资源开发的区域，美国都应有权不受歧视地进入。④ 对于环境和资源开发之间的矛盾，美国行政部门官员宣称，美国并不是一定要为开发南极资源留有机会，而是要确保假如国际社会取得开发南极资源的共识，美国公司能享有与其他国家的公司一样的开发权利。美国政府的基本观念是经济利益应该服从环境保护的利益。然而，美国行政部门这种微妙的立场难以取得反对开发南极资源的非政府组织及美国国会的信任。

首先，非政府组织遍布全世界的网络在反对《南极矿产资源活动管理公约》的过程中发挥了巨大影响。20 世纪 70 年代，美国公众的环保意识大大增强。1982 年开始的南极矿产资源制度谈判，更是激起了非政府组织保护南极环境的热情。环境防御基金（The Environmental Defense Fund）、绿色和平组织（Green Peace）、南极及南大洋联盟（The Antarctic and Southern Ocean Coalition）、南极项目（the Antarctica Project）、世

---

①　Ethel Rosie Theis, "In the National Interest: United States Antarctic Policy, 1960 – 1992," Ph. D. Dissertation, p. 363.

②　Ethel Rosie Theis, "In the National Interest: United States Antarctic Policy, 1960 – 1992," Ph. D. Dissertation, p. 366.

③　Ethel Rosie Theis, "In the National Interest: United States Antarctic Policy, 1960 – 1992," Ph. D. Dissertation, p. 367.

④　Ethel Rosie Theis, "In the National Interest: United States Antarctic Policy, 1960 – 1992," Ph. D. Dissertation, p. 367.

界资源研究所（The World Resources Institute）等组织都积极活动，试图唤起公众和国会对南极面临的威胁的认识，探索南极管理的新模式。这些组织普遍认为，南极矿产资源活动与环境保护是背道而驰的。公约的透明度和责任制度并不完善，尽管公约试图保护南极环境，但它通过制定法律和政治框架鼓励矿物资源的勘探和开发。另外，公约的环境条款能否得到严格遵守也是个问题。多个非政府组织都倡导将南极大陆及周边海域设为世界公园，并由联合国管辖。① 在许多非政府组织眼中，反对《南极矿产资源活动管理公约》就是支持环保。为此，绿色和平组织联合南极及南大洋联盟发起了大规模的保护南极的国际运动。②

1988 年 11 月，《南极矿产资源活动管理公约》获得通过，虽然面临国内外压力，美国政府仍于 1988 年 12 月 2 日签署了《南极矿产资源活动管理公约》。但事与愿违，该公约并没能生效。《南极矿产资源活动管理公约》的生效需要南极条约协商国全体一致通过，其生效的最大障碍来自协商国内部。③ 受国际环境保护运动的影响，在 1989 年第 15 次协商国会议中，澳大利亚否决了该公约，指出公约是建立在 20 世纪 70 年代错误假设的基础上，即南极矿产开发可以与保护脆弱的环境并行不悖。1989 年 8 月，法国和澳大利亚联合发表声明，表示两国拒绝签署公约，并向其他国家发出拒签倡议，建议于 1990 年召开特别协商会议，讨论全面保护南极环境的制度。此后，陆续有成员国对公约表达了同样的态度，这使得公约生效无望。④ 美国政府并没有马上放弃推动该公约生效，坚持认为该公约是最平衡的、环境上最合理的框架，可以处理所有关于南极矿产资源活动的问题。

---

① 南极"世界公园"的倡议可以追溯到 1972 年在美国召开的第二届国家公园世界大会，但"世界公园"倡议遭到许多国家的反对。它们认为，"世界公园"在法律上存在不确定性，在行动上不具有可行性，而且非政府组织集团内部也存在意见分歧，因此"世界公园"的倡议未能实现。

② Kelly Rigg, "Environmentalists' Perspectives on the Protection of Antarctica," in Grahame Cook ed., *The Future of Antarctica: Exploitation Versus Preservation* (New York: Manchester University Press, 1990), pp. 68 – 80.

③ 公约公布后，受到以马来西亚为首的一些发展中国家的反对。中国代表团也参加了南极矿产资源制度特别协商会议，并于 1988 年签署了《南极矿产资源活动管理公约》。

④ Malcolm W. Browne, "France and Australia Kill Pact on Limited Antarctic Mining and Oil Drilling," *New York Times*, September 25, 1989, p. A10.

其次，受非政府组织、环境保护组织游说的影响，美国国会在20世纪80年代末90年代初提出多个议案，将南极环境保护放在首要位置，与美国行政部门的立场相左。国会倾向于认为，美国行政部门支持《南极矿产资源活动管理公约》的真实目的是启动南极矿物资源开发。例如，第101届国会提出多个与南极事务有关的议案，并多次召开听证会，向美国行政部门传达了国会对南极政策的强烈不满。例如，参议院于1990年7月就S.2575号议案（《1990年南极保护法》）、S.J.Res.206号联合决议案和S.Res.186号决议案召开了听证会，众议院于1990年6月就H.R.4210号议案（《1990年南极环境保护、清洁和责任法》）、H.R.3977号议案（《1990年南极保护法》）召开了听证会。在法国和澳大利亚表示拒绝签署《南极矿产资源活动管理公约》后，美国国会立即提出了S.J.Res.206号决议案，指出《南极矿产资源活动管理公约》不能确保南极环境不受破坏，并可能刺激商业开发，因此，敦促行政部门支持南极条约协商国进行新一轮谈判，以制定新的条约将南极划定为一个"全球生态公域"，永久禁止南极矿物资源开发活动。[①] 该决议案后来由布什总统签署成为美国公法。同样得到总统签署的还有众议院的H.R.3977号议案，该议案除了与S.J.Res.206号决议案有相似的内容，还规定无限期禁止美国公民从事南极矿物资源开发活动。[②] 此外，国会还试图将美国国内环境法直接应用于南极，但因遭到行政部门的反对而放弃。

国际和国内政治的发展态势表明，美国行政部门希望明确南极资源开发规则的愿望已经落空，冻结南极矿物资源开发似乎成为唯一选择。为了尽快填补《南极矿产资源活动管理公约》无法生效所造成的资源管理问题"真空"，南极条约协商会议于1991年通过了《关于环境保护的南极条约议定书》。该议定书于1991年10月4日开始签署，1998年1月14日正式生效。该议定书规定严格禁止"侵犯南极自然环境"，严格"控制"其他大陆的来访者，严格禁止向南极海域倾倒废物，以免造成对该水域的污染，等等。其中非常重要的一条规定是：禁止在南极地区

---

① 决议案全称是《呼吁美国立即积极与南极条约协商国谈判新协定以使南极作为一个全球生态公域得到全面保护》，参见 S.J.Res.206，101th Congress，September 26，1989。

② H.R.3977，101th Congress，February 7，1990.

开发石油资源和矿产资源。签字国将在 50 年内对南极生态保护承担严格的义务，也就是说在 50 年内（也就是到 2048 年之前）禁止任何形式的南极矿产资源开发。① 至此，南极资源开发问题暂告一段落。

从环境保护的角度看，在南极进行矿物资源开发确实在长时间内是不现实的。由于内陆环境恶劣，南极沿海最有可能进行石油和天然气的勘探和开采，但这些活动将涉及钻井、储存、运输等工序，以及建造港口、炼油厂、工人住宅等辅助活动。到目前为止，油井喷发事故仍无法彻底避免，一旦发生这种事故，在南极很难得到控制。从技术方面来看，南极冰山体积庞大，能轻易摧毁钻井平台，现有技术很难分割冰山或改变其漂移方向。这与北极海域冰山较小，可以被拖走的情况不同。南极的恶劣气候会增加油轮发生事故的可能性。在南极寒冷水域中发生的原油泄漏造成的影响比在温暖地带发生的原油泄漏更为严重。南极磷虾作为南大洋众多动物的主要食物，一旦大量消失将导致整个生态系统失衡。原油泄漏还会导致海冰大量融化，进而可能会影响全球气候。此外，南极上空产生的"臭氧洞"会对当地环境乃至全球环境带来灾难性的影响。在目前的市场条件下，考虑到煤、铁等矿物在世界其他地区储量丰富，加上南极运输条件困难，开发南极矿物资源不具有经济意义。南极资源开发问题上的博弈主要隐含着政治因素，即一些国家将勘探和开发南极资源作为加强在南极政治地位的手段，因此不会等到经济上有利可图再进行与资源有关的活动。

三　美国与南极资源开发的新态势

自 20 世纪 90 年代南极矿产资源开发被国际条约禁止之后，美国国内关于这一问题的争论逐渐平息下去。然而，各国在科学考察与环境保护名义下从事资源考察与勘探的活动仍不可避免。近年来，7 个南极领土主权要求国围绕南极的领土和主权之争再次加剧，构成了对南极条约体系的威胁，这引起了美国的高度关注。具体而言，南极领土主权要求国抓住《南极条约》规定的模糊之处，向联合国大陆架界限委员会提交

---

① 《关于环境保护的南极条约议定书》，http://www.ats.aq/documents/recatt/Att006_e.pdf.

各自的南极外大陆架划界案，① 试图在南极条约体系的某些漏洞与冲突中寻求对南极外大陆架的矿产与生物资源的权利。《南极条约》的模糊之处在于，该条约的第四条第 2 款规定："在本条约有效期间所发生的一切行为或活动，不得构成主张、支持或否定对南极的领土主权的要求的基础，也不得创立在南极的任何主权权利。在本条约有效期间，对所在南极的领土主权不得提出新的要求或扩大现有的要求。"② 但这一条款并没有明确规定南极的外大陆架是否属于不允许提出的 "新的要求或扩大现有的要求"③。从国际公约体系的角度看，《南极条约》与《联合国海洋法公约》关于南极的规定出现了重叠的问题。《联合国海洋法公约》所建立的大陆架、专属经济区和国际海底区域制度，对南极条约体系构成了挑战。如果严格按照《南极条约》的字面意义来理解，那么大多数领土主权要求国（除了智利④）在 1961 年《南极条约》生效前仅宣告 3 海里的领海主张，而专属经济区这一概念当时并不存在，则 3 海里领海宽度应作为其权利主张的现状被冻结。⑤ 但《联合国海洋法公约》从普遍意义上来说也适用于南大洋，并没有国际条约规定排除《联合国海洋法公约》适用于南极海域。南极领土主权要求国都认为，《南极条约》只是暂时搁置了南极大陆的领土争议，并不适用于南极海域。

2004 年，澳大利亚首先向联合国大陆架界限委员会提交了南极外大陆架划界案，对面积约 68 万多平方公里的大陆架提出主权权利要求。⑥

---

① 《南极条约》适用范围里没有明确提及大陆架，这一问题当时还没引起人们的重视。外大陆架是 1982 年的《联合国海洋法公约》中定义的内容。按照大陆架划界审议规程，2009 年 5 月 13 日是大多数沿海国提交外大陆架划界申请案的最后期限。在这一期限到来之前，南极领土主权要求国纷纷提交了南极外大陆架申请，但这使南极领土争议更趋复杂化。

② 《南极条约》第四条第 2 款。

③ Christopher C. Joyner, "United States Foreign Policy Interests in the Antarctic," *The Polar Journal*, Vol. 1, No. 1, 2011, p. 22.

④ 智利在 1947 年就提出了 200 海里领海范围的主张。

⑤ 南极领土主权要求国认为南纬 60°以南的海域要除去领海、毗连区、专属经济区后才是公海。澳大利亚、新西兰、英国、法国、阿根廷以及智利等国发布过 "领海" 声明；挪威则保留作出声明的权利。澳大利亚、新西兰、法国、阿根廷以及智利提出过 "毗连区" 声明。参见李敬昌、XIE Hongyue《论 BBNJ 协定与〈南极条约〉体系的协调》，《中国海洋法学评论》2018 年第 2 期，第 172 页。

⑥ 参见《澳大利亚大陆架划界案执行摘要》，第 11 页，http://www.un.org/depts/los/clcs_new/submissions_files/aus04/Documents/aus_2004_c.pdf。

2006 年 4 月，新西兰向联合国大陆架界限委员会提交环绕新西兰领土 170 万平方公里的外大陆架申请。但在提交的划界案中表示，这是一个部分划界案，不包括南极罗斯属地的资料和相关数据，该区域将在以后提出申请。① 阿根廷于 2009 年 4 月向联合国大陆架界限委员会提交外大陆架申请，主要包括南斯科舍海以南和威德海地区。② 2009 年 5 月，挪威提出的划界案涉及南极毛德皇后地和布维岛附近的大陆架，面积约 250 万平方公里。③ 2009 年 5 月，智利向联合国大陆架界限委员会提交了外大陆架的初步信息，称西经 53°~90° 的南极大陆架是智利南极领土的一部分。英国就阿森松岛、马尔维纳斯群岛（英称福克兰群岛）、南乔治亚岛和南桑威奇群岛提交了一系列局部意见。法国在提交的材料中没有提及其南极领土主张，但保留了今后提交其南极地区大陆架划界案的权利。

迄今为止，南极领土主权要求国对南极外大陆架的申请采取了不同的策略。因顾及国际影响，在澳大利亚和挪威的划界案中，两国都重申遵守《南极条约》，要求联合国大陆架界限委员会不对其南极外大陆架划界案采取任何行动。阿根廷于 2009 年 4 月提交的材料中没有要求联合国大陆架界限委员会避免考虑其南极数据。这引起了一系列反应，主要包括英国对马尔维纳斯群岛、南乔治亚岛和南极半岛地区的反应。英国、美国、俄罗斯、印度、荷兰和日本等国依据《南极条约》的规定反对阿根廷单方面破坏南极现状，要求联合国大陆架界限委员会对阿根廷划界案中的南极地区部分不予审议。委员会也决定不予审议附属于南极的大陆架外部界限的申请。受限于《南极条约》的规定，各国递交南极外大陆架申请主要是为了在未来南极事务中争取话语权，强化自己对南极地

---

① "Receipt of Submission Made by New Zealand to the Commission on the Limits of the Continental Shelf," http://www. un. org/depts/los/clcs _ new/submissions _ files/nzl06/clcs _ 05 _ 2006e. pdf.

② "Outer Limit of the Continental Shelf, Argentine Submission," Executive Summary, p. 9, http://www. un. org/depts/los/clcs_ new/submissions _ files/arg25 _ 09/arg2009e_ summary_ eng. pdf.

③ "Continental Shelf Submission of Norway with Respect to Bouvetoya and Dronning Maud Land," Executive Summary, http://www. un. org/depts/los/clcs _ new/submissions_ files/nor30 _ 09/nor2009_ executivesummary. pdf.

区的领土要求，试图取得国际法上的某种积极效果。此外，澳大利亚、英国、阿根廷还试图通过将南极周围岛屿的外大陆架向南延伸，以非南极领土的外大陆架申请的方式在南极条约体系中寻找突破口。例如，澳大利亚涉及赫德岛、麦克唐纳群岛、麦夸里岛。英国涉及马尔维纳斯群岛、南乔治亚岛等。根据2008年联合国大陆架界限委员会给出的建议，澳大利亚的三座亚南极岛屿由于领土主权无争议，其涉南极的大陆架界限基本得到了委员会的认可。但问题在于，承认澳大利亚对南极海域大陆架的主权权利意味着澳大利亚享有相关海域的矿产资源勘探开发等权利，而这与《南极条约》规定的南极地区应为全人类利益而使用的宗旨相违背。因此，基于亚南极岛屿主张外大陆架权利如何与南极条约体系相协调，仍有待探讨和解决。

　　对于上述国家提出的大陆架划界案，众多非南极领土主权要求国认为只有《南极条约》才是确定南极海域法律地位的依据，反对任何国家对南极洲的大陆架提出权利主张。美国多次照会联合国表示不承认《南极条约》所辖地区内的任何领土权利主张，也不承认任何国家对南极洲以外和毗邻的海底区域的海底和底土拥有权利。① 美国在南极外大陆架划界案中频频向联合国大陆架界限委员会提出建议，可以看出美国对此问题保持高度关注。美国决策者们充分意识到，如果上述国家进一步通过国内立法或行政手段来明确其大陆架权利主张并进行海底资源开发的话，将严重威胁南极的多边合作并对美国外交构成重大挑战。这反映在2009年4月举行的第32届南极条约协商会议上。该会议通过了《南极条约50周年华盛顿部长宣言》。美国特别重视宣言中的两项内容：一是"重申《南极条约》所起作用的重要性，特别是第四条保证了南极地区持续的国际和谐"；二是"重申各协商国对《关于环境保护的南极条约议定书》第七条所要履行的义务，此条款禁止在南极开展任何与矿产资源相关的、非科学考察性质的活动"。②

---

① "Reaction of United States to the Submission Made by Australia to the Commission on the Limits of the Continental Shelf," December 3, 2004, http://www. un. org/depts/los/clcs_ new/submissions_ files/aus04/clcs_ 03_2004_ los_ usatext. pdf.

② "Antarctic Treaty Consultative Meeting XXXII Washington Ministerial Declaration on the Fiftieth Anniversary of the Antarctic Treaty," April 6, 2009, http://www. ats. aq/documents/ATCM32/ fr/ATCM32_ fr002_ e. pdf.

　　总的来说，美国的南极资源开发政策经历了一个从试图建立资源开发制度到更加重视南极环境安全的过程，这一过程既反映了南极生态环境的变化，也反映了国际政治和美国国内政治形势的变化。在资源开发被国际法和美国国内法禁止的情况下，美国非常担心其他国家在南极的领土争夺会威胁到自己的利益和整个南极条约体系的稳定性。作为南极非领土主权要求国，美国通过建立科考站、特别保护区等方式显示其在南极地区的"存在"。美国也是在南极地区对其他国家科考站行使"视察权"最多的国家。

　　除了矿物资源开发问题，南极生物资源开发的新态势也值得关注。《关于环境保护的南极条约议定书》虽然禁止开发南极矿产资源，但并未禁止南极生物资源的开发。一方面，IUU 捕捞严重威胁南极的生物多样性。例如，20 世纪 90 年代，延绳钓捕鱼技术的发展推动各国渔船在南极海域对犬牙鱼的大量捕捞，使犬牙鱼种群数量大量减少。对此，南极海洋生物资源养护委员会采取了各种管控手段全面打击南极海域的IUU 捕捞活动，包括限制捕获量和捕鱼方法、实施渔获登记制度（Catch Documentation Scheme）、设置 IUU 渔船黑名单、采取贸易限制措施等。这为其他公海海域打击 IUU 捕捞活动提供了示范。由于南极磷虾开发潜力巨大，不少世界渔业大国力图打造高附加值、集捕捞与精深加工于一体的生物资源开发利用产业。但如何可持续利用磷虾资源是一个挑战。20 世纪 70 年代，苏联、日本等国的大规模捕捞曾导致磷虾种群的数量减少，以磷虾为食的海洋生物（鲸、海豹、企鹅等）也受到威胁。南极海洋生物资源养护委员会有针对性地出台了保护措施，通过预防性捕捞限额确定每年可捕捞磷虾量，综合考虑年度科学研究中的磷虾存量变化。[①] 南极的微生物资源如同深海底生物资源一样特殊而丰富，这源于南极地区独特的地理位置及气候特征。目前已知的南极微生物的种类有成百上千种，其中很多微生物的性状和功用，如嗜冷、嗜盐、抗辐射特性等，还有待进一步研究。这个领域在基础研究和生物工程应用方面具有相当大的潜在价值。南极微生物资源是发达国家竞相发掘的资源领域，

---

　　① 刘永新等：《南极磷虾的资源概况与生态系统功能》，《水产学杂志》2019 年第 1 期，第 58 页。

很多国家打着科研的旗号进行商业开发。但这方面的法律制度存在不足，导致南极微生物资源开发也面临着资源所有权不清晰、惠益分享等问题。南极微生物资源的开发与联合国正在进行谈判的国家管辖范围以外的生物多样性（BBNJ）问题密切关联。当《联合国海洋法公约》体系讨论国家管辖范围外海洋生物遗传资源利用的问题时，南极条约体系也正在规范该问题。在南极条约协商会议框架内，2002 年英国首次提交了关于生物勘探的工作报告，此后又有多个国家提交关于生物勘探的文件。BBNJ 协定适用于南极所有海域还是部分海域（即国家管辖外海域），取决于其是否承认一国在南极拥有主权及主权权利。这是个需要妥善协调的问题。为避免引发领土主权争议，BBNJ 协定在南极海域适用时应与南极条约体系进行协调。

第七章　美国与北极资源开发

北极地区有多少部分属于全球公域的范畴，目前还没有定论，但这并不妨碍我们把北极的资源开发问题单独作为一个对象来进行关注和研究。南极与北极的资源开发问题所面临的国际政治环境并不相同，特别是两者在主权问题上面临不同的情况。这种区别致使南极的矿物资源并没有被实际开发，而北极一部分属于北极国家主权管辖范围内的资源已经得到开发，但大量处于北极国际海底的资源仍没有被开发。① 近年来，国际上对北极主权权利和资源的争夺趋于白热化，目前，几个国家都在为提出北极主权权利要求搜集证据，但各国要收集终年被海冰覆盖的海底地形地貌的数据非常困难，而且最后的勘探结果能否如各国之前的猜想都是未知数。联合国大陆架界限委员会也无权对一个以上国家提出主权要求的地域作出裁决。如果各国对分得的利益不满，自然会产生矛盾与冲突。目前，北极资源并没有得到大规模开发，主要原因是北极资源开发难度大、限制因素多。各国目前致力于取得在北极资源开发事务中的话语权和领导权，以便为将来的资源开发占得先机。

可以预见，北极资源开发未来仍将是人类所面临的一个国际政治问题，南极资源开发问题的冻结与北极资源争夺的白热化以不同的方式显示了北极资源开发问题背后激烈的国际博弈。能否以合理的方式解决北极资源开发问题，将显著影响国际社会的安全和地球环境的稳定。而美国对北极资源的归属和分配、对极地资源开发与环境保护等问题的态度都将影响这一领域政治事态的发展。美国也通过了多个涉及北极主权和资源开发问题的政策和法律文件，并为资源开发做技术准备，以防在北极利益竞争中落后。

---

① 例如，美国最大的油田——普拉德霍湾油田（The Prudhoe Bay Unit）位于阿拉斯加北极圈海岸，自 20 世纪 70 年代以来已出产 128 亿桶原油，预计仍有 64 亿桶原油的储量。这些石油经由著名的阿拉斯加输油管线被装上油轮运往西海岸的炼油厂。参见美国阿拉斯加州驻中国贸易代表处网站，http://www.alaskainchina.com/_d271401505.htm。

第一节　美国在北极活动的背景与北极争端的加剧

北极地区通常指北极圈以北的地区。北极地区包括陆地和海洋。与南极不同，除美国、俄罗斯、加拿大、丹麦、芬兰、冰岛、挪威和瑞典的部分领土和岛屿外，它的主要部分是北冰洋。北冰洋四周被大陆环绕，其面积约为 1475 万平方公里，是世界四大洋中面积最小、平均水深最浅的一个海洋，属于国际海域。北冰洋海冰平均厚度为 3 米，冬季覆盖海洋总面积的约 73%，夏季覆盖约 53%。位于北冰洋中央的海冰已持续存在 300 万年。北极岛屿的数量很多，在四大洋中其岛屿的数量和面积仅次于太平洋。这些岛屿多分布在大陆架上，基本上属于陆架区的大陆岛。

自古以来，北极就生活着因纽特人。12 世纪，北欧海盗发现了位于北极地区的斯瓦尔巴群岛。从那时起，人们便开始关注北极圈内的浩瀚海洋。起初，许多欧洲国家纷纷前往一些岛屿拓荒、捕鲸，随后转向采煤等。然而，在 19 世纪以前，由于科学技术的限制，北极基本被视为一块荒凉、无用的土地。随着科学技术的进步，北极地区的潜在价值也日渐显现。

一　美国在北极的历史和地位

1867 年，从俄国手中购买了阿拉斯加的美国，成为极地国家中的一员。1870 年，美国国会批准格兰特总统关于向北极派遣考察队的建议，并拨款 50000 美元。这是 19 世纪第一次也是唯一一次全部由政府出钱支持的北极考察。1880 年，为参加国际极地年计划，美国国会批准在北纬 81°建立北极临时考察站，负责进行科学考察并寻找捕鲸的新海域。1908 年和 1909 年，两名美国探险家，弗雷德里克·库克（Frederick Cook）、罗伯特·佩里（Robert E. Peary）各自率领队伍前往北极探险，并分别到达极点，后者现在一般被视为到达北极点的第一人。在佩里的行程中，他的助手马修·汉森（Matthew Henson）将美国国旗插在了北极的冰层上，以宣示美国对北极的拥有。20 世纪初的北极之行得到了美国国民的认可和赞誉，但美国政府并未根据私人探险的成果对北极提出主权要求。[①]

---

① *FRUS*, 1947, Vol. I, p. 1043.

1907 年，加拿大参议员普瓦里耶（Pascal Poirier）作了长篇演讲，呼吁加拿大政府保护本国在北极的领土权益，并在此次演讲中首次提出了划分北极的"扇形原则"，以此作为加拿大对所有北极岛屿拥有主权的基础。他声称："位于两条国界线之间直至北极点的一切土地应当属于邻接这些土地的国家。"这一理论的提出标志着北极权益争端正式明朗化，北极领土之争也由此展开。① 1925 年，加拿大议会通过了一项对《西北领地法案》的修正案，要求任何打算前往加拿大西北领土的科学家和探险者都要得到加拿大政府的许可和同意。加拿大主张的北极领土范围包括加拿大以北、东经 60° 和西经 141° 之间直到北极点的"扇形"区域（格陵兰岛在这一区域中的部分除外）。苏联紧随加拿大之后，也参照"扇形原则"对北极部分区域提出主权要求。1926 年 4 月 15 日，苏联中央执行委员会颁布了一条法令，宣布东经 32°4′35″和西经 168°49′30″之间直到北极点的"扇形"区域中的陆地和岛屿都属于苏联的领土。苏联还展开了数次科考行动以收集数据，支持它们的领土要求。② 苏联教科书中早已明确写道，北极是苏联领土不可分割的一部分。早在斯大林时代，苏联地图上与北极的界线就像三角形的两个边一样，划分明确简单：一边从北极到雷巴奇半岛，一边由北极到白令海峡。其间广阔的地域都归苏联所有。

对于这些领土主权要求，美国政府都不予承认，但也非常顾虑。丹麦和挪威也认为，北极地区大部分是海洋，并且北极海域的浮冰和海水都是漂移不定的，任何国家都不可能有效地占领，加拿大和苏联对北极的领土主权要求缺乏国际法依据。

第二次世界大战后，与在南极地区一样，美国开始在北极地区进行大规模考察。随着北约的成立，美国在从阿拉斯加到冰岛的漫长北极线上建起了弹道导弹预警系统，部署了相当规模的远程相控阵雷达、战略核潜艇、弹道导弹和截击机。冷战使北极成为一处重要的战略要点。③ 20 世纪 50 年代以后，北极领土纷争没有停止。加拿大率先根据"扇形

---

① 邹克渊：《两极地区的法律地位》，《海洋开发与管理》1996 年第 2 期，第 36 页。
② *FRUS*, 1947, Vol. I, pp. 1043 – 1045.
③ Gail Osherenko and Oran R. Young, *The Age of the Arctic: Hot Conflicts and Cold Reality*, (New York: Cambridge University Press, 1989), pp. 18 – 30.

原则"宣布对北极享有主权，而邻近北极的丹麦、苏联、挪威等国也都没有放弃对该地区的领土主权要求，丹麦提出北极海底山脉是格陵兰岛海脊的自然延伸，苏联则一再重申半个北冰洋都是西伯利亚大陆架向北的延伸。北极地区没有像南极地区那样形成一个条约体系来规定其法律地位和主权问题。按照《联合国海洋法公约》的有关规定，由于目前没有证据表明任何一个国家的大陆架延伸至北极，北极点及其附近地区不属于任何国家，北极点周边为冰川所覆盖的北冰洋被视为国际海域。但近年来围绕着北极领土主权和资源的国际争端不时出现。

目前，北极周边的八个国家在北极地区都有获得国际承认的领土，但各国在大陆架或者专属经济区的边界上存在争端。由于北极地区的陆地部分被几个国家占有，这些地方的石油、天然气等自然资源已经或多或少得到各国的开发。北冰洋洋底地形最突出的特点是大陆架非常广阔，面积约为400万平方公里，占整个北冰洋面积的1/3。这比全球其他大洋的大陆架所占的面积大很多。亚洲大陆以北的大陆架较宽阔，北美洲大陆以北的大陆架较狭窄。这些储藏着资源的大陆架是北极国家在北极地区争夺的重点。

由于阿拉斯加州的一部分位于北极圈内，美国是八个北极国家之一。[1] 第二次世界大战结束后，美国力图在北极获取多学科资料，确保其在北极的边界及主权、环境保护、国家安全、海上贸易等方面的利益。随着环境保护问题日益严峻，美国与其他北极国家开始合作保护北极环境和生物资源，目前已建立了部分北极圈区域观测网。[2] 从能源角度来说，美国拥有在北极开采石油、天然气资源的领先技术。阿拉斯加州是美国重要的能源基地，美国石油产量的20%出自该州，美国剩余石油储量的大约一半和煤炭储量的一半也集中在该州。[3] 与南极资源开发情况不同的是，美国对自己领土范围内的北极资源一直在进行开发。美国境内北极地区的石油储量约为270亿桶，天然气储量为132万亿立方米。

① 1996年，加拿大、丹麦、芬兰、冰岛、挪威、俄罗斯、瑞典和美国这八个北极国家宣布成立北极理事会，致力于促进北极地区环境、社会与经济的可持续发展。可参见北极理事会网站，http://www.arctic-council.org/。
② "National Strategy for the Arctic Region," May 2013, pp. 7 – 10, https://www.whitehouse.gov/sites/default/files/docs/nat_arctic_strategy.pdf.
③ *Arctic Research of the United States*, NSF 07 – 137, Vol. 20, 2006, p. 118.

2015 年 5 月，美国"有条件"地批准壳牌公司在阿拉斯加北极海域的石油钻探计划。但 9 月底，壳牌就宣布无限期推迟在楚科奇海和泛美北极圈内的石油开采项目。事实上，壳牌公司运营的阿拉斯加博格油田的产出不尽如人意。虽然在博格油田的井中发现了油气迹象，但这不足以支持更长远的开发，这座油井已根据美国的相关法律被封存并被废弃。过去 10 年，壳牌公司在北极地区花费超过 70 亿美元。由于阿拉斯加近岸开采油田的联邦规定仍存不确定性，加之美国环保组织的强烈反对，壳牌公司的北极计划处于搁浅状态。这对其他公司参与北极资源开发有警示作用。

二　北极冰融带来的机会和挑战

近些年来，北极海冰的加速融化促使北极资源开发变得越来越容易。这是导致北极局势紧张的重要原因。北极日益成为一个安全问题。同时，国际社会对北极面临的生态环境挑战更加关切。加强对北极生态环境的保护，成为一项全球性挑战和各国的普遍共识。在 2007 年夏季，北冰洋西北和东北航道在数周时间内首次出现了无冰的情况。北冰洋浮冰层创下了自卫星图像测量以来冰融化的最快纪录。北极地区的冰川、海冰融化，永久冻土层解冻，温度上升等都强有力地证明，全球变暖对北极地区的气候产生了重大影响。北极地区气候变化所产生的后果还将进一步反作用于全球气候系统。北极冰层融化将导致北极大陆反射太阳光的能力减弱，从而加剧全球变暖。

从积极的方面来看，冰层融化可能会使北极航线通航。北极航线主要包括"东北航道"（northeast passage）或称"北方航道"（the northern sea route）和"西北航道"（northwest passage）。"东北航道"西起西欧和北欧港口，大部分航段位于俄罗斯北部沿海的北冰洋离岸海域，穿过白令海峡到达日本、韩国等国港口。"西北航道"是指由格陵兰岛经加拿大北部北极群岛到阿拉斯加北岸的航道，这是大西洋和太平洋之间最短的航道。通常从欧洲到太平洋主要有三条航线，分别为经苏伊士运河、巴拿马运河和非洲好望角到达太平洋。这三条航线的航程分别为 19931 公里、26186 公里和 22356 公里。如果从东北亚前往北美东海岸或欧洲，走北极航线将比走巴拿马运河或苏伊士运河航线整体航程减少 40% 以上。除两条传统的北极航线外，人们在北极海域还可能开辟新的航海路线。由于北极新航道可以大大缩短欧洲、北美和东亚主要港口之间的距离，北极有可能成为全球货物集散中心。

在生物资源方面，北冰洋孕养着相当数量的动植物资源。由于全球气候变暖，北极海域可能出现新的渔场，北冰洋的生态环境也将发生巨大变化。

总之，尽管美国管辖的北极地区地广人稀（生活在阿拉斯加北极地区的人口约为14万，人口密度远低于美国本土的48个州），但有美国官员和学者指出，北极在以下方面对美国具有巨大的战略重要性：

（1）北极地区及其浅海地带蕴藏着丰富的油气和矿产资源；

（2）北极地区提供了重要的商业、娱乐价值和作为食物来源的渔业资源；

（3）北极地区是大量野生动物的栖息地和捕食场所，而这种条件是独一无二的；

（4）北极地区是原住民的家乡，他们的文化和生活方式值得尊重和保护；

（5）北极地区夏季海冰融化后向世人提供了新的北极航线，为海底资源开采提供了新路径，也对海洋基础设施建设和海洋管理提出了新要求；

（6）北极地区气候变化问题带来了重要挑战；

（7）北极国家对北极地区200海里外大陆架的权利主张正在引起潜在的冲突及问题；

（8）除冰岛之外的七个北极国家在北极地区都设有军事基地，最近俄罗斯军事基地网络的扩张更是引起国际社会的特别关注。①

北极资源开发往往与环境保护相互冲突。北极面临的最大的环境威胁是石油泄漏。石油泄漏对于北极环境的影响，要比其他任何地方都严重。极低的气温、许多物种群居的习性，使得环境事件的破坏力更强。海面浮冰的减少增加了石油泄漏的可能性。随着货运承载量的不断上升，

---

① John P. Holdren and Mark Brzezinski, "Coordinating U. S. Actions to Address Arctic Challenges: The Arctic Executive Steering Committee's First Year," *Huffington Post*, January 26, 2016, https://www.huffingtonpost.com/dr-john-p-holdren/coordinating-us-actions-t_b_9077640.html.

这些浮冰对于航海业的威胁也在不断增大。美国也在研究相关的措施方法来应对北极地区的石油泄漏。例如，国家海洋和大气管理局开展了一系列研究活动，包括研究石油在冰块中的活动，在冰下和极夜期如何确定石油泄漏位置和最佳处理方法。北极资源虽然丰富，但只有被开采出来并运输到其他地方，才能真正体现其价值。基建和产品运输，都需要航运业的支持。出于长远发展考虑，造船业已经逐渐将注意力集中于设计和制造更大更精良的"北极适用"的船只。

在军事上，无论美国、加拿大、北欧还是俄罗斯，都在彰显自己在北极的军事存在。北极地区"军事化"的趋势越来越明显。美国在格陵兰岛修建有雷达站，并在阿拉斯加州部署有2个旅的兵力和国民警卫队的1个空军联队。目前，美国意识到破冰船的重要性。它几乎可以同时实施军事、执法、援救、研究及环境数据测量等行动，为此应大力投资加强新式破冰船的研发和制造。美国国防部已经对外宣布，计划拨出87亿美元，用于对海岸警卫队所属破冰船的维修和现代化升级改造。美国还打算逐步完成以海岸为补给基地的基建工程，以维护自身在北极地区的主权存在。

冷战结束后，北极事务逐渐由传统安全事务领域向非传统安全事务领域拓展。主权国家、国际组织、非政府组织、次国家行为体都不同程度地参与到北极治理中，北极治理进入"多元化"时代。新兴议题的涌现对北极现有治理机制提出了挑战。美国作为世界头号强国，在北极治理秩序构建过程中发挥着极为重要的作用，众多北极事务都免不了美国的参与。

三　美国与北极的主权权利之争

无论在过去还是今天，在北极圈内有领土和领海的国家都积极参与了北极领土主权和资源的竞争。其中，加拿大、俄罗斯、丹麦、挪威和美国尤为积极。在这些国家中，俄罗斯在北极的活动最为活跃，规模也最为庞大。

从法律层面看，与南极有世界共同遵守的《南极条约》不同，北极没有相应的法律约束文件。目前，关于北极法律地位的国际公法只有

1920 年签署的《斯瓦尔巴条约》[①] 和《联合国海洋法公约》。其他与北极相关的国际条约还有《核安全公约》《国际海事公约》《北极熊保护协定》等。涉及北极的一些双边条约和协议包括 1976 年美苏签订的《保护北极候鸟及其生存环境的协定》、1988 年美国和加拿大签订的《北极合作协议》、1998 年挪威与俄罗斯签订的《环境合作协议》等。目前，关于北极的国际共识，是落后于北极的开发和使用现状的。根据《联合国海洋法公约》，由于目前没有证据表明任何一个国家的大陆架延伸至北极，北极点周边为冰所覆盖的北冰洋被视为公海和属于人类共同继承财产的国际海底区域。但《联合国海洋法公约》对超过 200 海里的外大陆架外部界限的规定充满争议。《联合国海洋法公约》第七十六条第 5 款规定，"沿海国大陆架在海床上的外部界限的各定点，不应超过从测算领海宽度的基线量起三百五十海里，或不应超过连接二千五百公尺深度各点的二千五百公尺等深线一百海里"。这条包含"或"字的含混规定导致了许多争端。大陆架外部界限制度是一项相对新的国际法制度。联合国大陆架界限委员会主要基于科学数据审议沿海国提交的大陆架外部界限划界案并提出建议，但沿海国大陆架外部界限的最终划定是涉及国际法、国际关系、海洋地质、测绘等多个学科领域的问题。北冰洋沿岸国都想尽量把本国大陆架外部界限向外扩张，以争取更多的资源和战略利益。北极地区存在的主权争端实际上主要包括三种：有关领土的争端，[②] 有关专属经济区、大陆架的争端以及有关国际航道的争端。

　　加拿大第一次正式主张北极群岛水域是其内水是在 1973 年。1986 年，加拿大政府根据《联合国海洋法公约》相关条文，宣布以所属最外沿群岛的海岸线为测算领海宽度的基线，划出 12 海里领海和 200 海里专

---

① 《斯瓦尔巴条约》，又称《斯匹次卑尔根条约》，是 1920 年由国际联盟主导，挪威等 18 国签订的关于斯瓦尔巴群岛的使用与主权问题的条约。1925 年，中国、苏联、德国、芬兰、西班牙等 33 个国家也参加了该条约，成为《斯瓦尔巴条约》的缔约国。《斯瓦尔巴条约》涉及的土地范围仅限于斯瓦尔巴群岛。该条约使斯瓦尔巴群岛成为北极地区第一个也是唯一一个非军事区。条约承认挪威对其"具有充分和完全的主权"，该地区"永远不得为战争的目的所利用"。但各缔约国的公民可以自主进入，在遵守挪威法律的情况下从事正当的生产和商业活动。参见中国国家海洋局极地考察办公室网站，http://www.chinare.gov.cn/caa/gb_article.php?modid=04005。

② 丹麦和加拿大之间存在关于汉斯岛（Hans Island）主权的争议。该岛位于加拿大的努内维（Nunavut）和丹麦的格陵兰岛之间，面积仅为 1.3 平方公里。

属经济区。这样一来，从加拿大国土东西两端向北延伸，差不多快到北极点的广阔"扇形"水域，都成了加拿大的内水。该领海划分法一经公布，立刻遭到欧盟、日本、美国的质疑。美国坚持认为，由一个接一个海峡连接而成的北冰洋航道，连接着太平洋和大西洋，显然属于"用于国际航行的海峡"，因此包括军舰在内的他国船只均应享有无害通过权。而按照加拿大现在的划分办法，整条航道都属于加拿大内水。因此，各国主张北极水域应公开对外开放，而加拿大则坚持对其进行绝对管辖，矛盾由此逐步激化。①

进入 21 世纪，北极主权权利之争愈演愈烈。俄罗斯是世界上最大的北极国家，是北冰洋海岸线最长的沿岸国，也是第一个向联合国大陆架界限委员会提交大陆架外部界限划界案的国家。俄罗斯关于 200 海里以外大陆架外部界限的主张及其实践对大陆架制度具有重要影响。② 2001年，俄罗斯政府声称包括北极点在内的半个北冰洋都是西伯利亚的地理延伸，因此北极是俄罗斯的。2004 年，俄罗斯率先完成了北极海域海图的绘制，并努力搜集地理数据，以此证明自身的北极权益主张，重点"突破口"就选择在了罗蒙诺索夫海岭（Lomonosov Ridge）。③ 2004 年 10月初，丹麦政府准备拿出 1.5 亿丹麦克朗专门用于北极科考，宣称只要科学家们能够证明北极点所在的海底是丹麦所属的格陵兰岛的自然延伸，丹麦就将拥有开发那里的石油和天然气资源的权利。丹麦的主张引发加拿大政府的强烈抗议。2004 年 8 月，加拿大为了宣示对北极的主权，首次派兵对北极进行 8000 公里的巡逻，并首次在北极地区进行千人规模、代号为"独角鲸"的反恐军事演习。但相关国家对此群起抗议，指责加拿大试图独吞北极。④

2007 年，北极主权权利和资源之争突然升温。俄罗斯知名北极专

---

① 曾望：《北极争端的历史、现状及前景》，《国际资料信息》2007 年第 10 期，第 12 ~ 13 页。
② 匡增军：《俄罗斯的北极战略：基于俄罗斯大陆架外部界限问题的研究》，社会科学文献出版社，2017，第 1 页。
③ 罗蒙诺索夫海岭是一座海底山脉，呈弧形环绕在地球的最北端，一端连着俄罗斯，另一端连着加拿大及丹麦的格陵兰岛。
④ 曾望：《北极争端的历史、现状及前景》，《国际资料信息》2007 年第 10 期，第 13 页；黄志雄：《北极问题的国际法分析和思考》，《国际论坛》2009 年第 6 期，第 10 ~ 11 页。

家、国家杜马副主席奇林加罗夫（Artur Chilingarov）于8月2日率俄科考队员乘深海潜水器从北极点下潜至4000多米深的北冰洋洋底，插上一面钛合金制造的俄罗斯国旗，引起世界媒体的关注。俄罗斯认为，如能确定罗蒙诺索夫海岭是西伯利亚北部地区大陆架的自然延伸，那么这意味着俄罗斯领土将增加120万平方公里。丹麦也很想证实罗蒙诺索夫海岭是属于它的领土。俄罗斯插旗举动之后，美国和加拿大政府都表示，俄罗斯这一做法不具有任何法律效力。美国海岸警卫队"希利"号重型破冰船于8月6日从美国西北部的西雅图港出发，驶往北极海域开展科学考察。从8月7日开始，加拿大海军在北冰洋举行了为期多天的军事演习。8月10日，加拿大总理哈珀宣布，加拿大政府将在北极建立两个新的军事设施，包括一个军事训练基地和一个深水码头，此举意在表明加拿大将长期驻守这一地区。随后，丹麦也分别于2007年、2009年和2012年组织三次北极科考，并认为在北极地区其可主张的领土面积约为89.5万平方公里，且罗蒙诺索夫海岭是格陵兰岛的延伸。一时之间，北极地区的局势骤然紧张，北极主权争端也因此开始成为世界关注的焦点。各国新闻媒体纷纷发表文章，探讨有关北极争端的各种话题。

当前，在北极大陆架与专属经济区的划界问题上简略情况如下：

丹麦与加拿大已签署协议，完成划界，但存在汉斯岛的主权争议；俄罗斯与挪威、挪威与丹麦、挪威与冰岛之间已完成划界；美国与加拿大之间未签署协议；1990年，美国和苏联签署了关于白令海和楚科奇海的划界协议，即《白令海及其邻近海域海洋边界协定》，美国国会此后批准了该协议，但俄罗斯尚未批准，这导致美俄在北极的海域边界划分上仍存在不确定性。[①]

此外，美国、加拿大、俄罗斯、丹麦、挪威五国目前都在制定有利于自己的北极外大陆架划界方案，然后将其提交给联合国大陆架界限委员会。目前，已经正式向联合国大陆架界限委员会提交划界案的国家有俄罗斯和挪威两国。2001年，俄罗斯正式向联合国大陆架界限委员会提交划界案，由此成为北极国家以自然延伸原则主张外大陆架权利的第一案。该划界案包含关于北冰洋、巴伦支海、白令海及鄂霍次克海延伸至

---

① 李学杰等：《北冰洋大陆架划界现状》，《极地研究》2014年第3期。

200 海里外的俄罗斯联邦大陆架拟议外部边界的数据和其他资料。但 2002 年 6 月 27 日，大陆架界限委员会以证据不充分为理由要求俄罗斯修订其划界案。加拿大、丹麦、挪威和美国也进行了回应，认为俄罗斯提交的材料不能支撑其要求。① 2015 年 8 月 4 日，俄罗斯再次向联合国大陆架界限委员会递交了关于扩大北极外大陆架范围的申请。俄罗斯认为，罗蒙诺索夫海岭和门捷列夫海岭是俄罗斯大陆架的一部分，是海底高地，而不是海底脊。因此，要求将 120 万平方公里的大陆架划入俄罗斯管辖范围，这相当于从海岸向海洋深处延伸约 650 公里。俄罗斯外交部表示，俄罗斯科学家用了多年在北极研究中获得的充分科学数据来支持此次的申请。但在俄罗斯与西方国家尖锐对立的背景下，俄罗斯的申请面临很多阻力。2006 年，挪威也向联合国大陆架界限委员会提交了 3 个独立地区的外大陆架划界方案。其中南森海盆西部（Western Nansen Basin）地区位于北极。2009 年，联合国大陆架界限委员会原则上同意挪威提交的关于南森海盆西部的划界方案。丹麦于 2013 年 11 月 26 日和 2014 年 12 月 15 日向联合国大陆架界限委员会提交了北极外大陆架的划界案。2013 年 12 月 6 日，加拿大向联合国大陆架界限委员会提交了关于大西洋外大陆架的初步资料。通过提交初步资料，加拿大保留了在晚些时候向联合国大陆架界限委员会提交北极外大陆架主张的权利。2019 年 5 月 23 日，加拿大最终提交了关于北极外大陆架的划界案。美国尽管声称其有权提出北极外大陆架主张，但尚未正式提交相关材料。

　　除北极国家之外，非北极国家也深深卷入了北极事务。不少国家表达了对北极的关心，希望在北极的资源开发中能够分得一杯羹。因此，北极主权之争实际上不仅是环北冰洋国家之间的事务，也是全球国家之间的复杂博弈。例如，英国声称对北极附近大西洋水域下的外大陆架拥有主权，试图获得与丹麦、冰岛有争议的罗卡尔岛②附近地区丰富的油气资源的开采权。此外，德国已经在巴伦支海和门捷列夫山脉勘测了 15 年。印度也在寻求合作者，以共同开发北极矿藏。鉴于北极巨大的价值，

---

① 美国对 2001 年俄罗斯外大陆架划界案的回应参见联合国官方网站，http://www.un.org/Depts/los/clcs_new/submissions_files/rus01/CLCS_01_2001_LOS__USAtext.pdf。

② 罗卡尔岛是位于英国北部、距苏格兰海岸线 200 英里远的一个无人居住的小岛，该岛附近地区蕴含着丰富的油气资源。

各国还纷纷加紧提升自己在北极事务中的话语权。北极八国以及欧盟、德国、英国等纷纷更新自己的北极战略。

第二节　美国历届政府的北极资源开发政策

由于北极主权和资源开发问题是密不可分的，为了防止美国在北极利益竞争中落后，美国在北极主权和资源开发问题上进行了长期的政策准备。在政策层面上，第二次世界大战后美国历届政府多次颁布关于北极事务的立法和行政命令，其中北极主权和资源开发问题也是这些政策中的内容之一。但北极问题在美国政策议程上的地位并不是一成不变的。世界局势的变化和决策者关注点的不同往往影响美国北极政策的制定和执行。具体来说，按时间顺序，美国主要有以下北极政策文件（其中包含北极资源开发的内容）出台。

1971年12月22日，尼克松政府发布了第144号国家安全决策备忘录，阐述了美国的北极政策。备忘录决定创立部门间北极政策小组，负责审查美国北极政策的执行和评估；表示美国将支持合理开发北极的行动，并以尽量减少对环境的负面影响为指针；要求国家安全委员会提出行动方案来促进美国与其他国家合作勘探、开发北极资源，联合进行科学研究，并提高美国在北极的行动和存在的能力。[1] 1973年1月22日，尼克松政府又发布了第202号国家安全决策备忘录，重申了第144号备忘录的内容，决定暂时不与苏联、加拿大等国讨论建立多边的涉及北方领土和北极合作的条约，也不拟召开相关国际会议。[2]

1980年12月2日，美国国会通过了《阿拉斯加国家利益土地保护法》。其中第1007条要求内政部、国防部和能源部进行北极研究，为联邦政府制定一个全面的北极政策，以促进开发和使用北极资源，并关照北极独特的自然环境和当地居民的需求。在技术方面，要求评估油气资源勘探、开发、运输对北极环境的影响，研究先进技术以增进环境安全

---

[1] National Security Decision Memorandum 144, Dec. 22, 1971, http://nixon. archives. gov/virtuallibrary/documents/nationalsecuritydecisionmemoranda. php.

[2] National Security Decision Memorandum 202, Jan. 22, 1973, http://nixon. archives. gov/virtuallibrary/documents/nsdm/nsdm_202. pdf.

和油气开发的效率，扩大对北极海冰情况的监测和了解，研发有效和可行的技术来处理石油泄漏和其他资源开发可能引起的危险情况。[1]

1983 年 4 月 14 日，里根政府发布了第 90 号国家安全决策指令，强调"美国在北极地区有着独特的关键性利益"，它直接关系到美国的国家安全、资源及能源开发、科学调查和环境保护。其中，关于资源开发方面，指令要求保证合理有序地开采北极资源，减少对环境造成的不良影响。[2] 根据指令要求，美国国务院于 1984 年 12 月向国家安全委员会提交了一份部门间北极政策小组备忘录，题为《到 80 年代末美国政府可能需在北极做的工作》。该备忘录罗列了 14 个可能需要美国政府提供协助的领域，认为美国的北极政策将要面临的最重要变化主要在油气资源开发、国防、运输、环保等方面。[3]

与第 90 号国家安全决策指令相配合，1984 年 7 月，美国国会通过了《北极考察和政策法》。该法为美国在北极的活动奠定了广泛的政策基础，完善了美国制定和执行北极政策的法律框架，并要求组建两个直接隶属于总统和国会的平行机构，一个是部门间北极研究政策委员会，另一个是北极考察委员会。[4]《北极考察和政策法》开篇首先强调"北极的陆地和海底蕴藏了至关重要的能源，有利于减少美国对外国石油的依赖，增进国家收支平衡"。该法还强调要保证合理有序地开采北极资源，减少对环境造成的不良影响。[5] 该法结束了美国北极研究分散和缺乏协调的状态，把美国对北极的科学研究、经济利益和战略考虑联系在一起。这表明美国政府真正意识到美国需要以一个连贯的、跨部门合作的方式来应对北极问题。

1989 年 9 月，根据芬兰政府的提议，北极八国派出代表召开了第一

---

① "Alaska National Interest Lands Conservation Act of 1980," Article 1007.

② National Security Decision Directive 90, Apr. 14, 1983, http://www.fas.org/irp/offdocs/ns-dd/nsdd - 090. htm.

③ Samuel Frye, "The Arctic and US Foreign Policy, 1970 - 90," *US Department of State Dispatch*, April 8, 1991, p. 245.

④ 这两个机构的设置是由《北极考察和政策法》与之后发布的第 12501 号总统行政命令共同完成的。参见 Executive Order 12501, January 28, 1985, http://www.presidency.ucsb.edu/ws/index.php? pid = 38955&st = &st1 = #axzz1PWaabIfb。

⑤ "Arctic Research and Policy Act of 1984," http://www.nsf.gov/od/opp/arctic/iarpc/arc_res_pol.act.jsp.

届北极环境保护协商会议，共同探讨通过国际合作来保护北极环境。
1991 年 6 月，美国与其他七个北极国家在芬兰罗瓦涅米签署《北极环境
保护宣言》。宣言的签署，引出了保护北极环境的系列行动——北极环境
保护战略（AEPS）。该战略提出，解决北极地区的环境问题需要广泛的
国际合作，建议成员国在北极各种污染数据方面实现共享，共同采取进
一步措施控制污染物的流动，减少北极环境污染的消极作用。宣言提出，
成员国将周期性地召开会议，评价计划进度，交流信息。北极环境保护
战略的实施主要通过四个工作组来实现，分别是北极监测与评估工作组
（AMAP）、北极海洋环境保护工作组（PAME）、北极动植物保护工作组
（CAFF）及突发事件预防、准备和反应工作组（EPPR）。

　　1994 年 9 月 29 日，克林顿政府颁布了《1994 年美国北极政策指
令》。该指令把美国的北极政策确定为三个主题：一是聚焦于自然资源
和需求，追求可持续发展；二是更好地理解与承认北极环境的脆弱性；
三是承认北极事务的国际性质。该指令的主要内容包括以下六个方面：
（1）保护北极环境及其生物资源；（2）确保在北极地区进行的自然资源
管理和经济开发活动在环境方面是可持续的；（3）强化八个北极国家间
的合作机制；（4）将北极原住民纳入与他们有关的决策过程；（5）加强
对地区性和全球性的环境问题的科学观测和研究；（6）满足后冷战时代
国家安全和国防的需要。[1] 其中，第一条和第二条体现了美国政府对北
极环境保护和资源开发活动的双重关切，但世界自然基金会副主席比
尔·艾克包姆（Bill Eichbaum）认为，在缺少足够的科学论证的情况下，
1994 年美国的北极政策更多地关注北极油气资源的开采，这将给北极野
生生物带来灾难性的后果。[2]

　　冷战结束后，北极地区的战略价值有所降低，北极在美国全球战略
中的重要程度也相应降低。美国一度采取保守而被动的北极政策。但俄
罗斯在北冰洋洋底插旗的举动，再次使北极进入美国决策者的视野。就
在小布什政府任期结束前夕，2009 年 1 月 9 日，小布什总统发布了第 66

---

[1]　"Fact Sheet: U. S. Arctic Policy," *U. S. Department of State Dispatch*, December 26, 1994, p. 852.

[2]　白佳玉、李静：《美国北极政策研究》，《中国海洋大学学报》（社会科学版）2009 年第 5 期，第 22 页。

号国家安全决策指令，即《美国的北极地区政策》，该指令较为详细地介绍了美国在北极地区的关切。[1] 虽然当时距离 1994 年美国北极政策指令的发布已经过去 15 年，但这项北极政策使美国对一些搁置已久的或模棱两可的问题的态度更加明确。其中，与北极主权和资源开发有关的政策主要有以下几方面。

第一，在争取美国在北极地区的大陆架主权方面，美国政府要求国务卿、国防部长、国土安全部长及其他相关政府部门和机构负责人采取一切必要行动，确定美国所属的、位于北极地区及其他地区的大陆架外部界限，并在国际法许可范围内，应尽可能将其外延。对大陆架延伸定界时，应考虑自然资源的保护与管理，并继续敦促俄罗斯批准 1990 年《白令海及其邻近海域海洋边界协定》。美国认识到，对北极海床及底土区域的自然资源（包括石油、天然气、甲烷水合物、矿物等）行使主权对于美国的能源安全、资源管理和环境保护方面的利益至关重要。美国政府认为，取得国际社会对其大陆架延伸的认可与法律确认的最有效途径是通过《联合国海洋法公约》缔约国所适用的程序。[2]

第二，在开发资源与保护环境方面，鉴于北极地区拥有的能源储备占世界潜藏能源相当大的部分，北极地区的能源开发将极大地满足全球日益增长的能源需求，美国将致力于确保整个北极地区的能源开发以环保的方式展开。美国在保护北极环境的同时，寻求北极地区能源及其他自然资源的使用与开发之间的平衡，以负责任的态度开发大陆架资源。[3]

第三，在有关资源开发的国际合作方面，要与其他北极国家进行持续紧密的合作，确保在北极地区碳氢化合物及其他（资源）的开发遵守现有的最佳惯例、国际公认的标准，以及 2006 年八国集团全球能源安全准则，即《圣彼得堡全球能源安全行动计划》。由于北极地区目前已探明的大多数油气资源都位于美国管辖之外的地区，美国应与其他北极国家在勘探、生产、环境及社会经济影响等事项方面进行磋商，在可能具有共享资源的区域开展钻井项目、设备共享、环境资料共享、影响评估、协调性监督及资源储层管理等；在对可能分布在边界上的碳氢化合物储

---

[1]　"Arctic Region Policy," NSPD – 66 / HSPD – 25, January 9, 2009.

[2]　"Arctic Region Policy," NSPD – 66 / HSPD – 25, January 9, 2009, Section III, Part D.

[3]　"Arctic Region Policy," NSPD – 66 / HSPD – 25, January 9, 2009, Section III, Part G.

层进行开发时，应保护美国的利益，减轻其开发给环境和经济带来的不良影响；就甲烷水合物的开采、北极斜坡（North Slope）① 的水文地理测量及其他事项寻求国际合作；探讨有无增设理事会的必要，以便就碳氢化合物资源的出租、勘探、开发、生产及运输，以及包括基建项目在内的互助活动等事项进行沟通；继续就共同关心的问题，与已在该地区开展活动的国家构建合作机制。②

上述政策首先明确了美国在北极大陆架主权方面的态度，即行使北极大陆架主权对于美国的能源安全、资源管理和环境保护方面的利益至关重要。而取得国际社会对其大陆架延伸的认可与法律确认的最有效途径是通过《联合国海洋法公约》缔约国所适用的程序。美国不是《联合国海洋法公约》的正式成员，因此它不能在该条约第七十六条的规定下提出对外大陆架拥有主权的主张，但多年来，美国一直对其他国家提交的材料发表意见，并要求将这些意见发布在网络上。此外，自 2001 年以来，美国一直在收集并分析相关数据以确定美国大陆架的外部界限。③

美国政府决定对北极资源开发持更加谨慎的态度，要求对北极生态系统和地理特征等条件进行充分考察和科学研究，并要求与其他北极国家一起完成这项工作。其实，自 1992 年联合国环境与发展大会后，美国政府就强调对北极资源的开发应遵循可持续发展的原则。环境保护组织已多次对阿拉斯加州的一些资源开采点表达了关切。④ 许多诉讼案的原告方通常是阿拉斯加州的原住民社区或全国性的环境保护组织，而被告方通常是批准开发大陆架油气资源的美国内政部。⑤ 这些诉讼案的判决结果将极大地影响石油公司投资北极油气资源开发的意愿，并将决定未来的资源开发活动。美国国会对北极环境保护问题也非常关注，在 2009

① 北极斜坡又称北坡，是北极外围最重要的油气盆地之一，面积约为 16 万平方公里。它是美国的石油、天然气产区，位于阿拉斯加州布鲁克斯山脉以北到波弗特海沿岸近海区。

② "Arctic Region Policy," NSPD – 66 / HSPD – 25, January 9, 2009, Section III, Part G.

③ Ronald O'Rourke, "Changes in the Arctic: Background and Issues for Congress," *CRS Report for Congress*, R. 41153, April 7, 2011, p. 11.

④ Donald R. Rothwell, "International Law and the Protection of the Arctic Environment," *The International and Comparative Law Quarterly*, Vol. 44, No. 2, 1995, p. 283.

⑤ Ronald O'Rourke, "Changes in the Arctic: Background and Issues for Congress," *CRS Report for Congress*, R. 41153, April 7, 2011, p. 20.

年参议院举行的题为"北极在美国政策中的战略重要性"的听证会上，多位作证者及参议员都对北极环境问题表达了关切。①

美国作为北极国家，可以从地区视角看待北极问题。但美国作为超级大国和世界秩序的维护者，也希望将北极战略嵌入其全球战略。一方面，美国可以从北极获得十分可观的石油和矿产资源，这对美国石油和矿产利益集团无疑具有强大的吸引力，并已经引起美国政府的高度重视。另一方面，北极的地缘重要性也日益凸显，成为国际竞争的热点地区。然而，北极生态与环境的脆弱性增加了北极的治理难度。因此，资源开发利益经常受制于美国的其他国家利益和战略目标。这些问题在奥巴马政府执政以来的北极政策中表现得非常明显。

奥巴马政府在第一届任期延续了小布什政府的北极政策。虽然在奥巴马第一届任期，联邦政府的多个部门也出台了本部门的北极政策文件，但美国总体上并未特别重视北极问题，只是将北极视为一个能够提升与其他国家合作的地区，并不愿在北极投入过多资源。与俄罗斯拥有数十艘破冰船相比，美国长期以来只拥有两艘破冰船。奥巴马政府只是在2010年5月的国家安全战略中谈及了美国的北极政策，指出："美国是一个北极国家，在北极地区拥有广泛、根本的利益。美国在北极寻求的利益包括确保国家安全、保护环境、负责任地管理北极资源、对原住民负责、支持科学研究和在一系列广泛的问题上加强国际合作。"②

随着北极地区形势在2007年之后引发巨大的国际关注，以及美国国内涉及北极的不同利益团体对北极利益诉求的不断明确，美国政府决定重新评估美国在北极地区的国家利益，并制定相应的北极政策，以大力加强美国在这一问题领域的发言权和领导力。2013年5月，也就是奥巴马政府的第二届任期，美国政府发布了《北极地区国家战略》。该文件详细地阐释了美国在北极地区的利益及实现途径，指明了奥巴马政府北极政策的优先议程和指导原则，从而帮助美国实现自身的北极利益。

《北极地区国家战略》致力于提升美国在北极地区的三个方面的利益：（1）提升美国的安全利益；（2）负责任地管理北极地区；（3）加强

① Strategic Importance of the Arctic in U. S. Policy: Hearing before Subcommittee on Homeland Security, U. S. Senate, 111th Congress, 1st Session, August 20, 2009.

② *National Security Strategy*, Washington, May 2010, p. 50.

国际合作。① 这三个目标概括起来，就是安全、管理与合作。在安全方面，既包括军事安全，也包括生态安全。在管理方面，考虑到美国对北极事务的影响力不强，与此同时，许多非北极国家也在积极介入北极事务，这让美国感到为了更有效地控制北极事务，必须增强美国的话语权，美国希望继续巩固自身在北极治理中的"领导性地位"。在合作方面，奥巴马政府认为应包含三方面内容：一是寻求与北极理事会成员国的合作，二是寻求与欧盟、联合国等国际组织的合作，三是寻求与中国、印度、韩国、日本等北极域外国家的合作。当然，美国加强国际合作也是考虑到在气候变化等全球性问题面前，美国无法靠自身提出有效的解决办法。而北极域外国家拥有较强的实力，可以帮助美国减轻压力，同时也使美国站在国际道义制高点。

在这些目标的引领下，奥巴马政府希望首先确保北极地区的安全和"海洋自由"。第一，北极不适合进行武装斗争，保持北极和平的状态是符合美国利益的，但美国并不放松在北极的军事部署。2009年，美国提出在北极地区建立导弹防御和预警系统，并授权波音公司研发能够进入北极上空轨道的卫星，为在北极的军事行动提供支援。2011年，美国国防部出台《北极地区行动报告》，提出为建立北冰洋舰队做好准备。面对希望控制北极航道的俄罗斯和加拿大，美国坚持认为北极航道是国际航道，任何国家都有通行的权利。第二，保护北极的生态环境。保护北极生态环境实际上与国际政治有着密切的关系。第三，保护北极原住民的利益并将其纳入决策机制，让北极地区巨大的经济利益惠及当地民众是美国政府优先考虑的问题之一。仅在美国阿拉斯加州就有大约11万原住民，包括印第安人、因纽特人、阿留申人等。如何在合理开发北极的同时，保护他们的权利，是需要关注的问题。阿拉斯加州是美国经济较为落后的州，美国政府希望在资源能源和旅游业的开发中更多地雇用当地民众。第四，提升科学研究水平，加强基础设施建设，给北极地区的其他事务提供支持性保障。北极是地球上独特的区域之一，提升针对北极的科研水平有助于了解北极，提升美国在北极地区的竞争力。

① "National Strategy for the Arctic Region," May 2013, https://www.whitehouse.gov/sites/default/files/docs/nat_arctic_strategy.pdf.

继发布《北极地区国家战略》之后，美国国防部、海岸警卫队和美国北极研究委员会等部门又发布了各自领域的北极政策文件。美国政府还发布了《北极地区国家战略实施计划》，阐述美国北极战略的目标和实施方案。其内容主要包括加强美国在北极海洋、航空领域的能力，发展北极的通信基础设施，确保政府在冰封水域的海事活动顺利进行，促进可再生能源和非可再生能源的发展等。①

奥巴马政府还加强了联邦政府中涉及北极事务的机构整合，同时使决策机制进一步优化。2014 年 7 月，奥巴马任命罗伯特·帕普（Robert J. Papp Jr.）担任美国北极特别代表，任命弗兰·乌尔姆（Fran Ulmer）担任国务院北极科学与政策特别顾问。2015 年 1 月，奥巴马签署第 13689 号行政命令《加强国家处理北极事务的协调能力》（Enhancing Coordination of National Efforts in the Arctic），成立旨在推进联邦政府各机构北极事务协作的"北极事务行政指导委员会"（Arctic Executive Steering Committee，AESC）。其主要负责增进涉及北极事务的 25 个联邦部门、机构和办事处之间的交流、协调与合作，具体任务包括：

（1）帮助形成和协调美国北极事务参与主体的任务的优先级；

（2）促进政府北极措施的协调实施和评估；

（3）提升联邦政府与阿拉斯加州政府、阿拉斯加原住民社区之间的协作；

（4）支持国务卿约翰·克里及其团队在美国任北极理事会轮值主席期间（2015～2017 年）的工作。

2015 年 2 月，AESC 召开第一次会议，设置了七个工作组负责具体工作。

总之，奥巴马政府的北极政策强调反恐、反偷渡等非传统安全问题，强调环境保护和生态利益，注重提升美国在北极的科研和环境监测能力，提倡国际社会多方合作共同治理北极，防止国家间的激烈竞争导致北极地区局势军事化和复杂化。奥巴马政府北极战略的最大特点是与美国全

---

① "Implementation Plan for National Strategy for the Arctic Region," January 2014，https://obamawhitehouse. archives. gov/sites/default/files/docs/implementation_ plan_ for_ the_ national_ strategy_ for_ the_ arctic_ region_ – _ fi···. pdf.

球战略紧密结合，以维护美国的全球领导地位为最终目标。[①] 2015～2017年，美国担任了北极理事会的轮值主席国。北极理事会虽然只是一个国际论坛组织，但在北极事务上确实有一定的制度约束力和影响力。自2011年起，美国国务卿开始连续参加北极理事会部长级会议。2015年8月31日～9月2日，奥巴马出席北极事务全球领导力大会并视察阿拉斯加州北极地区，成为首位访问阿拉斯加州的在职总统。在美国担任北极理事会轮值主席期间，北极理事会在提高北冰洋安全、北极地区安全和管理，发展区域经济和改善生活条件以及应对气候问题等多方面发挥了影响力。奥巴马政府充分利用美国担任北极理事会和部分工作机构轮值主席的有利时机，推动其北极政策议程。2017年5月，北极理事会通过《费尔班克斯宣言》，赞扬了2015～2017年美国担任北极理事会轮值主席期间所做的工作。[②]

　　虽然奥巴马政府强化了对北极的政策关注，但通过对上述政策和事件的解读，可以发现奥巴马政府对北极资源开发的兴趣不大。他本人曾重点阐述如何应对气候变化问题，对北极资源开发问题则很少提及。美国国务院发布的《北极理事会2015～2017年工作计划》也没有关注北极资源开发问题。[③] 美国在这一时期更多是从全球战略的视角看待北极问题，北极的资源开发对美国而言并不重要。此外，北极资源开发本身进展也不顺利。大型油气公司对开发北极兴致不高，原因主要在于：首先，国际油价持续低迷；其次，北极恶劣的天气和落后的基础设施导致钻探成本不断升高。例如，奥巴马政府曾允许壳牌公司有条件地钻探阿拉斯加北部沿海地区的石油，但在2015年壳牌公司放弃了这一开采项目。该项目投资超过70亿美元，历时8年。壳牌公司称，虽然在阿拉斯加近海发现了一些油气的迹象，但是这还不足以保证可以开采出石油。[④] 这反

① 郭培清、董利民：《美国的北极战略》，《美国研究》2015年第6期，第56页。
② "Fairbanks Declaration," Alaska, U. S. A., May 2017, p. 14, https://oaarchive. arctic-council. org/bitstream/handle/11374/1910/EDOCS – 4339 – v1 – ACMMUS10_FAIRBANKS_ 2017_Fairbanks_Declaration_Brochure_Version_w_Layout. PDF? sequence = 8&isAllowed = y.
③ U. S. State Department, "Chairmanship Projects," October 29, 2015, https://2009 – 2017. state. gov/documents/organization/249166. pdf.
④ "Shell Updates on Alaska Exploration," September 28, 2015, https://www. shell. com/ media/news-and-media-releases/2015/shell-updates-on-alaska-exploration. html.

映出北极资源开发成本之高和美国阿拉斯加近海环境监管政策的不可预测性。

第三节　美国与北极资源开发的现状和未来

2017 年 1 月 20 日，唐纳德·特朗普就任美国总统，他是一位气候变化怀疑论者。他公开声称全球气候变化是一个骗局，完全无视奥巴马政府出台的北极政策。特朗普倡导"美国优先"，就任后不久即宣布退出关于应对气候变化问题的《巴黎协定》。特朗普领导的团队也是化石燃料的坚定支持者。特朗普政府在移民政策、伊朗核问题等众多议题上均彻底调整立场。因此，美国的北极政策也有相当程度的变动。从理念上来看，特朗普治下的美国政府转而从地缘政治而非全球治理的角度对待北极事务。[1] 2018 年 5 月，美国宣布重建第二舰队，辖区包括美国东海岸、整个北极圈、白令海峡以及挪威和俄罗斯沿海。2020 年 7 月 29 日，特朗普政府设立了"美国北极地区协调员"（U. S. coordinator for the Arctic region），以此来取代奥巴马政府时期设立的"美国北极特别代表"。由于自奥巴马政府以来，美国的北极政策已经经历了一个全面强化的过程，作为北极政策的一部分，北极的资源开发问题与北极的其他问题变得息息相关起来。特朗普政府的北极政策既有重大调整，也有很多延续。[2] 以下几个方面对北极资源开发产生的影响值得关注。

第一，主权争议是未来北极最具潜在冲突的因素，牵涉资源的控制和开采。目前，在陆地、水域和海底地区，一共有六个领土争议地区。在楚科奇海的划分问题上，美国与俄罗斯存在一片争议地区，该地区可能蕴藏着大量的矿产资源。根据 1990 年美苏《白令海及其邻近海域海洋边界协定》，这片地区让给了美国，但是该条约未获俄罗斯议会批准。2007 年 7 月，多名俄罗斯议会议员要求对此重新进行审查。在波弗特海地区，美国与加拿大也长期存在领土争端，这片区域也蕴藏着丰富的油气资源。关于

---

① 信强、张佳佳：《特朗普政府的北极"战略再定位"及其影响》，《复旦学报》（社会科学版）2021 年第 4 期，第 184 页。

② 孙凯、耿嘉晖：《特朗普政府北极事务"安全化"政策及其实践》，《美国研究》2021 年第 3 期，第 100～115 页。

北极外大陆架归属的争议问题则更加复杂，影响也更为巨大。美国被排除在这一问题的对话之外，是因为美国至今尚未批准《联合国海洋法公约》。在美国，支持《联合国海洋法公约》的既有石油利益集团，也有环境保护利益集团。美国行政部门也持续呼吁美国国会批准《联合国海洋法公约》，但美国国会保守派对于给予联合国如此大的权力表示担心。无论如何，没有批准《联合国海洋法公约》，美国便很难在主权纠纷问题上施展影响。而批准《联合国海洋法公约》，对于美国北极政策的有效实施，具有极为重要的意义。由于国内反对力量强大，特朗普政府依然没有在这些问题上迈出决定性的步伐。

在北极航线的归属问题上，美国特别强调航海自由，尤其要保证全世界各地海上"咽喉"的畅通无阻。考虑到加拿大对环境保护问题的重视，它一直立场坚定地对西北航道寻求控制。美国对加拿大目前立场的让步会牵涉美国的外交政策和国家安全利益，但未来美国有希望在维护美国利益的基础上在主权问题上与其他相关方达成某种妥协。围绕这一妥协所进行的协调工作，可以借助北极理事会和联合国的力量。这样既可以增加北极理事会的声望，又可以彰显美国在北极地区寻求合作的诚意。特朗普政府意识到美国在北极的基础设施建设不足将阻碍其在北极的活动能力，因此，在基础设施建设方面的投入将持续加大。为了游说美国国会对北极基础设施建设提供财政支持，特朗普政府需有效整合共和党在国会和行政部门的政治资源。基础设施的完善，将对北极资源开发的前景产生积极影响。

第二，共和党政府与民主党政府在经济开发和环境保护这两大问题上的看法有相当大的不同。虽然两党都同意可持续性和管理应该优先于发展，但共和党政府更重视这一地区的经济潜力。为此，两党在执政交替之际展开了激烈的斗法，两党的斗法也代表了美国国内环保利益集团和石油利益集团之间的斗争。

奥巴马政府一直采取措施保护北极的自然和文化资源，以及依赖这些资源的居民群体，其中具体措施包括进行科学决策，加强联邦政府在北极事务管理上的协调能力，打击非法捕鱼和建立新型海洋保护区。在奥巴马卸任前2个月，他努力为北极环保和资源开发问题留下一些遗产，同时也是要为特朗普执政"设置障碍"，其中就包括禁止北极油气5年开采计划。美国内政部于 2016 年 11 月 18 日宣布，出于对保护北极独特生态环境等多种因素的考虑，决定在 2022 年前禁止开展新的北极油气钻探。该决定禁止油气公司于 2022 年前在阿拉斯加北部楚科奇海和波弗特海开展新的油气钻探，还决定维持之前所做的禁止在大西洋海岸开展油气钻探的决定。美国环保组织盛赞奥巴马政府实施的北极油气开采禁令。但油气利益集团认为，这一决定忽视了美国长期的能源安全需求，将伤害就业，应让市场来决定是否开展油气钻探，希望新一届政府能推翻这一决定。[①] 2016 年 12 月 9 日，奥巴马又发布了一项新的行政命令，设立了白令海北部气候恢复区，以增强阿拉斯加北极环境的恢复力以及阿拉斯加州原住民群体的可持续发展能力。该行政命令还设立了一个工作小组，负责协调联邦在该海域的活动。这片海域代表了高产能、高纬度的海洋生态系统，并且为世界上规模最大的海洋哺乳动物迁徙提供了场所，其中包括成千上万头弓头鲸和白鲸、成百上千头海象和海豹以及数十万只候鸟。这片海域也孕育了沿岸 40 多个阿拉斯加原住民部落，几千年来他们的生活方式一直与海洋环境有着密切的联系。这些部落纷纷要求联邦政府采取措施，在维持渔业及经济可持续发展的同时保护当地海洋生态系统的健康。这项行政命令是对这些诉求的直接回应。[②]

对于奥巴马政府的这些举措，在总统竞选期间特朗普就屡次强调，希望解除对油气产业的限制，以刺激美国经济发展。就任后不久，特朗普就于 2017 年 4 月 28 日签署了一项行政命令，要求重新评估奥巴马政府颁布的大西洋、太平洋和北极水域油气钻探禁令，以加大海洋油气开采力度。按照这份行政命令，美国内政部将重新评估并修改奥巴马政府制订的 2017 年至 2022 年外大陆架油气发展计划，取消奥巴马离任前颁布的关于在北极部分地区进行油气钻探的禁令。美国商务部则将停止设

① Darryl Fears and Juliet Eilperin, "President Obama Bans Oil Drilling in Large Areas of Atlantic and Arctic Oceans," *The Washington Post*, December 20, 2016, https://www.washingtonpost.com/news/energy-environment/wp/2016/12/20/president-obama-expected-to-ban-oil-drilling-in-large-areas-of-atlantic-and-arctic-oceans/? noredirect = on&utm_ term = . af7b3356eb9f.

② "Executive Order 13754 – Northern Bering Sea Climate Resilience," *Public Papers of the Presidents of the United States*, Barack Obama, December 9, 2016, http://www.presidency.ucsb.edu/ws/index.php? pid = 119867.

立或扩大海洋保护区，并重新评估过去 10 年间设立或扩大的海洋保护区。① 特朗普在签署行政命令时说，美国拥有丰富的海洋石油和天然气储备，但联邦政府不允许在占外大陆架 94% 的区域内进行油气勘探与生产活动，"这剥夺了我们国家数以千计的工作和数十亿美元的财富"，而他签署的行政令"开启了把离岸区域开放给能够创造就业的能源勘探活动的进程"。② 这项举措对奥巴马的环境遗产造成了严重冲击。

环保组织、原住民组织以及阿拉斯加州政府通过各种渠道予以回击，反对特朗普政府相关政策的出台与落实。在一定时期内，特朗普政府持续遭到来自上述各方政治、经济上的压力。而石油行业领袖对这项行政命令表示欢迎，称它早就该实行。但特朗普政府没有立即对钻探活动"开绿灯"，而是还需要等待新的环评报告的结果，相关过程最多持续两年。拜登在 2020 年总统竞选期间就承诺将保护阿拉斯加栖息地免受化石燃料开采的伤害。2021 年 1 月 20 日总统就职日当天，拜登就签署行政令，宣布停止北极的石油钻探活动。6 月 1 日，他宣布暂停阿拉斯加北极国家野生动物保护区的石油和天然气租赁权的交易，撤销此前特朗普政府批准的钻探计划。但值得注意的是，拜登政府叫停租赁权交易的行为意味着只承诺对其进行重新审查，而不是取消它们。但投资者的勘探行动确实受到重重阻挠，投资兴趣渐消。拜登政府制定的政策也有可能被未来的政府推翻。北极国家野生动物保护区能否被租赁，主要取决于哪个党派入主白宫。

第三，特朗普政府基本保持同北极区域内外各国的合作，但态度和立场并不稳定。俄罗斯、加拿大等北极国家，中国、韩国等北极利益攸关国都有加强北极经济合作的利益诉求。特朗普政府试图借国际合作推动美国阿拉斯加州及北极海域的资源开发，以振兴美国内能源产业，增加就业机会。

自 2013 年起，为了应对北极传统和非传统安全威胁，奥巴马政府认为，与中国、印度等新兴大国及关键国家的合作日益必要。与加拿大、

---

① "Executive Order 13795—Implementing an America-First Offshore Energy Strategy," *Public Papers of the Presidents of the United States*, Donald J. Trump, April 28, 2017, http://www.presidency.ucsb.edu/ws/index.php? pid = 123867&st = &st1 = .

② "Remarks on Signing an Executive Order on Implementing an America-First Offshore Energy Strategy," *Public Papers of the Presidents of the United States*, April 28, 2017, http://www.presidency.ucsb.edu/ws/index.php? pid = 123866&st = &st1 = .

俄罗斯这两个国家相比,美国在北极问题上对域外国家的参与持更加积极和开放的态度。中国于 2006 年提出申请加入北极理事会。对于是否应当扩大北极理事会规模的问题,北极理事会各成员国出现了意见分歧。北欧几个国家希望北极"国际化",而俄罗斯和加拿大则持保守态度。就在 2013 年 5 月 15 日北极理事会准备在瑞典基律纳召开第八次部长级会议的前夕,北极理事会成员国对于是否接纳更多新的观察员国仍然未定。美国政府在会议前夕也没有作出公开决定,但美国的态度成为中国能否加入北极理事会的关键因素。最终,会议批准中国和其他 5 个国家成为该组织正式观察员国。① 美国积极加强同域外国家的协商,在北极公海捕鱼、气候变化、加强地区应急机制建设等多个议题上,同中国、日本、韩国、欧盟等国家和区域组织展开合作与交流。中国希望拓宽海外油气资源供给渠道,美国正在把北极地区的能源开发提上日程,这两者之间也存在互补性。美国阿拉斯加州已经开始油气资源的供给,未来阿拉斯加丰富的天然气资源将能够出口到中国。美国支持域外国家在北极地区进行投资,中美之间在油气资源特别是油气管道建设方面有潜力进一步合作。中美两国在北极航道是否可以用于国际航行方面的意见也是一致的。在开发北极资源和航道方面,美国没有限制中国在阿拉斯加的投资。美国希望为阿拉斯加一些偏远地区的原住民提供新资源,但是这些投资费用高,周期长。中美可以在阿拉斯加油气资源开发,特别是油气管道建设方面进行进一步的合作。但随着 2018 年中美贸易摩擦的加剧,特朗普政府对中国参与北极事务的态度发生转变。中国在北极问题上坚持科研主导,主张保护环境、合理利用、依法治理和国际合作。在北极跨区域和全球性问题上,中国也不会缺位,可以并且愿意发挥建设性作用。

总之,北极资源开发的前景相对广阔,但与其他全球公域资源相比,也面临更为激烈的竞争和讨价还价。对美国而言,想要争夺北极地区的领导权,仍面临着来自竞争对手特别是俄罗斯的挑战。俄罗斯作为最关键的北极国家,也在积极塑造自己北极地区领导者的角色。从地理上看,就俄罗斯的领土面积、海岸线及可能蕴藏的矿产资源而言,至少有一半

---

① 《中国成为北极理事会正式观察员国,将享合法权利》,中国新闻网,2013 年 5 月 15 日,http://www.chinanews.com/gj/2013/05-15/4822384.shtml。

在北极地区。俄罗斯在北极有许多城镇，并且热衷于在该地区的陆上和海上进行自然资源的开发。在俄罗斯的石油和天然气产量及储量中，有很大一部分位于北极。北极俄罗斯一侧的冰层融化速度比加拿大一侧的融化速度更快。因此，与穿越加拿大的西北航道相比，俄罗斯沿海航线对跨北极航运具有更重要的意义。俄罗斯政府多年来不断通过战略文件，阐释其加强北极军事能力、强化领土主权、开发该地区资源和进行基础设施建设的计划。①

俄罗斯在北极地区建了 10 座救援站，沿北极海岸线建起的港口"串成了一串项链"。在过去的几年中，俄罗斯大力投资建造港口和搜救设施，其中一些设施可以军民两用。俄罗斯还重新启动了冷战结束后被废弃的北极军事基地并对其进行了现代化改造，向这些基地派遣了新的部队，并增加了在北极地区的军事演习和训练行动。2017 年 3 月 30 日，俄罗斯第四届国际北极论坛在俄罗斯北部城市阿尔汉格尔斯克举办，这是自 2010 年以来俄罗斯举办的第四次北极地区政府间论坛。俄罗斯总统北极和南极国际合作特使奇林加罗夫在开幕式上表示，各方在北极事务中加强合作对于缓和北极地区的政治形势和保护生态环境具有重要意义。俄罗斯主张的合作与美国所倡导的合作看上去大体一致，但实际上二者都是通过论坛等国际合作机制塑造自己在北极地区的领导力。2018 年，作为北约大规模军演的一部分，美国航母驶入北冰洋，这是苏联解体以来美军首次进入北极地区，引发俄罗斯警惕。2020 年，美国海陆空三军和海岸警卫队先后更新北极战略文件，将俄罗斯视为"以规则为基础的北极秩序"的挑战者和美国北极安全的长期威胁。美国提出要重掌北极地区领导权，主导区域安全治理体系，并指责俄罗斯的"北极军事化"进程对地区和平与稳定构成严重威胁。随着 2021 年 5 月俄罗斯担任北极理事会轮值主席国，美俄在北极地区资源开发上的分歧更加引人关注。② 主权问题、环保问题、治理机制问题更为

---

① 朱燕、王树春:《新版俄罗斯北极政策：变化、原因及特点》,《中国海洋大学学报》（社会科学版）2021 年第 5 期，第 46～56 页；黄凤志、冯亚茹:《俄罗斯的北极政策探析》,《吉林大学社会科学学报》2021 年第 5 期，第 133～143 页。

② 《俄罗斯接任北极理事会轮值主席国，俄专家：为中国带来新机遇》，环球网，2021 年 4 月 12 日，https://baijiahao.baidu.com/s? id = 1696811246826219630&wfr = spider&for = pc。

敏感复杂。参与博弈的行为体的数量和类型更多，而资源开发的前景也更为诱人。在这种竞争激烈的氛围下，美国的影响力和实力却相对有限，因此美国在今后一段时期内会继续加强其在北极的软硬实力，为未来的北极资源开发和区域治理做好准备。特朗普政府时期关于加强美国在北极活动能力的倡议会相应得以延续。例如，特朗普于 2020 年 6 月签署了破冰船建设的相关备忘录，加快破冰船建造的计划会在拜登执政时期得以延续。拜登政府也有意愿继续维持海军在北冰洋的活动能力，包括安排航空母舰编队在北冰洋进行活动。[①] 2021 年就职的第 117 届美国国会开始酝酿设立美国北极事务无任所大使和负责北极事务的助理国务卿两个职位。2021 年 4 月 8 日出台的美国《2021 年战略竞争法案》，在海洋、国际环境与科学事务局下新设负责北极事务的副助理国务卿。法案提出要制定北极航道管理、非北极国家过境北极水域等多边治理机制，商讨恢复"北极地区国防参谋长会议"制度，加强与挪威、丹麦、冰岛等欧洲北极国家的安全合作，构建北极安全合作机制。同时，纠正特朗普时期重军事轻外交的政策倾向。2021 年 9 月 24 日，拜登政府宣布重新启动"北极事务行政指导委员会"，任命戴维·巴尔顿（David Balton）为该委员会主任。在特朗普政府时期，该委员会一直处于休眠状态，没有举行高级别会议。[②]

从美俄北极博弈的角度看，一方面，美国、加拿大和北欧国家继续在事关北极的一系列问题上与俄罗斯进行合作。例如，积极推动北极海岸警卫队论坛（Arctic Coast Guard Forum）[③] 合作，促进对环境负责的海上活动。美国和俄罗斯在 2018 年合作创建了通过白令海峡和白令海的双

---

① 姜胤安：《拜登政府的北极政策：目标与制约》，《区域与全球发展》2021 年第 5 期，第 50 页。

② "Biden-Harris Administration Brings Arctic Policy to the Forefront with Reactivated Steering Committee & New Slate of Research Commissioners," September 24, 2021, https://www.whitehouse.gov/ostp/news-updates/2021/09/24/biden-harris-administration-brings-arctic-policy-to-the-forefront-with-reactivated-steering-committee-new-slate-of-research-commissioners/.

③ 北极海岸警卫队论坛于 2015 年成立，成员包括美国、俄罗斯、加拿大、丹麦、芬兰、挪威、瑞典。目标是维护北极地区的安全稳定、加强海上搜救能力、执行北极地区的军事和准军事化任务等，并最终构建北极国家之间的信任机制。参见北极海岸警卫队论坛官方网站，https://www.arcticcoastguardforum.com/。

向航运管理计划。2021 年 2 月，美国海岸警卫队和俄罗斯海上救援局签署了一项协议，更新了 1989 年双方为应对跨界海洋污染事件而签署的双边联合应急计划。随着全球变暖导致海冰融化，能在北冰洋发展渔业的海域将不断扩大。如果相关领域没有国际性的规定，便可能导致滥捕事件的发生，因此各国加快采取应对措施。美国、俄罗斯、加拿大、丹麦和挪威等北冰洋沿岸 5 国以及对北冰洋渔业感兴趣的中国、日本、韩国、欧盟等 10 个国家和区域组织于 2018 年签署了《预防中北冰洋不管制公海渔业协定》（Agreement to Prevent Unregulated High Seas Fisheries in the Central Arctic Ocean），协定于 2021 年 6 月生效。① 该协定是北极国家与非北极国家共同签署的首个地区协定。协定的目标为：通过实施预防性养护和管理措施，防止在北冰洋中部公海进行无管制捕捞；作为长期战略的一部分，以保护健康的海洋生态系统，并确保养护和可持续利用鱼类种群。2021 年 8 月，美国、俄罗斯、中国等 10 个国家和区域组织决定将共同启动北冰洋的渔获量调查，希望参考其他海域海洋资源管理的条约，最早在 2022 年设置试验性捕捞的指导方针等，以此不断扩充共同规则。另一方面，近年来俄罗斯在北极的军事能力不断增强，行动频次显著增加。2020 年 2 月，挪威和俄罗斯围绕《斯瓦尔巴条约》就俄罗斯渔民是否有权在不受挪威当局控制的情况下在该地区自由捕鱼的问题发生了外交冲突。俄罗斯认为东北航道的某些部分是俄罗斯的内水，并声称有权监管通过这些水域的商业航运，这一立场也造成了其与美国的紧张关系。美国担心自己和盟友是否有充分的军事准备来捍卫其在该地区的利益，北极可能再次成为局势紧张的地区。

　　由于南极和北极有一定的相关性，在结束关于北极资源开发问题的探讨时有必要对这两章进行一个简单的总结。总的来说，美国南极和北极资源开发政策的主要历史脉络和内容显示了美国极地资源开发政策的一些共同特征。

　　第一，从国家安全的角度看，美国不希望因极地主权和资源的争夺而引发国际争端和冲突。这是非常重要的政策目标。美国虽然也对

---

① 《中方已完成〈预防中北冰洋不管制公海渔业协定〉国内核准》，《人民日报》2021 年 5 月 20 日，第 3 版。

独自拥有一部分极地的领土主权和自然资源充满兴趣，但考虑到提出对极地主权的要求可能引发国际争端而不得不有所克制。因此，长期以来，美国并没有正式公开提出对极地的主权要求。出于这种复杂的心理，美国倾向于与其他极地国家讨论如何开发和管理极地资源，但对于召开国际会议讨论极地地位的问题则非常谨慎。例如，2008 年 5 月，美国与加拿大、俄罗斯、丹麦、挪威五国在格陵兰岛的伊卢利萨特（Ilulissat）召开了首次北极问题部长级会议。会议通过了《伊卢利萨特宣言》，文件"认为没有必要再建立一个新的广泛性的国际法律制度来管理北冰洋"，强调"海洋法赋予北冰洋沿岸各国重要的权利和义务，涉及大陆架边界划分、包括冰封海域在内的海洋环境保护、航海自由、海洋科学研究及其他的相关事务"，以海洋法为主体的法律框架"为五国和其他使用北冰洋的国家提供了有效管理北极海域的坚实基础"。五国表示，各方之间的北极领土纷争和大陆架主权权利交叠问题将在这些法律框架下得到有序解决。① 2009 年的美国北极政策指令也声称"北极地区的地缘政治完全不同于南极地区，因此不适合也不需要仿效《南极条约》制定涉及诸多方面的'北极条约'"。②

　　第二，极地资源开发与极地环境保护是一对长期存在的矛盾，并贯穿于美国的极地政策史，两者甚至会出现在政策阐述的同一句话中。例如，2009 年的美国北极政策指令就声称，"对北极地区资源丰富与环境脆弱这一事实的认识日益加深"。③ 可见，环境保护是极为重要的问题，在不能确保环境不受影响的情况下，开发资源是不可能的。另外，对环境保护的深入理解也有助于对资源进行开发。例如，2009 年的美国北极政策指令还声称，"全球气候波动及变化对北极生态系统可能产生什么样的影响，对这一问题的深入理解，将有助于对北极自然资源进行长期有效的管理，并有利于判断自然资源使用方式的变化对社会经济的影响。鉴于现有数据的局限性，美国对北极环境及自然资源的保护必须谨慎行

① "The Ilulissat Declaration," Arctic Ocean Conference, Ilulissat, Greenland, May 27 – 29, 2008, http://www. oceanlaw. org/downloads/arctic/Ilulissat_ Declaration. pdf.
② "Arctic Region Policy," NSPD – 66 / HSPD – 25, January 9, 2009, Part III, Section C.
③ "Arctic Region Policy," NSPD – 66 / HSPD – 25, January 9, 2009, Part II, Background.

事，并在已有的最有效的信息基础上开展"。①

　　此外，近几十年来，环境保护意识和各种环保活动越来越成为影响美国政府决策的重要力量。即使美国行政部门在采取严格保护环境措施的同时支持自由开发极地资源的立场，也需克服强大的国内反对力量，并采取相当严格的技术标准。在南极资源开发问题上，环境保护组织成为反对美国政府签署《南极矿产资源活动管理公约》的重要力量；在北极资源开发问题上，美国政府也面临同样的环保压力。为此，美国对如何避免石油泄漏等技术问题进行了详细的研究和讨论。②

　　第三，从经济的角度来看，美国对极地资源开发是有兴趣的。在能够确保不破坏环境的情况下，美国政府不希望排除开发极地资源的可能性，更不希望自己被其他国家排除在可能的开发极地资源的活动之外。因此，在有关资源开发的国际谈判启动之前和讨论的过程中，美国的政策呈现持续性和一致性，政府各部门都不断指出美国在极地的资源利益，并分别通过不同的政策宣示加以强化。为此，美国在极地资源开发问题上做了重要的技术准备，一直积极进行技术上的研究，评估在气候变化和全球变暖的情况下，极地环境所能承载的资源开采范围与程度。

---

① "Arctic Region Policy," NSPD – 66 / HSPD – 25, January 9, 2009, Part III, Section H.
② Strategic Importance of the Arctic in U. S. Policy: Hearing before Subcommittee on Homeland Security, U. S. Senate, 111th Congress, 1st Session, August 20, 2009, pp. 44 – 45.

第八章　美国与地球静止轨道资源

作为一种无形的信息资源，与卫星轨道相关联的无线电频率是有限的。虽然它不会被生产或破坏，并且经过一段时间，可以得到更新，但在某一特定的时刻或位置，可用的频率是有限的。[①] 随着信息技术在社会生活中的各个领域的应用，卫星轨道资源的战略价值和基础作用越来越突出，已成为影响经济乃至国家安全的重要战略资源。目前，还没有有效的手段可以让人们毫无限制地共享这种资源。这种特殊且有限的资源是人类目前利用最广泛的外层空间资源之一，也是外层空间商业化程度最高的一种资源。美国作为空间技术最发达的国家，在与地球卫星轨道资源相关的国际规则的制定中扮演了重要的角色。长期以来，美国政府都把与外空活动相关的政策和法律的制定放在一个重要位置上。美国等发达国家强势占用地球卫星轨道，尤其是地球静止轨道的行为早已引起发展中国家的关注。20世纪70年代的《波哥大宣言》体现了各国争夺地球静止轨道资源矛盾的激化。长期以来，国际电信联盟（International Telecommunication Union）围绕卫星轨道资源分配的规则所展开的讨论也体现了这一领域的国际博弈。本章将着重梳理美国就确保地球静止轨道资源的充足供应，在国际组织的制度设计和规则安排中与其他国家进行博弈的情况。

第一节　美国与卫星轨道资源应用的技术背景

随着1957年10月4日苏联"卫星一号"（Sputnik I）的升空，人类文明进入了"太空时代"。通信卫星的出现和广泛应用，已给世界通信体制带来根本性的变革。卫星可以全面地观察地球表面及附近的情况，可以轻松地完成在地面上难以完成的任务。作为一种产业，通信产业已

---

① Marvin S. Soroos, "The Commons in the Sky: The Radio Spectrum and Geosynchronous Orbit as Issues in Global Policy," *International Organization*, Vol. 36, No. 3, 1982, p. 666.

取得巨大的经济效益和社会效益。

美国于 1958 年发射了世界上第一颗实验通信卫星，1963 年又发射了第一颗同步通信卫星。此后，世界各国迅速建立起完整的国际通信系统。通信卫星的出现和广泛应用已取得巨大的经济效益和社会效益。作为承载卫星活动的地球卫星轨道，也是一种信息和通信资源。通信卫星种类很多，有固定通信卫星、电视直播卫星、移动通信卫星、跟踪与数据中继卫星等。国际通信卫星组织的国际通信卫星已发展到第八代。它承担了全球 85% 以上的商业通信业务。又如民用遥感卫星（包括气象卫星和地球资源卫星）已在气象、自然资源、测绘等领域发挥了重要的作用。气象卫星的出现，使气象的观测发生了重大的变革。它可以利用各种气象探测仪器拍摄全球的云图，精确地测量全球各处的气温、降水量，监视台风、暴雨等灾害性天气的变化，从而可以提高气象预报的准确性，减少自然灾害给人们带来的损失。地球资源卫星装备有高分辨率的电视摄像机、多光谱扫描仪、微波辐射仪和其他遥感仪器，可用来完成多种任务，如勘测地球表面的森林、水力和海洋资源，调查地下矿藏和地下水源，观察农作物的长势和估计农作物的产量，监视农作物的病虫害和环境的污染情况，以及进行地理测量等。应用卫星的大家族中还有导航卫星、军事卫星、科学卫星、技术试验卫星等，它们各有其特殊的用途。常用的卫星轨道包括以下几种。

（1）地球同步轨道

地球同步轨道即运行周期与地球自转周期（23 小时 56 分 4 秒）相同的人造地球卫星轨道。在这一轨道上，卫星几乎每天在相同时刻经过相同地方的上空，也有人把运行周期整数倍于地球自转周期的卫星轨道称为地球同步轨道。

地球静止轨道（geostationary orbit，GEO），又被称作地球静止同步轨道、地球静止卫星轨道、地球同步转移轨道。地球静止轨道其实是一种特殊的地球同步轨道，① 是指运行周期与地球自转周期相等、倾角为 0° 的圆形地球同步轨道。由于它绕地轴的角速度与地球自转角速度大小相等、方向相同，卫星相对于地面是静止的。这是通信、气象、广播电

---

① 关于地球静止轨道与地球同步轨道的区别，可参见慕亚平《地球静止轨道法律地位初探》，《西北政法学院学报》1984 年第 4 期，第 49 页。

视、预警等卫星的理想轨道。

实际上，地球同步轨道与地球静止轨道之间既有共同点，也有较大的区别。两种轨道的区别有以下三个方面。

一是轨道倾角有区别。地球静止轨道是轨道倾角（轨道平面和赤道平面的夹角）为零的圆形地球同步轨道，即地球静止轨道一定在赤道平面上，而地球同步轨道平面可与赤道平面成一定度数的夹角。二是观察者看到的现象不同。在地球同步轨道上运行的卫星每天在相同时间经过相同地方的上空，对地面上的观察者来说，每天相同时刻卫星会出现在相同的方向上。在一段连续的时间内，卫星相对于观察者可以是运动的。而处于地球静止轨道上运行的卫星每天任何时刻都处于相同地方的上空，地面观察者看到的卫星始终位于某一位置，保持静止不动。三是星下点轨迹不同。人造地球卫星在地面的投影点（或卫星和地心连线与地面的交点）称为星下点。地球同步卫星的星下点轨迹是一条 "8" 字形的封闭曲线，而地球静止卫星的星下点轨迹是一个点。

（2）太阳同步轨道

太阳同步轨道是指卫星轨道平面绕地轴的旋转方向和周期与地球绕太阳的公转方向和周期相同的卫星轨道。该轨道是逆行倾斜轨道的一种，倾角为 $90° \sim 100°$，轨道高度为 $500 \sim 1000$ 公里。其特点是，轨道平面与太阳光的夹角保持不变。卫星沿此轨道运行，每次通过同一纬度的地面目标上空，都保持同一地方时、同一运行方向，具有相同的光照条件。这对于空中对比观察、掌握目标的动态变化、合理部署和利用卫星上的太阳能电池均有无可比拟的优势。近地侦察卫星、资源卫星和军事气象卫星大多采用这一轨道。

（3）极地轨道

极地轨道是轨道倾角为 $90°$，通过地球南、北极的一种轨道。它的特点是，卫星星下点轨迹可覆盖全球。它是观察整个地球最合适的轨道，是导航、气象、资源、侦察卫星常用的轨道。

卫星轨道的分类方法有多种。如果按轨道高度分类的话，又可以分为近地轨道、中轨道和高轨道三种。轨道高度较低的对地卫星轨道（通常轨道高度低于 2000 公里）被称作近地轨道，轨道高度较高的对地卫星轨道（通常轨道高度大于 3000 公里）被称作高轨道，而轨道高度介于高轨道和近地轨道之间的对地卫星轨道被称作中轨道。地球静止轨道就属于高轨道。在该轨道上仍有稀薄的大气，在该轨道上运行的航天器受到大气阻力的作用，轨道会逐步衰减，即轨道高度会逐步降低。为了使航天器能在设计的轨道上运行，人们需要对航天器定期或不定期地进行轨道维持。

不管是地球静止轨道位置还是其他轨道位置，它们都是有限的。在各类地球卫星轨道中，最具经济和实用价值的是地球静止轨道。而其他类型的卫星轨道，各国竞争的程度远不如静止轨道那样激烈。但对各种轨道资源的争夺可能随着技术的升级而变化。

本章研究的主题是地球静止轨道资源的分配与博弈。地球静止轨道是位于赤道平面上空距离地面约 35786 公里[①]的一条与赤道平行的圆形轨道。这条轨道上的人造卫星运行速度为 3.07 千米/秒，绕地球一周所需的时间为 24 小时，与地球自转一周的时间相等。卫星运行的方向和角速度同地球自转的方向和角速度也完全相同。因此，从地面上看，这个轨道上的卫星似乎处于静止状态。[②] 从某地区的卫星地面站把微波信号发送到同步通信卫星上去，再由卫星上的转发器把信号放大并发送回另一地区的卫星地面站，这样就构成了两地之间的通信。从理论上说，若以等距离方式，在同步轨道上安置三颗卫星，就可以实现全球通信。地球静止轨道的突出特点，使得它对空间通信、卫星导航、直接广播电视、气象观测和太阳能发电等具有十分重要的意义和极高的实用价值。[③] 地球静止轨道的周长约为 265000 公里，这条轨道上可供放置的卫星数量非常有限。至于静止轨道上到底能放置多少颗卫星，要看卫星的体积、轨道的稳定程度及卫星的抗干扰能力等因素。较早的观点是以两度间隔为宜，最多可放置的卫星数量不超过 180 颗，否则就会相互干扰信号。[④] 但随着技术的进步，卫星间隔已经越来越小。这条轨道在 1963 年由美国最先发现并开始利用，到 20 世纪 80 年代，该轨道上的卫星数量已超过了

---

① 对此也有不同的说法，但相差不大。

② Stephen Gorove, "The Geostationary Orbit: Issues of Law and Policy," *The American Journal of International Law*, Vol. 73, No. 3, 1979, p. 445.

③ 贺其治、黄惠康主编《外层空间法》，青岛出版社，2000，第 30 页。

④ 对地球静止轨道的使用必须同卫星通信使用的无线电频率联系起来考虑。根据《国际电信公约》，地球静止轨道和无线电频率都是"有限的自然资源"。

150 颗。近年来，许多国家纷纷自行或联合研制卫星，抢占地球静止轨道资源。各国卫星之间由于出现相互干扰而需要协调的情况时有发生。技术成熟的 C 和 Ku 频段的卫星数量已达到饱和，而开发新频段的卫星又受到技术能力的限制，因此各国都在寻求规则方面有利于自己的因素。[①] 到 2013 年底，地球静止轨道上已有 447 颗卫星（其中美国拥有 177 颗），平均不到 1 度间隔就有一颗卫星。

卫星轨道和频率资源，特别是地球静止轨道资源，是空间技术应用产业发展的基本要素，对一个国家的政治、经济和国防建设具有重要的战略意义。它主要可以从以下几个方面提高国家的国际地位：一是可以促进社会经济发展，卫星导航、电视广播和卫星通信等已经逐渐成为社会经济发展的重要支撑；二是可以成为推动太空资源开发的保障，太空资源的开发和利用为人类社会的未来发展开辟了广阔空间，卫星系统在信息获取、传输、控制中占据越来越重要的地位，并逐渐成为外层空间资源开发利用不可或缺的基础和前提；三是可以维护国家安全，太空已成为大国军事较量的场所之一，各国竞相发展具有军事用途的空间系统，轨道资源的开发、利用不但是国家科技水平的重要标志，也是维护国家安全的命脉；四是可以应对自然灾害，当重大灾害来临时，在其他陆基通信系统丧失能力的情况下，空间系统可以不受影响地将信息传递给救灾者。

在当今地球静止轨道上运行的卫星中绝大部分是发达国家发射的，发展中国家只能任由技术先进的国家登记并占用这种有限的资源。

第二节　美国早期空间政策与国际空间法的发展

无论在空间技术还是在国内空间法律的起草方面，美国都走在世界前列，并且还大力发展与卫星发射相关的经济和商业活动。1967 年的《外层空间条约》为规范人类的外层空间活动奠定了基础。这一时期，国际社会围绕地球静止卫星轨道这种特殊的自然资源的利益之争尚处于酝酿阶段，美国早于其他国家意识到这类资源的重要性，并在相关国际组织的会议中积极施加自己的影响力。

---

① 张虹：《WRC－12 上的卫星资源争夺战》，《中国无线电》2012 年第 2 期，第 23 页。

一　美国早期空间政策和卫星发射业的发展

由于当时全球处在特殊的冷战时期，美国和苏联的空间发展战略从一开始就表现出极强的军事色彩，争夺外层空间军事优势成为美国和苏联这两个主要的外空战略竞争对手首先考虑的问题。[①] 美国在进行外层空间活动的初期尚未特别关注地球卫星轨道资源问题，[②] 但它很快就出台了一些关于卫星发射方面的法律。

美国国会于 1958 年制定了《国家宇航法》，明确了美国民用空间发展计划，并且成立了国家航空航天局（NASA）。该法的目的在于"增进人类对空气空间以及外层空间的了解，促进宇航运载工具的发展，制订长期发展计划研究外空活动可能带来的利益和问题，确保美国在航天科技方面的领先地位，提高国际合作水平"。[③] 随着空间科技的迅猛发展，美国于 1962 年颁布了《卫星通信法》。1963 年 2 月 14 日，美国国家航空航天局发射了第一颗试验同步通信卫星"辛康 1 号"（Syncom – 1），但由于卫星上的无线电设备失灵，通信实验没有取得成功。结果，"辛康1 号"虽然进入了地球同步轨道，却因无法正常通信而成为太空垃圾。7月 26 日，美国宇航局又发射了"辛康2 号"通信卫星。这颗卫星进入了地球静止轨道，但它的轨道平面与地球赤道平面之间的夹角并不是 0°，所以最终也没有成为静止通信卫星。1964 年 8 月 19 日，美国又发射了"辛康 3号"通信卫星。这一次卫星成功进入了倾角为零的地球静止轨道，定点在东经180°的赤道上空，成为第一颗真正意义上的静止通信卫星，并且为欧

---

① 其实早在 1946 年，美国空军就授命刚刚组建的兰德公司就卫星运载工具的可行性进行研究。到 1955 年 5 月，美国国家安全委员会通过了关于外层空间的第一个政策文件，即 NSC5520 号文件。外层空间被认为是一个涉及国家安全层面的重要领域。参见 *FRUS*，1955 – 1957，Vol. XI，pp. 723 – 732；〔美〕威廉·J. 德沙主编《美苏空间争霸与美国利益》，李恩忠等译，国际文化出版公司，1988。

② 在空间活动起步初期，美苏两国也担心对方通过"先占原则"对天体提出主权要求，但由于双方的互相制约，苏美最终达成共识，决定不把在地球上的争权夺利带到外层空间去，规定了任何国家都不能将外层空间和天体据为己有。因此，在外层空间基本没有发生激烈的主权争夺。可参见 Glenn H. Reynolds and Robert P. Merges eds. ，*Outer Space: Problems of Law and Policy*（Boulder：Westview Press，1998），pp. 69 – 70。

③ "The National Aeronautics and Space Act," Public Law 85 – 568（As Amended），http://www. nasa. gov/offices/ogc/about/space_act1. html. 关于《美国宇航法》的分析，可参见尹玉海主编《美国空间法律问题研究》，中国民主法制出版社，2007。

洲和北美各国的观众转播了在日本东京举行的奥运会开幕式的盛况。①

20 世纪 80 年代，空间领域开始出现商业渗透。20 世纪 90 年代，人类又进入了空间技术应用的时代。美国于 1984 年通过了《商业空间发射法》，旨在鼓励、促进和提升私营商业空间发射活动；1998 年又通过了《商业空间法》，表明美国在商业领域发展外空事业的意愿。这些法律所促进的商业行为很多都与地球卫星轨道的利用有关。

在美国，与卫星有关的经济活动已全面铺开，主要涉及卫星制造、销售、租用和发射服务，卫星通信，卫星遥感等方面。航天发射服务市场包括运载火箭及其仪器设备、发射服务、保障航天器进入预定轨道的服务项目、有关许可证、专利、工艺技术、与制造和生产运载火箭有关的其他科技产品、购买运载火箭要经过的各个中介机构和工程技术服务部门等。卫星通信主要将在 4 个领域发展和成长：一是传统的数据传输通信，二是卫星广播电视，包括直播卫星电视、广播电视及高清晰度电视等，三是宽带接入业务，尤其是高速多媒体下载、互联网和数据广播，这将是 21 世纪卫星通信成长最快的领域，四是移动通信。卫星遥感的主要商业模式是把卫星感测地球表面的数据资料制作成信息、图片，向相关行业出售而获取商业利润。卫星遥感已经经历了从实验阶段到实际应用阶段的过程，并已经从国家垄断的经营方式向商业化经营过渡。许多国家在农业、林业、水利、水文、地质、矿藏、勘察、海洋、测绘及环境监测等方面广泛利用了这一技术，并取得了很好的经济效益。② 目前在美国，这些领域都已得到较充分的商业开发。美国的卫星服务在起初阶段是国家行为，但是随着外层空间活动的发展，卫星服务活动中的很大部分由各个商业组织来完成。其中波音公司是世界上最大的商业卫星制造商。③ 到 2006 年 2 月，美国共发射了 332 颗地球同步卫星，占世界

---

① 关于"辛康"系列卫星的情况，可参见美国国家航空航天局网站，http://nssdc. gsfc. nasa. gov/nmc/spacecraftDisplay. do? id = 1964 – 047A。

② 周丽瑛：《外层空间活动商业化的法律问题》，博士学位论文，中国政法大学，2006，第 7 ~ 11 页。

③ 1996 年，波音收购了罗克韦尔公司的防务及空间系统部，1997 年又兼并了麦道公司。2000 年 1 月，波音公司与通用汽车公司达成协议，出资 3. 75 亿美元收购后者下属休斯电子公司的航天和通信业务部。参见波音公司网站，http://www. boeingchina. com/View-Content. do? id = 37594&aContent = 架构未来%20（1997%20 – %202007）。

总量的近一半。①

二　早期国际空间法的发展

20 世纪 50 年代末，国际社会已意识到制定空间法以规范外层空间探索活动的必要性。美国是相关国际制度的发起者和积极推动者。1958年 12 月 13 日，联合国大会通过第 1348（XIII）号决议，确认外层空间是人类共同利益所在，"人类对于外空祸福与共，而共同之目的则在使外空仅用于和平之途"，强调有必要在外层空间活动方面开展国际合作，并且必须完全为和平目的使用外层空间，规定成立"外空和平使用问题专设委员会"。1959 年 12 月 12 日，联合国大会通过第 1472（XIV）A 号决议，确立"外空和平使用问题专设委员会"为一个常设机构，简称"外空和平使用问题委员会"。联合国大会于 1961 年通过题为《和平利用外层空间中的国际合作》的决议，又于 1963 年通过了《关于各国探索和利用外层空间的法律原则宣言》。虽然这些联合国决议并不具有法律约束力，但到 1963 年后期，国际社会已就一系列有关使用外层空间的总体原则达成共识。② 1966 年 5 月 7 日，美国总统约翰逊宣布"对于关于保证月球和其他天体开发仅用于和平目的的国际协议有一个紧迫的需求"，并公布了美国的基本原则。主要内容为"月球和其他天体应当被自由地用于所有国家的探索与使用，不允许任何国家有主权宣称；应当有进行科学研究的自由，所有国家应当在有关天体的科学活动中开展合作；应进行避免有害污染的研究；一个国家的宇航员应当给予另一国家的宇航员必要的帮助；不允许任何国家在天体上放置大规模杀伤性武器；应当禁止武器试验和军事动员"。③

到 1966 年，由于美苏两国在外层空间的探索方面都已经取得相当的成果，双方都同意签订一个具有法律效力的国际条约以规范外层空间活

---

① 周丽瑛：《外层空间活动商业化的法律问题》，博士学位论文，中国政法大学，2006，第 146～147 页。

② E. R. C. van Bogaert, *Aspects of Space Law*, pp. 17 – 18. 本段提到的联合国决议的具体内容，皆可参见联合国外层空间事务办公室（联合国和平利用外层空间委员会秘书处）网站，http://www.unoosa.org/oosa/zh/SpaceLaw/gares/index.html。

③ 张杨：《冷战与美国的外层空间政策（1945～1969）》，博士学位论文，东北师范大学，2005，第 143 页。

动。在联合国和平利用外层空间委员会的主持下，《外层空间条约》的起草工作仅用了 6 个月的时间。1967 年的《外层空间条约》是对人类外层空间活动进行法律规范的第一个条约，为了早日使外层空间活动有法可依，各缔约国在一些总体原则上达成了一致。但具体到开发外层空间资源，包括地球卫星轨道资源，条约并没有明确的规定。

《外层空间条约》确认的一般原则包括：外空探测和利用为全人类之事务，外空不因主权行为的行使而为国家占有，宇航员被认为是人类的使者，外空探测和利用应为所有国家的利益而为之，不管各国的经济与科技发展水平如何，各国在空间活动中加强合作，以维护国际和平与安全。①《外层空间条约》第一条规定了"外空自由"原则，即对于外层空间资源的使用、开发和利用，无论是科学研究还是商业用途，无论是国家的外层空间活动还是私人实体的外层空间活动都是被鼓励的和被允许的。②《外层空间条约》第二条规定了外层空间"不得据为己有"原则，即"外层空间，包括月球和其他天体在内，不得由国家通过提出主权主张，通过使用或占领，或以其他任何的方法，据为己有"。③ 也就是

---

① "Treaty on Principles Governing the Activities of States in the Exploration and Use of Outer Space, including the Moon and Other Celestial Bodies," http://www.unoosa.org/oosa/en/ourwork/spacelaw/treaties/outerspacetreaty.html. 该原则制定后对其内容的理解就出现了两种相反的解释，由此产生了许多理论上的分歧。其中的焦点之一就是《外层空间条约》的"不得据为己有"原则是否允许私人对外层空间及其资源主张私人财产权。正面解释观点认为，无论国家或私人采取了何种方法，以何种名义，通过何种途径，凡是从法律上限制或绝对地排除其他主体自由使用外空资源的做法，都是该原则所禁止的。反面解释观点认为，《外层空间条约》仅禁止国家主张主权和权利，并没有明确禁止私人主张权利，因而私人财产权是被允许的。参见 Glenn H. Reynolds and Robert P. Merges eds., *Outer Space: Problems of Law and Policy*, pp. 77 - 82。

② 参见《外层空间条约》第一条。在条约谈判时，苏联代表认为外层空间活动仅能由国家专属从事。对此，美国认为私人企业从事外层空间活动的权利已经在 1962 年美国的《卫星通信法》中确立了。美国第一个研究空间开发应用的商业公司——美国通信卫星公司（COMSAT）也于 1962 年成立。作为妥协折中，美国提议，并且苏联最后接受的条款是《外层空间条约》第六条，"国家应当对其本国所从事的空间活动承担国际责任，无论这些活动是由政府或非政府机构从事的"。参见 Stephen Gorove, *Developments in Space Law: Issues and Policies* (London: Martinus Nijhoff Publishers, 1991), p. 7; Nathan C. Goldman, *Space Policy: An Introduction*, p. 26;〔荷兰〕盖伊斯贝尔塔·C. M. 雷伊南：《外层空间的利用与国际法》，谭世球译，第 94 页。

③ 参见《外层空间条约》第二条，http://www.unoosa.org/oosa/zh/SpaceLaw/gares/html/gares_21_2222.html。

说《外层空间条约》禁止"据为己有",但鼓励"外空自由",只是不能将"自由使用"等同于"占有"。

《外层空间条约》只是规定了指导外层空间开发利用的基本原则,而且采用了比较模糊的语言。正因如此,美国国会于1967年顺利地批准了《外层空间条约》。[①] 美国在这一时期的行为其实为自己在外空公域治理中取得优势地位打下了基础。它一方面努力发展硬实力,成为卫星和轨道应用强国;另一方面它先于国际社会制定相关国内法律,并在国际规则谈判中争取有利于自己的规则,为其外空实力的进一步发展争取空间。

但到20世纪70年代,世界各国对地球卫星轨道资源的争夺逐渐升级。

第三节　《波哥大宣言》的利益诉求与美国的反应

自越来越多的人造卫星被送入地球静止卫星轨道后,世界各国开始围绕如何分配轨道位置展开争夺。在国际上,分配地球卫星轨道资源和无线电频率的职责属于联合国的一个专门机构:国际电信联盟。[②] 该机构于1865年在巴黎成立,始称"国际电报联盟",后于1934年改用现名,又于1947年成为联合国的专门机构。虽然其最初的专业领域是电报,但国际电信联盟如今的工作贯穿整个信息通信部门,涉及从数字广播到互联网,从移动技术到三维电视的各个领域。国际电信联盟目前拥有193个成员国,700多家私营部门实体和学术机构组成的部门成员和准成员。[③] 管理卫星轨道资源和无线电频率是国际电联无线电通信部门的核心工作。国际电信联盟下设的国际频率登记委员会(International Fre-

---

① *FRUS*, 1964 – 1968, Volume XI, pp. 430 – 431.

② 国际电信联盟只是一个行政协调机构,并无执法权和有效的控制权。因此,地球卫星轨道和无线电频率的使用实际上基于国家间的善意和多边利益协调,以避免低效率的使用和有害干扰。尽管如此,国际电信联盟出台的各种规则基本得到了世界各国的严格遵守。参见 Marvin S. Soroos, "The Commons in the Sky: The Radio Spectrum and Geo-synchronous Orbit as Issues in Global Policy," *International Organization*, Vol. 36, No. 3, 1982, p. 670。

③ 参见国际电信联盟官方网站, http://www.itu.int/zh/about/Pages/history.aspx。

quency Registration Board）负责登记成员国所使用的频率。按照规定，成员国在使用频率以前，有义务在国际频率登记委员会进行登记。凡国际电信联盟成员为防止有害干扰，必须在分配给各项空间业务的频谱范围内，并在双边或多边协调后，向国际频率登记委员会登记所确定的地球静止轨道位置和无线电频率。指导地球静止卫星轨道、非静止卫星轨道和无线电频率使用的国际条约是国际电信联盟的《无线电规则》。《无线电规则》及其"频率划分表"可以定期修订和更新，以满足人们对频谱的巨大需求。每 3 ~ 4 年举行一次的国际电联世界无线电通信大会（World Radiocommunication Conference，WRC）是国际频谱管理进程的核心所在。[①] 世界无线电通信大会审议并修订《无线电规则》，确立并按照相关议程，审议属于其职权范围的、任何世界性的问题。这个会议不断改善已有的无线通信规则程序和频谱轨道分配，以适应新技术、新业务的发展。[②] 每届世界无线电通信大会都要举行上千场不同议题和范围的会议，技术性很强。各方关注的焦点不仅仅是单纯的技术问题，其实质是国家权益之争。

在人类进入太空的初期，一些国家发射卫星并不需要征求国际电信联盟的同意，也没有遭到任何国家的抗议。因为广阔的外层空间似乎为人类提供了无限的探索和使用的空间。但随着各国对卫星轨道需求的增加，在 1959 年举行的世界无线电行政会议（世界无线电通信大会的前身）上，国际电信联盟第一次开始进行空间频率的登记和分配。采用的方式基本上是长期以来适用于地面无线电通信的"先登先占"（first come，first served）方式。"先登先占"原则是指登记国在协调和登记后，有权使用某一卫星轨道位置和频率，先行登记的国家在使用某一卫星轨道位置和频率方面将优于后来登记的国家。[③] 这种办法实际上让先行登记国取得了一种"永久占有"的权利，因为它们可以通过发射新的卫星来取代其废弃的卫星，进而继续占有原有的卫星轨道位置和无线电频率。

---

① 在 1993 年之前，"世界无线电通信大会"被称作"世界无线电行政会议"（World Administrative Radio Conference，WARC）。在 1992 年于日内瓦举行的一次委员会上，国际电信联盟重组，这个会议随后被称作"世界无线电通信大会"。

② Leslie J. Anderson, *Regulation of Transnational Communications*（NY：Boardman Co.，1984）.

③ Michael Sheehan, *The International Politics of Space*（London：Routledge，1990），p. 136.

这一规则使得美国等技术发达的国家在利用这一资源上一开始就占得了先机。而后发射卫星的国家为了不干扰现有卫星的信号，不得不对自己的卫星系统进行一定的技术调整。这会导致研发费用的增加，而且卫星的功能也会受到限制。

20 世纪 70 年代，世界各国特别是发展中国家，对地球卫星轨道资源的关注大大加强。这与这一时期发展中国家争取"国际经济新秩序"的努力也有重大关联。① 1973 年的《国际电信公约》（International Tele-communication Convention）还将无线电频率和地球静止卫星轨道规定为"有限的自然资源"。虽然如此，并且《外层空间条约》也规定所有的国家都可以不受歧视地利用外层空间，但各国在开发外层空间方面的经济和技术力量悬殊，使得许多发展中国家只能望空兴叹。发展中国家对"先登先占"原则非常不满。作为地球卫星轨道使用的后来者，它们面对的是大部分轨道位置和频率已经被发达国家占用的现实，因此长期强烈要求更改分配原则，以保证它们未来的需求。自 20 世纪 70 年代以来，发展中国家一直在呼吁有序地分配卫星轨道位置和频率资源，降低新卫星系统进入轨道的技术标准，结束现存卫星系统的优先权，即结束发达国家事实上对卫星轨道资源的永久占用。

地理位置位于赤道上的国家（大多数是发展中国家）正好处于地球静止卫星轨道的下方。自越来越多的人造卫星开始在它们上空出现后，这些国家开始表现出极大的不安。因此，它们决定采取行动表达自己的关切，对"先登先占"原则发起根本性的挑战。在 1975 年举行的第 30 届联合国大会上，哥伦比亚首次对位于其领土上方的那一段地球静止卫星轨道提出主权要求，并且认为地球静止卫星轨道不属于《外层空间条约》规定的外层空间的一部分。在 1976 年的联合国大会上，哥伦比亚重申了它的立场，厄瓜多尔和巴拿马两国也采取了相同的立场。②

到 1976 年 11 月，各国围绕地球静止卫星轨道归属权的争夺变得更加激烈。巴西、厄瓜多尔、哥伦比亚、刚果、乌干达、扎伊尔、印尼和

---

① The Charter of Economic Rights and Duties of States, G. A. Resolution 3281 (XXIX), December 12, 1974.

② Stephen Gorove, "The Geostationary Orbit: Issues of Law and Policy," *The American Journal of International Law*, Vol. 73, No. 3, 1979, p. 450.

肯尼亚八个赤道国家在哥伦比亚的首都波哥大召开会议，统一了它们关于地球静止卫星轨道法律地位的立场。在12月3日会议闭幕时，这些国家共同发表了《波哥大宣言》。该宣言声明地球静止卫星轨道是有关"赤道国家在其上行使其国家主权的领土的组成部分"，"是在赤道国家主权之下的"，在赤道国家上空的地球静止卫星轨道上放置卫星等各种装置，"应得到有关国家的事先和明确的认可"，其"操作应受该国国内法支配"，已在该轨道上运行的物体，并不因此取得合法地位。赤道国家承认公海上空的地球静止卫星轨道属于"人类的共同继承财产"，允许各国自由使用和开发。[①] 宣言明确提出了地球静止卫星轨道的法律地位问题，将整个轨道视为领土之上和公海之上两大部分，并分别赋予其不同的地位。

这一宣言标志着赤道国家对地球静止卫星轨道提出了主权要求，理由包括以下几点。(1) 外层空间缺乏明确的法律上的界限，也没有国际社会认为有效和令人满意的定义作为支持该轨道在外层空间之内的依据，这便不能否认以地球静止卫星轨道作为国家领空的上限。也就有理由认为地球静止卫星轨道可以不在1976年《外层空间条约》所指的范围内。这意味着外空条约第二条，即"各国不得通过提出主权要求、使用或占领等方法，以及其他任何措施，把外层空间（包括月球和其他天体）据为己有"的规定不适用于地球静止卫星轨道。况且有关赤道国家均未批准该条约，该条约并不对它们产生法律约束力。(2) 地球静止轨道是有限的"珍贵的自然资源"，赤道国家上空的地球静止卫星轨道是属于该国的领土，应由该国依照国际法行使"对这一自然资源的主权"。(3) 目前，地球静止卫星轨道上的卫星属于少数空间大国所有，事实上形成了对地球静止卫星轨道的分配和占用，这实质上是一种变相的"先占"，必将导致卫星轨道被少数空间大国据为己有的局面。不发达的赤道国家无法拥有空间大国那样的技术和财政力量，得不到公平的进入机会，等它们有能力发射同步卫星时，轨道上的位置早已被占满，不发达的赤道国家将不能享用属于自己的资源。(4) 国际电信联盟目前的分配方案不公平，它有利于发达国家对这一资源的占有和控制。这种不公平的状况

① 王铁崖、田如萱编《国际法资料选编》，法律出版社，1986，第566~570页。

必须改变，使赤道国家和发展中国家获得更多的利益。[①] 其他理由还包括：地球静止卫星轨道是完全由地球所产生的引力造成的，因此不属于外层空间，而是赤道各国领空的一部分。关于《波哥大宣言》中的主张，赤道各国在之后的联合国外空委员会和法律小组委员会会议上一再加以重申和论证。

《波哥大宣言》发表后遭到了澳大利亚、英国、法国、意大利、比利时、捷克斯洛伐克等国，特别是美国和苏联两国的反对。主要理由包括以下几点。（1）地球静止卫星轨道和其他地球卫星轨道一样是由整个地球的引力造成的，而不仅仅是赤道国家所在土地引力的结果。因此，它应属于各国共有，不能单单属于几个赤道国家。并且，人造卫星不能单靠自然力在地球静止卫星轨道上稳定运行，还必须依靠机械力的帮助，所以任何国家包括赤道国家都不能仅依据地理位置对地球静止卫星轨道提出主权要求。（2）尽管目前国际上关于外层空间尚没有一致的法律定义，但在实践中已形成"凡不低于卫星轨道最低限的空域便为外层空间"的观念。所以应认为地球静止卫星轨道也在外层空间之列。如果允许对卫星轨道行使主权，就等于废弃了"利用外空自由"和"外空不得占有"这两项公认的国际法原则。[②]

美国认为宣言的内容在科学和法律上都站不住脚，并且违反了利用外层空间自由原则。如果出现个别国家对地球静止卫星轨道的垄断，那么世界上所有的国家都将受到损失。[③] 美国强调在地球静止卫星轨道上放置卫星并不构成对该轨道的占有，因为《国际电信公约》已经明文规定，地球静止卫星轨道上位置的分配不赋予任何持久的优先权或占有权。地球静止卫星轨道与其正下方的土地毫无关系。

尽管许多国家反对《波哥大宣言》，但不少国家在提出反对意见的同时也提出了比较折中的观点，主张应在公平合理的基础上作出适当安排，以照顾赤道国家和其他发展中国家的利益。例如，澳大利亚表示理

---

① 贺其治、黄惠康主编《外层空间法》，第 222 页。
② 慕亚平：《地球静止轨道法律地位初探》，《西北政法学院学报》1984 年第 4 期，第 51 ~ 52 页。
③ Stephen Gorove, "The Geostationary Orbit: Issues of Law and Policy," *The American Journal of International Law*, Vol. 73, No. 3, 1979, p. 452.

解赤道国家的担忧，支持在科技层面展开研究，以建立一个管理轨道资源的国际体制；比利时表示赤道国家的关切并不荒唐，特别是这些国家正在寻求发展经济，应在《外层空间条约》的框架内对有关问题进行仔细研究；英国表示最好的解决办法是让所有的国家都能公平地分享地球静止卫星轨道带来的好处。①

　　由于没有得到大多数国家的支持，在美国等国的阻挠下，多数赤道国家立场有所软化。一段时间以后，多数赤道国家不再坚持对地球静止卫星轨道的主权要求，而只是提出对其上空的那一段地球静止卫星轨道享有某些优先权。② 此后，在历届世界无线电通信大会的最后文件中，哥伦比亚等赤道国家仍提出与《波哥大宣言》的立场相一致的保留或声明，美国等国家则针锋相对地提出反保留或反声明。虽然《波哥大宣言》的法律效果并不理想，但取得了良好的政治效果，引起了各国对地球静止卫星轨道的关注，太空法学家们还设立了一个委员会，再次评估领空和太空主权问题。《波哥大宣言》的出现说明世界各国在争夺外层空间技术、军事优势的同时开始逐渐意识到外层空间资源问题的重要性。无论这些资源是有形的还是无形的，只要它们不是取之不尽、用之不竭的，就会引起利益分配问题。美国通过其在国际电信联盟中的权势并联合利益相似的国家，确保了"先登先占"原则没有发生根本改变。美国的权力当然是以其对核心技术能力的掌握为前提的，只有较少的国家及地区行为体能掌握从事太空活动的技术手段。这导致规则的设立必然有利于美国等国家。外空资源很难为全球各国所共同占有、平等使用。各国主权形式上的平等面对着权力地位实际不平等的困境。后起之国只能依靠自助机制争取自己的权利，但这与国家的实力和意志有很大关系，通常美国等强国比弱国更易捍卫它们的主张。

第四节　国际电信联盟会议上的长期博弈

　　作为分配地球卫星轨道资源的国际组织，国际电信联盟相关规则的

---

① Stephen Gorove, "The Geostationary Orbit: Issues of Law and Policy," *The American Journal of International Law*, Vol. 73, No. 3, 1979, pp. 454 – 455.

② Stephen Gorove, *Developments in Space Law: Issues and Policies*, pp. 41 – 46.

设立和修改成为各国博弈的焦点。其实早在《波哥大宣言》出现之前，发展中国家与发达国家就地球静止卫星轨道的争执就已出现在国际电信联盟的会议上。20世纪70年代，发展中国家对地球静止卫星轨道的主权诉求虽然遭到美国的抵制，却达到了一定的政治效果。近几十年来，发展中国家要求公平使用地球静止卫星轨道的声音出现在历届国际电信联盟的会议上，也取得了一些成果，但远未达到它们的要求。印度在20世纪80年代也向国际电信联盟提出应为发展中国家提供最低限度的"轨道产权保障"。① 从美国的立场上看，其国内利益集团在这个领域的经济收益是非常现实的，各大公司的卫星商业业务都要以卫星轨道资源的占有为基础。一旦不能确保卫星轨道资源的供应，必将直接威胁到它们的经济利益。因此，美国在历届国际电信联盟会议上的目标是努力确保自己既得的卫星轨道资源利益，尽量维持符合自身利益的现状。随着发展中国家对卫星轨道资源的需求逐渐增多，对自身权益维护的力度日益增强，国际电信联盟内部的原则之争也日益激烈。

第一，在发展中国家的不断呼吁下，国际电信联盟逐渐修改了地球静止卫星轨道的有关规定，将"公平利用"这一原则加入《国际电信公约》中。美国也难以阻挡由众多发展中国家推动的追求国际经济新秩序的潮流。例如，经过1971年世界无线电行政会议的讨论，国际电信联盟在1973年的《国际电信公约》第33条第2款中规定："在使用空间无线电业务的频带时，各会员应注意，无线电频率和地球静止卫星轨道是有限的自然资源，必须有效而节省地予以使用，以使各国或国家集团可以依照无线电规则并根据各自的需要及自身所掌握的技术设施，公平地使用无线电频率和地球静止卫星轨道。"② 这一方面承认了无线电频率和地球静止卫星轨道是有限的自然资源，另一方面要求成员国节约使用上述资源，以确保所有国家都能"公平地使用无线电频率和地球静止卫星轨道"。

1982年国际电信联盟再次修改了《国际电信公约》，将第33条第2款修改为："在使用空间无线电业务的频带时，各会员应注意，无线电频

---

① 何奇松：《太空安全治理的现状、问题与出路》，《国际展望》2014年6期，第126页。
② *International Telecommunication Convention of 1973*，Malaga-Torremolinos，Art. 33（2）.

率和地球同步卫星轨道是有限的自然资源，必须有效而节省地予以使用，以使各国或国家集团可以依照无线电规则并在充分考虑发展中国家的特殊要求和个别国家的地理位置的情况下，公平地使用无线电频率和地球同步卫星轨道。"[①] 国际电信联盟将"发展中国家"的特殊需求加入了《国际电信公约》中。虽然公约没有界定"公平使用"的概念，但是有两个规定明确了这个术语的含义：（1）在使用地球静止卫星轨道时，必须考虑发展中国家的特殊需要和特定国家的地理情况；（2）各国只有遵守国际电信联盟的无线电规章，才能公平地享有使用频率和轨道的机会。

第二，在历届国际电信联盟召开的会议上，围绕着地球静止卫星轨道的分配问题美国与发展中国家展开了激烈的争论。其结果是自 20 世纪 70 年代以来，国际电信联盟对地球静止卫星轨道资源进行了一定程度的规划。与其他发达国家相比，美国是对"公平利用"原则抵制最严重的国家。

在 1973 年的世界无线电行政会议上，阿尔及利亚代表团要求国际频率登记委员会在进行有关地球静止卫星轨道的决策时除了考虑"有效和经济"原则，还必须考虑"公平"原则。这一要求遭到一些国家的反对，但经过投票表决，最终以 65：43 的结果获得通过。[②] 因此，1973 年《国际电信公约》关于国际频率登记委员会的规定是"向会员提出咨询意见，以便在可能发生有害干扰的频带内开放尽可能多的无线电频段和公平、有效、经济地使用地球同步卫星轨道"。[③]

1979 年的世界无线电行政会议是一次非常重要的会议，它继 1959 年日内瓦世界无线电行政会议确立"先登先占"原则之后首次全面修订了无线电规则。参加这次会议的国家大约有一半在 1959 年时还不存在。在 1959 年，非洲国家中只有加纳加入了国际电信联盟，而到 1979 年时非洲 48 个独立国家中的绝大多数都加入了国际电信联盟。由此，发展中国家在投票权上占据了多数。[④] 很多发展中国家在这次会议上指出占世界人

---

①　"International Telecommunication Convention of 1982," Nairobi, Art. 33 (2).

②　Thomas A. Hart Jr., "A Review of WARC‐79 and Its Implications for the Development of Satellite Communications Services," *Lawyer of the Americas*, Vol. 12, No. 2, 1980, p. 449.

③　"International Telecommunication Convention of 1973," Malaga-Torremolinos, Art. 10 (3c).

④　Thomas A. Hart Jr., "A Review of WARC‐79 and Its Implications for the Development of Satellite Communications Services," *Lawyer of the Americas*, Vol. 12, No. 2, 1980, p. 443.

口 10% 的国家控制着 90% 的无线电波段，① 并与发达国家就地球静止卫星轨道的分配问题展开激烈争论。在会议召开前，以美国为首的发达国家集团与发展中国家集团在会议主席人选问题上发生对立。美国力图把这次会议依然界定为一次技术性会议而不愿讨论政治问题，而发展中国家呼吁发达国家向它们提供技术援助以使发展中国家可以"公平使用"地球静止卫星轨道，从而应对技术进步带来的挑战。双方还讨论了可以使发达国家和发展中国家共享频率和轨道资源的方式方法。② 发展中国家在这次会议上提出，最好建立一个长期机制来为每个国家分配特定的卫星轨道位置和无线电频率，美国等发达国家认为这种方式会阻碍技术进步，并会导致卫星轨道位置的闲置。③

在 1985 年和 1988 年，国际电信联盟专门召开了针对地球静止卫星轨道和无线电频率问题的世界无线电行政会议。这两次会议所通过的最后文件，打破了沿袭 20 多年的"先登先占"原则的唯一性。国际电信联盟首先在 1985 年的会议中同意在给"固定卫星业务"分配某些频带时，实施"事先计划"程序，也被称为"分配计划"。这种针对"固定卫星业务"的计划程序取代了"先登先占"原则，并在 1988 年的会议上得到了确认。针对有可能发生的规则变化，美国声称国际电信联盟的政策应促进卫星轨道和无线电频率的"高效"使用，因此，唯一的途径就是给予技术最先进的国家以优先权，而不应将分配给某些国家的轨道资源空置。在 1979 年世界无线电行政会议上，针对发展中国家要求公平分配卫星轨道位置的提议，美国代表团要求国际电信联盟应考虑有技术能力的国家对卫星轨道有"明显的需求和使用能力"。④ 在 1985 年和 1988 年，欧洲和非洲区域以及亚洲和太平洋区域都通过了预先分配卫星轨道

---

① Kim Alaine Rathman, "The 'Common Heritage' Principle and the U. S. Commercialization of Outer Space," Ph. D. Dissertation, p. 52.

② Thomas A. Hart Jr. , "A Review of WARC – 79 and Its Implications for the Development of Satellite Communications Services," *Lawyer of the Americas*, Vol. 12, No. 2, 1980, pp. 444 – 446.

③ Magnus Wijkman, "Managing the Global Commons," *International Organization*, Vol. 36, No. 3, 1982, p. 535.

④ Marvin S. Soroos, "The Commons in the Sky: The Radio Spectrum and Geosynchronous Orbit as Issues in Global Policy," *International Organization*, Vol. 36, No. 3, 1982, p. 674.

位置的机制，即每一个国家都可以分配到一个卫星轨道位置。而美国在美洲地区抵制了预先分配卫星轨道位置的机制，从而使一些卫星轨道位置空置，并留待日后使用。

第三，虽然美国反对国际电信联盟在现有的分配方式中对发展中国家做一定的倾斜，但并未发展到像当今退出联合国教科文组织、联合国人权理事会、万国邮政联盟那样的程度。由于这一领域关系到美国的国家安全和经济利益，美国以多种方式积极维护有利于自己的规则。例如，国际电信联盟的某些预备性会议通常只有发达国家积极参加，而这些预备性会议实际上达成了许多重要的交易。发展中国家没有足够的资源和技术能力参与这些决策过程。[①] 这使得美国等发达国家在这一领域仍然占有绝对优势，可以左右许多重要的决策。发展中国家短期内无法改变这一现状。国际电信联盟对卫星轨道资源和频率的分配虽然有了"先登先占"和"公平使用"两种原则，但到目前为止，"公平使用"地球静止卫星轨道只能通过两种分配方案来实现：一是广播卫星服务（BSS）在12GHz波段和与其相连的支线链接中操作；二是固定卫星服务（FSS）在6/4GHz到14/11GHz的波段进行操作。除此以外，"先登先占"原则仍然适用于所有卫星通信服务的所有频率波段。[②] 而且根据2003年世界无线电通信大会的决议，即使某一国家分配到了某一卫星轨道位置，也不能为其提供任何永久性的优先权。

近年来，一个国家申报网络资料而由另一个国家发射或使用卫星的情况非常常见。一个国家将其从国际电信联盟申请到的卫星轨道位置和无线电频率出租或者出售给另一个国家的行为，最早出现在20世纪80～90年代。当时，太平洋岛国汤加[③]向国际电信联盟申请了16个地球静止卫星轨道位置，并声称其他国家可以向其设立的汤加卫星公司（Tongasat）租用这些卫星轨道位置。此后，汤加卫星公司对外出租了一个卫

---

① Gregory R. Viggiano, "A History of Equitable Access to the Geostationary Orbit and International Communication Satellite," Ph. D. Dissertation, The Florida State University, USA, 1998, p. 184.

② 周丽瑛：《外层空间活动商业化的法律问题》，博士学位论文，中国政法大学，2006，第105页。

③ 汤加自身生产力水平不高，严重依赖国外援助，工业不发达，农业、渔业和旅游业是国民经济的三大支柱，长期以来缺乏经济实力来开展大规模空间活动。

星轨道位置，并将其余卫星轨道位置以每个位置每年 200 万美元的价格进行拍卖。此举震惊了国际社会，并遭到美国一些私营部门和国际组织的反对。美国哥伦比亚通信公司向美国政府提出应拒绝任何使用汤加卫星轨道位置的公司申请"着陆"的权利。对此，汤加认为其行为符合国际电信联盟规则和程序。尽管有很多组织反对汤加的行为，但汤加的行为并未违反国际电信联盟规则的字面含义，只构成对国际电信联盟规则精神的违反，并且国际电信联盟没有强制性的争端解决机制。因此，国际频率登记委员会最后决定允许汤加从其递交的 16 个卫星轨道位置申请中选择 6 个。汤加对此表示接受。汤加案说明，国际电信联盟分配卫星轨道位置的规则是有漏洞的，国际电信联盟很难杜绝租赁行为。虽然国际电信联盟不支持当事国出租卫星轨道位置，但在实际案例中，还需要根据情况进行处理，并且需要进一步研究租赁行为在卫星轨道资源分配方面的作用。自 20 世纪 90 年代以来，许多国家越来越认识到卫星轨道资源的重要性，国际协调工作也变得越来越困难，甚至可能需要相关国家进行政治和外交层面的交涉。

目前，国际电信联盟的规定仍无法阻止"纸卫星"现象。"纸卫星"现象是指有些国家，特别是发达国家，在国际电信联盟登记卫星轨道位置但没有实际发射卫星的行为，近期也不准备将要发射卫星。"纸卫星"的作用就是通过登记占用轨道资源。这种"纸卫星"现象，就是源于轨道资源稀缺的特点和注册登记费用低的现状，这不仅耗费了国际电信联盟的大量经费，也严重阻碍了轨道资源的公平使用。据统计，截至 2013 年 6 月，全球实际在轨的地球静止卫星为 435 颗，而登记在国际频率总表中的地球静止卫星的数量为 984 颗（远远大于实际在轨运行的卫星数量）。但国际电信联盟无法有效地区分真实合法的申报与投机的申报，并且也没有"执法权"来控制成员国指配频率和卫星轨道位置的活动。因此，国际电信联盟尚无法杜绝出租或出售卫星轨道位置的现象。自 2009 年以来，国际电信联盟相继采取了一系列的措施以减少"纸卫星"现象，并从多个角度对消除"纸卫星"问题进行了比较深入的讨论。

2012 年，在瑞士日内瓦举行了世界无线电通信大会。随着非洲国家卫星通信应用的增加，卫星轨道资源异常紧张。为使后来的卫星操作者也有使用的机会，大会对卫星轨道资源使用的一些原则性问题进行了讨论，对使用方法和程序进行了规范，以确保各国能合理、正常并相对公平地使用卫星轨道资源。[①] 这些修订关系到各国的卫星频率、轨道资源的使用权益，因此争论异常激烈。当下，许多国家在获得新的卫星轨道资源来推动卫星通信业务的发展方面越发困难，不得不想尽办法进行规划。

美国在这一领域的长期行为，相当典型地体现了一个权力护持者对规则变化的敏感，它的应对措施也是多种多样的。面对发展中国家修改现有规则的要求，美国细心掂量各国意图，有重点地控制局势的发展方向，这也显示出当今时代国际制度主导权竞争的复杂性。推进外空公域治理的优化，美国的态度最为关键。应促使主要外层空间国家认识到，合作与分享更有利于实现各自的国家利益。[②]

目前，国际电信联盟对地球静止卫星轨道位置的分配基本还能满足相关国家的需要，并且地球静止卫星轨道和无线电频率的使用效率和容纳能力可能会随着技术的进步而提高，例如，通过数字压缩技术、更多使用近地卫星轨道和使卫星间隔更近等方式。但总的趋势是，世界各国对轨道资源的需求在不断增加，技术进步不可能完全解决需求与供给之间的矛盾。发展中国家和美国等发达国家对国际电信联盟现有的分配方式都不甚满意。长期以来，作为空间活动大国，美国在地球静止卫星轨道资源的分配和使用上保持着相当大的优势。未来美国的政策选择可能是，继续在国际电信联盟机制内主导地球卫星轨道和无线电频率资源的分配和使用，例如，确保国际电信联盟中的某些有利于发达国家的条款不被修改。由于美国国内利益集团反对强大的国际机构干预外空资源的分配，以及美国国会积极鼓励美国私人企业参与商业利用外层空间的行为，美国政府将抵制国际电信联盟进一步向资源分配领域演进。为了解决国内外利益冲突，并且考虑到外层空间商业化的迅速发展，美国政府的立场是倡导卫星轨道和无线电频率资源的商业化分配方式，如拍卖卫星轨道位置等。这一立场也会得到美国商业组织和国会的支持。

在卫星应用产业空前发展的时代，轨道资源的战略地位日益显现。

---

① 张虹：《WRC-12 上的卫星资源争夺战》，《中国无线电》2012 年第 2 期，第 23 页。
② 徐能武、曾加、刘杨钺：《维护和促进外层空间安全的"向善"关系——外层空间安全合作机制的复合建构与持续进化》，《太平洋学报》2015 年第 4 期，第 4 页。

世界各国利用国际规则对轨道资源的争夺从技术层面延伸到外交、政治、经济、军事等方面。在这种情况下，应推动这一领域的治理朝"善治"的方向发展。笔者认为，首先，国际社会应大力提倡节约和高效地使用卫星轨道这一有限的资源，并增加现有的轨道容量。各国应努力将所使用的频谱范围限制在提供业务所需的最低限度，并尽可能采用最新技术。研发使用同频但覆盖不同的业务区、同业务区但采用不同的频率等技术。卢森堡等国采用的多星共轨技术也是应对轨道资源短缺的有效手段之一。其次，过去 10 年，国际电信联盟成员中的私营制造商或运营商数量大大增加，私营部门在这一领域中的话语权肯定会持续增强。考虑到空间商业化趋势和资源利用效率最大化的趋势，国际电信联盟应允许各国通过租赁等经济手段使频谱和卫星轨道位置流转，但产生的经济利益应部分地为各国人民所分享，这方面可以参考国际海底区域资源平行开发制度的经验。要想采用这种做法，前提是维持无线电规则中频率和卫星轨道位置分配的现有规则，并由主管部门确认租赁安排，对卫星网络资料申报的发出许可和发出通知继续负责，以避免对其他卫星网络造成有害干扰。总之，若不维护国际电信联盟机制，轨道资源将逐渐流向最有经济实力和空间科技实力的大国。兼顾发达国家和发展中国家的利益，实现对轨道资源的公平有效利用才是最终目的。①

---

① 夏春利：《作为人类共同继承财产的频谱和轨道资源》，《北京理工大学学报》（社会科学版）2013 年第 2 期，第 107 页。

第九章 美国与外层空间矿物资源开发

外层空间中可开发的矿物资源非常丰富。各种天体上可能蕴藏着不同种类的资源。其中，月球和一些小行星上的资源可能是相对容易得到并可以利用的。人类探测与研究程度最高的天体是月球，其对人类研究和利用外层空间资源非常重要。月球上的两种资源可能对人类有重大利用价值：一是在月球上可以接收到丰富的太阳能，二是月球矿藏丰富，尤其是核聚变燃料氦－3。冷战时期，美苏两国围绕探测月球展开激烈竞争，双方都对月球进行了系统的研究并展开登月行动。随着人类外层空间探索能力的提高，对月球等天体上的资源进行开发引起世界各国越来越多的关注。与深海底资源开发问题相类似，1979 年联合国通过的《月球协定》提出，月球及其自然资源是"人类共同继承财产"。该条约是联合国通过的五个有关外层空间的国际条约中与资源开发问题关系最紧密、表述最直接的一个国际条约。美国政府虽然参与了该条约的制定，但最终拒绝签署和批准该条约。[①] 因而，观察美国政府在《月球协定》出台过程中与国内外力量的互动，以及近年来美国在外空资源开发上的新动向，有助于更好地理解和评估外空资源开发这一不可忽视的议题。美国在 2015 年推出有关外层空间开发的国内立法，引发了研究者的兴趣和相关有针对性的研究。[②] 本章试图回溯美国在这方面的长期政策演变过程，观察美国的决策者、官僚机构、利益集团之间的互动，从而回答美国政府是如何渐进地推出开发外层空间资源的政策，并如何在此问题上平衡国内和国际压力的。

[①] "Status of International Agreements Relating to Activities in Outer Space as at 1 January 2019," UNOOSA, http://www.unoosa.org/res/oosadoc/data/documents/2019/aac_105c_22019crp/aac_105c_22019crp_3_0_html/AC105_C2_2019_CRP03E.pdf, p. 9.

[②] 廖敏文：《外空资源法律地位的确定问题研究》，《国际法研究》2018 年第 2 期，第 40 ~ 66 页；陈翔：《威望动机与大国太空博弈》，《太平洋学报》2018 年第 2 期，第 14 ~ 24 页；王国语、陶阳子：《美国〈2015 外空资源探索与利用〉的分析及应对建议》，《中国航天》2015 年第 12 期，第 21 ~ 25 页。

第一节　美国参与《月球协定》制定的国内外背景

自人类逐渐展开外层空间探索活动后，国际社会已意识到通过制定空间法规范外层空间探索活动的必要性。联合国大会于 1963 年通过了《各国探索和利用外层空间活动的法律原则宣言》等重要决议，[①] 为 1967 年《关于各国探索和利用包括月球和其他天体在内外层空间活动的原则条约》（即《外层空间条约》）的制定奠定了重要基础。到 1966 年，以美苏两国为首的一些国家都已在外层空间的探索中取得了不少成果。1966 年 5 月 7 日，美国政府提出了美国关于外层空间活动的一些基本原则。为了早日使外层空间活动有法可依，各国在 1967 年以较短的时间达成了《外层空间条约》。该条约对外空活动总体原则进行了规定，成为对外层空间活动进行法律规范的首个条约。美国国会于 1967 年批准了《外层空间条约》。[②]

《外层空间条约》第二条规定，"外层空间，包括月球和其他天体在内，不得由国家通过提出主权主张，通过使用或占领，或以其他任何方法，据为己有"。[③] 国际社会对于这条规定的解释出现了分歧，分歧的焦点在于《外层空间条约》是否允许私人对外空资源提出私人财产权。[④] 美国政府在参与该条约起草时就已考虑到私人参与开发外层空间的问题，并与苏联发生了分歧。苏联希望外空活动只能由国家机构从事，而美国则援引其国内 1962 年通过的《卫星通信法》支持私人公司从事外空活动，并认为《外层空间条约》并未明确禁止私人对外层空间主张财产权。[⑤]

---

① 《各国探索和利用外层空间活动的法律原则宣言》，https://documents-dds-ny. un. org/doc/RESOLUTION/GEN/NR0/185/24/IMG/NR018524. pdf? OpenElement；尹玉海、余佳颖：《外层空间软法规制之发展及其价值判断》，《北京航空航天大学学报》（社会科学版）2019 年第 1 期，第 108 页。

② *FRUS*, 1964 - 1968, Vol. XI, pp. 430 - 431.

③ "Outer Space Treaty," Article II.

④ 实践中出现过美国人丹尼斯·霍普（Dennis Hope）声称对八大行星的所有权、美国人格里高利·内米兹（Gregory Nemitz）宣布对爱神星拥有所有权等案例。参见凌岩《试论对月球和其他天体的所有权》，《北京航空航天大学学报》（社会科学版）2006 年第 2 期，第 36 ~ 40 页。

⑤ Glenn H. Reynolds and Robert P. Merges eds. , *Outer Space*: *Problems of Law and Policy*, 2nd ed (Bonlder, Co. : Westview Press, 1997), pp. 77 - 82.

《外层空间条约》第六条规定，"各缔约国对其在外层空间所从事的活动要承担国际责任，并应负责保证本国活动的实施符合本条约的规定。非政府团体在外层空间（包括月球和其他天体）的活动，应由有关的缔约国批准，并连续加以监督"。[1] 这其实为个人或私有企业进行外空活动留有了余地。此外，在条约起草阶段，国际空间法学会还曾建议在条约第二条中明确写入禁止"私人占有"，但美国代表提出的提案不包括这一点。最终形成的条约文本没有包含禁止"私人占有"的规定。此外，《外层空间条约》第一条有关外层空间利用的条款也允许各国（政府或非政府组织）利用外层空间。

1969～1972 年，美国先后六次成功实现载人登月，[2] 并取回数百公斤月球岩石和土壤样本，这使人们意识到开发月球资源的可能性。而发展中国家的资源意识也不断觉醒。自 1967 年马耳他驻联合国大使阿维德·帕多提出"人类共同继承财产"原则后，这一概念并非只局限在国际海底资源开发领域。随着人类外层空间活动的增加，许多发展中国家认为外层空间资源不能只强调自由利用，还应注重公平利用，并应扩大联合国的作用。而"人类共同继承财产"原则有助于发展中国家利用外层空间资源。但此时，发展中国家和主要航天国家之间也出现了围绕地球静止卫星轨道资源的争执，如 1976 年八个赤道国家发表了《波哥大宣言》，对地球静止卫星轨道提出了主权要求，但遭到美国、苏联等国家的反对。这说明世界各国开始意识到外层空间资源的重要性。

到 1975 年，国际空间法领域先后通过了《外层空间条约》、《营救协定》、《责任公约》和《登记公约》等四项国际公约，[3] 这些公约得到了美、苏等主要航天国家的批准。鉴于《外层空间条约》仅以一般性原则的方式建立了空间法律秩序的基础，而未对月球及其他天体可能会面对的资源开发等问题作出具体的规定，国际社会对于建立一种有关人类

① "Outer Space Treaty," Article VI.
② Donald A. Beattie, *Taking Science to the Moon: Lunar Experiments and the Apollo Program* (Baltimore: Johns Hopkins University Press, 2001), pp. 194-250.
③ 黄惠康：《世纪之交空间法的回顾与展望（上）》，《中国航天》2000 年第 9 期，第 18～22 页。

在月球和其他天体上活动的具体的法律制度的呼声越来越高。但到了 20 世纪 70 年代后半期，国际形势发生了变化，主要外层空间活动大国对制定新的国际条约持谨慎态度。在这个时期，联合国推动各国签署新的关于外层空间的条约已经变得更加困难。《月球协定》的部分内容试图规定外层空间的资源所有权和开发问题。围绕月球及其他天体上的资源的获取、利用和分配，发达国家与发展中国家将会产生利益冲突。

从美国的国内情况来看，到 1975 年，由于太空知识的普及和媒体对人类外层空间活动的报道，许多美国人对探索太空产生了兴趣。逐渐地，一些俱乐部和利益团体开始出现。1975 年，L5 协会（L5 Society）[1] 的组建成为美国外层空间游说活动的分水岭。L5 协会长期积极组织关于太空方面的研讨和活动。从 1975 年 9 月到 1987 年 4 月为止，该协会定期发布名为《L5 新闻》的内部通讯刊物，[2] 发表了许多涉及人类外层空间技术新进展、L5 协会在国会的游说情况等内容的文章，其中不少内容涉及外层空间资源开发。L5 协会作为一个民间组织，其成员具有很强的目标性和活动热情。20 世纪 70 年代，该协会为游说活动建立了"电话联络网"（phone tree），并与另外数十个外层空间组织建立了联络。到 1983 年，无论在规模上还是数量上，外层空间利益集团都有了极大发展。它们有的是经济利益驱动的，有的则是意识形态驱动的，有的并没有明确的目标，有的则有非常专业且有限的目标。其中，最重要的利益团体是 L5 协会、国家空间研究院（National Space Institute）及行星学会（The Planetary Society）。

在美国参与《月球协定》制定和批准的过程中，美国国内利益团体对美国政府施加了很大的压力。以 L5 协会为代表的这些利益集团希望推动美国太空事业的快速发展，尽快利用外层空间资源，认为美国政府应确保私人开发外空资源的安全。这些外层空间利益集团的人数虽然并不如其他领域利益集团的多，但是由于其专业性，其他民间团体很难在这一领域发挥与之相抗衡的影响力。因此，它们在游说国会方面取得了巨大成功。

[1]　1987 年，L5 协会和国家空间研究院合并，组成了国家空间学会（National Space Society），该学会被认为是当今最重要的美国民间空间组织，拥有会员 12000 多人。

[2]　L5 News, https://space.nss.org/l5-news/.

第二节　《月球协定》的出台与美国的政策过程

1970年，在阿根廷代表提交《月球协定》草案后，联合国和平利用外层空间委员会随即展开了条约起草工作。[①] 该机构认为必须起草新的条约以解决涉及外层空间资源开发的模糊问题，只有建立外层空间资源制度才能避免人类在外层空间发生冲突，并为国家和私人企业投资外层空间活动提供一个安全的环境，而"人类共同继承财产"原则可以达到这一目的。

阿根廷提出《月球协定》草案后，美国尼克松政府持积极态度。阿根廷仅就"人类共同继承财产"原则提出了建议，而正是美国于1972年向联合国和平利用外层空间委员会正式建议将该原则加入《月球协定》草案。[②] 在条约的磋商过程中，美国与其他国家的观点有不少分歧，主要集中在资源分配和利用的原则与管理机构方面。例如，"人类共同继承财产"原则要求"公平分享资源"，其中是否包括技术分享？美国认为发达国家的义务不应过多，应只限于不滥用外层空间资源并防止其利用价值下降。发展中国家则强调发达国家应履行《外层空间条约》规定的与发展中国家分享外层空间技术的义务。美国等发达国家还十分关心积极进行外层空间资源开发的国家是否会从利益再分配中获得足够多的好处，负责管理资源开发的机构的结构将如何安排等问题。[③] 另外，一些发展中国家希望在《月球协定》中明确写入在国际制度建立之前暂停开发月球资源的条文，但美国表示反对。《月球协定》最后使用了"一俟月球自然资源的开发即将可行时，建立指导此种开发的国际制度"的语句。[④] 但美国政

[①]　参见 Henri A. Wassenbergh, *Principles of Outer Space Law in Hindsight* (The Netherlands: Kluwer Academic Publishers, 1991), p. 40;《联合国和平利用外层空间委员会 2779 (26) 号决议》, http://www.unoosa.org/pdf/gares/ARES_26_2779C. pdf。

[②]　Marion Nash, "Contemporary Practice of the United States Relating to International Law," in Glenn Reynolds and Robert Merges eds., *Outer Space: Problems of Law and Policy*, 2nd ed., pp. 111 – 112.

[③]　Kim Alaine Rathman, "The 'Common Heritage' Principle and the U. S. Commercialization of Outer Space," Ph. D. Dissertation, p. 85.

[④]　《关于各国在月球和其他天体上活动的协定》第十一条, https://www.un.org/zh/documents/treaty/files/A-RES – 34 – 68. shtml。

府坚决表示反对，因为这意味着要在国际制度建立之前暂缓开发月球资源。①

经过磋商，1972 年 5 月，联合国和平利用外层空间委员会的法律小组委员会就条约内容达成了一致意见。1973 年，委员会成员又取得了进一步共识。这些成果为《月球协定》的通过奠定了基础。②《月球协定》的最终文本同时照顾了发展中国家和发达国家的利益，实际上是妥协的产物。

《月球协定》第十一条对"人类共同继承财产"原则及相关国际制度做了如下具体规定。

第一款规定，月球及其自然资源均为全体人类的共同财产。

第三款规定，月球的表面或表面下层或其任何部分或其中的自然资源均不应成为任何国家、政府间或非政府国际组织、国家组织或非政府实体或任何自然人的财产。在月球表面或表面下层，包括与月球表面或表面下层相连接的构造物在内，安置人员、外空运载器、装备设施、站所和装置，不应视为对月球或其任何领域的表面或表面下层取得所有权。

第五款规定，本协定缔约各国承诺一俟月球自然资源的开发即将可行时，建立指导此种开发的国际制度，其中包括适当程序在内。

第七款规定，即将建立的国际制度的主要宗旨应为：（1）有秩序地和安全地开发月球的自然资源；（2）对这些资源作合理的管理；（3）扩大使用这些资源的机会；（4）所有缔约国应公平分享这些资源所带来的惠益，而且应当对发展中国家的利益和需要，以及各个直接或间接对探索月球作出贡献的国家所做的努力，给予特别的照顾。③

此外，第六条第二款规定，缔约各国在进行科学研究时有权在月球上采集并移走矿物和其他物质的标本，也可使用适当数量的月球矿物和

---

① Kim Alaine Rathman, "The 'Common Heritage' Principle and the U. S. Commercialization of Outer Space," Ph. D. Dissertation, p. 87.
② 参见 Sylvia Maureen Williams, "International Law before and after the Moon Agreement," *International Relations*, Nov. 1981, p. 1185；《联合国和平利用外层空间委员会 3182（28）号决议》，http://www.unoosa.org/pdf/gares/ARES_28_3182C.pdf。
③ 《关于各国在月球和其他天体上活动的协定》第十一条，https://www.un.org/zh/documents/treaty/files/A-RES-34-68.shtml。

其他物质以支援它们的任务。①

上述条款只是规定了月球资源开发制度的总体原则，远不如《联合国海洋法公约》第十一部分以及 1994 年通过的《关于执行 1982 年 12 月 10 日〈联合国海洋法公约〉第十一部分的决议和协定》对国际海底开发制度规定得具体。② 因此，美国政府起初倾向于接受《月球协定》。

当美国政府与其他国家努力达成一致意见后，美国国内的相关利益集团则积极游说美国国会反对美国行政部门接受《月球协定》。L5 协会雇用华盛顿的律师兼专业游说人员李·拉提诺（Leigh Ratiner）对国会施加影响，并与美国太空协会（American Astronautical Society）、未来生活（Future Life）、航空工业协会（Aerospace Industries Association）等组织联合反对批准《月球协定》。拉提诺为 L5 协会如何对国会进行游说提供了建议，努力的重点应放在说服参议院外交委员会反对《月球协定》上。国内利益集团的反对意见主要有以下四个方面。其一，《月球协定》用语模糊，缺乏准确定义，包含了有疑问的法律概念。例如，"全人类的利益"与"所有国家的利益"并不是同义词。其二，《月球协定》对"人类共同继承财产"原则的规定将对"自由市场制度"造成破坏，对外层空间资源开发造成阻碍。美国如果批准该条约，将使潜在的外层空间资源和技术投资者受到制约，不敢冒险将其资本置于一个可以决定其利润分配的国际制度之下。其三，虽然美国代表曾对天体资源财产权进行过单方面的解释，但拟议中的外层空间资源开发制度仍与当时联合国正在制定的国际海底资源开发制度相似。这种制度将造成资源开发"事实上的暂停"（de facto moratorium），因为《月球协定》没有明确说明国际开发制度建立之前天体资源的使用权问题。其四，《月球协定》规定的资源分配方式将造成资源开发活动效率低下，"自由市场制度"才能使美国保持外层空间技术创新，并且第三世界国家要求分享空间技术将对美国国家安全造成威胁。③ 因此，美国立法者应致力于建立一种鼓励

---

① 《关于各国在月球和其他天体上活动的协定》第六条，https://www.un.org/zh/documents/treaty/files/A-RES－34－68.shtml。

② Glenn H. Reynolds and Robert P. Merges eds., *Outer Space: Problems of Law and Policy*, 2nd ed., p. 113.

③ Charles Sheffield, "AAS against Lunar Agreement," https://space.nss.org/l5-news-aas-against-lunar-agreement/.

外层空间广泛商业活动的法律激励机制，而不是批准《月球协定》。①

L5 协会等组织的游说活动很快在国会取得了效果。李·拉提诺在国会众议院科学与技术委员会组织的听证会上反对批准《月球协定》，该委员会主席唐·福奎阿（Don Fuqua）对《月球协定》表示严重质疑，约翰·布鲁（John Breaux）等主要国会领袖公开表示反对《月球协定》。② 但最显著的效果出现在国会参议院外交委员会。

1979 年，国会参议院外交委员会开始了关于批准《月球协定》的讨论。美国国务院此时积极为《月球协定》进行辩护。10 月 30 日，参议院外交委员会主席弗兰克·丘奇（Frank Church）和参议员杰考布·杰维茨（Jacob Javitz）致信国务卿塞勒斯·万斯（Cyrus Roberts Vance）表示反对该协定，认为《月球协定》中的"人类共同继承财产"原则与联合国关于国际海底问题的磋商一样，与美国的经济利益背道而驰。同时，《月球协定》要求谈判建立一种资源开发制度，这会造成依赖于美国私人企业参与的美国外层空间资源开发活动事实上的暂缓，但并不会给苏联的资源开发活动造成影响。③

11 月 28 日，万斯给两位参议员回信称，11 月 1 日，美国驻联合国安理会副代表理查德·皮特里（Richard W. Petree）大使已在联合国关于《月球协定》的特别政治委员会上对该协定某些条款的解释发表了美国的看法，其中包括两位参议员提出的关切。而美国已于 11 月 2 日与另外 27 个国家，包括英国、联邦德国、法国、比利时、荷兰、意大利、加拿大、澳大利亚和日本，共同向联合国大会发起了要求通过《月球协定》的决议案。④ 万斯进一步澄清了美国行为在法律上的重要性，指出美国政府发起决议案并投赞成票并不意味着美国必须履行相关法律义务，只有美国参议院批准该条约后美国才有法律义务。关于开发月球及其他天

---

① Kim Alaine Rathman, "The 'Common Heritage' Principle and the U. S. Commercialization of Outer Space," Ph. D. Dissertation, pp. 90 – 96.

② "Bulletin from the Moon Treaty Front," https://space. nss. org/l5-news-bulletin-from-the-moon-treaty-front/.

③ Glenn H. Reynolds and Robert P. Merges eds. , Outer Space: Problems of Law and Policy, 2nd ed. , pp. 109 – 110.

④ Glenn H. Reynolds and Robert P. Merges eds. , Outer Space: Problems of Law and Policy, 2nd ed. , pp. 110 – 111.

体上的自然资源的问题，该条约并未要求暂缓开发，事实上它的条款还
鼓励这种开发。例如，《月球协定》第十一条规定，"不得据为己有"原
则只适用于天体上"尚未被开采出来"的自然资源，[①] 因此，第十一条第
三款允许国家或私人实体对"已经开采出来"的自然资源拥有财产权。并
且《外层空间条约》规定的"外空自由"原则也允许外空资源开采活动。
万斯还称，正是美国在 1972 年首先提出了利用外层空间的有关条款和"人
类共同继承财产"概念，而苏联一直到 1979 年 7 月之前都强烈反对"人类
共同继承财产"原则，可见，该条约不会只对苏联有利而对美国不利。此
外，美国国会在批准《外层空间条约》时也同意开发和利用外层空间应照
顾所有国家的利益，不论这些国家的经济和科学发展水平如何。

　　万斯还随信交给国会一份皮特里大使的声明，皮特里在声明中强调，
"《月球协定》是对国际空间法发展的有益推动，该条约包含了一系列关
于人类外空活动的规定，通过它非常重要"。他还重申条约并未要求暂缓
开发外空资源，但指出条约规定开发天体上的自然资源要遵循第十一条
第七款进行。[②]

　　11 月 13 日，参议院外交委员会成员理查德·斯通（Richard Stone）
又致信敦促万斯重新评估美国对《月球协定》的立场。他认为该条约具
有极其危险的倾向，因为它可能降低美国开发未知领域的能力，并极大
地阻碍美国企业开发外层空间的活动和欲望，破坏自由企业制度。[③]

　　1980 年 1 月 2 日，助理国务卿布莱恩·阿特伍德（J. Brian Atwood）
代表国务卿答复斯通称，《月球协定》的条款必须在《外层空间条约》

---

① 《月球协定》第 11 条第 3 款的英文内容是："Neither the surface nor the subsurface of the
moon，nor any part thereof or natural resources in place，shall become property of any State，
international intergovernmental or non-governmental organization，national organization or non-
governmental entity or of any natural person." 1973 年 4 月 19 日，联合国和平利用外层空
间委员会法律小组委员会的美国代表曾就 "in place" 的含义提出美方的解释，强调这
一词组的使用意味着相关制度建立之前或之后都没有要求暂缓开发天体上的资源。美
国代表的这一表态并未遭到反对或回应。参见 Art Dula，"Free Enterprise and the Pro-
posed Moon Treaty（Part 1），" https://space. nss. org/wp-content/uploads/L5-News – 1979 –
10. pdf/。

② Glenn H. Reynolds and Robert P. Merges eds. ，*Outer Space*：*Problems of Law and Policy*，2nd
ed. ，pp. 111 – 112.

③ Glenn H. Reynolds and Robert P. Merges eds. ，*Outer Space*：*Problems of Law and Policy*，2nd
ed. ，p. 112.

设定的情势下进行审视，美国和数十个国家都签署了《外层空间条约》，参议院批准《外层空间条约》时并无任何保留意见。除要求按第十一条第七款的规定进行天体资源开发外，《月球协定》对政府和私人开发天体资源的规定并未超出《外层空间条约》已经包含的内容。[①]

除美国行政部门为《月球协定》做辩护之外，对于美国国内利益集团提出的立场，发展中国家（如阿根廷）也提出针锋相对的意见。一是《月球协定》并未具体规定天体资源开发制度的内容，因此所谓天体资源开发制度与国际海底区域开发制度相类似的说法是没有根据的，并且根据一致同意原则，那些参与开发制度协商的国家有权否决对它们不利的制度规定。二是虽然部分发展中国家希望在开发制度正式建立之前暂缓开发天体上的自然资源，但大部分发展中国家也拒绝在《月球协定》中写入这一规定。因而大多数发展中国家不认为《月球协定》会造成事实上的暂缓开发，或对开发外层空间资源造成阻碍。相反，《月球协定》允许谋取利润，照顾了资源开发者的利益。三是在技术分享方面，《月球协定》将推动发达国家和发展中国家发展经济关系，减少发展中国家的外部依赖，这对所有的国家都是有利的。[②]

上述政策过程分析表明，为了协调美国国内外利益冲突，卡特政府不但对《月球协定》作了有利于自己的解读，还想通过强调美国已经作出了某些承诺来说服国会。但美国国内利益集团并不为美国行政部门的解释所动。由于没有强烈的民间声音游说国会支持《月球协定》，以 L5 协会为代表的专业性较强的利益集团极大地影响了国会的立场，并阻挠美国行政部门制定相关政策。

第三节　美国拒绝批准《月球协定》的分析

1979 年 12 月 5 日，《月球协定》由联合国大会通过。12 月 18 日开

[①] Glenn H. Reynolds and Robert P. Merges eds. , *Outer Space: Problems of Law and Policy*, 2nd ed. , pp. 112 – 113.

[②] Kim Alaine Rathman, "The 'Common Heritage' Principle and the U. S. Commercialization of Outer Space," Ph. D. Dissertation, pp. 96 – 102.

始开放签字。① 1980 年春，美国国内利益集团加紧实施反对《月球协定》的活动。美国国务院及其他相关行政部门则开始筹备部门间会议，以决定是否放弃《月球协定》。1980 年 1 月，美国太空协会主席查尔斯·谢菲尔德（Charles Sheffield）在《L5 新闻》上发表文章，号召更多的人反对《月球协定》。② 同时，虽有美国航天航空学会（American Institute of Aeronautics and Astronautics）成员戴尔伯特·史密斯（Delbert D. Smith）等人表示支持《月球协定》，但这种声音并未得到国会的支持。美国国会中反对《月球协定》的声音持续增强。众议院矿物和矿业委员会主席詹姆斯·桑提尼（James Santini）加入了反对《月球协定》的行列。参议院商业、科学和运输委员会主席霍华德·坎农（Howard Cannon）则公布了对《月球协定》的三项研究成果，基于这些研究成果，该委员会拟在卡特总统准备签署《月球协定》时召开听证会。③

　　1980 年 7 月 29 日和 31 日，参议院商业、科学和运输委员会下属史蒂文森小组委员会召开关于《月球协定》的听证会。国务院法律顾问罗伯茨·欧文（Roberts Owen）、美国国家航空航天局局长罗伯特·弗洛许（Robert Frosch）及各利益集团代表参加了听证会。罗伯茨·欧文称行政部门间会议仍在评估《月球协定》，尚未作出决定。他重申了美国国务院的立场，但作出了一个重要的让步：需要减少《月球协定》的某些不确定性，因而在条约批准时可能需要加入美国对条约的解释。L5 协会、美国矿业协会等团体的代表则尽力表达了反对意见。李·拉提诺建议美国要求联合国和平利用外层空间委员会通过一个文件来界定"人类共同继承财产"的含义，保证在实践中该概念的内涵不会出现任何疑问，从而保护美国的利益。史蒂文森参议员询问拉提诺是否认为美国国务院有可能成功地通过谈判对"人类共同继承财产"原则下一个"好的定义"，拉提诺认为这是不可能的。④

　　随着 1981 年里根政府的上台，支持美国批准《月球协定》的势力

① 《联合国大会第 34/68 号决议》，https://www.un.org/zh/ga/34/res/。
② Charles Sheffield，"AAS against Lunar Agreement," https://space.nss.org/l5-news-aas-against-lunar-agreement/.
③ Carolyn Henson，"Moon Treaty Update," https://space.nss.org/l5-news-moon-treaty-update-march-1980/.
④ "Moon Treaty Hearings," https://space.nss.org/l5-news-moon-treaty-hearings/.

大为减弱，美国行政部门对《月球协定》的支持也停止了。而此前卡特政府针对《月球协定》召开的部门间会议根本未能得出一个报告或结论。里根政府与国会达成了默契，即行政部门不准备将《月球协定》提交给参议院批准。即便提交，参议院外交委员会也不会批准。① 美国的这一行为极大地强化了其他国家对《月球协定》的拒绝立场。苏联一直不接受"人类共同继承财产"概念，② 因此也拒绝批准该条约。

《月球协定》虽然于 1984 年 7 月 11 日生效，但截至目前，只有澳大利亚、奥地利、荷兰和菲律宾等 18 国加入了《月球协定》。另有法国、危地马拉、印度和罗马尼亚 4 国签署了该协定，但未获批准。③

美国拒绝批准《月球协定》的深层次原因有以下四个方面。第一，美国政治文化传统中自由和开放原则在这一问题上表现得很明显。美国国内利益集团和国会坚决认为，《月球协定》的规定将限制自由经济的发展。考虑到投资外层空间产业所需的大量资本和需要承担的巨大风险，它们认为只有充分保护私人投资的安全，企业才愿意进行投资。美国行政部门虽然认为不能对外层空间提出主权要求，但也一直在国际场合坚持国家和私人有权自由开发外层空间资源。④ 第二，美国担心强大的国际机构插手外层空间活动。美国国内利益集团担心发展中国家将控制国际开发机构，并提出不利于美国开发者的利润分配原则。前国务卿亚历山大·黑格（Alexander Meigs Haig, Jr.）曾称，"很明显，条约中表达的'人类共同继承财产'概念表明第三世界国家希望从根本上重新分配全球财富……通过推动'人类共同继承财产'概念，第三世界国家显然希望控制重要的原材料并获得开发这些原材料的技术"。⑤ 第三，美国持国际主义立场的力量十分弱小，无法制约反对《月球协定》

---

① "UN Moon Treaty Falling to US Opposition Groups," https://space. nss. org/l5-news-un-moon-treaty-falling-to-us-opposition-groups/.

② Mark Robson, "Soviet Legal Approach to Space Law Issues at the United Nations," *Loyola of Los Angeles International and Comparative Law Review*, Vol. 3, 1980, pp. 119 – 123.

③ 根据联合国外层空间事务办公室 2021 年 1 月的统计，参见 https://treaties. un. org/Pages/ViewDetails. aspx? src = IND&mtdsg_ no = XXIV – 2&chapter = 24&lang = en.

④ Nancy L. Griffin, "Americans and the Moon Treaty," *The Journal of Air Law and Commerce*, Vol. 46, 1981, pp. 752 – 753.

⑤ Kemal Baslar, *The Concept of the Common Heritage of Mankind in International Law* (London: Kluwer Law International, 1998), p. 165.

的力量。国务院的立场甚至得不到美国国家航空航天局的支持，而国内利益集团和国会的立场却得到众多学者理论上的支持。[①] 第四，外层空间是一个国际机构管理相对较少的区域。《月球协定》在联合国大会通过后，签署国不多，这减轻了美国决策者的压力。一些国际法学者也认为开发外空资源仍是相当遥远的事情，可以在这个问题变得突出时再讨论其解决办法。

总之，美国对《月球协定》的决策过程体现了美国国内利益集团和美国国会对外层空间资源分配的极大关注。与国际海底区域资源问题一样，它们的利益诉求与发展中国家积极支持的"人类共同继承财产"原则产生了巨大的冲突。美国行政部门在《月球协定》的起草过程中表现出了一定的灵活性，"人类共同继承财产"原则在外层空间中的运用得到了美国行政部门的支持。在条约的批准阶段，行政部门曾试图通过对这一概念的内涵进行美国式的解释来协调国内外的尖锐矛盾，但最终政策仍以国内利益为导向。外层空间资源在当时并不太引人注目，但联合国试图以出台《月球协定》的方式解决外层空间中的资源所有权问题，最终以失败告终。美国拒绝加入《月球协定》的行为也非特立独行，事实上主要航天大国都没有加入。这说明"人类共同继承财产"概念还没有得到国际社会的公认。

第四节　美国的政策对当今开发外空资源的影响

"阿波罗登月"计划实现之后，月球探测活动进入低潮期。1994 年之后以美国发射新的探月器为标志，月球探测活动重新受到关注，月球开发呈现新趋势。探月活动正朝着弄清月球资源分布和研究月球资源利用方案的方向前进。[②] 美国 2009 年 10 月的"撞月寻水行动"将人类开发资源的活动带向了外空。除官方活动之外，越来越多的美国私人实体参与到太空活动中来。在美国政府的推动下，探索或开发月球及外空资

---

① Nancy L. Griffin, "Americans and the Moon Treaty," *The Journal of Air Law and Commerce*, Vol. 46, 1981, pp. 754 – 755.
② 欧阳自远等：《月球某些资源的开发利用前景》，《地球科学》2002 年第 5 期，第 498 页。

源成为一个吸引力越来越大的领域。2004 年 6 月设立的美国探索政策委员会号召更多的私人企业参与外空活动并鼓励私人实体对外空进行投资。2010 年，奥巴马政府发布的《国家空间政策》将促进商业航天发展作为一项基本原则。① 逐渐地，美国国内出现了多家以开发外空资源为业务的公司。例如，谷歌公司联合创始人拉里·佩奇（Lawrence Edward Page）、知名导演詹姆斯·卡梅隆（James Cameron）等投资成立了行星资源公司（Planetary Resources）。② 该公司计划从小行星入手，探查近地小行星并尝试从小行星上提取矿产或水资源，还拟将业务扩展至向各大矿业勘探机构提供地球运行轨道观察平台、矿物探测服务等项目。此外，深空工业（Deep Space Industry）、月球快车（Moon Express）等公司也推出各自的外空资源勘探计划。美国政府也有开采外空资源的专门计划。例如，美国国家航空航天局在 2015 年曾发布"小行星重定向任务"，计划从一个小行星上获取一块巨石并进行采样。虽然该计划在 2017 年被取消，但其中的许多核心技术得以保留。③

自里根政府时期美国拒绝批准《月球协定》和《联合国海洋法公约》后，美国行政部门在外空资源开发问题上的立场已经与 20 世纪 70 年代大为不同，更不用说美国国会和国内相关利益集团了。为了推动外空资源开发，美国政府近年来不断尝试通过单边立法调动企业的积极性，并以此试探国际社会的反应。2014 年，由一些学者草拟的"小行星法"提案被提交到美国众议院科学、空间和技术委员会，在经过审议后未获通过，但修改后的提案在 2015 年再次被提交国会，经审议后得到两院通过。④ 2015 年 11 月 25 日，奥巴马总统签署《外空商业发射竞争法》（第 114 - 90 号美国公法），其中第四部分为《外空资源探索与利用法》。此后，这一部分被编入《美国法典》第 51 编第五部分第 513 章。⑤

---

① "National Space Policy of the United States of America," The White House, https://obamawhitehouse. archives. gov/sites/default/files/national_ space_ policy_6 - 28 - 10. pdf.

② 2018 年，区块链公司孔森斯（ConsenSys Inc.）宣布收购行星资源公司。

③ "What Is NASA's Asteroid Redirect Mission?" https://www. nasa. gov/content/what-is-nasa-s-asteroid-redirect-mission.

④ "The Space Resource Exploration and Utilization Act of 2015," https://www. cbo. gov/sites/default/files/hr1508. pdf。

⑤ Space Resource Commercial Exploration and Utilization, USC 51, Chapter 513.

　　《外空资源探索与利用法》对"外空资源"的定义是外层空间中的非生命资源（包括水和矿物质）。这包括从月球、行星、小行星及任何其他天体上获取的资源，比 2014 年提案中的资源范围（只涉及小行星）扩大了。植物或细菌等生物资源则不包括在"外空资源"的范畴中，这是为了避免违反《外层空间条约》中规定的"避免污染"原则。法案的第三条赋予了"美国公民"对其所开采的外空资源的所有权，确立了私人实体在外空资源开发活动中的主导地位。[①] 其中"美国公民"的定义比国籍法中的定义宽泛，包括：（1）拥有美国公民身份的自然人；（2）按照美国法律或州法律组成或存在的实体；（3）按照外国法律组成或存在的实体（前提是其控股权由前两类个人或实体掌握）。定义之所以包括按照外国法律组成或存在的实体，是为了减少国际社会的争议并吸引更多的外国技术和投资。法案只对私人实体的权利进行了规定，并未规定政府能否开采外空资源，其目的也是避免政府对外空资源主张所有权时引起国际争议，但实际上私人与政府之间仍可以交易。法案规定通过适当的联邦机构，总统应推动美国公民对外空资源的商业探索和开发；在遵守国际义务的前提下，减少政府对开发外空资源的阻碍；并在政府的授权和持续监督下，促进美国公民参与空间资源商业探索和商业回收并免受有害干扰。[②] 美国政府还在摸索如何在各部门间分配监管外空资源开发的权力，但与航天事业有关的部门都将介入外空资源开发的监管问题。[③]

　　美国等国[④]的国内立法是对《外层空间条约》第二条"不得据为己有"原则的单方面解释。美国的行为引起了一系列国际反应。

　　首先，2014 年美国相关法案的起草、论证就已经引起了国际社会和空间法学界的讨论和质疑。一些国际知名法律专家对其可能冲击现行国际空间法律秩序表示不安。在 2016 年 4 月召开的第 55 届联合国外层空间委员会法律小组委员会会议上，俄罗斯、墨西哥和智利等国家对美国

---

① Space Resource Commercial Exploration and Utilization，USC 51，Chapter 513.
② Space Resource Commercial Exploration and Utilization，USC 51，Chapter 513.
③ 王国语、陶阳子：《美国〈2015 外空资源探索与利用法〉的分析及应对建议》，《中国航天》2015 年第 12 期，第 23 页。
④ 与美国相似，卢森堡于 2017 年 7 月通过了《探索与利用空间资源法》，成为全球第二个为开发外空资源制定全面法律框架的国家。

的立法表示了质疑和批评。由于"不得据为己有"原则的适用主体和适用对象仍存在争议，联合国外层空间委员会并没有得出美国的做法违反国际法的结论。国际空间法学会在 2015 年 12 月也就美国的立法行为发表了意见，指出利用外空资源是被允许的。美国的立法行为并未违反《外层空间条约》中的国家不得对外层空间提出主权的原则。美国的立法可能是一种对《外层空间条约》的解释，但其他国家是否以及在多大程度上认同这种解释，还有待观察。① 在美国立法行为的刺激下，国际宇航科学院（International Academy of Astronautics）发布了题为《外空矿物资源：挑战与机遇的全球评估》的报告。这是国际宇航界首次组织不同国家和不同背景的专家从不同视角就外空矿物资源进行的全方位研究，探讨了外空矿物资源开发的可行性、时间表和路线图。②

其次，美国的行为使得外空资源开发逐步成为联合国框架下空间外交和空间法关注的热点问题。2014 年 12 月，海牙全球正义研究所（The Hague Institute for Global Justice）等机构发起并成立了海牙外空资源治理工作组（The Hague Space Resources Governance Working Group）。③ 其成员和观察员来自世界各国的科研机构、产业界及社会组织，这使它成为一个半官方国际规则制定平台。但工作组并没有得到联合国的授权。经过第一阶段的磋商，2017 年 9 月 13 日，工作组推出了《关于发展外空资源活动国际框架文本草案》。虽然草案对发展中国家和主要航天大国的利益都有体现，但在外空资源财产权的国际认可、外空资源活动安全区的建立、利益分享等方面存在争议。草案初步规定国家可以赋予发现和获取外空资源的空间活动主体排他性的财产权利，但需要国家间通过互相认可来承认此种财产权。④ 这大致呼应了美国《外空资源探索和利用

---

① "Position Paper on Space Resource Mining," International Institute of Space Law, http://iisl-webo. wwwnlss1. a2hosted. com/wp-content/uploads/2015/12/SpaceResourceMining. pdf.
② 〔美〕阿尔瑟·M. 杜勒、张振军主编《外空矿物资源——挑战与机遇的全球评估》，中国航天科技国际交流中心译，中国宇航出版社，2017。
③ A/AC. 105/C. 2/2018/CRP. 18 – The Hague Space Resources Governance Working Group, http://www. unoosa. org/res/oosadoc/data/documents/2018/aac_105c_22018crp/aac_105c_22018crp_18_0_html/AC105_C2_2018_CRP18E. pdf.
④ 王国语、马冬雪、王瑞娟：《"海牙外空资源治理工作组国际框架文本草案"谈判进展——迈向外空采矿国际法律确定性的第一步》，《国际太空》2017 年第 12 期，第 21 页。

法》关于开发外空资源的规定。美国也改变了不支持制定外空资源活动规则的立场。[①] 2019 年 4 月，希腊和比利时正式提议在外空委法律小组委员会下设立工作组讨论外空资源开发的有关规则，此举得到俄罗斯、德国、中国等不少国家的支持。这些国家认为应在《外层空间条约》确立的法律框架的基础上，利用外空委平台探讨建立相关国际制度，但美国、卢森堡、加拿大和荷兰等国表示反对，认为应先明确工作组的职责和成果预期等细节安排。此后，工作组经过第二阶段 4 次磋商正式通过了《制定国际空间资源活动框架的构成要素》的文件。[②] 为了强化美国的政策立场，2020 年 4 月，特朗普政府曾发布一项名为"鼓励国际支持获得和利用太空资源"的行政命令，称美国人有权根据相关法律从事商业探索，获取和利用外层空间资源。[③]

近年来美国的这些举措可以勾勒出其开发外空资源的大致路线图，即从长期默许到通过立法和总统行政命令公开支持开发外空资源。在与联合国规定的条约义务不明显冲突的基础上，积极主导新的国际规则的制定，以在外空资源开发领域发挥重要影响。笔者认为，虽然美国的行为并未违反国际法，并可能调动私人实体探索、开发外层空间的积极性，但也可能引发各航天强国占有外空资源的"竞赛"，不利于弥补原有国际条约的不足，也不符合"为全人类谋福利"的理念。因此，国际社会仍需思考建立多边合作的外空资源开发机制，平衡私人实体与国际社会的利益。

本章回溯了美国参与《月球协定》制定的过程，并讨论了美国在外空资源开发上的政策立场的发展和变化。《月球协定》虽然还没有达到被国际社会普遍认可的程度，但仍然发展了部分国际法。近年来，国际社会一直努力提高五大外空条约的信守度和有效性。在当前各航天大国

---

① "Building Blocks of a Future Space Economy," http://www. parabolicarc. com/2019/12/18/building-blocks-of-a-future-space-economy/.

② A/AC. 105/C. 2/L. 315, http://www. unoosa. org/oosa/oosadoc/data/documents/2020/aac. 105c. 2l/aac. 105c. 2l. 315_0. html.

③ "Executive Order 13914—Encouraging International Support for the Recovery and Use of Space Resources," The American Presidency Project, April 6, 2020, https://www. presidency. ucsb. edu/documents/executive-order-13914-encouraging-international-support-for-the-recovery-and-use-space.

加大外空探索的背景下，外空国际规则的制定和磋商也变得活跃起来。作为曾经支持《月球协定》制定的国家，美国当前对《月球协定》的态度是不认为该条约是推进外层空间探索和利用的一个有效和必要的工具。因此，美国反对其他国家或国际组织将《月球协定》视为习惯国际法。[①] 美国在外空资源开发上的政策立场从游移不定逐渐转变为鼓励私人开发，并积极寻求突破现有的相关国际规则。美国的行动无疑将导致《月球协定》的修改及其谈判变得更为困难，并使各国探索和开发外空资源的竞争更趋激烈。这使得重新审视美国在此问题上的政策演变过程具有现实意义。

与此同时，美国国家航空航天局计划在 2024 年将美国宇航员送上月球，为了配合这一计划，美国政府目前正在推动一项关于利用月球资源的国际协议，名为《阿尔忒弥斯协议》（Artemis Accords）。协议目标是在未来的月球基地周围建立"安全区"，防止敌对国家和公司对月球基地造成干扰或破坏，为私人公司提供协助，允许它们拥有在月球上采得的资源。[②] 美国倾向于与在月球矿产开发方面有"类似兴趣"的国家进行交流。加拿大、日本、澳大利亚、英国、卢森堡等国于 2020 年 10 月 13 日签署了该协议。而不同意美国提出的规则的国家将被排除在外，如俄罗斯等航天大国即被排除在该协议的早期合作伙伴之外。目前，中国的太空探索关注点集中在月球探测、深空探测能力建设等方面，目的在于"探索外层空间，扩展对地球和宇宙的认识；和平利用外层空间，促进人类文明和社会进步，造福全人类；满足经济建设、科技发展、国家安全和社会进步等方面的需求，提高全民科学文化素质，维护国家权益，增强综合国力"。[③] 中国未提出任何关于外空资源开发的计划，也没有明确的法律规定。对于开发外空资源，中国认为应谨慎开发和利用空间资

---

① "Executive Order 13914—Encouraging International Support for the Recovery and Use of Space Resources," The American Presidency Project, April 6, 2020, https://www.presidency.ucsb.edu/documents/executive-order-13914-encouraging-international-support-for-the-recovery-and-use-space.

② "The Artemis Accords," NASA, https://www.nasa.gov/specials/artemis-accords/img/Artemis-Accords-signed – 13Oct2020.pdf.

③ 《〈2016 中国的航天〉白皮书》，中华人民共和国国务院新闻办公室，2016 年 12 月 27 日，http://www.scio.gov.cn/zfbps/32832/Document/1537007/1537007.htm。

源，采取有效措施保护空间环境，保证空间活动有利于整个人类。中国主张世界各国应通过国际协议等方式谨慎地处理相关问题，并在平等互利、和平利用、包容发展的基础上，帮助发展中国家参与外空资源开发。中国已积极参与到国际相关工作组的磋商和相关议题的探讨中。美国则认为现存条约的谈判进程太慢，与没有航天技术的国家合作没有成效。可见，美国获取外空资源的步伐不会因没有国际共识而减慢，美国组织一些国家形成小集团的可能性很大。随着未来美国外空资源开发技术的逐渐成熟，获取外空资源将变得更为现实，这必然会使美国与其他国家在外空资源所有权问题上产生分歧。鉴于目前存在国际法缺失与美国法律背离的情况，国际社会需要对外空资源开发问题进行更深入的探讨，以在更大的范围内达成新的国际规则。考察美国政策制定的背景对于理解其未来政策走向也具有参考价值。研究者应更加关注外空资源开发方面的国际法发展和国际政治博弈。

结　语

　　全球公域是全球互联互通的重要区域，也是人类资源、环境乃至军事活动的重要场域。它的范围远远大于主权国家的领土在地球上所占的面积。尽管其对全球的繁荣和地球的健康意义重大，但这一领域缺乏强有力的全球机构来进行管理。全球公域的治理建立在脆弱的基础上，新的技术和行为体的涌现考验着国际社会的治理能力。

　　在梳理全球公域资源开发这个领域的现象时，"公地悲剧"这个理论的效用不断显现。从理论上说，防止"公地悲剧"有许多办法，既可使"公地"成为私有财产，也可将其作为公共财产予以保留，又或建立中心化的权力机构来进行管理。进行道德约束也是一种重要的途径。在"公地悲剧"并非不可逆转时，社会需要建立起一套价值观或者一个中心化的权力机构，这种权力机构可以控制资源开发量。但根本来说国际社会必须行动起来，否则就是在等待"公地"毁灭的到来。幸运的是，国际社会没有完全疏忽或懈怠对全球公域资源开发的管理。尽管如此，全球公域资源开发仍面临着一定的失序风险。例如，为了公海渔业资源的可持续发展，全球需要合作达成一项具有普遍约束力的协定。迄今为止，许多参与负责任捕鱼行动的国家已加入了联合国主导的协定、区域协定、行为守则或非政府协定。但即便在目前的安排下，全球合作仍有不足，不少鱼类资源濒临枯竭。如果没有一个主要的管理机构来强制全球公域的行动者按照特定的方式行事，不仅国际社会就适当的规则和规范达成一致是一个重大挑战，执行规则也将是一个长期棘手的问题。全球公域资源开发制度必然是一个妥协的产物，有赖于各方对共同利益的看法。

　　从历史的角度看，全球公域资源开发带有明显的时代印记。在冷战初期，由于担心被包围，苏联迅速发展海军以与美国竞争。然而，到了20世纪中叶，这种情况发生了变化。苏联在拥有了一支远洋海军和相应的投送能力，以及一支能够在远离海岸的地方进行海洋科研和捕鱼作业的船队后，表现为支持建立完善国际法律制度，以更好地保障海上流动性，防止其他国家滥用海洋资源。以南极为例，二战后，在各国纷纷提出领土主张的情况下，美国认识到任何将苏联人排除在南极之外的企图，都只会加速这片大陆的军事化进程，因此，美国决定将南极大陆变成非军事区。在艾森豪威尔总统倡议相关利益方进行谈判后，莫斯科很快就加入了美国主导的谈判，旨在达成一项条约以冻结南极主权争端，促使其用于和平目的，并建立独特的空中检查机制。在人造卫星进入太空的原则上，美国同样得到了苏联的支持。世界环境保护运动的兴起是 20 世纪最伟大的事件之一。在许多地方，经济扩张都威胁到了环境。全球经济命题产生了同自身相对的命题，即环境保护主义。这一时代潮流大大提高了全球公域资源开发的门槛，使得决策者在考虑资源的经济收益时必须考虑环境保护因素。世界政治经济格局的变化，各类新型治理主体的出现和不同发展程度的国家参与全球治理能力与意识的变化，又使得多方共治的理念不断深化。但在利益分配方面，拥有开发全球公域资源能力的国家，长期以来都享有对这些资源的特权。在涉及公海、外层空间或南极的资源开发时，发展中国家始终处于不利地位。从历史上看，发展中国家一直在寻求通过国际机构对公域资源开发实行更大的监督，还包括集中分配来自这些资源的收入，但这些方法通常是发达国家反对的。

涉及全球公域资源的新发现和新问题出现后，全世界并没有形成统一的认识，更没有统一的国际组织来加以确认和管理，在很多问题上没有相应的或足够的国家实践，以至于存在许多"灰色地带"。每当国际法上出现了新的事件之后，作为深度参与全球公域资源开发的国家，美国经常发挥一定的领导作用，提出的许多主张都具有一定的超前性，对相关国际规则的塑造作用也表现得非常明显，经常试图用新的国际法词语、理论或观念来实现本国利益和诉求，争夺国际话语权和主导权。美国尽可能使自己的主张和诉求以"全球公共产品"的形式表达出来，之所以如此，归根结底是因为美国在此领域起步相对较早，特别是私人探索者、企业、基金会、非政府组织经常走在政府之前，政府与学界的互动机制相对灵活，因而往往能够抢占先机，主导话语权。与此同时，由于国内利益集团影响力大，又特别注重对本国利益的维护，美国的主张也出现了不少自相矛盾的地方。虽然美国宪法规定美国的国内法律与缔结的一切条约皆为全国之最高法律，但从美国最高法院的判决和宪法的规定来看，当两者发生抵触时，以后法优于前法执行。这只是一种模糊的规定，在实践中，美国往往依据先行制定的国内法进入国际法领域，对国际法原则、国际条约或者国际组织进行某种"过滤"。或根据本国的利益，缔结国际条约后又出台与之相抵触的国内法，甚至退出某些国际条约。而对于可以被利用但说服力不强的国际法原则、国际条约或国际组织，美国采取改造措施。美国长期以来的行为导致美国公众可能误以为美国不需要国际法。美国在全球公域资源开发中的一些做法在国际上和国内都存在争议，有损其国家形象，与合作共赢等人类社会的共识价值不相契合，不利于相关国际体系的发展。由于意识形态、价值观以及现实国家利益等方面的差异乃至对立，国际社会在全球公域资源开发方面的国际法的具体主张方面仍存在很大分歧，这不可避免地将对美国的立场提出挑战。虽然如此，美国凭借其超群的科学技术能力，迄今为止仍占据着这一领域无可置疑的优势地位。

全球公域资源的种类和用途是一条永远变动着的"边疆"。不断涌现的新思想、新技术持续影响着什么资源有可能或值得去开发。从近海石油资源到外空矿物资源，从遗传基因资源到卫星轨道频率资源，人类对全球公域资源的利用和开发由近及远、由宏观到微观、由实体到虚空。评估未来可开发的资源的种类和潜力是有难度的，因此研究者也可能低估某种新兴热门资源触发的国际政治后果。例如，以前不太引人注目的近地卫星轨道资源就因近期的国际新闻事件而成为一个热门话题。2014年，美国太空探索技术公司（SpaceX）提出了"星链"（Starlink）计划，试图建立覆盖全球的卫星互联网，并在 2019 年将首批 60 颗卫星送入太空。该项目原计划发射 1.2 万颗卫星，后又获准再建造约 3 万颗卫星，使卫星总数增加至 4.2 万颗。2019 年 10 月 15 日，美国联邦通信委员会（FCC）代表 SpaceX 向国际电信联盟提交了申请，为额外的 3 万颗星链卫星安排频谱。2022 年 1 月 16 日，SpaceX 的首席执行官埃隆·马斯克（Elon Musk）披露，当前已有 1469 颗"星链"卫星处在运行状态，272 颗正在进入运行轨道。过去很难想象有国家可以发射数万颗卫星，但 SpaceX 解决了火箭回收技术，发射数万颗卫星不再是不可能的事。有些科学家认为，这种卫星群的数量和密度，已经影响了正常的天文观测，航天器碰撞的风险也变得越来越大。除"星链"计划外，美国的亚马逊公司也在推出"柯伊伯"计划（Project Kuiper），又如 One Web 公司、韩国三星公司、美国波音公司等都推出类似项目。目前，已经发布的全球通信卫星"星座计划"超过 25 个。这意味着近地卫星轨道资源的竞争已展开。2021 年 12 月，欧洲航天局局长阿施巴赫（Josef Aschbacher）就"星链"计划发表评论认为，"星链"计划发射大量卫星的做法将减少其他国家使用无线电频率和卫星轨道位置的机会，马斯克正在为新的商业太空经济"制定规则"。美国监管机构"不仅对发展经济感兴趣，对某些经济领域的主导地位也感兴趣"。对于该言论，马斯克却认为环绕地球的每层巨大的轨道"壳"比地球表面都要大，而且太空中每隔 10 米就有一层新的轨道"壳"，因此近地卫星轨道上可能有"数百亿"个航天器运行的位置。"星链"计划部署的卫星数量对于空间的总容量来说根本不值一提。但是，有科学家认为如果要避免发生碰撞，高速运行的航天器之间需要留出比地面上汽车之间更大的间隔，才能有足够时间调整轨道。美国国家航空航天局 2022 年 2 月 9 日表示，"星链"计划可能危及国际空间站，担心其对科学和载人航天飞行任务产生影响，并对危险小行星的观测工作产生不利影响。该机构呼吁 SpaceX 将"星链"卫星对于太空观测的影响降至最低。总之，各国之间迫切需要进行更多的协调，以决定如何分配卫星轨道资源和进行空间交通管理。"星链"计划这类事件带来的经济和政治效应无疑值得关注和思考。

　　全球公域由于管理权威和资源公平分配的缺乏，普遍存在脆弱性。对全球公域资源开发的潜在挑战已经以新的行动者、颠覆性的技术的形式出现。应对全球公域环境的脆弱性、资源分配的对抗性是艰难的挑战。在国际关系充满不确定性的时期，为确保全球公域资源在未来的存续，国际社会需要作出艰难的选择。全球安全和繁荣相互依赖的逻辑是我们可以寄托希望的约束力量，这要求国际社会完善和整合现有制度，并更全面有力地执行相关规则。如果不这样做，世界从全球公域资源开发中获得的利益就可能受损。全球公域资源开发的无序和混乱将是整个人类共同的悲剧。从乐观的角度看，只要取之有道，全球公域资源开发是未来人类不断迈向科技进步和富足生活的源泉，在这一领域实现进一步跳跃式发展并非天方夜谭，我们应以历史性的眼光迎接它。

参考文献

一 中文资料

(一) 著作类

〔美〕J. M. 阿姆斯特朗、〔美〕P. C. 赖纳：《美国海洋管理》，林宝法、郭家梁、吴润华译，海洋出版社，1986。

〔美〕L. R. 小赫斯顿：《大陆架》，北京大学地质地理系译，商务印书馆，1972。

〔美〕阿尔瑟·M. 杜勒、张振军主编《外空矿物资源——挑战与机遇的全球评估》，中国航天科技国际交流中心编译，中国宇航出版社，2017。

〔美〕埃莉诺·奥斯特罗姆：《公共事物的治理之道：集体行动制度的演进》，余逊达、陈旭东译，上海译文出版社，2012。

〔美〕奥兰·扬：《世界事务中的治理》，陈玉刚、薄燕译，上海人民出版社，2007。

〔加拿大〕巴里·布赞：《海底政治》，时富鑫译，生活·读书·新知三联书店，1981。

白海军：《月球时代大挑战：大国崛起新契机》，世界知识出版社，2008。

曹文振等：《经济全球化时代的海洋政治》，中国海洋大学出版社，2006。

陈德恭：《现代国际海洋法》，海洋出版社，2009。

陈德恭编著《国际海底资源与海洋法》，海洋出版社，1986。

陈善广主编《空间法概要》，中国宇航出版社，2007。

〔美〕德博拉·沙普利：《第七大陆：资源时代的南极洲》，张辉旭等译，中国环境科学出版社，1990。

邓鹏、李小兵、刘国力：《剪不断理还乱：美国外交与美中关系》，中国社会科学出版社，2000。

〔荷兰〕盖伊斯贝尔塔·C. M. 雷伊南：《外层空间的利用与国际法》，谭世球译，上海翻译出版公司，1985。

高之国、贾宇、张海文主编《国际海洋法的新发展》，海洋出版社，2005。

国家海洋局海洋发展战略研究所编《专属经济区和大陆架：基本制度、划界方法、开发保护》，海洋出版社，2002。

〔美〕哈维·奥康诺：《石油帝国》，郭外合译，世界知识出版社，1958。

贺其治：《外层空间法》，法律出版社，1992。

贺其治、黄惠康主编《外层空间法》，青岛出版社，2000。

洪源：《蔚蓝色的法律：海洋法与国际海底》，贵州民族出版社，1998。

〔美〕加里·沃塞曼：《美国政治基础》，陆震纶等译，中国社会科学出版社，1994。

蒋晓燕、信强：《美国国会与美国对华安全决策（1989－2004）》，时事出版社，2005。

〔美〕杰里尔·A. 罗赛蒂：《美国对外政策的政治学》，周启朋等译，世界知识出版社，1997。

金雷、紫桑编著《南北极探险》，湖北教育出版社，2000。

鞠海亭：《网络环境下的国际民事诉讼法律问题》，法律出版社，2006。

〔美〕肯尼思·沃尔兹：《国际政治理论》，胡少华、王红缨译，中国人民公安大学出版社，1992。

匡增军：《俄罗斯的北极战略：基于俄罗斯大陆架外部界限问题的研究》，社会科学文献出版社，2017。

李庆四：《美国国会与美国外交》，人民出版社，2007。

李寿祺：《利益集团和美国政治》，中国社会科学出版社，1988。

李广民、欧斌主编《国际法》，清华大学出版社，2006。

刘文祥：《美国外交决策中的国会与总统》，中国经济出版社，2005。

〔美〕罗伯特·基欧汉、〔美〕约瑟夫·奈：《权力与相互依赖——转变中的世界政治》，林茂辉等译，中国人民公安大学出版社，1992。

〔美〕罗杰·希尔斯曼、〔美〕劳拉·高克伦、〔美〕帕特里夏·A. 韦茨曼：《防务与外交决策中的政治》，曹大鹏译，商务印书馆，2000。

〔美〕玛莎·费丽莫：《国际社会中的国家利益》，袁正清译，浙江人民出版社，2001。

马英杰、田其云：《海洋资源法律研究》，中国海洋大学出版社，2006。

〔波〕曼弗莱特·拉克斯:《外层空间法——当代立法的经验》,郑衍构
　　等译,上海社会科学院出版社,1990。

〔美〕曼瑟尔·奥尔森:《集体行动的逻辑》,陈郁等译,上海三联书
　　店,1995。

〔美〕莫顿·卡普兰:《国际政治的系统和过程》,薄智跃译,中国人民
　　公安大学出版社,1989。

倪峰:《国会与冷战后的美国安全政策》,中国社会科学出版社,2004。

倪世雄等:《当代西方国际关系理论》,复旦大学出版社,2001。

倪世雄、王义桅主编《中美国家利益比较》,时事出版社,2004。

〔美〕诺曼·杰·奥恩斯坦、〔美〕雪利·埃尔德:《利益集团、院外活
　　动和政策制订》,潘同文、陈永易、吴艾美译,世界知识出版
　　社,1981。

〔美〕帕姆·沃克伊莱恩·伍德:《辽阔的大陆架》,王中华译,上海科
　　学技术文献出版社,2006。

任东来:《政治世界探微》,北京大学出版社,2005。

〔美〕斯蒂芬·范埃弗拉:《政治学研究方法指南》,陈琪译,北京大学出
　　版社,2006。

苏长和:《全球公共问题与国际合作:一种制度的分析》,上海人民出版
　　社,2009。

孙国维:《神秘的南极洲》,海洋出版社,1981。

孙凯:《捕鲸的国际管制及其变迁》,社会科学文献出版社,2012。

孙哲:《左右未来:美国国会的制度创新和决策行为》,复旦大学出版
　　社,2001。

孙哲主编《美国国会研究Ⅰ》,复旦大学出版社,2002。

谭融:《美国利益集团政治研究》,中国社会科学出版社,2002。

王才良、周珊编著《石油科技史话》,石油工业出版社,2006。

王铁崖主编《国际法》,法律出版社,1995。

王铁崖、田如萱编《国际法资料选编》,法律出版社,1986。

王晓德:《美国文化与外交》,世界知识出版社,2000。

〔美〕威廉·J. 德沙编《美苏空间争霸与美国利益》,李恩忠等译,国际
　　文化出版公司,1988。

位梦华编著《南北极探险史话》，中国旅游出版社、商务印书馆，1999。

位梦华：《魂飞北极》，江苏教育出版社，1997。

位梦华、郭琨编著《南极政治与法律》，法律出版社，1989。

位梦华、胡领太编著《神奇的南极：南极属于谁》，海燕出版社，1992。

伍水地：《大陆架》，商务印书馆，1979。

信强：《"半自主"国会与台湾问题：美国国会外交行为模式》，复旦大学出版社，2005。

阎学通：《中国国家利益分析》，天津人民出版社，1997。

阎学通、孙学峰：《国际关系研究实用方法》，人民出版社，2001。

〔美〕埃莉诺·奥斯特罗姆：《公共事物的治理之道——集体行动制度的演进》，余逊达、陈旭东译，上海三联书店，2000。

尹玉海主编《国际空间立法概览》，中国民主法制出版社，2005。

尹玉海主编《美国空间法律问题研究》，中国民主法制出版社，2007。

〔英〕詹宁斯等修订《奥本海国际法》，王铁崖等译，中国大百科全书出版社，1995。

〔美〕詹姆斯·多尔蒂、〔美〕小罗伯特·普法尔茨格拉夫：《争论中的国际关系理论》，阎学通、陈寒溪等译，世界知识出版社，2003。

张玉生：《美国海洋政策》，黎明文化事业股份有限公司，1992。

赵可金：《营造未来——美国国会游说的制度解读》，复旦大学出版社，2005。

赵理海：《海洋法问题研究》，北京大学出版社，1996。

周鲠生：《国际法》，武汉大学出版社，2007。

周琪主编《国会与美国外交政策》，上海社会科学院出版社，2006。

周琪主编《意识形态与美国外交》，上海人民出版社，2006。

周忠海：《周忠海国际法论文集》，北京出版社，2006。

周忠海主编《国际法》，中国政法大学出版社，2004。

邹克渊：《南极矿物资源与国际法》，现代出版社，1997。

（二）报刊、论文类

白洋：《后 UNCLOS 时期国际海洋渔业资源法律制度分析与展望》，《河南财经政法大学学报》2012 年第 5 期。

白佳玉、李静：《美国北极政策研究》，《中国海洋大学学报》（社会科学版）2009 年第 5 期。

蔡高强、徐徐：《论外层空间活动商业化的法律规制》，《社会科学辑刊》
　　2007 年第 2 期。

曹升生、夏玉清：《"全球公域"成为新式的美国霸权主义理论——评新美
　　国安全中心及其东北亚战略设计》，《太平洋学报》2011 年第 9 期。

曹文娟：《〈外空条约〉第二条"不得据为己有"原则研究》，硕士学位
　　论文，中国政法大学，2007。

陈杰、Hans-Peter Blume：《人类活动对南极陆地生态系统的影响》，《极
　　地研究》2000 年第 1 期。

陈翔：《威望动机与大国太空博弈》，《太平洋学报》2018 年第 2 期。

陈雪忠、徐兆礼、黄洪亮：《南极磷虾资源利用现状与中国的开发策略分
　　析》，《中国水产科学》2009 年第 3 期。

程建军：《卫星频率和轨道资源的国际争夺》，《卫星与网络》2006 年第
　　10 期。

董晓婉、陈力：《南极海域 IUU 捕捞的国际法规制》，《复旦国际关系评
　　论》2017 年第 2 期。

高威：《南北极法律状况研究》，《海洋环境科学》2008 年 4 期。

公衍芬、姜丽、王群：《以美国为鉴探讨中国参与公海保护区建设的对策
　　建议》，《环境科学导刊》2014 年第 1 期。

郭培清：《美国政府的南极洲政策与〈南极条约〉的形成》，《世界历史》
　　2006 年第 1 期。

郭培清：《南极洲与联合国关系辨析》，《太平洋学报》2006 年第 5 期。

郭培清：《联合国"无权"管辖的南极洲》，《海洋世界》2006 年第
　　12 期。

郭培清：《美国南极洲政策中的苏联因素》，《中国海洋大学学报》（社会
　　科学版）2007 年第 2 期。

郭培清：《南极的资源与资源政治》，《海洋世界》2007 年第 3 期。

郭培清：《印度南极政策的变迁》，《南亚研究季刊》2007 年第 2 期。

郭培清、董利民：《美国的北极战略》，《美国研究》2015 年第 6 期。

韩雪晴：《全球公域战略与北约安全新理念》，《国际安全研究》2014 年
　　第 4 期。

韩雪晴、王义桅：《全球公域：思想渊源、概念谱系与学术反思》，《中国社会科学》2014 年第 6 期。

何奇松：《太空安全治理的现状、问题与出路》，《国际展望》2014 年第 6 期。

黄凤志、冯亚茹：《俄罗斯的北极政策探析》，《吉林大学社会科学学报》2021 年第 5 期。

黄惠康：《世纪之交空间法的回顾与展望（上）》，《中国航天》2000 年第 9 期。

黄志雄：《北极问题的国际法分析和思考》，《国际论坛》2009 年第 6 期。

江伟钰：《21 世纪深海海底资源开发与海洋环境保护》，《华东理工大学学报》（社会科学版）2002 年第 4 期。

姜胤安：《拜登政府的北极政策：目标与制约》，《区域与全球发展》2021 年第 5 期。

蒋少华、屠敏琼、邵江涛：《国际海底区域制度的新发展——〈关于执行〈海洋法公约〉第 11 部分的协定〉》，《政治与法律》1995 年第 6 期。

金永明：《国际海底区域的法律地位与资源开发制度研究》，博士学位论文，华东政法学院，2005。

金永明：《国际海底资源开发制度研究》，《社会科学》2006 年第 3 期。

李滨：《论外层空间商业利用中的若干国际法问题与对策》，《黑龙江社会科学》2007 年第 6 期。

李敬昌、XIE Hongyue：《论 BBNJ 协定与〈南极条约〉体系的协调》，《中国海洋法学评论》，2018 年第 2 期。

李学杰等：《北冰洋大陆架划界现状》，《极地研究》2014 年第 3 期。

廖敏文：《外空资源法律地位的确定问题研究》，《国际法研究》2018 年第 2 期。

林志霞：《联合国海洋法会议与美国对领海宽度问题的政策（1958～1963）》，硕士学位论文，东北师范大学，2006。

凌晓良等：《南极环境与环境保护问题研究》，《海洋开发与管理》2005 年第 5 期。

凌岩：《试论对月球和其他天体的所有权》，《北京航空航天大学学报》

（社会科学版）2006 年第 2 期。

凌岩：《再论对月球和天体的财产权问题》，《哈尔滨工业大学学报》（社会科学版）2007 年第 1 期。

刘建飞：《美国政治文化的基本要素及其对国民行为的影响》，《中共中央党校学报》2003 年第 2 期。

刘江平、沈基飞：《阿根廷：远征南极"争"主权》，《海洋世界》2008 年第 3 期。

刘少军、刘畅、戴瑜：《深海采矿装备研发的现状与进展》，《机械工程学报》2014 年第 2 期。

刘思竹：《论国家管辖范围外海洋遗传资源的惠益分享制度》，《政法论丛》2020 年第 5 期。

刘永新等：《南极磷虾的资源概况与生态系统功能》，《水产学杂志》2019 年第 1 期。

刘志云：《国际关系与国际法研究的互动方式分析》，《厦门大学学报》（哲学社会科学版）2007 年第 4 期。

刘中民：《国际海底制度之争》，《海洋世界》2007 年第 1 期。

马建英：《美国全球公域战略评析》，《现代国际关系》2013 年第 2 期。

慕亚平：《地球静止轨道法律地位初探》，《西北政法学院学报》1984 年第 4 期。

聂资鲁：《联合国和平利用外层空间委员会（COPUOS）与国际法》，《法学杂志》2008 年第 6 期。

欧斌、余丽萍、毛晓磊：《论人类共同继承财产原则》，《外交学院学报》2003 年第 4 期。

欧阳自远等：《月球某些资源的开发利用前景》，《地球科学》2002 年第 5 期。

庞小平、王自磐、鄂栋臣：《南极生态环境分类及其脆弱性分析》，《测绘与空间地理信息》2006 年第 6 期。

秦天宝：《国际法的新概念"人类共同关切事项"初探——以〈生物多样性公约〉为例的考察》，《法学评论》2006 年第 5 期。

阮振宇：《南极条约体系与国际海洋法：冲突与协调》，《复旦学报》（社会科学版）2001 年第 1 期。

宋伟：《规范与认同的相互建构：社会建构主义的进展与难题》，《世界经济与政治》2008 年第 3 期。

孙凯、耿嘉晖：《特朗普政府北极事务"安全化"政策及其实践》，《美国研究》2021 年第 3 期。

孙寿荫：《世界大陆架的自然资源概况》，《海洋科技资料》1980 年第 1 期。

孙天竺：《美国军事利用南极的政策（1946～1957）》，硕士学位论文，东北师范大学，2005。

唐双娥：《保护"全球公域"的法律问题》，《生态经济》2002 年第 8 期。

唐双娥：《"全球公域"的法律保护》，《世界环境》2002 年第 3 期。

王传良：《国家管辖范围以外区域海洋遗传资源获取与惠益分享制度研究》，博士学位论文，山东大学，2020。

王国语、马冬雪、王瑞娟：《海牙外空资源治理工作组"国际框架文本草案"谈判进展——迈向外空采矿国际法律确定性的第一步》，《国际太空》2017 年第 12 期。

王国语、陶阳子：《美国〈2015 外空资源探索与利用法〉的分析及应对建议》，《中国航天》2015 年第 12 期。

王缉思：《美国外交思想传统与对华政策》，《美国研究参考资料》1989 年第 3 期。

王金强、王蔚：《美国对海底权利的诉求与国内利益的平衡——以海底界限的争论为中心（1969～1972）》，《美国研究》2008 年第 3 期。

王郦久：《北冰洋主权之争的趋势》，《现代国际关系》2007 年第 10 期。

王秀英：《国际法视阈中的北极争端》，《海洋开发与管理》2007 年第 6 期。

王岩：《国际海底区域资源开发制度研究》，博士学位论文，中国海洋大学，2007。

王义桅：《全球公域与美国巧霸权》，《同济大学学报》（社会科学版）2012 年第 2 期。

王义桅：《美国重返亚洲的理论基础：以全球公域论为例》，《国际关系学院学报》2012 年第 4 期。

王逸舟：《国家利益再思考》，《中国社会科学》2002 年第 2 期。

王勇：《国际海底区域开发规章草案的发展演变与中国的因应》，《当代法学》2019 年第 4 期。

吴莼思：《美国的全球战略公域焦虑及中国的应对》，《国际展望》2014 年第 6 期。

吴慧：《"北极争夺战"的国际法分析》，《国际关系学院学报》2007 年第 5 期。

吴其胜：《国际关系研究中的跨层次分析》，《外交评论》（《外交学院学报》）2008 年第 1 期。

吴少杰：《联合国三次海洋法会议与美国关于海洋法问题的政策（1958～1982）》，博士学位论文，东北师范大学，2013。

夏春利：《作为人类共同继承财产的频谱和轨道资源》，《北京理工大学学报》（社会科学版）2013 年第 2 期。

夏立平、苏平：《美国海洋管理制度研究——兼析奥巴马政府的海洋政策》，《美国研究》2011 年第 4 期。

项克涵：《国际海底矿藏开发问题上的斗争》，《武汉大学学报》（社会科学版）1982 年第 4 期。

肖锋：《〈联合国海洋法公约〉第十一部分及其修改问题》，《甘肃政法学院学报》1996 年第 2 期。

信强、张佳佳：《特朗普政府的北极"战略再定位"及其影响》，《复旦学报》（社会科学版）2021 年第 4 期。

徐能武、金赛美：《外层空间国际关系研究体系的思考：现实建构主义的视角》，《中国海洋大学学报》（社会科学版）2008 年第 5 期。

徐能武、曾加、刘杨钺：《维护和促进外层空间安全的"向善"关系——外层空间安全合作机制的复合建构与持续进化》，《太平洋学报》2015 年第 4 期。

徐世杰：《"关于环境保护的南极条约议定书"对南极活动影响分析》，《海洋开发与管理》2008 年第 3 期。

徐祥民、王岩：《外空资源利用与外空环境保护法律制度的完善》，《中国人口·资源与环境》2007 年第 4 期。

颜其德、胡领太：《南极洲政治前景浅析》，《极地研究》2005 年第 3 期。

颜其德、朱建钢：《〈南极条约〉与领土主权要求》，《海洋开发与管理》2008 年第 4 期。

杨剑：《美国"网络空间全球公域说"的语境矛盾及其本质》，《国际观察》2013 年第 1 期。

杨亮庆、王梦婕：《北极冰融对中国意味着什么》，《瞭望东方周刊》2008 年第 30 期。

叶守建等：《全球头足类资源开发现状分析及发展建议》，《渔业信息与战略》2014 年第 1 期。

尹玉海、余佳颖：《外层空间软法规制之发展及其价值判断》，《北京航空航天大学学报》（社会科学版）2019 年第 1 期。

俞晓萍、黄润、于华友：《从"高边疆"战略看未来外层空间的争夺》，《四川师范大学学报》（自然科学版）1996 年第 1 期。

曾望：《北极争端的历史、现状及前景》，《国际资料信息》2007 年第 10 期。

曾文革、高颖：《国际海底区域采矿规章谈判：理念更新与制度完善》，《阅江学刊》2020 年第 1 期。

张虹：《WRC - 12 上的卫星资源争夺战》，《中国无线电》2012 年第 2 期。

张克宁、朱珍梅：《国际海底区域环境管理计划评析——基于克拉里昂 - 克利珀顿区实践》，《边界与海洋研究》2020 年第 1 期。

张亮：《论外层空间商业活动对国际法的挑战》，硕士学位论文，湖南师范大学，2007。

张茗：《全球公域：从"部分"治理到"全球"治理》，《世界经济与政治》2013 年第 11 期。

张晓丽：《美国加入〈联合国海洋法公约〉问题》，《海洋开发与管理》2005 年第 3 期。

张杨：《冷战与美国的外层空间政策（1945～1969）》，博士学位论文，东北师范大学，2005。

张杨：《美国的外层空间政策与冷战——兼论冷战的知觉错误与过度防御心理》，《美国研究》2005 年第 3 期。

张晏瑲：《国际渔业法律制度的演进与发展》，《国际法研究》2015 年第 5 期。

张梓太、程飞鸿:《论美国国际海底区域政策的演进逻辑、走向及启示》,《太平洋学报》2020 年第 11 期。

赵云:《国际空间管理局:空间商业化体制的管理模式》,《哈尔滨工业大学学报》(社会科学版) 2007 年第 1 期。

《中方已完成〈预防中北冰洋不管制公海渔业协定〉国内核准》,《人民日报》2021 年 5 月 20 日,第 3 版。

周丽瑛:《外层空间活动商业化的法律问题》,博士学位论文,中国政法大学,2006。

朱毅麟:《从〈月球协定〉看我国开展探月之意义》,《国际太空》2004 年第 8 期。

朱燕、王树春:《新版俄罗斯北极政策:变化、原因及特点》,《中国海洋大学学报》(社会科学版) 2021 年第 5 期。

邹克渊:《两极地区的法律地位》,《海洋开发与管理》1996 年第 2 期。

(三) 网络资源类

《按种群列出的全球金枪鱼捕捞量》,http://www. fao. org/fishery/statistics/tuna-catches/zh。

《澳大利亚大陆架划界案执行摘要》,http://www. un. org/depts/los/clcs_new/submissions_files/aus04/Documents/aus_2004_c. pdf。

《捕鱼及养护公海生物资源公约》,http://www. un. org/chinese/law/ilc/fish. htm。

《大陆架公约》,https://www. un. org/zh/documents/treaty/files/UNCITRAL-1958. shtml。

《负责任渔业行为守则》,https://www. fao. org/3/v9878c/v9878c00. htm#2。

《俄罗斯接任北极理事会轮值主席国,俄专家:为中国带来新机遇》,环球网,2021 年 4 月 12 日,https://baijiahao. baidu. com/s? id = 1696811246826219630&wfr = spider&for = pc。

《各国探索和利用外层空间活动的法律原则宣言》,https://documents-dds-ny. un. org/doc/RESOLUTION/GEN/NR0/185/24/IMG/NR018524. pdf? OpenElement。

《公海公约》,http://www. un. org/chinese/law/ilc/hsea. htm。

《公海深海渔业管理国际准则》,http://www. fao. org/docrep/012/i0816c/

i0816c00. htm。

《关于各国在月球和其他天体上活动的协定》，https：//www. un. org/zh/
documents/treaty/files/A-RES－34－68. shtml。

《关于环境保护的南极条约议定书》，http：//www. ats. aq/documents/recatt/
Att006_e. pdf。

《关于执行 1982 年 12 月 10 日〈联合国海洋法公约〉第十一部分的决议
和协定》（联合国大会第48/263 号决议），https：//undocs. org/zh/A/
RES/48/263。

《国际海底问题与〈联合国海洋法公约〉》，http：//china-isa. jm. china-cm-
bassy. org/chn/gjhd/hdzd/P020051125219611881447. pdf。

李广兵、李国庆：《全球公域法律问题研究》，http：//www. riel. whu. edu.
cn/article. asp？ id＝24931。

《联合国大会第 34/68 号决议》，http：//www. un. org/zh/ga/34/res。

《联合国海洋法公约》，http：//www. un. org/zh/documents/treaty/UNCLOS－
1982。

《联合国和平利用外层空间委员会 2779（26）号决议》，http：//www. unoosa.
org/pdf/gares/ARES_26_2779C. pdf。

《联合国和平利用外层空间委员会 3182（28）号决议》，http：//www.
unoosa. org/pdf/gares/ARES_28_3182C. pdf。

《联合国气候变化框架公约》，http：//unfccc. int/resource/docs/convkp/con-
vchin. pdf。

《南极矿产资源活动管理公约》，http：//www. state. gov/documents/organi-
zation/15282. pdf。

《"区域"内多金属结核探矿和勘探规章》，https：//isa. org. jm/files/files/
documents/isba-19c-17_1. pdf。

《"区域"内多金属硫化物探矿和勘探规章》，https：//isa. org. jm/files/
files/documents/isba-16a-12rev1_1. pdf。

《"区域"内富钴铁锰结壳探矿和勘探规章》，https：//isa. org. jm/files/
files/documents/isba－18a-11_1. pdf。

《"区域"内矿物资源开发规章草案》，https：//isa. org. jm/files/files/docu-
ments/isba_25_c_wp1－c_0. pdf。

《生物多样性公约》，https：//www. cbd. int/doc/legal/cbd-zh. pdf。

《斯瓦尔巴条约》，http：//www. chinare. gov. cn/caa/gb_article. php？modid =
　　04005。

《探月"三步走"收官"有看头"：中国探月工程嫦娥五号任务正式启航》，
　　新华社，2020 年 11 月 24 日，http：//www. gov. cn/xinwen/2020 - 11/
　　24/content_5563794. htm。

《赢得大陆架划界的国际话语权》，《中国海洋报》2016 年 1 月 19 日，ht-
　　tp：//www. oeofo. com/news/201601/19/list158305. html。

《中国成为北极理事会正式观察员国，将享合法权利》，中国新闻网，
　　2013 年 5 月 15 日，http：//www. chinanews. com/gj/2013/05 - 15/
　　4822384. shtml。

《〈2016 中国的航天〉白皮书》，中华人民共和国国务院新闻办公室，
　　2016 年 12 月 27 日，http：//www. scio. gov. cn/zfbps/32832/Document/
　　1537007/1537007. htm。

二　英文资料

（一）美国政府文件和国际组织文件

A/CONF. 232/2020/3，https：//documents-dds-ny. un. org/doc/UNDOC/GEN/
　　N19/372/87/pdf/N1937287. pdf？OpenElement.

" Agreement for the Implementation of the Provisions of the United Nations Con-
　　vention on the Law of the Sea of 10 December 1982 relating to the Conserva-
　　tion and Management of Straddling Fish Stocks and Highly Migratory Fish
　　Stocks，" https：//documents-dds-ny. un. org/doc/UNDOC/GEN/N95/274/
　　67/PDF/N9527467. pdf？OpenElement.

" Agreement Governing the Activities of States on the Moon and Other Celestial
　　Bodies，" http：//www. unoosa. org/pdf/gares/ARES_34_68E. pdf.

" Alaska National Interest Lands Conservation Act of 1980，" Article 1007.

American Petroleum Interests in Foreign Countries: Hearings before a Special
　　Committee Investigating Petroleum Resources，United States Senate，79th
　　Cong. ，1st sess. ，on S. Res. 36（Washington：Government Printing Office，
　　1946）.

"Antarctic Report," https://s3. amazonaws. com/Antarctica/AR/ARApr65. pdf.

"Arctic Region Policy," NSPD-66/HSPD-25, January 9, 2009, http://www. fas. org/irp/offdocs/nspd/nspd－66. htm.

"Arctic Research and Policy Act of 1984," Public Law 101－609, http://www. nsf. gov/od/opp/arctic/iarpc/arc_ res_ pol_ act. jsp.

Arctic Research of the United States, NSF 07－137, Volume 20, 2006.

A/RES/69/292, https://undocs. org/zh/A/RES/69/292.

"Biden-Harris Administration Brings Arctic Policy to the Forefront with Reactivated Steering Committee & New Slate of Research Commissioners," September 24, 2021, https://www. whitehouse. gov/ostp/news-updates/2021/09/24/biden-harris-administration-brings-arctic-policy-to-the-forefront-with-reactivated-steering-committee-new-slate-of-research-commissioners/.

"Building Blocks for the Development of an International Framework on Space Resource Activities," A/AC. 105/C. 2/L. 315, http://www. unoosa. org/oosa/oosadoc/data/documents/2020/aac. 105c. 2l/aac. 105c. 2l. 315_0. html.

"Chairmanship Projects," U. S. State Department, October 29, 2015, https://2009－2017. state. gov/documents/organization/249166. pdf.

"Circum-Arctic Resource Appraisal: Estimates of Undiscovered Oil and Gas North of the Arctic Circle," http://pubs. usgs. gov/fs/2008/3049/fs2008-3049. pdf.

Congressional Record, July 1, 1930.

Congressional Record, June 18, 1937.

Congressional Record, March 5, 1968.

Congressional Record, September 14, 1967.

"Continental Shelf Submission of Norway in Respect of Bouvetoya and Dronning Maud Land," http://www. un. org/depts/los/clcs_ new/submissions_ files/nor30_09/nor2009_ executivesummary. pdf.

"Convention for the Preservation of the Halibut Fisheries of the North Pacific Ocean," https://iea. uoregon. edu/treaty-text/56.

"Convention on Biological Diversity," http://www. cbd. int/doc/legal/cbd-en. pdf.

"Convention on the Conservation and Management of Pollock Resources in the

Central Bering Sea," https://www. afsc. noaa. gov/REFM/CBS/Docs/Convention% 20on% 20Conservation% 20of% 20Pollock% 20in% 20Central% 20Bering% 20Sea. pdf.

"Convention on the High Seas," http://www. gc. noaa. gov/documents/8_1_ 1958_ high_ seas. pdf.

"Deep Seabed Hard Mineral Resources Act," Public Law 96 – 283, https:// www. govinfo. gov/content/pkg/STATUTE-94/pdf/STATUTE-94-Pg553. pdf.

Document 363, "Memorandum from Robert Osgood of the National Security Council Staff to the President's Assistant for National Security Affairs (Kissinger)," *FRUS* 1969 – 1972, Vol. E – 1.

Document 373, "Memorandum from the President's Assistant for National Security Affairs (Kissinger) to President Nixon," *FRUS* 1969 – 1972, Vol. E – 1.

"Draft Regulations on Exploitation of Mineral Resources in the Area," August 8, 2017, https://www. isa. org. jm/files/documents/EN/Regs/DraftExpl/ISBA23-LTC-CRP3-Rev. pdf.

"Draft Regulations on Exploitation of Mineral Resources in the Area," July 2018, https://isa. org. jm/files/files/documents/isba24_ ltcwp1rev1-en_ 0. pdf.

"Executive Order 12501," January 28, 1985, http://www. presidency. ucsb. edu/ ws/index. php? pid = 38955&st = &st1 = #axzz1PWaabIfb.

"Executive Order 13754—Northern Bering Sea Climate Resilience," *Public Papers of the Presidents of the United States*, Barack Obama, December 9, 2016, http://www. presidency. ucsb. edu/ws/index. php? pid = 119867.

"Executive Order 13795—Implementing an America-First Offshore Energy Strategy," *PublicPapers of the Presidents of the United States*, Donald J. Trump, April 28, 2017, http://www. presidency. ucsb. edu/ws/index. php? pid = 123867&st = &st1 = .

"Executive Order 13914—Encouraging International Support for the Recovery and Use of Space Resources," The American Presidency Project, April 6, 2020, https://www. presidency. ucsb. edu/documents/executive-order-13914-encouraging-international-support-for-the-recovery-and-use-space.

"Facts about the NSF and the United States Antarctic Program," http://www.

nsf. gov/div/index. jsp? org = PLR.

"Fact Sheet: U. S. Arctic Policy," U. S. Department of State Dispatch, 5: 52, December 26, 1994.

"Fairbanks Declaration," May 2017, https://oaarchive. arctic-council. org/ bitstream/handle/11374/1910/EDOCS-4339-v1-ACMMUS10_ FAIRBANKS_ 2017_ Fairbanks_ Declaration_ Brochure_ Version_ w_ Layout. PDF? sequence = 8&isAllowed = y.

"FAO Agreement on Port State Measures to Prevent, Deter and Eliminate Illegal, Unreported and Unregulated Fishing," http://www. fao. org/documents/card/en/c/b4a306dd-c4c0-5753-8e1b-ada5af04fd1e/.

"Final Report of the Thirty-second Antarctic Treaty Consultative Meeting," http://www. ats. aq/documents/ATCM32/fr/ATCM32_ fr002_ e. pdf.

Foreign Relations of the United States (*FRUS*), 1918, Papers Relating to the Foreign Relations of the United States.

FRUS, 1924, Vol. II.

FRUS, 1937, Vol. IV, The Far East.

FRUS, 1939, Vol. II, General, the British Commonwealth and Europe.

FRUS, 1945, Vol. II, General; Political and Economic Matters.

FRUS, 1946, Vol. I, General; the United Nations.

FRUS, 1947, Vol. I, General; The United Nations.

FRUS, 1948, Vol. I, Part 2, General; the United Nations (in two parts).

FRUS, 1949, Vol. I, National Security Affairs, Foreign Economic Policy.

FRUS, 1950, Vol. I, National Security Affairs; Foreign Economic Policy.

FRUS, 1952 – 1954, Vol. I, Part 2, General: Economic and Political Matters (in two parts).

FRUS, 1955 – 1957, Vol. XI, United Nations and General International Matters.

FRUS, 1958 – 1960, Vol. II, United Nations and General International Matters.

FRUS, 1964 – 1968, Volume XI, Arms Control and Disarmament.

FRUS, 1964 – 1968, Vol. XXXIII, Organization and Management of Foreign

Policy；United Nations.

FRUS，1969 – 1976，Vol. E1，Documents on Global Issues.

FRUS，1973 – 1976，Vol. E – 3.

"High Seas Resources，" Food and Agriculture Organization of the United Na-
tions，http：//www. fao. org/fishery/topic/1859/en.

H. R. 3977，101th Congress，February 7，1990.

H. R. 8344，75th Congress，3rd Session.

"International Convention for the Regulation of Whaling，" https：//archive. iwc.
int/pages/view. php? ref = 3607&k = .

"International Plan of Action to Prevent，Deter and Eliminate Illegal，Unre-
ported and Unregulated Fishing，" http：//www. fao. org/docrep/003/y1224E/
Y1224E00. HTM.

"Implementation Plan for National Strategy for the Arctic Region，" January，
2014，https：//obamawhitehouse. archives. gov/sites/default/files/docs/imple
mentation_plan_for_the_ national_strategy_for_the_ arctic_region_-_fi....
pdf.

"International Telecommunication Convention of 1973，" Malaga-Torremolinos.

"International Telecommunication Convention of 1982，" Nairobi.

"International Treaty on Plant Genetic Resources for Food and Agriculture，"
ftp：//ftp. fao. org/docrep/fao/011/i0510e/i0510e. pdf.

"Magnuson-Stevens Fishery Conservation and Management Act，" Public Law
94-265，https：//www. gpo. gov/fdsys/pkg/STATUTE-90/pdf/STATUTE-90-
Pg331. pdf.

"Nagoya Protocol on Access to Genetic Resources and the Fair and Equitable
Sharing of Benefits Arising from Their Utilization to the Convention on Bio-
logical Diversity，" https：//www. cbd. int/abs/doc/protocol/nagoya-proto-
col-en. pdf.

"National Security Decision Directive 90，" Apr. 14，1983，http：//www. fas. org/
irp/offdocs/nsdd/nsdd – 090. htm.

"National Security Decision Memorandum 144，" Dec. 22，1971，http：//
nixon. archives. gov/virtuallibrary/documents/nationalsecuritydecisionmem-

oranda. php.

"National Security Decision Memorandum 202," Jan. 22, 1973, http://nixon. archives. gov/virtuallibrary/documents/nsdm/nsdm_202. pdf.

"National Security Strategy, 2010," http://www. whitehouse. gov/sites/default/files/rss_ viewer/nation al_ security_ strategy. pdf.

"National Space Policy of the United States of America," The White House, https://obamawhitehouse. archives. gov/sites/default/files/national _ space _ policy_6 – 28 – 10. pdf.

"National Strategy for the Arctic Region," May 2013, https://www. whitehouse. gov/sites/default/files/docs/nat_ arctic_ strategy. pdf.

"North Pacific Fur Seal Convention of 1911," http://pribilof. noaa. gov/documents/THE_ FUR_ SEAL_ TREATY_ OF_1911. pdf.

"On the New Marine Protected Area in Antarctica's Ross Sea," Statement by John Kerry, Secretary of State, Washington, D. C. , October 27, 2016, https://2009-2017. state. gov/secretary/remarks/2016/10/263763. htm.

"Outer Limit of the Continental Shelf, Argentine Submission," http://www. un. org/depts/los/clcs_ new/submissions_ files/arg25_ 09/arg2009e_ summary_ eng. pdf.

"Presidential Task Force Releases Action Plan to Combat Illegal, Unreported, and Unregulated Fishing and Seafood Fraud," March 15, 2015, http://www. noaanews. noaa. gov/stories2015/20150315-presidential-task-force-releases-action-plan-to-combat-illegal-unreported-and-unregulated-fishingaand-seafood-fraud. html.

Proclamation 2667, Policy of the United States with Respect to the Natural Resources of the Subsoil and Sea Bed of the Continental Shelf, September 28, 1945.

Proclamation 2668, Policy of the United States with Respect to Coastal Fisheries in Certain Areas of the High Seas, September 28, 1945.

"Protection of Global Climate for Present and Future Generations of Mankind, UN General Assembly Resolution 43/53," 70th Plenary Meeting, December 6, 1988, http://www. un. org/documents/ga/res/43/a43r053. htm.

Public Papers of the Presidents of the United States, Harry S. Truman, 1945 – 1953 (Washington, D. C. : United States Government Printing Office, 1966).

Public Papers of the Presidents of the United States, Lyndon B. Johnson, July 13, 1966.

Public Papers of the Presidents of the United States, Jimmy Carter, July 3, 1980.

Public Papers of the Presidents of the United States, Ronald Reagan, January 29, 1982.

"Reaction of United States to the Submission Made by Australia to the Commission on the Limits of the Continental Shelf," December 3, 2004, http://www. un. org/depts/los/clcs_new/submissions_files/aus04/clcs_03_2004_los_usatext. pdf.

"Receipt of Submission Made by New Zealand to the Commission on the Limits of the Continental Shelf," http://www. un. org/depts/los/clcs_new/submissions_files/nzl06/clcs_05_2006e. pdf.

"Remarks at the National Aeronautics and Space Administration," *Public Papers of the Presidents of the United States*, George W. Bush, January 14, 2004, http://www. presidency. ucsb. edu/ws/index. php? pid = 72531&st = &st1 = .

"Remarks on Signing an Executive Order on Implementing an America-First Offshore Energy Strategy," *Public Papers of the Presidents of the United States*, Donald J. Trump, April 28, 2017, http://www. presidency. ucsb. edu/ws/index. php? pid = 123866&st = &st1 = .

Report on United States Antarctic Program, Committee on Fundamental Science, National Science and Technology Council, April 1996.

S. J. Res. 206, 101th Congress, September 26, 1989.

Space Resource Commercial Exploration and Utilization, USC 51, Chapter 513.

"Statement About United States Oceans Policy," *Public Papers of the Presidents of the United States*, Richard Nixon, May 23, 1970, http://www. presidency. ucsb. edu/ws/index. php? pid = 2514&st = &st1 = .

"Statement by the President in Response to a Progress Report by the Antarctic Policy Group," *Public Papers of the Presidents of the United States*, Lyndon B. Johnson, May 1, 1965, http://www. presidency. ucsb. edu/ws/index. php? pid = 26931&st = antarctic&st1 = .

"Statement by the Press Secretary on H. R. 774, Illegal, Unreported, and Unregulated Fishing Enforcement Act," The White House, https://obamawhitehouse. archives. gov/the-press-office/2015/11/05/statement-press-secretary-hr-774-illegal-unreported-and-unregulated.

"Statement on the Advancement of United States Maritime Interests," George W. Bush, May 15, 2007, https://www. presidency. ucsb. edu/documents/statement-the-advancement-united-states-maritime-interests.

"Statement on United States Actions Concerning the Conference on the Law of the Sea," *Public Papers of the Presidents of the United States*, Ronald Reagan, July 9, 1982.

"Statement on United States Participation in the Third United Nations Conference on the Law of the Sea," *Public Papers of the Presidents of the United States*, Ronald Reagan, January 29, 1982, http://www. presidency. ucsb. edu/ws/index. php? pid = 42853&st = &st1 = .

"Status of International Agreements Relating to Activities in Outer Space as at 1 January 2019," UNOOSA, http://www. unoosa. org/res/oosadoc/data/documents/2019/aac_105c_22019crp/aac_105c_22019crp_3_0_html/AC105_C2_2019_CRP03E. pdf.

Strategic Importance of the Arcticin U. S. Policy: Hearing before Subcommittee on Homeland Security, U. S. Senate, 111th Congress, 1st Session, August 20, 2009.

"Testimony of John B. Bellinger," United States Senate Committee on Foreign Relations, June 14, 2012, https://www. foreign. senate. gov/imo/media/doc/John_ Bellinger_ Testimony. pdf.

The Antarctic Treaty Hearings, U. S. Senate Committee on Foreign Relations, 86th Congress, 2nd Session (1960).

"The Antarctic Treaty," https://www. ats. aq/e/antarctictreaty. html.

"The Artemis Accords," NASA, https://www. nasa. gov/specials/artemis-ac-cords/img/Artemis-Accords-signed-13 Oct2020. pdf.

The Charter of Economic Rights and Duties of States, G. A. Resolution 3281 (XXIX), December 12, 1974.

"The Hague Space Resources Governance Working Group," A/AC. 105/C. 2/2018/CRP. 18, http://www. unoosa. org/res/oosadoc/data/documents/2018/aac_105c_22018crp/aac_105c_22018crp_18_0_html/AC105_C2_2018_CRP18E. pdf.

"The Ilulissat Declaration," Arctic Ocean Conference, Ilulissat, Greenland, May 27 – 29, 2008, http://www. oceanlaw. org/downloads/arctic/Ilulissat_Declaration. pdf.

"The National Aeronautics and Space Act," Public Law 85 – 568 (As Amen-ded), http://www. nasa. gov/offices/ogc/about/space_act1. html.

"The Space Resource Exploration and Utilization Act of 2015," https://www. cbo. gov/sites/default/files/hr1508. pdf.

"The State of World Fisheries and Aquaculture," Food and Agriculture Organi-zation of the United Nations, 2014, http://www. fao. org/3/a-i3720e. pdf.

The United States Navy Antarctic Developments Project 1946 – 1947, Opera-tion Highjump.

"The U. S. Commercial Space Launch Competitiveness Act," H. R. 2262, ht-tps://www. gpo. gov/fdsys/pkg/BILLS-114hr2262enr/pdf/BILLS-114hr 2262enr. pdf.

"Treaty on Principles Governing the Activities of States in the Exploration and Use of Outer Space, including the Moon and Other Celestial Bodies," ht-tp://www. unoosa. org/oosa/en/ourwork/spacelaw/treaties/outerspacetreaty. html.

U. N. Doc. A/AC. 138/25, Aug. 3, 1970

U. N. Doc. A/6695, Aug. 18, 1967.

U. N. Doc. E/4449, Feb. , 1968.

UN General Assembly Resolution, Resources of the Sea, 2172 (XXI), Dec. 12, 1966.

UN General Assembly Resolution, 2340 (XXII), Dec. 18, 1967.

UN General Assembly Resolution, 2574D (XXIV), Dec. 15, 1969.

UN General Assembly Resolution, 2749 (XXV), Dec. 17, 1970.

UN General Assembly Resolution, 2750 (XXV), Dec. 17, 1970.

"United States Arctic Policy and Arctic Policy Group, Dec. 22, 1971," National Security Decision Memorandum 144.

"United States Arctic Policy," Apr. 14, 1983, National Security Decision Directive 90.

U. S. Congress, Office of Technology Assessment, *Polar Prospects: A Minerals Treaty for Antarctica*, OTA-O-428 (Washington, D. C.: U. S. Government Printing Office, 1989).

"U. S. Extended Continental Shelf Project," https://www. state. gov/frequently-asked-questions-u-s-extended-continental-shelf-project/.

U. S. Joint Chiefs of Staff, "The National Military Strategy of the United States of America, Redefining America's Military Leadership," February 8, 2011.

U. S. Navy Second Antarctic Developments Project 1947 – 1948, Operation Windmill.

"U. S. Policy on Antarctic Mineral Resources," National Security Decision Memorandum 263, July 29, 1974, http://nixon. archives. gov/virtuallibrary/documents/nsdm/nsdm_ 263. pdf.

"Working Draft Regulations and Standard Contract Terms on Exploitation for Mineral Resources in the Area," https://www. isa. org. jm/files/documents/EN/Regs/DraftExpl/Draft_ ExplReg_ SCT. pdf.

(二) 著作类

Anderson, Leslie J., *Regulation of Transnational Communications* (New York, NY: Boardman Co. , 1984).

Barkenbus, Jack N., *Deep Seabed Resources* (New York: The Free Press, 1979).

Baslar, Kemal, *The Concept of the Common Heritage of Mankind in International Law* (The Hague, The Netherlands: Kluwer Law International, 1998).

Beattie, Donald A. , *Taking Science to the Moon: Lunar Experiments and the*

Apollo Program (Baltimore: Johns Hopkins University Press, 2003).

Beck, Peter J., *The International Politics of Antarctica* (London: Croom Helm Ltd., 1986).

Bensel, Richard Franklin, *The Political Economy of American Industrialization, 1877 – 1900* (New York: Cambridge University Press, 2000).

Bogaert, E. R. C. Van, *Aspects of Space Law* (Deventer, The Netherlands: Kluwer Law and Taxation Publishers, 1986).

Bromberg, Joan Lisa, *NASA and the Space Industry* (Baltimore, MD: Johns Hopkins University Press, 1999).

Buck, Susan J., *The Global Commons: An Introduction* (Washington, D. C. : Island Press, 1998).

Byerly, Radford Jr. ed., *Space Policy Reconsidered* (Boulder, CO: Westview Press, 1989).

Cameron, Lan, *Antarctica: The Last Continent* (Boston: Little, Brown and Company, 1974).

Carlsnaes, Walter, Thomas Risse, and Beth A. Simmons, *Handbook of International Relations* (London: Sage Publications, 2002).

Cicin-Sain, Bilianaand, Robert W. Knecht, *The Future of U. S. Ocean Policy: Choices for the New Century* (Washington, D. C. : Island Press, 2000).

Crawford, James, *Brownlie's Principles of Public International Law*, 8th edition (Oxford, UK: Oxford University Press, 2012).

Dosman, Edgar ed., *Sovereignty and Security in the Arctic* (NY: Routledge, 1989).

Doumani, George A., *Ocean Wealth: Policy and Potential* (New York: Spartan Books, 1973).

Euller, John, *Antarctic World* (New York: Abelard-Schuman, 1960).

Fawcett, J. E. S., *Outer Space: New Challenges to Law and Policy* (Oxford: Clarendon Press, 1984).

Fry, Earl H., Stan A. Taylor and Robert S. Wood, *America the Vincible: U. S Foreign Policy for the 21st Century* (Englewood Cliffs, NJ: Prentice Hall, 1994).

Galdorisi, George V. and Kevin R. Vienna, *Beyond the Law of the Sea: New Directions for U. S. Oceans Policy* (Westport, Connecticut: Praeger Publishers, 1997).

Goldman, Nathan C., *Space Policy: An Introduction* (Ames, Iowa: Iowa State University Press, 1992).

Gorove, Stephen, *Developments in Space Law: Issues and Policies* (Dordrecht, The Netherlands: Martinus Nijhoff Publishers, 1991).

Gray, Colin S., *American Military Space Policy: Information Systems, Weapon Systems and Arms Control* (Lanham, MD: University Press of America, 1982).

Hackworth, Green, *Digest of International Law*, Vol. 2 (Washington, D. C.: Government Printing Office, 1941).

Handberg, Roger, *The Future of the Space Industry: Private Enterprise and Public Policy* (Westport, Conn.: Quorum Books, 1995).

Harrison, Kathryn and Lisa McIntosh Sundstrom eds., *Global Commons, Domestic Decisions: The Comparative Politics of Climate Change* (Cambridge: MIT Press, 2010).

Hughes, Barry B., *Continuity and Change in World Politics: The Clash of Perspectives* (New York: Prentice-Hall, 1991).

Huntington, Samuel P., *American Politics: The Promise of Disharmony* (Cambridge: MA: Harvard University Press, 1981).

Jasper, Scott ed., *Conflict and Cooperation in the Global Commons: A Comprehensive Approach for International Security* (Washington, D. C.: Georgetown University Press, 2012).

Jasper, Scott ed., *Securing Freedom in the Global Commons* (Stanford, CA: Stanford University Press, 2010).

Jones, Charles, *The Presidency in a Separated System*, 2nd ed (Washington, D. C.: Brookings Institution Press, 2005).

Jorgensen-Dahl, Arnfinn and Willy Ostreng eds., *The Antarctic Treaty System in World Politics* (London: Macmillan Academic and Professional Ltd., 1991).

Joyner, Christopher C. , *Antarctica and the Law of the Sea* (Norwell, MA: Kluwer Academic Publisher, 1992).

Joyner, Christopher C. and Ethel R. Theis, *Eagle Over the Ice: The U. S. in the Antarctic* (Hanover, NH: University Press of New England, 1997).

Juda, Lawrence, *International Law and Ocean Use Management: The Evolution of Ocean Governance* (New York: Routledge, 1996).

Juda, Lawrence, *Ocean Space Rights: Developing U. S. Policy* (New York: Praeger Publisher, 1975).

Katznelson, Ira and Helen V. Milner eds. , *Political Science: The State of the Discipline* (New York: W. W. Norton & Company, Inc. , 2002).

Keohane, Robert O. , *International Institutions and State Power* (Boulder: Westview, 1989).

Klein, John J. , *Space Warfare: Strategy, Principle and Policy* (New York: Routledge, 2006).

Klotz, Frank G. , *America on the Ice: Antarctic Policy Issues* (Washington, D. C. : National Defense University Press, 1990).

Krasner, Stephen D. ed. , *International Regimes* (Ithaca: Cornell University Press, 1983).

Lasswell, Harold D. and Abraham Kaplan, *Power and Society* (New Haven, Conn. : Yale University Press, 1986).

Laursen, Finn, *Superpower at Sea: U. S. Ocean Policy* (New York: Praeger, 1983).

Leloup, Lance T. and Steven A. Shull, *The President and Congress: Collaboration and Combat in National Policymaking* (MA: Allyn and Bacon, 1999).

Mahan, Alfred Thayer, *The Influence of Sea Power Upon History, 1660 – 1783* (Boston, MA: Little, Brown and Company, 1891).

Malone, David M. and Yuen Foong Khong eds. , *Unilateralism and U. S. Foreign Policy* (Boulder, Colorado: Lynne Rienner Publishers, Inc. , 2003).

Mayhew, David R. , *Congress: The Electoral Connection* (New Haven: Yale

University Press, 1974).

Mero, John L. , *The Mineral Resources of the Sea* (Amsterdam: Elsevier Publishing Company, 1965).

Milner, Helen V. , *Interests, Institutions, and Information: Domestic Politics and International Relations* (Princeton: Princeton University Press, 1997).

Morell, James B. , *The Law of the Sea: An Historical Analysis of the 1982 Treaty and Its Rejection by the U. S.* (Jefferson, North Carolina: McFarland & Company, 1992).

Nordquist, Myron H. and Choon-ho Park, *Report of the Untied States Delegation to the Third United Nations Conference on the Law of the Sea* (Honolulu: Law of the Sea Institute, University of Hawaii, 1983).

Oda, Shigeru, *International Control of Sea Resources* (Dordrecht, The Netherlands: Martinus Nijhoff Publishers, 1989).

Oda, Shigeru, *International Law of the Resources of the Sea* (Alphen aan den Rijn, The Netherlands: Sijthoff & Noordhoff International Publishers, 1979).

Osherenko, Gail and Oran R. Young, *The Age of the Arctic: Hot Conflicts and Cold Reality* (NY: Cambridge University Press, 1989).

Papp, Daniel S. and John McIntyre eds. , *International Space Policy: Legal, Economic and Strategic Options for the Twentieth Century and Beyond* (New York: Quorum Books, 1987).

Pastor, Robert A. , *Congress and the Politics of U. S. Foreign Economic Policy, 1929 – 1976* (Berkeley, CA: University of California Press, 1980).

Patrick, Anderson, *The President's Men* (New York: Doubleday, 1969).

Peterson, Mark A. , *Legislating Together: The White House and Capitol Hill from Eisenhower to Reagan* (Cambridge, Mass: Havard University Press, 1990).

Reynolds, Glenn H. and Robert P. Merges eds. , *Outer Space: Problems of Law and Policy*, 2nd ed (Boulder, CO. : Westview Press, 1997).

Sadeh, Eligar ed. , *Space Politics and Policy*: *An Evolutionary Perspective* (Dordrecht, The Netherlands: Kluwer Academic Publishers, 2002).

Sheehan, Michael, *The International Politics of Space* (New York: Routledge, 2007).

Shull, Steven A. , *Presidential-Congressional Relations*: *Policy and Time Approaches* (Ann Arbor: The University of Michigan Press, 1997).

Shull, Steven A. and Thomas C. Shaw, *Explaining Presidential-Congressional Interactions* (Albany: State University of New York Press, 1999).

Stokke, Olav Schram and Davor Vidas eds. , *Governing the Antarctic*: *The Effectiveness and Legitimacy of the Antarctic Treaty System* (Cambridge, UK: Cambridge University Press, 1996).

Theutenberg, Bo Johnson, *The Evolution of the Law of the Sea*: *A Study of Resources and Strategy with Special Regard to the Polar Areas* (Dublin, Ireland: Tycooly International Publishing Ltd. , 1984).

Thurber, James A. ed. , *Rivals for Power*: *Presidential-Congressional Relations*, 2nd ed (Lanham, MD: Rowman & Littlefield Publishers, Inc. , 2002).

Traa-Engelman, H. Van, *Commercial Utilization of Outer Space*: *Law and Practice* (Dordrecht: Martinus Nijhoff Publishers, 1993).

Triggs, Gillian D. ed. , *The Antarctic Treaty Regime*: *Law, Environment and Resources* (Cambridge: Cambridge University Press, 1987).

Turner, Frederick Jackson, *The Frontier in American History* (New York: Henry Holt And Company, 1921).

Vogler, John, *The Global Commons*: *A Regime Analysis* (New York: John Wiley & Sons Inc. , 1995).

Wassenbergh, Henri A. , *Principles of Outer Space Law in Hindsight* (Dordrecht, The Netherlands: Kluwer Academic Publishers, 1991).

Westermeyer, William E. and Kurt M. Shusterich eds. , *United States Arctic Interests*: *The 1980s and 1990s* (NY: Springer-Verlag New York Inc. , 1984).

（三）报刊论文类

Baumert, Kevin A. , "The Outer Limits of the Continental Shelf Under Customary International Law," *The American Journal of International Law*, Vol. 111, No. 4, 2017.

Bingham, Joseph W. , "The Continental Shelf and the Marginal Belt," *American Journal of International Law*, Vol. 40, 1946.

Browne, Malcolm W. , "France and Australia Kill Pact on Limited Antarctic Mining and Oil Drilling," *New York Times*, September 25, 1989.

Buck, Eugene H. and Harold F. Upton, "Fishery, Aquaculture, and Marine Mammal Issues in the 112th Congress," *CRS Report for Congress*, R. 41613, November 4, 2011.

"Bulletin from the Moon Treaty Front," *L5 News*, Jan. 1980.

Dobransky, Steve, "The Return of Antarctica and the Origins and Future of Potential Conflict: The Eisenhower Administration's Formulation of U. S. Antarctic Policy, 1953 – 1959," *American Diplomacy*, March 12, 2014.

Dula, Art, "Free Enterprise and the Proposed Moon Treaty (Part 1)," *L5 News*, Oct. 1978.

Freund, Elizabeth Ann, "Sovereigns of Servants: Presidential Relations with Congress on Domestic and Foreign Policy," Ph. D. Dissertation, University of Maryland, USA, 2007.

Frye, Samuel, "The Arctic and US Foreign Policy, 1970 – 90," *US Department of State Dispatch*, April 8, 1991.

Galdorisi, George, Doug Bandow and M. Casey Jarman, "The United States and the 1982 Law of the Sea Convention: The Cases Pro & Con," *Occasional Paper*, No. 38 (Honolulu: Law of the Sea Institute, University of Hawaii, 1994).

Giacchino, Louis Frank, "The U. S. Space Program: A Case Study of Nonincremental Policy," Ph. D. Dissertation, Georgetown University, 1984.

Goldman, Nathan, "Transition of Confusion in the Law of Outer Space," in Daniel S. Papp and John McIntyre eds. , *International Space Policy: Legal, Economic and Strategic Options for the Twentieth Century and Beyond*

（New York： Quorum Books， 1987）.

Gorove， Stephen， "The Geostationary Orbit： Issues of Law and Policy，" *The American Journal of International Law*， Vol. 73， No. 3， July 1979.

Griffin， Nancy L. ， "Americans and the Moon Treaty，" *The Journal of Air Law and Commerce*， Vol. 46， 1981.

Gwertzman， Bernard， "U. S. Bars Treaty for Now on Use of Sea Resources，" *New York Times*， March 4， 1981.

Hardin， Garrett， "The Tragedy of the Commons，" *Science*， Vol. 168， Dec. 1968.

Hart Jr. ， Thomas A. ， "A Review of WARC – 79 and Its Implications for the Development of Satellite Communications Services，" *Lawyer of the Americas*， Vol. 12， No. 2， 1980.

Henson， Carolyn， "Moon Treaty Update，" *L5 News*， Mar. 1980.

Johnson-Freese， Joan and Brian Weeden， "Potential Application of Ostrom's Principles for Sustainable Common-Pool Resources in Near-Earth Orbit，" *Global Policy*， Vol. 3， No. 1， 2012.

Joyner， Christopher C. ， "United States Foreign Policy Interests in the Antarctic，" *The Polar Journal*， Vol. 1， No. 1， June 2011.

Kalic， Sean N. ， "U . S. Presidents and the Militarization of Space， 1946 – 1967： ' We Believe in the Peaceful Use of Space，" Ph. D. Dissertation， Kansas State University， USA， 2006.

Kamal-Shahda， Mohamed M. ， "Legislating Foreign Policy： The Role of Congress in Making U. S. Foreign Policy toward the Middle East （1989 – 2000），" Ph. D. Dissertation， The Johns Hopkins University， USA， 2001.

Khan， Jehangir Alam， "The International Law of Joint Resource Development with Special Reference to Its Functional Role in the Management and Resolution of Boundary and Territorial Disputes Involving Natural Resource，" Ph. D. Dissertation， Tufts University， 1991.

Kidd， Quentin， "Congressional Foreign and Defense Policy Decision Making： A Comprehensive Examination across Three Categories of Policy，" Ph. D. Dissertation， Texas Tech University， 1998.

Lindsay， James M. ， "The Shifting Pendulum of Power： Executive-Legislative

Relations on American Foreign Policy," in James M. McCormick ed. , *The Domestic Sources of American Foreign Policy*: *Insights and Evidence* (Lanham, MD: Rowman & Littlefield Publishers, Inc. , 2012).

Luke-Vanzego, Vivian Elaine, "The Computer Security Enhancement Act and Presidential Decision Directive 63: Congressional and Presidential Attempts to Protect the Nation's Critical Infrastructures," Ph. D. Dissertation, Howard University, 2003.

"Moon Treaty Hearings," *L5 News*, Sep. 1980.

Mullen, Patrick, "State Interests and the Arctic Environmental Protection Strategy," M. A. Thesis, Carleton University, Canada, 1994.

Murray, Leah A. , "Interconnecting Tissue: Presidential-Congressional Policy Conversations," Ph. D. Dissertation, State University of New York, 2004.

Nye, Joseph, "The New National Interest," *Foreign Affairs*, July/August, 1999.

Oberdorfer, Don, "Sea Law Treaty Blocked at White House," *The Washington Post*, March 4, 1981.

O'Rourke, Ronald, "Changes in the Arctic: Background and Issues for Congress," *CRS Report for Congress*, R. 41153, July 21, 2010.

Orr, Shannon K. , "National Self-Interest in the Cosmos: A Regime Analysis of Outer Space," M. A. Thesis, The University of Guelph, Canada, 1997.

Posen, Barry R. , "Command of the Commons: The Military Foundation of U. S. Hegemony," *International Security*, Vol. 28, No. 1, 2003.

Putnam, Robert D. , "Diplomacy and Domestic Politics: The Logic of Two-Level Games," *International Organization*, Vol. 42, No. 3, 1988.

Rathman, Kim Alaine, "The 'Common Heritage' Principle and the U. S. Commercialization of Outer Space," Ph. D. Dissertation, Graduate Theological Union, USA, 1996.

Ratiner, Leigh S. , "The Law of the Sea: A Crossroads for American Foreign Policy," *Foreign Affairs*, Vol. 60, No. 5, 1982.

Raustiala, Kal and David G. Victor, "The Regime Complex for Plant Genetic Resources," *International Organization*, Vol. 58, No. 2, 2004.

Rigg, Kelly, "Environmentalists' Perspectives on the Protection of Antarcti-ca," in Grahame Cook ed. , *The Future of Antarctica*: *Exploitation Versus Preservation* (New York: Manchester University Press, 1990).

Robson, Mark, "Soviet Legal Approach to Space Law Issues at the United Nations," *Loyola of Los Angeles International and Comparative Law Review*, Vol. 3, 1980.

Rothwell, Donald R. , "International Law and the Protection of the Arctic En-vironment," *The International and Comparative Law Quarterly*, Vol. 44, No. 2, 1995.

Sandler, Todd, "After the Cold War, Secure the Global Commons," *Chal-lenge*, Vol. 35. No. 4, 1992.

Sheffield, Charles, "AAS Against Lunar Agreement," *L5 News*, Jan. 1980.

Shin, Youseop, "Presidential Success in Congress: An Integrated Under-standing," Ph. D. Dissertation, The University of Georgia, USA, 1998.

Soroos, Marvin S. , "The Commons in the Sky: The Radio Spectrum and Geosynchronous Orbit as Issues in Global Policy," *International Organiza-tion*, Vol. 36, No. 3, 1982.

Stern, Paul C. , "Design Principles for Global Commons: Natural Resources and Emerging Technologies," *International Journal of the Commons*, Vol. 5, No. 2, August 2011.

Taubenfeld, Howard J. , "A Treaty for Antarctica," *International Conciliation*, January 1961.

Theis, Ethel Rosie, "In the National Interest: United States Antarctic Policy, 1960 – 1992," Ph. D. Dissertation, The George Washington University, 1993.

"UN Moon Treaty Falling to US Opposition Groups," *L5 News*, Mar. 1982.

Vickers, Daniel, "Those Damned Shad: Would the River Fisheries of New England Have Survived in the Absence of Industrialization?" *William and Mary Quarterly*, Third Series, Vol. 61, No. 4, October 2004.

Viggiano, Gregory R. , "A History of Equitable Access to the Geostationary Orbit and International Communication Satellite," Ph. D. Dissertation, The Florida State University, USA, 1998.

Ward, Hugh, "Game Theory and the Politics of the Global Commons," *The Journal of Conflict Resolution*, Vol. 37, No. 2, 1993.

Whitehead III, James H. , "Taking Command in the Arctic: The Need for a Command Organization in the Arctic Theater," A Paper Submitted to the Faculty of the Naval War College, October 31, 2008.

Wijkman, Per Magnus, "Managing the Global Commons," *International Organization*, Vol. 36, No. 3, 1982.

Williams, Sylvia Maureen, "International Law before and after the Moon Agreement," *International Relations*, Nov. 1981.

（四）网络文章类

"Building Blocks of a Future Space Economy," Parabolic Arc, http://www.parabolicarc.com/2019/12/18/building-blocks-of-a-future-space-economy/.

David, Leonard , "NASA Eyes Plan for Deep-Space Outpost Near the Moon," February 10, 2012, http://www.space.com/14518-nasa-moon-deep-space-station-astronauts.html.

"Defending the Nation from Cyber Attack," As Delivered by Secretary of Defense Leon E. Panetta, New York, October 11, 2012, http://www.defense.gov/Speeches/Speech.aspx? SpeechID = 1728.

Denmark, Abraham M. and James Mulvenon eds. , "Contested Commons: The Future of American Power in a Multipolar World, Center for a New American Security," January 2010, http://www.cnas.org/files/documents/publications/CNAS% 20Contested% 20Commons_ 1.pdf.

Fears, Darryl and Juliet Eilperin, "President Obama Bans Oil Drilling in Large Areas of Atlantic and Arctic Oceans," *The Washington Post*, December 20, 2016, https://www.washingtonpost.com/news/energy-environment/wp/2016/12/20/president-obama-expected-to-ban-oil-drilling-in-large-areas-of-atlantic-and-arctic-oceans/? noredirect = on&utm_ term = . af7b3356eb9f.

Harvey, Chelsea, "In Historic Agreement, Nations Create the World's Largest Marine Reserve in Antarctica," *The Washington Post*, October 27, 2016, https://www.washingtonpost.com/news/energy-environment/wp/2016/10/27/in-historic-agreement-nations-forge-the-worlds-largest-marine-reserve-in-antarctica/？utm_term =. b928de44cb1c.

Holdren, John P. and Mark Brzezinski, "Coordinating U. S. Actions to Address
　　Arctic Challenges: The Arctic Executive Steering Committee's First Year,"
　　Huffington Post, January 26, 2016, https://www. huffingtonpost. com/dr-
　　john-p-holdren/coordinating-us-actions-t_b_9077640. html.

"'L2' Will be the James Webb Space Telescope's Home in Space," NASA,
　　http://www. nasa. gov/topics/universe/features/webb-l2. html.

"NASA Unveils New Lunar Rover," http://sservi. nasa. gov/articles/nasa-un-
　　veils-new-lunar-rover/.

"Position Paper on Space Resource Mining, International Institute of Space Law,"
　　http://iislwebo. wwwnlss1. a2hosted. com/wp-content/uploads/2015/12/Spac-
　　eResourceMining. pdf.

Redden, Mark E. and Michael P. Hughes, "Global Commons and Domain Inter-
　　relationships: Time for a New Conceptual Framework?" Strategic Forum, No.
　　259, National Defense University, October 2010, http://www. google. com/
　　url? url = http://www. dtic. mil/cgi-bin/GetTRDoc% 3FAD% 3DADA530438
　　&rct = j&frm = 1&q = &esrc = s&sa = U&ei = EPG6VIKvMcaiNoi3gbgJ&ved =
　　0CBQQFjAA&usg = AFQjCNFcyCaaBCtlcY6T7aLaVT0PYIq4BA.

"Remarks to Air War College," As Delivered by Secretary of Defense Robert
　　M. Gates, Maxwell-Gunter Air Force Base, Montgomery, AL, April 21,
　　2008, http://www. defense. gov/speeches/speech. aspx? speechid = 1231.

"Shell Updates on Alaska Exploration," September 28, 2015, https://www.
　　shell. com/media/news-and-media-releases/2015/shell-updates-on-alaska-
　　exploration. html.

"What Is NASA's Asteroid Redirect Mission?" https://www. nasa. gov/con-
　　tent/what-is-nasa-s-asteroid-redirect-mission.

图书在版编目（CIP）数据

全球公域资源开发与美国政策研究／沈鹏著 . -- 北
京：社会科学文献出版社，2023.4
国家社科基金后期资助项目
ISBN 978 - 7 - 5228 - 1408 - 7

Ⅰ. ①全… Ⅱ. ①沈… Ⅲ. ①资源开发 - 研究②公共
政策 - 研究 - 美国 Ⅳ. ①F062.1②D771.222

中国国家版本馆 CIP 数据核字（2023）第 031147 号

国家社科基金后期资助项目
全球公域资源开发与美国政策研究

著　　者／沈　鹏

出 版 人／王利民
责任编辑／高明秀
责任印制／王京美

出　　版／社会科学文献出版社·国别区域分社（010）59367078
　　　　　地址：北京市北三环中路甲 29 号院华龙大厦　邮编：100029
　　　　　网址：www. ssap. com. cn
发　　行／社会科学文献出版社（010）59367028
印　　装／三河市龙林印务有限公司

规　　格／开　本：787mm × 1092mm　1/16
　　　　　印　张：20　字　数：316 千字
版　　次／2023 年 4 月第 1 版　2023 年 4 月第 1 次印刷
书　　号／ISBN 978 - 7 - 5228 - 1408 - 7
定　　价／138.00 元

读者服务电话：4008918866